LEGAL ANTHROPOLOGY

REVIEW

法律人类学论丛

（第8卷）

主编／吴大华

中央民族大学出版社
China Minzu University Press

图书在版编目（CIP）数据

法律人类学论丛．第八卷/ 吴大华主编．—北京：中央民族大学出版社，2022.8（2022.12 重印）

ISBN 978-7-5660-2079-6

Ⅰ.①法…　Ⅱ.①吴…　Ⅲ.①法学—人类学—文集　Ⅳ.①D90-059

中国版本图书馆 CIP 数据核字（2022）第 056820 号

法律人类学论丛（第八卷）

主　　编	吴大华
策划编辑	舒　松
责任编辑	舒　松
封面设计	舒刚卫
出版发行	中央民族大学出版社
	北京市海淀区中关村南大街27 号　邮编：100081
	电话：（010）68472815（发行部）传真：（010）68932751（发行部）
	（010）68932218（总编室）　　（010）68932447（办公室）
经 销 者	全国各地新华书店
印 刷 厂	北京鑫宇图源印刷科技有限公司
开　　本	787×1092　1/16　印张：23.75
字　　数	350 千字
版　　次	2022 年 8 月第 1 版　2022 年 12 月第 2 次印刷
书　　号	ISBN 978-7-5660-2079-6
定　　价	86.00 元

序

吴大华

法律人类学是一门运用人类学的理论与方法对法律问题进行解释和研究的学科。它处于法律学与人类学的交汇点，是一门交叉性的分支学科。作为19世纪中后期产生并发展起来的一门边缘学科，法人类学是传统法学和传统人类学的扩张与‘互渗’，要求不同文化间相互理解与尊重，对法律进行动态性的研究，认同法律多元，认同非国家法律，要求运用国家法律与非国家法律寻求纠纷解决以维护社会秩序。

20世纪90年代以来，西方后现代法学思潮逐渐被引介到中国，这种思潮认为存在着多种可供选择和互不等同的概念体系或假设体系，在各自的体系里都可以解释世界，因为不存在权威性的客观的选择方法；它主张视角的多元性、多样化，倡导一种多元主义的方法论，允许各种法律理解的存在。受此影响，矢志于民族习惯法、民间法调查研究的学者和学术群体日渐增多。正是在这样的背景下，法律人类学在中国逐渐得以传播。经过三十多年的发展，中国的法律人类学研究从无到有，得以蓬勃发展起来。研究的领域从最初的少数民族习惯法拓展到民间法、乡村社会治理等诸多领域。研究的范式上，从以规则、制度为中心的研究范式逐渐转向了以纠纷、过程为中心的范式，从关注特定条件下法律制度的发展与现状转向了更为关注现实社会中的法律现象和法律问题。总之，近三十年来，中国的法律人类学研究在诸多方面都取得了令人瞩目的成绩。当然，存在的不足与问题也是明显的，例如，法律人类学在中国尚未形成明确的学科体系，在理论层面的贡献尚较欠缺，有影响力的学术成果之数量仍显不足，专业人才比较分散、尚未形成核心团队，在国际法律人类学界尚缺学术地位。

为了进一步推动中国的法律人类学发展，促进法律人类学研究经验的交流，不断繁荣中国的法律人类学研究，加强对外交流，在中国人类学民族学研究会和国家民委、民政部的支持与指导下，国内热心于法律人类学研究的一批学者于2011年成立了中国人类学民族学研究会法律人类学专业委员会，并从当年开始每年举办一次法律人类学高级论坛，到2020年底已陆续举办了十期论坛。为了更好地推进法律人类学的研究，法律人类学专业委员会决定出版《法律人类学论丛》，以此为契机，作为国内法律人类学研究与交流的学术阵地。《法律人类学论丛》第1~7卷已分别由中央民族大学出版社、民族出版社、社会科学文献出版社于2013—2021年出版发行。

希望《法律人类学论丛》集刊的创办，能够推动以下几方面的工作：

一是进一步推动国内学术界对国外法律人类学理论及研究成果的译介。

二是推动中国法律人类学理论和研究方法的创新。目前国内法律人类学的研究在一定程度上还只是用中国的资料验证西方的理论，中国的法律人类学研究对此应当予以反思，回应中国的时代使命，创造出更为贴切中国现状的理论和方法。

三是促进法律民族志成果的研究。我国有着法律人类学发展的独特而丰富的民族资源，但尚缺乏能与阿尔福雷德·拉德克利夫-布朗的《安达曼岛人》、埃文斯·普理查德的《努尔人》等相比肩的法律民族志精品成果。特别是在法律现代化的背景下，我们也同样面临着现代法律文化与我国各民族传统法律文化之间的冲突与调适问题，而法律民族志的研究能够更好地帮助我们认识自身。

四是促进法律人类学研究的视角更多地关注现实社会中的法律现象与法律问题，研究民间的“活法律”如何适应法律现代化和全球化的进程，探讨“活法律”背景下乡村社会、民族地区的治理问题，从而推动我国的法治建设和社会建设。

五是推动法律人类学研究内容的进一步丰富，从民族地区、乡村社会走向汉族地区、城市社会，运用法律人类学的方法研究一切非正式规则甚至是国家法律的运行实践，以寻求社会治理中的“活法”。

愿《法律人类学论丛》在学界同好倾力支持之下，能做出更多有价值的思考和探索。

是为序！

2021年12月20日

Preface

WU Dahua

Legal anthropology is a discipline that uses the theory and method of anthropology to explain and study the legal issues. It is in the intersection of law and anthropology and is a branch of cross discipline. As a frontier discipline emerging and developing during the mid 19th century or later, legal anthropology is the expansion and mutual penetration between traditional law and traditional anthropology, calling for the mutual understanding and respect from different cultures. It carries on dynamic study of law, identifies with multiple cultures and informal rules, requiring the application of national laws and informal rules as settlement mechanism of disputes in order to maintain social orders.

Since the 1990s, the Western Post - modern legal ideological trend has been introduced to China, which claims there are multiple choices and different conceptual systems or hypothesis systems that explain the world in their respective systems, because there exists no an authoritative and objective choosing way. The ideological trend asserts the multiplicity and variety of perspective and advocates a kind of methodological theory of pluralism, allowing the existence of various legal understanding. Under these influences, the number of scholars and academic groups committed to the investigation and research of national customary law as well as folk law grows gradually. It is in the background that legal anthropology in China is gradually spread. Through more than 30 years' development, the research into legal anthropology in China starts from scratch and then flourishes. The research fields expand from initial minorities' customary law to folk law, rural social governance and so on. Its Research Paradigm gradually changes from the Research Paradigm focusing on rule and system to the Research Paradigm focusing on dispute and process, from the concern over the development and the status quo of legal system under specific condition to the concern over the phenomena and legal problems in the real society. In brief, in recent 30 years, legal anthropology in China has made sparking progress in many aspects. Of course, it is obvious that there exists deficiency and problem. For example, definite disciplinary system in legal anthropology in China has not formed , there are no enough theoretical contributions, there are less influential academic findings in legal anthropology, professionals are comparatively dispersed and key research team has not yet formed, making it still lack academic position in international Legal anthropology circles.

In order to further promote the development of legal anthropology in China, promote the communication in studying experience in legal anthropology, gradually flourish the study of legal anthropology in China and intensify communication with the outer theoretical world, a group of scholars in China who are keen on the study of legal anthropology established Professional Committee of Legal Anthropology affiliated to the Society for Research on Chinese Anthropology and Ethnology in 2011 Under the support and guidance of the Society for Research on Chinese Anthropology and Ethnology , National Ethnic Affairs Committee and Ministry of Civil Affairs, and from that year on it would annually held an advanced forum on Legal Anthropology. By the end of 2020, it has successively held ten-phase forums. In order to better promote the study of legal anthropology, Professional Committee of Legal Anthropology decided to publish *Legal Anthropology Review* (Collected Papers), using it as the Conference Journal and as the academic platform of domestic research and communication of legal anthropology. Volumes 1 to 7 of "Legal Anthropology Review" have been published by Minzu University of China Press, Law Press, and Social Science Literature Press from 2013 to 2021.

We established *Legal Anthropology Review*(Collected Papers) with the hope of promoting the following tasks:

One is to promote the translation and introduction of foreign legal anthropological theories and research achievements by domestic academic circles.

Two is to promote the innovation of Chinese legal anthropological theory and method. Presently, at some extent the study in domestic legal anthropology is still to test western theory by Chinese documentary. Aiming at this, the study of Chinese legal anthropology should reflect on this, respond to China's mission of the Times, and create a theory and method of more appropriate to China's current situation.

Three is to promote the study oflegal national histories. China has unique and abundant national resources for the development of Legal Anthropology, However, there is a lack of legal ethnography of high quality comparable to these works like *The Andaman Islanders* by Alfred · Radcliffe · Brown, "Noor" by Evans · Pritchard and so on. Especially in the context of legal modernization, we are also faced with the problem of conflict and adjustment between the modern legal culture and the domestic traditional legal culture, while the study of legal ethnography can better help us to understand ourselves.

Four is to promote the research perspective of legal anthropology to centers on the legal phenomenon and legal issues in the real society, on the study how to adapt to the process of legal modernization and globalization, on the exploration the governance issues in rural society and ethnic areas under the background of "living law", thus promoting the construction of Chinese rule of law and social construction.

Five is to promote the abundance of the research contents in Legal Anthropology including the national regions, rural society, the Han nationality region and urban society andto use the legal anthropological methods to study all informal rules and even operation practice of national laws in search of the real "living laws" in social governance.

It is hoped that *Legal Anthropology Review* can make out more valuable thinking and exploration under the studious supports of academic colleagues.

Above is the preface!

December, 20th, 2021

目 录

第一编 理论与方法

第二编 制度与规范

第三编 经验与田野

第四编 其他研究

第五编 域外视窗

第 一 编

理论与方法

当代西方法律人类学研究对象的改变及其影响

张晓辉*

摘　要：20世纪70年代以来，由于社会的发展和法律问题的变化以及学科间的影响，法律人类学的研究对象发生了较大的改变，这些改变反映了法律人类学家对本学科发展的反思，也反映了法律人类学回应社会现实问题的理论转向。本文概括了法律人类学研究对象在8个方面的变化及其对研究范式的影响，以期从中窥视西方法律人类学在当代的理论进展。

关键词：法律人类学；过程研究；法律多元；本土研究，法律史；权力研究；国际法；大规模社会；法律民族志

研究对象是对一个学科进行定位的重要指标，通过研究对象，可以从一个侧面了解该学科的特点和研究范围。虽然法律人类学的研究对象总的来说是社会中的法律问题，但是，由于社会的发展和法律问题的变化以及学科间的影响，不同时期的法律人类学家对法律问题的关注点和研究旨趣也会发生变化，进而开拓出具有鲜明时代印记的研究对象。

从学术史的视角来看，法律人类学的研究对象在不同的时期有不同的内容：古典法律人类学的研究对象主要是法律与制度的起源、古代社会的法律制度及其比较、早期社会的法律与制度遗存、初民社会的奇风异俗和社会制

* 作者简介：张晓辉，男，云南昆明人，云南大学法学院教授、博士生导师。

度。现代法律人类学的研究对象主要是："法律普遍存在于所有社会吗？什么是已被揭示的法律的普遍特征？法律是如何与其他文化和社会组织发生联系的？（法律）变化的范围能否被限定和模式化，以致法律类型可以被建构，并被用于理解法律与其他文化与社会组织的关系？随着时间的推移，法律怎样改变，为何改变？不同文化群体的法律制度互相碰撞会有什么后果？同一社会中多种法律制度的并存有什么影响？我们应该怎样描述法律制度？在什么条件下及怎样进行法律制度的比较是可能的？"①

1970年代以来，由于社会变迁和人类学理论的发展，② 西方法律人类学的研究对象又有了很大的改变，这些改变反映了法律人类学家对本学科发展的反思，也反映了法律人类学回应社会现实问题的理论转向。有鉴于1970年代前后的研究旨趣存在着明显的分野，在西方法律人类学的研究中，一般将1920年代至1970年代以前的法律人类学称为现代法律人类学，将1970年代开始的法律人类学称为当代法律人类学。美国法律人类学家穆尔（F. S. Moore）在《未竟的事业：法律人类学风雨50年（1949—1999）》（2001）一文中，对法律人类学研究对象在当代的变化有一个概括：从20世纪60—70年代开始，非西方族群的法律研究虽然还在继续，但是，一些新的研究转向西方法律制度下的阶级和统治的问题。人们注意到这样的事实：国家不是强制性规范的唯一来源，在与国家共存的其他许多地域内，也有规范制定和社会控制实施的现象，这种规范不统一的现象被称为"法律多元"。在扩大表达权和政治权利保障的研究上，这些研究工作取得了很高的成就，它们强调人权、民主要求和现实的障碍。在过去的半个世纪，作为人类学的分支学科，法律人类学已经将它的关注范围从非西方社会中的法律扩展到更广阔的法律领域。法律人类学不仅研究工业化的国家，而且还将它的研究从地方性法律问题扩展到全

---

① L. Nader: *The Anthropological Study of Law*, *American Anthropologist*, Vol. 67, No. 6, 1965, p. 4.

② 对于当代人类学研究对象的变化，马库斯指出："人类学的主题从来就不是原始的；甚至在殖民时代人为的稳定情形下，它一直处于变化的状态；也可以令人信服地说，人类学规定其传统主题时所处的世界已经在20世纪的最后25年发生了巨大的变化，就如同人类学的象征方法的视角所发生的变化一样。"参见[美]詹姆斯·克利福德、乔治·E. 马库斯：《写文化——民族志的诗学与政治学》，高丙中等译，商务印书馆2008年版，第8页。

国性法律问题，进而扩展到跨国性法律问题。在地方性研究的传统发扬光大的同时，法律人类学的研究对象还包括国际条约，国际商务的法律基础，人权领域，散居民族、移民、难民和罪犯，还有对在人类学早期有限的社区概念中不容易把握的其他社会情况的研究。①

在我国，无论是人类学界还是法学界，对当代西方法律人类学研究对象的介绍和评论不多，难以全面地认识这个学科的发展和现状。所以，本文不揣冒昧，试图以较广泛的材料对西方当代法律人类学研究对象的改变和现状逐一进行评介，以期从中窥视西方法律人类学在当代的理论进展。

一、过程研究

过程研究是法律人类学在 1960—1970 年代出现的一个重要的转向，之前的法律人类学研究以发现规则和分析个案为主要研究对象，而过程研究则是注重事件和个案在一定的时间维度和场域中发生、发展和结局的过程，以及在这个过程中各种社会力量的相互关系、博弈细节和控制过程的手段。实际上，格拉克曼（M. Gluckman）提出的案例扩展研究，已经关注到时间维度对案件的影响，② 但是，案例扩展研究的研究对象是案例，它以案例为中心展开研究。而过程研究则是以过程为研究对象，围绕过程扩展相关的社会与法律问题研究。以纠纷研究为例，以案例为中心的研究关注的是与案例有关的秩序和法律，而在以过程为中心的研究中，秩序和法律不再是判断纠纷能否解决的标准，而是将诸多分析工具纳入对纠纷全过程的研究中，这样，就将案例的研究转向为过程的研究。③ 时至今日，过程研究已经成为法律人类学的一个学术标志，并被推向更广阔、更深入的领域。如在 1990 年代后

---

① S. F. Moore: *Certainties Undone: Fifty Turbulent Years of Legal Anthropology* (1949–1999), Journal of the Royal Anthropological Institute, Vol. 7, No. 1 2001, pp. 95–96.

② F. G. Snyder: *Anthropology, Dispute Processes and Law: A Critical Introduction*, *British Journal of Law & Society*, Vol. 8, No. 2, 1981, p. 153.

③ James M. Donovan: *Legal anthropology: An Introduction*, Bowman & Littlefield Publishers, Inc. 2008, p. 137.

期纳德（L. Nader）提出了“过程控制（controlling process）”的进路，将过程研究扩大到整个社会领域，研究各种社会权力如何对人的行为或事件进行过程控制。①

过程研究带来的直接影响就是法律人类学研究范式的转变，在过程研究中，研究者试图以纠纷过程的研究建立一种新的研究范式——以过程为中心的范式，避免规范中心论将规范数据孤立出来讨论或用西方分类解读非西方社会规范的缺点。以过程为中心的研究范式有这样几个特点：其一，引起纠纷的冲突被视为社会生活的地方性特征；其二，对一个纠纷的充分研究，需要有对社会整体框架的描述，即在一个扩展的社会过程框架中对纠纷进行分析；其三，研究关注的重点，不再是以法官或判决为出发点，而是对纠纷解决过程的特质和功能做出解释；其四，无论规则如何表述，均需要考虑规则和范式的文化逻辑。当然，对过程中心论也有批评，批评者认为，以过程为中心的研究范式视角宽泛，缺乏学术上的严谨性，例如，对研究对象没有设置清晰的概念或定义方面的限制。另外，过程论对规则的忽视，不能解释规则存在的价值和规则体系的精妙构成。②

现在，以规则为中心的研究范式和以过程为中心的研究范式是法律人类学纠纷研究的两种进路，虽然在学术史上有前者向后者转变的趋势，但是，以规范为中心的范式仍然是被法律人类学家一直采用的纠纷研究进路之一。

二、法律多元

法律多元最初关注的是规范多元的现象，即殖民地和后殖民地存在多种法律规范的情况，如原宗主国的法律、独立后的国家制定的法律以及部落的习惯法等。后来研究者发现，不仅在殖民地，而且在各个国家或地区均存在

---

① L . Nader: *Controlling Processes: Tracing the Dynamic Components of Power*, *Current Anthropology*, Vol. 38, No. 5, 1997, p. 712.

② [美]约翰·科马洛夫、[英]西蒙·罗伯茨:《规则与程序——非洲语境中争议的文化逻辑》，上海交通大学出版社 2016 年版，第 14-17 页。

法律多元的情况，法律多元是一种普遍现象。而且，法律多元不仅表现在规范多元上，还表现为法律观念和法律原理的多元。后现代法学家桑托斯（B. D. S. Santos）试图基于法律多元和所谓“法制间”的观念提出一个后现代的法律概念，即法律是规范性秩序的社会结构和实践这些规范性秩序的人类经验之总和。他指出：“法律多元主义是后现代法律观的关键概念。不是传统的法律人类学的法律多元主义，在那里不同的法律秩序被看作共存于同一政治空间的分离的实体，而是在我们的生活轨道发生质的跳跃或全面危机以及在呆板的无事发生的日常生活中附加、相互渗透和混合在我们思想中以及我们行为中的不同法律空间的观念。我们处在一个多孔的法制或法制的多孔性的时代，一个迫使我们不断地转变和渗入的法律秩序的多重网络的时代。我们的法律生活是由不同的法律秩序相互交叉，即法制间（interlegality）而建构的。法制间是法律多元主义的现象学对应物。这就是为什么它是后现代法律观的第二个关键概念。”①

法律人类学家从不同的角度进行观察，形成了有关法律多元的多种理论，如地方性知识理论、半自治社会领域理论、法律层次理论、双重制度化理论、法律结构理论、法律多元的苛刻理论、去多元化理论等等。除了一般理论的研究外，研究者还对地域性的法律多元现象进行研究，比如，伍德曼（G. Woodman）在《非洲法律多元主义：国家确认习惯法的意义——以土地法为例》一文中，对非洲国家的法律多元观念和实践作了细致地分析，他认为，非洲国家现在通行的习惯法，是由殖民统治之前就已存在的习惯法派生而来的，只是它们已经被现实的社会环境发展和改造了。② 同样是研究非洲的法律多元，有学者则是关注法律多元导致特定群体权利难以平等保护的结果。如时任国际法院第一副院长 A. Kuenyehia 在《法律多元语境下妇女、移民与无遗嘱继承制度的问题》（2006）一文中指出，现在的非洲存在着两种

① 桑托斯：《法律：一张误读的地图——走向后现代法律观》，见朱景文主编：《当代西方后现代法学》，法律出版社 2002 年版，第 113 页。

② G. Woodman: *Legal Pluralism in Africa: The Implications of State Recognition of Customary Laws Illustrated from the Field of Land Law*, *Acta Juridica*, No. 1, 2011, p. 35.

区别明显、时而发生冲突的法律体系，即习惯法和国家法，习惯法通常调整的是家庭和亲属关系，国家法调整日常生活其他领域中社会关系。由于习惯法具有歧视妇女和损害权利的规定，所以，在承认法律多元的语境下，就会出现妇女权利难以保护的现象。①

法律多元不仅是当代法律人类学的研究对象，而且也是一个分析概念，它为法律人类学的当代发展提供了一系列重要理论依据和研究进路。例如，界定了表述法律多元状况的术语②，挑战了法律中心论③，加深了对非正式制度功能的认识④，推动了对“习惯法”的再认识⑤,法律的多样性来自文化的多元,来自地方性知识的多样性⑥,提供了实用的分析法律结构和法律与社会关系的理论工具。⑦ 不过，法律多元理论也有缺陷，例如，术语混乱⑧，过于关注单一社会的变迁和特定区域的具体特征⑨，概念过于简单，⑩ 尚未形成整合的全面的知识体系。⑪ 总之，法律多元是一个分散的、可争辩的、可论证的和不令人满意的概念。⑫ 时至今日，法律多元仅仅是法律人类学中诸多理论中的一种理论，甚至在一些西方法律人类学的著作中，它受重视的

---

① A. Kuenyehia: *Women, Marriage, and Intestate Succession in the Context of Legal Pluralism in Africa*, *U. C. Davis Law Review*, Vol. 40, No. 2,2006, p. 387.

② S. E. Merry: *Legal Pluralism*, *Law and Society*, Vol. 22, No. 5,1988, p. 878.

③ [美]萨莉·法尔克·穆尔：《法律与社会变迁：以半自治社会领域作为适切的研究主题》，胡昌明译，载《法哲学与法社会学论丛》2005 年第 1 期。

④ [日]千叶正士：《法律多元——从日本法律文化迈向一般理论》，中国政法大学出版社 1997 年版，第 101-102 页。

⑤ S. F. Moore: *Social Facts and Fabrications*: '*Customanry*' *Law on Kilimanjaro* (1890 - 1980), Cambridge University Press, 1986.

⑥ [美]C. 格尔兹:《地方性知识:从比较的观点看事实和法律》,邓正来译,见梁治平编:《法律的文化解释》,生活·读书·新知三联书店 1994 年版,第 146 页。

⑦ S. F. Moore: *Certainties Undone*: *Fifty Turbulent Years of Legal Anthropology* (1949 - 1999), *Journal of the Royal Anthropological Institute*, Vol. 7, No. 1,2001, p. 107.

⑧ S. E. Merry: *Legal Pluralism*, *Law and Society*, Vol. 22, No. 5,1988, p. 879.

⑨ S. E. Merry: *Legal Pluralism*, *Law and Society*, Vol. 22, No. 5. 1988, p. 891.

⑩ C. Fuller: *Legal Anthropology*, *Legal Pluralism and Legal Thought*, *Anthropology Today*, Vol. 10, No. 3,1994, p. 10.

⑪ 高丙中、章邵增：《以法律多元为基础的民族志研究》，载《中国社会科学》2005 年第 5 期。

⑫ C. Fuller: *Legal Anthropology*, *Legal Pluralism and Legal Thought*. *Anthropology Today*, Vol. 10, No. 3,1994, p. 9.

程度远远不如纠纷、权力之类研究。

三、本土研究

本土研究是指法律人类学家对自己的本土（西方）法律文化进行的研究。将法律人类学研究对象的旨趣从异文化转向本土文化，有时代背景的因素，也有人类学家学术抱负的因素。从时代背景的因素看，首先，由于原殖民地国家的独立，殖民地的管理已经成为过去，政府批准的针对原殖民地的研究经费大大减少，难以支撑法律人类学对异文化的研究需要。其次，许多原殖民地国家独立后，出于对西方殖民者的痛恨，限制西方学者进入原殖民地进行研究活动，使得异文化的研究遭遇进入的困难。① 最后，自 1970 年代以来，西方国家的社会矛盾日益突出，经济上行困难，社会分裂严重、政治丑闻不断，社会的不平等、不公平的制度以及实施国家的政治、经济、法律制度备受质疑。② 从法律人类学家学术抱负的因素来看，面对本土的社会问题，法律人类学家承担着解释和解决这些问题的责任，他们试图让法律人类学回归本土，在本土研究中施展法律人类学的学术魅力，从而获得对本土法律和法律问题的认识，为社会矛盾的解决提供法律人类学的智慧。美国法学家康利（J. M. Conley）和法律人类学家欧巴（W. M. O'Barr）是当代人类学家与法学家合作的典范，他们在一篇题为《法律人类学回家：法律民族志简史》的文章中讲到美国法律人类学家的本土研究："在过去的几年里，出现了一种新的倾向：一些法律人类学家开始将人类学的方法运用到对美国法律体系的研究中。这一倾向部分归因于一些逻辑现实。但更值得注意的是，这种倾向反映了当代人类学对庞杂的、有历史的西方世界与传统的、静态的非西方世界之惯例性区分的抛弃。像其他领域一样，法律人类学的研究者已经

① J. Conley, W. O'Barr: *Legal anthropology comes home: A brief history of the ethnographic study of law*, *Loyola of Los Angeles Law Review*, Vol. 27, No. 1, 1993, p. 56.

② [英]韦恩·莫里森：《法理学：从古希腊到后现代》，李桂林等译，武汉大学出版社 2003 年版，第 441 页。

承认他们的分析范式是种幻想。他们开始以民族志中窥探他人的视角（客位观察法）来审视他们自身和他们周边的环境，而这种民族志中的窥探曾经是用来审视非西方世界的‘他者’。法律人类学的研究范围将美国社会包含在内，从而导致了以下几个问题：（1）在哪种程度上将法律视为一种独立的，不同于社会系统的一部分是恰当的？（2）个案研究方法如何才能作为一种分析范式来研究美国法律体系？（3）在哪种程度上提到一个单一或统一的美国法律文化是合适的？”①

法律人类学的本土研究催生了方法论的变革。纳德在其对本土问题的研究中提出了“向上看”和“垂直切片”的进路，她认为，将研究的重点转向上层社会的权力也是人类学最为紧迫的任务。美国公民的生命质量和生活质量取决于公民对那些确定社会发展取向、掌控制度性结构的人的认识，所以，将制度性权力和官僚机构作为美国社会的食物链加以研究是合适的，因为这种制度及其形成的网状系统影响着美国人的生活，也影响着人类学家传统研究中的那些分布在世界各地的族群的生活。② 在论述研究上层社会时，纳德力图避免研究进路的偏颇，从整体论的立场提出了在上层社会和底层社会之间采取上下求索进路（Studying Up as well as Down），并使用了“垂直切片”一词来描述对不同阶层的研究，即把社会底层至社会顶端视为一个整体，对社会现象进行纵向的分层研究，观察和分析社会中存在的各个阶层，以获得对社会全貌的认识。③

四、社会变迁与法律史的研究

尽管社会变迁的研究突破了功能主义理论的限制，但是历史资料的缺乏

---

① John M. Conley, William M: O'Barr. *Legal Anthropology Comes Home: A Brief History of the Ethnographic Study of Law*, *Loyola of Los Angeles Law Review*, Vol. 27, No. 1, 1993, p. 56.

② L. Nader: *Up the Anthropologist—Perspectives Gained From Studying Up*, In Dell H. Hymes (Ed.): *Reinventing Anthropology*, Vintage Books, 1972, p. 284, p. 289, p. 292.

③ L. Nader: *The vertical slice: Hierarchies and children*, In G. M. Britan and R. Cohen (ed.): *Anthropological perspectives on bureaucracy*, Institute for the Study of Human Issues, 1980, pp. 31-44.

仍然困扰着研究者。1970 年代以来，法律人类学一改过去因为缺乏历史资料而不研究社会变迁的传统，法律人类学家以有文字记载的社会为研究领域，对社会的法律变迁和法律史进行研究，法律人类学家也根据不同时期人类学家对无文字社会所做的民族志对无文字的社会进行法律变迁和法律史的研究。除此之外，现代社会的法律档案也为法律人类学家提供了研究社会变迁和法律史的重要材料。因此，社会变迁和法律史的研究成为法律人类学研究异文化和本土文化的重要对象。比如，穆尔在《社会事实与社会重构：1880—1980 乞力马扎罗的习惯法》（1986）的著作中，通过历史资料的查阅和其本人田野调查收集到的资料，对坦桑尼亚东北部乞力马扎罗地区一个世纪的社会变迁进行了梳理，包括殖民地前、殖民地以及后殖民地时期的政治、经济和法律状况和变迁。①

1985 年在意大利米兰召开的“特定社会下法律变革的人类学模型”国际会议，讨论了如何应用文献中的历史资料研究争端处理形式和权力关系在时间变量中对法律效力、法律进程和其他制度的影响。研究者不再聚焦于争端和解决争端的尝试，而是关注一些新的研究主题，如文化如何影响法律意见、统治群体或少数群体的法律策略、跨国际边界的争端调解、法律对网络再分布的创建、国家颁布的法律如何改变农村层级或弱势群体如何争取获取表达其利益的法律。与早期研究相比，新的研究跨越了更广泛的地理区域，也当然跨越了更长的时期。时间维度的扩大改变了地区和空间区域研究的界限，例如，在法律的制定过程研究中，现代单一民族国家分级组织机构被作为政治事件研究并被持续跟踪。② 斯塔尔（J. Starr）和科利尔（J. F. Collier）主编的《法律研究中的历史与权力：法律人类学的新进路》（1989）是这次会议的论文集。③ 在这部论文集中，法律人类学家的研究表明：研究历史长

---

① 参见李婉琳：《社会变迁中的法律——穆尔法人类学思想研究》，中国人民公安大学出版社 2011 年版，第 232 页。

② J. Starr，J. F. Collier：*Historical Studies of Legle Change*，*Current Anthropology*，Vol. 28，No. 3，1987，p. 368.

③ J. Starr，J. F. Collier：*History and Power in the Study of Law*：*New Directions Anthropology*，Cornell University Press，1989.

河中法律变迁的动态是法律人类学的另一个重要方向。传统有时是迅速发明出来的，习俗的内容和意义即使在其形式保持不变的情况下也可能发生变化，当政府编纂习惯法时，它们参与了包容和排斥的政治进程，有时会产生令人吃惊和难以预料的结果。①

社会变迁和法律史的研究对推动了法律人类学在方法论上的变革，在20世纪70年代，法律人类学彻底放弃了单线的社会进化论的研究方法，认为进化论的社会进化顺序并不能解释日益复杂的法律行为和“类法律”的形式，同时，为了让法律形式完全适合于社会文化的进化阶段，而人为地抽象和净化法律形式，是一种对历史材料的有意损害。许多法律人类学家认为，当法律人类学涉及历史时，研究法律进程的人类学家应当避免将有关法律进化的观点过于简单化，法律形式会因时间和地点而产生差别，但它与社会进化和国家发展的阶段并无关联。放弃习惯法、国家法相继出现的理论模式，法律多元理论会赋予那些旧概念新的意义。②

法律变迁和法律史的人类学研究也为法学中的法律史研究提供了一种民族志的研究方法，即以民族志的方法研究档案、史料和法庭记录等材料，并对这些材料反映的法律史做出解释。弗里德曼（L. M. Freidman）认为，法律的历史研究总是有必要对历史上的法律现象做出解释，即使在定量的研究中也是如此。档案研究、历史研究和法院记录分析，在某种程度上，这些研究都属于深描的民族志。在传统的观念中，在为之耐心、辛劳工作且睿智的研究者的观念中，这就是民族志。这种民族志创造了文化的艺术和科学，并且至少带来了一种可能性，即对处于不同时空的、神秘、遥远和具有活力的人类的理解。③

① M. Lazarus-Black: *Review Article: History and Power in the Study of Law—New Directions in legal Anthropology*, *APLA Newsletter*, Vol. 12, No. 2, 1988, p. 10.

② J. Starr, J. F. Collier: *Historical Studies of Legale Change*, *Current Anthropology*, Vol. 28, No. 3, 1987, p. 368.

③ J. Starr, M. Goodale: *Practicing Ethnography in Law: New Dialogues, Enduing Methods*, Palgrave Macmilan Ltd., 2002, p. 189.

五、社会中的政治与权力

涉及政治的人权、权力、民主、统治模式、意识形态等是法律人类学关注的问题。穆尔指出，人类学家们应用他们在法律方面的兴趣参与到政治问题的讨论中，并且比以前更直接地阐述了他们的观点。毫无疑问，在20世纪80—90年代经历的政治运动并不亚于前20年。我们生活在一个后社会主义、后冷战、后种族隔离的时代，很多政府都被推翻或者替代。有关新政权以及它们是否会变成“民主制”或“民主制”的含义是什么的问题层出不穷。世界上许多地方都在建立新政权改造旧政权。这些过程中的法律问题也正开始吸引着新型人类学的关注。然而，对于国内政府的建构又不是可以脱离国际事务的过程。对全球化的关注不可避免地进入了这场讨论。关于这些问题的学术讨论是不易的，但是它开始了以新的方式对更大范围的社会背景的考察。“当人类学家追问何种条件下法律制度有助于民主实践时，他们会不经意地对刻意行为的可能性表现出了某种的乐观。这种追问表明，即使是那些具有职业性怀疑习惯的人也承认，也许一切都在向好的方向转变，至少状况会更好地被理解。为此，人类学要通过对法律田野调查材料更为广泛和深刻地语境化，扩展其的学术分析。众所周知，法律是主要的政治工具，并且政治对法律如何适用总是说三道四。然而，最近几十年法律作为政治工具走得更远，甚至迫切地希望改变法律的构建方式。”①

例如，乌戈·马太（U. Matel）和劳拉·纳德在《西方的掠夺：当法治非法时》（2008）一书中：“运用一系列事例和片段论证，在贯穿欧美历史的过程中，法律通常都是被霸权国家或其他强权主体用于论证掠夺的合理性的。今天的法律，如世界贸易组织协议、国际货币基金组织和世界银行贷款条件以及本质上是种族主义中心的权利话语的法律其实是一种使掠夺合法化的法治，而这本身是不合法的。问题是，在殖民主义和帝国主义背景下的法

① S.F. Moore: *Certainties Undone: Fifty Turbulent Years of Legal Anthropology* (1949 - 1999), *Journal of the Royal Anthropological Institute*, Vol. 7, No. 1, 2001, pp. 107-111.

治，到底是产生非秩序还是秩序？到底是助长了压迫的延续，还是终结了殖民的实践呢？”①

又如，对于政治符号在日常生活中的角色，库姆（R. Coombe）在《知识产权的文化生活》（1998）一书中指出，在大众媒体和知识产权的文化生活中，商标、被法律保护的名人标志和象征政府权威的标志成为引人注目的缘由或关于象征研究的趣事。可口可乐的标志、玛丽莲·梦露的形象以及政府机构的徽章为大众所熟悉，但却完全不能自由使用。我们的环境中充斥着这些人造的标签。通过商品广告和明星宣传而产生的产品需求填满了我们生活的空间和意识。“这些标志是如此流行，已渗透到生活的各个角落。它们构成了现在西方社会中人们生活的‘文化’”②。

六、国际法的人类学研究

人类学对国际法的研究最初是因为国际法涉及有关土著人和部落族群的规定，对于研究异文化的人类学家来说，为制定和执行这类国际法提供专业知识和行动策略是义不容辞的责任。人类学家通过参与国际法的制定和国际组织的工作，积极倡导国际社会赋予土著人和部落族群平等权利，并予以法律保护。例如，国际劳工大会 1957 年通过的《土著和部落居民公约》和 1989 年开放签字的《土著和部落民族公约》，均属于这方面的国际法文件。在这两个文件的起草和执行中，人类学家置身于社会冲突的最前沿，他们研究、确定、有时协助设计和执行旨在促进或阻碍土著和部落人民变革的方案。作为联合国机构的国际劳工组织试图为这些冲突确定一套最低标准，而有能力承担这些工作的正是人类学家。③

国际法与初民社会的法在制定和实施方面具有相似之处，这样的特点在

① 乌戈·马太、劳拉·纳德：《西方的掠夺：当法治非法时》，苟海莹译，社会科学文献出版社 2012 年版，第 3 页。

② R. Coombe: *The cultural life of intellectual properties*, Duke University Press, 1998, p. 52.

③ Lee Swepston: *Indigenous and Tribal Peoples and International Law—Recent Developments*, *Current Anthropology*, Vol. 30, No. 2, 1989, p. 264.

20世纪50年代以前就受到法学家和法律人类学家的关注。例如，法学家凯尔森（H. Kalsen）就说：由于其权力分散，一般性的国际法具有原始法的特点，即它虽然设立立法、司法或行政机关，但却将职能留给个别主体和国际社会成员。国际法学家奥本海（L. F. L. Oppenheim）也认为国际法是“弱法”，类似于原始社会的法律。[①] 法律人类学家霍贝尔（E. A. Hoebel）指出：“所谓国际法就是世界范围内的原始法……无论理想主义者是期望是什么，武力和以武力相威胁是解决国际间争端最终所依赖的力量，这同国内或部落内以法律的方式解决纠纷的情况是一样的。”[②] 当代法律人类学家对国际法的认识已经超越了将国际法与初民社会原始法的简单比较，坎贝尔（A. Campbell）认为，这种比较简单而无意义，应当拒绝这种比较。因为，国际法是现代法，它一般表现为成文法，且由国际组织和国家的制裁保证实施。另外，国际法产生和适用于复杂多元的国际社会，它要解决的问题完全不同于初民社会。[③] 不过，纳德在对和谐社会的研究中，通过对墨西哥村镇自治、美国替代性纠纷解决机制和国际纠纷解决中国际法适用的比较研究发现，强制和谐是一种普遍存在于人类社会现象。纳德指出，在国际纠纷解决机制中，非对抗性的谈判也被作为解决纠纷的手段被提倡。由来自不同的领域——法律、经济、社会心理学、政治科学和心理治疗——专家组成的谈判团队，把注意力集中在促进国际关系体系的稳定和发展上，国际谈判不再是政府对政府的活动，而是政府的国际职能部门、非政府组织、公众人物等的活动。虽然国际关系稳定可能是一件好事，但是，它也意味着不公正和持续的不平等。许多关于国际谈判的著述都暗示存在着一种谈判者的“普适性外交文化”，即国家政府官员、国际“科学界”和环境组织的共同文化。实际上，他们主张的普适性是一种解决纠纷的霸权主义视角。这种霸权主义是20世纪70年代在美国发展起来的，并出口到世界各地，是一种装扮为和谐意

---

① A. Campbell: *International Law and Primitive Law*, *Oxford Journal of Legal Studies*, Vol. 8, No. 2, 1988, p. 169.

② E·A·霍贝尔：《初民的法律》，周勇译，中国社会科学出版社1993年版，第371-372页。

③ A. Campbell: *International Law and Primitive Law*, *Oxford Journal of Legal Studies*, Vol. 8, No. 2, 1988, pp. 194-195.

识的霸权主义。事实上，这是一种强制性的和谐，其主要功能是安抚。[①] 梅丽（S. E. Merry）也认为将国际法与村庄中的民间法进行比较是有趣的，通过这种比较可以认识和阐释两种法律在制定和实施上的进程。例如，二者都是多元的，并与其他法律秩序相交叉；二者都严重依赖互惠和被排斥的威胁，社会压力敦促其成员遵守国际法或村庄民间法；二者的合法性均产生于争论、协商和妥协的过程。梅丽认为人类学的国际法研究对国际法的理解和分析有着重要的贡献，它关注的小规模社会空间的意义和实践，无论是在村庄还是国际法院的走廊，使我们能够更深入地了解国际法的各个方面如何发挥作用。尽管在这些法律在形式上存在着巨大的差异，但与村庄民间法的类比显示了对特定情况、个人行为、更广泛的结构不平等和意义体系进行分析的可能性。[②]

当代国际法的一个重要内容是关于国际人权的规定。国际人权涉及的权利包括生存、自由与平等权利、免受酷刑和法外杀戮的保护以及个人和群体的工作、发展、居住和健康的权利等。随着人权运动的发展，国际法中关于解决国际人权法与地方文化冲突的原则也引起了人类学家的注意。在人类学史上，曾经有一起公案一直被法学家诟病，即 1947 年美国人类学协会向联合国人权委员会提交了一份声明，认为即将提交联合国大会讨论的《世界人权宣言》是一项以法案形式表现出来的帝国主义行径，它将西欧和美洲国家的价值观作为权利宣言的内容，不应当适用于所有人。对于个人而言，只有当他按照社会对自由的定义生活时，他才是自由的。声明公开后，法学和人类学界对声明的看法莫衷一是。有法学家认为，人类学协会对地方文化采取无限宽容的态度，而这种持文化相对主义的问题在于其对文化差异的宽容与对其他社会文化作出的道德评价不相容。这个声明给美国人类学协会带来的

---

① L. Nader: *Coercive Harmony: the Political Economy of Legal Models*. In L. Nader (ed.): *Essays on Controlling Processes*, 1996, Kroeber Anthropological Society Papers, 1996, pp. 7-8.

② S. E. Merry: *Anthropology and International Law*, *Annual Review of Anthropology*, Vol. 35, 2006, p. 101, p. 106.

是持续50年的极大耻辱。① 对于声明中涉及的文化相对主义，人类学家认为，声明中所讲的文化相对主义更多的是关于文化适应，而不是文化宽容，它主张通过学习和社会化的过程，社会成员才能接受社会的价值观。② 实际上，声明发布时，一些人类学家就表达了对声明的不满，但这种不满主要针对的是声明的政治性质。例如，斯图尔德（J. H. Steward）质疑声明中所讲的文明国家的正当性，他指出，如果声明中尊重文化价值的诉求仅仅是指原始民族，那也没有什么不对的，因为，原始民族是文明的接受方，应当被给予更多的理解和宽容。但是，当人类学家将目光转向现代国家时，他们很清楚那里有更多该谴责的事情存在着。③

《世界人权宣言》在联合国大会通过后，联合国又相继制定了许多有关人权的公约和国际法文件，这些公约和文件在对不同领域人权的规定中，都以不同的形式强调着《世界人权宣言》第2条中关于人权平等的主张："人人有资格享有本宣言所载的一切权利和自由，不分种族、肤色、性别、语言、宗教、政治或其他见解、国籍或社会出身、财产、出生或其他身份等任何区别。并且不得因一人所属的国家或领土的政治的、行政的或者国际的地位之不同而有所区别，无论该领土是独立领土、托管领土、非自治领土或者处于其他任何主权受限制的情况之下。"④ 例如，在1995年联合国第四次世界妇女大会（北京）通过的《行动纲领》第124条（a）中规定：各国政府应当"谴责对妇女的暴力行为，并且不以习俗、传统或宗教为考虑来逃避其按照《消除对妇女的暴力行为宣言》的规定消除对妇女的暴力行为的义

---

① K. Engle: *From Skepticism to Embrace: Human Rights and the American Anthropological Association*, *Human Rights Quarterly*, Vol. 23, No. 3, 2001, p. 542.

② A. D, Renteln: *Relativism and the Search for Human Rights*, *American Anthropologist*, Vol. 90, 1988, p. 62.

③ J. H. Steward, H. Julian: *Comments on the Statement on Human Rights*, *American Anthropologist*, Vol. 50, 1948, p. 351.

④ 《世界人权宣言》，联合国网，http://www. un. org/zh/universal-declaration-human-rights/index. html. 访问时间：2019年1月10日。

务"①。在对这些国际法文件的解读和宣传中，有的学者和官员将女性、少数民族和其他弱势群体所面临的不利因素归咎于文化。梅丽认为，一些国际法文件在强调文化多样性和回应文化差别的重要性的同时，又在人权制度中创造出跨国现代性，并以这种跨国现代性的普遍实施来促进普适性的模式和价值体系，文化被当作实现跨国现代性的障碍。基于对文化的误解，人权领域的法学家和记者排斥着人类学，他们认为文化整体论没有为变迁、争议或权力、实践和价值观证件的关联分析提供空间；反而，文化整体论成为普适性人权的改革计划的障碍。当文化被人权法妖魔化时，人权法也完全误解了人类学。事实上，人权法对确定性和普适性的追求，会不会丧失了什么？对文化相对主义的严厉批评和将文化定位于人权实践的障碍，是否造成了宽容和尊重文化差异原则的丧失？在这些问题上，地方行动者和非政府组织与国际现代性拥趸对文化的想法大相径庭，他们关注的是把人权带回家，在地方性的背景和意义体系中接受人权。一种更复杂而动态的文化理解不仅会促进人权的理念，而且也会将人类学理论重置于这些论题的中心位置，而不是将它放逐至边缘。②

七、大规模社会的法律研究

1970年代以来，以人类学视角研究跨国和国家层面的法律问题，成为法律人类学领域中与研究地方性法律问题相媲美的新研究对象。与传统的小规模社会研究不同，大规模社会法律问题的研究要以一种独特的田野工作方法在进行。例如，有的法律人类学家致力考察私营企业分散于多国的生产营销网络中的规范，进而描述一个多元文化的国家体制如何运行；有的法律人类学家对国家间的条约和协议进行研究性评论，他们的研究材料来源于诸如欧

① 《1995年联合国第四次世界妇女大会行动纲领》，豆丁网：http://www.docin.com/p-81728798.html. 访问时间：2019年1月10日。

② S. E. Merry: *Human Rights Law and the Demonization of Culture* (*and Anthropology along the Way*), *PoLAR*, Vol. 26, No. 1, 2003, p. 71.

盟、世界银行、国际货币基金组织等机构的政策和规范，这些政策和规范在大型的文献资料室和图书馆都有收藏。研究大规模事件的调查者其实已经远离了早期的民族志研究模式的关注点，迈入了超越地方的场域。在这样的研究中，民族志的田野工作如何开展？个性化的访谈和参与观察如何进行？法律人类学家在研究中不得不改进或变革原有的研究方法，以便解决进入现场或获取资料的问题。当然，全球化的行动中也存在涉及特殊人群和地方的地方性事务，这些地方其实是全球化进程中维系跨国活动的脉络，研究这些地方的民族志能够作为研究全球化进程的背景材料。①

例如，康利和欧巴在《企业社会中的犯罪与习俗：关于公司不当行为的文化视角》一文中，通过涉及汽车销售公司、食品公司和烟草行业的三个案例，对公司不法行为进行文化视角的研究。三个案例都是公司不当行为的案例，但从文化角度来看，它们几乎没有共同之处。这些差异不仅来自三个案件的不同事实，而且来自独特的文化模式，这些文化差异对责任和责任归因于公司实体，以及法律补救的可行性具有重要意义。作者认为："对这些问题的人类学回答，需要从公司的文化环境切入加以解释，在特定的文化环境中，公司是具有某种共同信仰并自我认同的人组成的群体，这个群体中的人从事着一系列独特而又相互理解的实践活动。"②

又如，在全球化背景下的国际关系中，跨国交往频繁，因跨国行为引起的法律问题增多，这也促使法律人类学家关注跨国行为中的法律问题。吉尔博伊（Janet A. Gilboy）在一篇题为《准入审查：移民审查员的决策》中，对美国一座国际机场的移民审查官员和外籍旅客的行为进行了民族志研究。在这个研究中作者面对的场域虽然是一个小地方（机场），但研究的外籍旅客却来自五洲四海，所以，这是一个地方性的跨国行为研究。作者的研究目的是解释社会控制中以个人决策为导向的模式，个人如何通过适应环境情势的分类和集中方式作出决策。

---

① S. F. Moore: *Law and Anthropology: A Reader*, Blackwell Publishing Ltd, 2005, p. 245.

② John M. Conley, William M. O'Barr: *Crime and Custom in Corporate Society: A Cultural Perspective on Corporate Misconduct*, *Law and Contemporary*, Vol. 60, No. 3, 1997, p. 6.

对大规模社会的研究引起了法律人类学研究范式的另一个转向，即从民族-地方的研究范式转向以问题为导向的研究范式。民族-地方的研究范式是20世纪20年代以来人类学的基础，它适合于小规模的非现代社会田野调查的要求，有利于为全球民族志档案馆添加比较的材料或待解决的问题。[①] 但是，对于大规模社会研究而言，民族-地方的研究范式限制了人类学家的视野和研究范围，于是，一种以专门问题为导向的整体研究应运而生，成为人类学和法律人类学的一种新的研究范式。[②] 这种以问题为导向的研究范式不排斥田野调查，也不排斥诸如新闻报道这样的二手材料，它以整体论的进路，细致而深入地描述所研究问题的背景、过程和介入因素，并试图给出一个法律人类学的文化解释。显然，这种研究范式更适合大规模社会的研究。

八、法律民族志的研究

将人类学家撰写的民族志和人类学作品作为研究对象是反思人类学的贡献，在法律人类学中，以法律人类学家的民族志文本或法律人类学的田野调查经历为对象的研究，也是这个时期出现的现象。如欧巴和康利写的《回到特罗布里恩德群岛：马林诺夫斯基〈原始社会的犯罪与习俗〉的持续性影响力》[③] 和《一个情不自禁的经典：〈夏安人的方式〉与法律人类学的案例方法》[④]。前文针对学界否定马林诺夫斯基（B. Malinowaki）的议论，客观地评价了马林诺夫斯基在法律人类学学术史上的地位，指出，马林诺夫斯基是一

① [美]詹姆斯·克利福德、乔治·E. 马库斯：《写文化——民族志的诗学与政治学》，高丙中等译，商务印书馆2008年版，第2页。

② 关于人类学的问题研究范式，马库斯指出："人类学雄心勃勃地在诸多新的讨论领域中开展研究，去研究各种制度诸如媒介、科学、技术、市场、广告与公司，不考虑规定传统主题惯用的民族与地方模式，到1990年代晚期，这些新的研究至少已经获得了与惯用模式同等的合法地位和声望。"参见 [美]詹姆斯·克利福德、乔治·E. 马库斯：《写文化——民族志的诗学与政治学》，高丙中等译，商务印书馆2008年版，第8页。

③ John M. Conley, William M. O'Barr: *Back to the Trobriands: The Enduring Influence of Malinowski's Crime and Custom in Savage Society*, *Law & Social Inquiry*, Vol. 27, No. 4, 2002, pp. 847-874.

④ John M. Conley, William M. O'Barr: *A Classic in Spite of Itself: The Cheyenne Way and the Case Method in Legal Anthropology*, *Law & Social Inquiry*, Vol. 29, No. 1, 2004, pp. 179-218.

位在法律人类学学术史中最重要的学者，他第一次论证了两个事实：如果不以西方社会的情况为标准，那么所有的社会都能够假定为是存在法律的社会；他使人类学的象征——田野民族志——能够被有效地运用于法律研究。另外，马林诺夫斯基最杰出的贡献在于他是使用跨文化的视角考察法律性质的第一人。无论后人如何评论，马林诺夫斯基的这本著作对于法律人类学来说一直是最有影响力的著作。后文这样评价卢埃林（K. Llewellyn）和霍贝尔（E. A. Hoebel）合著的《夏安人的方式》：尽管很多人听到过有人提过这本书，但现在的人类学专业的学生如果不选修法律人类学课程的话，他们是不会去读这本书的。也很少有法律专业的学生，甚至法学教授知道有这样一本书。然而，这本书在人类学和法学两个学科中具有不容置疑的深刻且持久的影响力。在人类学中，这本书理所当然的处于方法论里程碑的位置。在法学中，这本书代表着在后形式主义理论与日常生活的法律实践的真实世界之间架起了意义重大的第一座桥梁。

除了对以往的法律民族志经典进行反思性研究外，探讨当下法律民族志的理论与实践也是法律人类学的研究对象之一。斯塔尔和古德尔（M. Goodale）主编的《法律民族志的实践：新对话，老方法》（2002），是一部探讨在不同社会、政治、法律语境中，理解复杂法律问题的各种研究技术的论文集。主编邀请的 11 位法律人类学家分别撰写了有关民族志研究理论与方法的论文，这些论文或是强调一个特别分析框架以解决民族志学者面临的问题，或是提出颇具特点且已被民族志实践证明实用性的数据模式或研究方法。主编认为，和所有的民族志一样，法律民族志也要求理论与方法的完美结合，而在不同地方、不同时间，理论与方法如何结合则是民族志学者面临的挑战。理论与方法存在着相互构建的关系，但是，无论是哪一方对另一方的构建都不是一个简单或僵化的过程。法律民族志学者在仔细考察研究涉及的理论，并琢磨何为与理论上的研究目的最相适应的研究方法后，方才开始进行研究项目。能够使理论与方法在动态中产生相互作用的，是研究者在研究过程中勇敢地迎接新的挑战，这些挑战会引导研究者反思理论假设和方法论的实践。理论与方法的发展路径不会是单线的；在一代接一代的研究者中，当研究过程中的具体问题逼迫研究者尝试和应用新的和不可预知的路径时，研究者总会发现有些确定的民族志方法——就像参与观察法和访谈法——仍然具有实用性和必要性。在完成研究项目之后和写作民族志过程中，研究者会讨论理论和方法是否会持续之前的实用性，什么新理论和新方法应当被认真考虑。这部论文集的作者从不同的进路，运用不同的方法研究法律现象的努力就是民族志锻造理论与方法的实践。民族志是一种渐进发展的学问，法律民族志学者在田野中会遭遇之前并不能预知的语境，它们挑战着基本的方法论假设。这种不确定性意味着民族志学者应当保持灵活性和适应性。当研究完成时，民族志项目并没有结束，相反，研究者会碰到新的理论文献，这些文献使其正在运用的关于研究发现的意义和性质的假设面临挑战。这种情况会激发出一种交叉聚集的研究。①

综上所述，当代法律人类学的研究对象发生了较大的变化，这些变化中，有的是在原有研究对象基础上发掘出新的意涵和命题，如社会变迁与法律史研究、社会中的政治、国际法研究和法律民族志研究；有的是在社会变迁中发现了新的研究对象，如过程研究、法律多元研究、本土研究和大规模社会研究。研究对象的变化对法律人类学的研究具有重大的影响，尤其在法律人类学的研究范式方面，研究对象的变化和其他因素的作用，促使当代法律人类学的研究范式发生了诸多的转变：从规范和案例中心向过程中心转变；从经典法律多元向新法律多元转变；从异文化社会研究向本土社会研究转变，从社会行为研究向权力、意识形态研究转变；从简单的小规模社会研究向大规模社会研究转变；从地方-民族研究向问题研究转变；从描述性民族志向阐释性和反思性民族志转变。尽管在这些转变中没有出现后者代替前者的格局，但是，新的研究范式激发了法律人类学的生命力，推动了法律人类学在理论和方法上的创新。

---

① J. Starr, M. Goodale: *Practicing Ethnography in Law: New Dialogues, Enduing Methods*, Palgrave Macmilan Ltd., 2002, pp. 1-3.

法人类学研究方法新探*

徐晓光 徐 斌**

摘 要：19世纪中后期，法人类学出现并逐渐发展完善，成为法学和人类学交叉、互渗的新兴学科。最初，法人类学研究的是人类早期的法律制度，随着该学科的丰富和与时俱进，渐渐地被广泛应用于包括西方国家在内的法律制度和社会秩序的研究当中。本文根据法人类学家的研究经验，结合笔者的一点体会，对法人类学的研究方法进行探讨。

关键词：法人类学；研究方法；田野调查

在中国人类学的发展中，方法论的探讨一直是该学科的重要内容。每一次人类学学科的转折或变化都伴随着研究方法的改进和挑战。人类学家在对具体的人类文化现象的研究，往往采用田野调查方法，人类学理论正是建立在田野工作的基础之上。用田野工作法获得的个案材料建立假说和解释问题是人类学研究工作的主要特色。国内外著名学者有价值、有影响的理论观点都是对田野工作经验的提炼、概括和升华。通常，研究方法包括三个层次，一是认识论，即如何认识和了解事物；二是以方法论为基础 ，对研究方式即研究策略进行选择；三是具体研究方法和技术，如何进行访谈、如何搜集

---

* 基金项目：2018年国家社会科学基金重点课题“黔桂界邻地区少数民族石体资料搜集、整理与研究”（项目编号：18AMZ011）。

** 作者简介：徐晓光，男，辽宁盘锦人，江苏师范大学特聘教授，贵州师范大学教授、法学博士，博士生导师；徐斌，男，贵州大方县人，贵州师范大学博士研究生。

资料等，掌握田野知识，能为田野资料的获得提供很多便利。

一、细致、持续不断的田野调查

田野调查，也称实地调查或现场研究，其英文名为 Fieldwork。科学的人类学田野调查方法，是由英国功能学派的代表人物马林诺夫斯基奠定的。法人类学是将法学与文化人类学整合而成的学科，把法律视为一种文化现象的观点贯穿着法人类学发展的始终。

1. 田野调查是法人类学的基本手段

通常而言，在进行田野调查的过程中，必须对一个民族或社区做深度了解，其目的是为了了解一个群体及其文化，研究其社会结构，并致力于了解当地人的思想和观点，以期达到研究该社会整体文化。传统的田野调查方法花费时间和精力，成本较高，同时如果方法运用不得当，其信度和效度也会大打折扣。在实际的田野研究工作中，法人类学者需确定具体的调查地点、调查范围，以及确定自己的田野研究规模和研究取向等，点越小越好，“到场乱跑”是不行的。

2. 习惯法田野调查应首先关注“变化”

法人类学必须观察、分析和描述一定社群、族群中人们交往行为的固有规则和习惯，找到人们日常生活中“行动中的法”或者“活的法”。[①] 笔者在《从苗族‘罚 3 个 100’看习惯法在村寨社会的功能》（载《山东大学学报》2005 年第 3 期）一文，探讨了苗族作为一种传统的处罚体系一直延续到现在，并在雷公山地区苗族村落普遍使用及其在现今的社会功能等问题。“罚 3 个 100”在黔东南很多村寨村规民约中都如此规定，这是黔东南苗族延续已久的处罚传统。“罚 3 个 100”在苗族一些地区现在还使用，其内容已随着社会的变化而发生了变化。渐渐地发展成为适用时代发展的民间规范。在黔东南西江地区，存在着“罚 4 个 120”，这是在“罚 3 个 100”的基础上演变发展而来的。“罚 4 个 120”，即罚 120 斤酒、120 元现金、120 斤

① 谢晖：《法（律）人类学的视野与困境》，载《暨南学报》（哲学社会科学版）2013 年第 2 期。

(1 斤=0.5 千克) 糯米和 12000 响的鞭炮，对‘罚 4 个 120’的规约所有人必须执行，其中通过燃放鞭炮达到警示和教化的目的。后来，我们发现，当地还将罚 12000 响鞭炮变为罚 120 斤蔬菜。随着各民族文化的交流，时代的变化，“活法”内容上出现了一些变异，不进行细致、长期的调查就发现不了。

村寨是苗族侗族社会最小的单位，寨老大多是自然产生，也有少数由各房族推选产生的。每寨都有为人正直、办事公道、谙熟古理的寨老。他们是自然领袖，根据情况的变化，人数不等，人员也不固定。传统村寨的寨老有对内对外两种职能：对内寨老有权召集民众召开村民大会，讨论有关寨内重大事情，管理村寨公共财产，在村寨法的订立、执行、实施与认可等活动中发挥着主导作用，并按传统习惯法解决寨内各种纠纷，动员或组织本寨群众创办各种公益事业，组织村寨祭祀活动等。对外则作为本寨代表处理涉外事务和进行经济交涉，组织并指挥全寨青壮年抵御外来侵略和掠夺。而现在，寨老的对内对外的职能都已逐渐弱化，话语权也几乎不存在了。除了与本宗族密切相关的一些事务外，寨老基本没有管理其他事务的权力了，这些权力通常都会由村民委员会执行。①

3. 习惯法田野调查应该以语言为突破口

人类学家必须花上数月，甚至一整年的时间，深入到当地民族的生活中学习并使用当地的语言，与他们进行沟通，参与当地人的生活，尽可能地将自己融入当地人的日常生活里，观察、体会和了解当地人的生活，当然现在很多学者都做不到。好在现在很多少数民族（特别是男子）都使用汉语。在侗族原始的话语中都把“犯罪”叫作“犯岩”。这里所说的“岩”是什么？就是没有文字的石头，是一种“象征法”，每遇大事，参加“竖岩会议”岩众及村寨中人心里对此次“栽岩”的目的和调整的内容很清楚。它通过“栽岩”以“款约”的形式表现出来，是在古代侗族社会中每个人都应遵守的规约。“栽岩”（jenl vib，苗语）是比较原始的一种习惯法的订立形式，是在“岩众”及村寨公众

① 详见徐晓光、徐斌：《“明白人”在民族村寨社会治理中的作用——以贵州纳雍县姑开苗族彝族为例》，载《贵州民族大学学报》（哲学社会科学版）2017 年 4 期。

议事全体同意后竖立的，所以这类岩石具有习惯法的效力。由于黔湘桂边区各少数民族没有文字可以记录，因此人们用“栽岩”的仪式来引起人们对此事件的永久记忆，“栽岩”在明清时期曾广泛流传于湘黔桂交界的侗族、苗族、壮族、瑶族、水族社会中，现在除湘桂交界都柳江流域月亮山周围的苗族人民还进行“栽岩”活动外，其他民族中已经不再使用了。

至今黔东南苗族地区“杀鸡诅咒”的神判形式还有遗留，当地称“砍鸡头骂娘”。村民在民间基层调解和国家审理案件存疑不服的情况下，通过杀鸡神判方式要求“讨回清白”的现象。它是试图通过神灵的意志来决断嫌疑人有罪或无罪，确定当事人的权利主张是否成立。目前，“国法在场”①情况下，通过民间调解和国家审判机构对案件做出判决后，“败诉”一方不服，单方采取“神判”的方式要求“胜诉”方回应的情形，即所谓“杀鸡诅咒”。从神判的遗留原因和功能视角进行法文化解释，同时说明国家法与民族习惯法的相互关系很有意义。

再有，在黔东南龙舟活动中，整个活动被当地人称为“姑妈回门”，其实是姻亲家庭间的联谊与婚嫁活动。诸如此类，习惯法调研很多是从语言上突破的。所谓“说者无意，听者有心”。

二、多种资料的无缝对接

叶舒宪先生在研究文学人类学中提出“四重证据法”，法人类学也应该从四个方面考虑。

1. 田野资料

田野资料是习惯法调查最直接获得的第一手资料，具有原始性和不可替

① “国法在场”一词的使用是受“国家在场”的启发。“国家在场”是西方学者是对社会历史实践的一种概括与总结，中国学术界在运用这一理论解释中国的社会问题时，对相关概念，诸如国家、市民社会、公共领域等的本质内涵都做出了本土化的界定。“国家在场”理论主要探讨国家与社会的关系，许多学科将它作为一种“理论框架”来诠释中国的社会文化现象。研究内容主要包括对国家、社会等有关概念的讨论以及对国家与市民社会、国家政权建设与乡村社会、国家与民间信仰、国家与宗族等互动关系的探析。而本文所使用的“国法在场”是指在国家法占主导地位的大的环境下，国家与社会、国家与民间规范、国家与民间信仰、国家与宗族等互动关系和实际走向这一概念。

代性。田野资料丰富的地方，多为人口聚集之地，如黔东南苗族侗族人民自古以来就有集中居住的特点，如“罚 3 个 100”就是少见的“活法”现象。“埋岩”应该是初民“立法”的活化石，由于当地人们了解旧日栽岩的目的和实情，谙熟岩规的内容，从而以此规范自己的行为。同时作为纠纷的处理者和案件的裁判者，各民族寨老一般都以过去栽岩时的规定为依据和“先例”来处理时下的案件，因此这些无字的石头蕴含着各民族丰富的法律文化信息，黔湘桂边区各少数民族的“栽岩立法”活动以及以此为依据的审判习惯在民族习惯法文化研究中具有重要意义。在黔东南苗族侗族地区以前习惯法“场域”很多，如苗族的议榔坪、侗族的鼓楼等。在侗族地区还保留很多处所谓“款场”的地名，这些都是当年各地“合款”及订立“款约”的地方，“款坪”也是其中一种，它是一个地方性组织，也就是所谓“款组织”。历史上“款场”“款坪”活动内容与作用记录甚少。而南部侗族地区鼓楼这个文化场域中仍沿袭了本民族独特的习惯法文化系统，这方面还保留的口传的资料，使我们对村寨法运行有了了解。①

2. 汉文古籍资料

在调查中笔者发现，龙舟自古就有记载，并留下了较为丰富的文献资料。关于龙舟和斗鸡的资料，最早可见宋代。宋朝朱辅《溪蛮丛笑》“富贵坊”条记载：“竞渡预以四月八日下船，俗聚饮江岸，舟子各招他客，盛列饮馔，以相夸大。或独酌，食前方丈（从窗子往外望之意，笔者注），群蛮环视如云，一年盛事，名‘富贵坊’”。② 这条资料给笔者重要的启示，说明龙舟竞渡活动起码宋朝开始在黔东南、黔西北江河流域地带就已盛行。“四月八日下船”即龙舟从船廊移到江边举行的下水仪式，仪式结束后要筵宴亲友，所谓“届时听其指挥，凡应对客宾、祭祀、礼俗等项事宜，均决诸

① 徐晓光：《款约法：黔东南侗族习惯法的历史人类学考察》，厦门大学出版社 2014 年版，第 120 页。

② 符太浩：《溪蛮丛笑研究》，贵州民族出版社 2003 年版，第 343 页。

船首……[1]所以参与龙舟活动在某种意义上就是认祖归宗，厘清血脉关系，加强身份认同，促进农业生产、族际联姻、人际交往等方面的互利合作。如果不参与这种公共活动，不认祖归宗，就会因此脱离宗族而在苗族社会难以立足。

此外，关于斗鸡的记载，宋人周去非《岭外代答》卷九记载："芥肩金距之技……特鸷劲善斗。其人饲养亦甚有法，斗打之际，各有术数，注以黄金，观如堵墙也。凡鸡，毛欲疏而短，头欲竖而小，足欲直而大，身欲竦而长，目欲深而皮厚，徐步眈视，毅不妄动，望之如木鸡，如此者每斗必胜。"

"人之善鸡也，结草为墩，使立其上，则足尝定而不倾；置米高于其头，使耸膺高啄，则头常竖而觜利；割截冠绥，使敌鸡无所施其觜；剪刷尾羽，使临鬬易以盘旋。常以翎毛搅入鸡喉，以去其涎，而掬米饲之。或以水噀两腋。调饲有法。"[2]

可见汉文古籍资料的记载十分重要，对还原当时的历史事项具有很高的价值。如黔东南清代纳入国家管辖，官府编撰的地方志书、官员的奏折是重要的资料。如雍正五年（1727），经云贵总督今升大学士鄂尔泰的奏折："不许外结，亦不许以牛马银两赔偿，务按律定拟题结，奉旨钦遵在案。数年以来，滇、黔各属苗猓，咸知凛惕，法至善也。但查，久经归服熟苗，化导日久，有犯应与内地人民一体治罪，以昭惩戒。若新开苗疆，从古化外，不知法律，今虽投诚而渐磨未深，犹踵仇杀故习，每有命案多不报官，或私请寨老人等'理讲'，用牛马赔偿，即或报官又多于报后彼此仍照'苗例'讲息，将尸掩埋，相率拦捡，不愿官验……详明立案。"对此，雍正皇帝批示："伊论议甚是。"[3] 这里所谈的习惯法规则和诉讼习惯就是当时苗族村寨法，

---

① ［民国］王嗣鸿：《台江边胞生活概述》，载《边驿月刊》1948 年第 2 卷第 1 期，转引自李瑞岐、杨培春主编：《中华龙舟文化研究》，贵州人民出版社 1999 年版，第 245 页（下文几处标注资料为该书所载内容，笔者注）。

② ［宋］周去非：《岭外代答》卷九。详见徐晓光、徐斌：《贵州少数民族斗鸡规则及其社会文化含义》，载《体育与科学》2018 年第 3 期。

③ ［清］《雍正朝汉文朱批奏折汇编》（第 22 册），江苏：古籍出版社 1991 年，第 718 页。

其中一部分即是在新疆六厅施行的所谓“苗例”。

3. 口传资料

口传资料是田野调查中形式和内容最为丰富的资料来源。在黔湘桂边区各少数民族都属于典型的口承法律文化类型，黔东南苗族口承习惯法在我国西南地区一些少数民族口承法文化类型中是极具代表性。口承法律内容和程序规定仅存于人们的记忆中或传唱中，如苗族《理词》、侗族的《侗款》等。口承法律的特点一般是以简明、易记的词句形式，叙述带有普遍性的案例，解决当时的案件，在这一过程中订立的规矩也为以后循用。

苗族“理词”是在案件审理过程中由理老唱诵出来的歌词。理词多半以盘歌形式演唱，有的用叙事的形式朗读、吟唱；有的则用道白的形式互相对答，以对偶的长短句式为主，和谐悦耳、古朴雅致、抑扬顿挫，朗朗上口，十分动听，在场的人们容易记住。理词在某种程度上是苗族理老调解纠纷的即兴之作，因事而定，他们在剖解纠纷时，大多是引经据典，朗诵“理歌”“理词”。一般来说，理老一经做出判断，当事双方就会和解，即使一方自觉吃亏，也往往不再争辩了。

4. 国外民族同类资料

国外有很多法人类学的资料与国内是类似的，比如“歌唱神判”国外一些民族就有。这需要广泛地阅读国外人类学家的研究成果。如霍贝尔在谈到美国北部沿海因纽特人原始法律时说：“如果斗歌在解决争端和恢复已疏远的团体内部成员的关系方面有所帮助的话，那么它就是法律上的一种措施。参加比赛的双方的一方将获得有利于自己的判决。然而不可能有按真实的法律所规定的权利和特权做出的公正的判决。通过赛歌，参加赛歌双方感到轻松，怨言也被放置一旁。即从心理上获得满足，权衡了恢复如初的利弊。因为斗歌中无残酷折磨的因素。超越自然的威力也有助于加强这些有自主权利的歌手的勇敢。我们应当牢记，这种对歌唱者或歌唱的结果并不重要（或多或少积累了一些控告有罪的事实来反对他的对手的歌唱者在事实上处于有利地位）。由于法庭上的比赛可以成为在辩护律师双方中的一场体育运动的项目，所以法定的歌赛首先就是——所有比赛都是为了提供最大的快乐。”这里正如拉斯穆森说："K 和 E 就是这样，看起来像是彬彬有礼地奚落对方，并唱出自己的辩解之词……"①

再如日本学者宫本胜在谈到菲律宾明都洛岛土著民族固有法的裁判时说："最后，裁定人为达到训诫加害者的效果，往往以诗歌、民话来比喻，听众跟着裁定人'余兴'，通过他们的诗歌和民谣来陈述自己的意见。"② 这些记述和我国苗族、侗族很相像，可以增添研究的说服力。

三、合理、准确地使用西方的理论

要建立中国法人类学话语体系，我们不能言必称西方。当然，人类学发源于西方，西方学者早于我们的研究应该很好地学习。如马林诺夫斯基的方法论与他的著作具有划时代的意义，他最主要的成就就是他在社会学和人类学研究中所总结提炼出来的方法，他的方法论包括三种："田野"方法；如与拉德克利夫·布朗同创的功能学派；文化功能论。又如特纳的占卜论，特纳在他的人类学著作《痛苦之鼓》一书中，把恩登布人的占卜看作是社会过程的一个阶段。当人死亡、生病、难产、狩猎不幸时其亲属便请占卜师推断以便采取补救行动。占卜师根据本人和社会的经验结合占卜的程序和象征表示，并从这些经验中学会了将本族的社会制度简化成几条基本原则，然后通过操纵这些原则来做出符合大多数委托人想法的决策。因此，占卜师必考虑到恩登布社会的特定结构和一套道德价值规范，而这两者都在占卜的象征体系中表现出来。③ 这里特纳虽然只是谈占卜，但对研究我国少数民族原始崇拜和占卜神判确有十分重要的启发意义。

再如，莫斯的"礼物互赠"理论。戈德列（Maurice Goderlier）曾在莫斯的《论馈赠》一书的序言中指出"非竞争性的礼物交换是依据婚姻互惠

① ［美］霍贝尔：《原始人的法》，严存生等译，贵州人民出版社 1992 年出版，第 86 页。

② 《哈奴诺·曼仰的纷争处理法——菲律宾明都. 洛岛的固有法》，见于汤浅道男·小池正行·大塚滋编：《法人类学の地平》（亚洲法丛书 16），成文堂 1992 年版，第 140 页。

③ ［英］维克多·特纳：《行为社会过程之一阶段的占卜》，见于史宗金编：《20 世纪西方宗教人类学文选》，金泽等译，上海：生活·读书·新知三联书店 1995 年版，第 804-816 页。

交换而产生的，最终会形成一种平等的资源再分配，这些资源便是组成社会的各个群体所拥有的人，妇女、儿童、财产、劳动和服务等”。[①] 这在黔东南“礼物圈”的研究中有重要的启发意义。苗族地区普遍盛行着“姑舅表婚”的婚姻交换形式，并通过“还娘头”的惯制在当地民间制度中强化。作为当地理想的优先婚姻交换模式以及村寨或家族之间的结群策略，这种婚姻交换实践是一种最为简洁的形式，在不同父系家族或自然村寨之间进行女性的婚姻相互流动与交换，从而达成一种稳定、互惠、小范围的“婚姻结盟”。在龙舟竞渡活动中带有礼仪性色彩的物品的互惠流动，不仅区分了每个交往场景中各主体的主与客的角色，又通过具有一定方向性的馈赠活动将他们相互之间的婚配优选关系进行维持和确认。特别是享有婚配优先权的舅家，在互惠交往中往往要通过姑妈家礼物将特别的地位身份标记出来，[②] 人们通过具有公开的、展演性的礼物交换与互惠交往活动所体现的是一个种特殊的人群分类概念和情感表达方式。这一交换场景中的礼物交换是对日常的社会关系的真实反映；从另一个角度来看，馈赠交换场景中所表现的特殊社会关系，其实是对人们的日常社会关系的一种确认。[③] 赵旭东认为：在中国法人类学的研究语境中，更多的是注意到了互惠机制对于经济交换、人情往来、权力关系改变等方面的运作和影响。[④]

还有，格尔兹在巴厘岛经过长期深入的田野调研，从人类学视角细致地描述了巴厘岛的斗鸡活动。[⑤] 在这种“深层的游戏”中，格尔兹介绍说巴厘

---

① ［法］克利福德·马赛尔·莫斯：《论馈赠》，卢汇译，中央民族大学出版社 2002 年版，前言。

② 黔东南部分苗族，在每 13 年举行一次的鼓脏节（苗族的祭祖活动）活动中，舅家到姑妈家过节，从姑妈家得到的回礼物品必须是带着尾巴的猪腿（参见徐晓光：《古藏节的礼物——黔东南苗族祭祖活动中“礼物往来”仪规研究》，见于谢晖、陈金钊主编：《民间法》（第 12 卷），厦门大学出版社 2013 年版。

③ 参见张原、汤芸：《贵州雷山县苗族居民的礼仪交往调查》，载《西南民族大学学报》2005 年第 2 期。该文调查对象虽然是雷山县苗族，但台江县与雷山县是邻县，苗族人口最多，很多风俗习惯是基本相同的（笔者注）。

④ 赵旭东、张洁：《从异域到本土：中国法律人类学本土研究的现状与发展》，载《江苏社会科学》2017 年第 2 期。

⑤ ［美］克利福德·格尔兹：《文化的解释》，韩莉译，译林出版社 1999 年版，第 484-486 页。

人热情地、经常地、甚至不顾道德谴责、法律惩罚而投身于斗鸡的游戏，与当地的政治组织、领导机构对斗鸡的禁令和控制相抵抗。格尔兹通过深描，将“斗鸡”看作一个符号，并描述这个符号的展示方式及其象征意义，从这个游戏的秩序看到了一个社会背后的秩序。斗鸡活动在贵州很多民族地区由来已久。斗鸡活动中逐渐形成了与民族文化相伴而生的一套符合当地实际的规则，并渐渐为民众所认同，成为各种大小斗鸡活动之中使用的“地方性知识”。①

西方理论在我国学术研究中的运用固然能为提升我国学术研究的理论水平提供较好的路径，但西方人类学理论的运用一定结合中国研究实际，目前学界存在言必有西方的现象，甚至牵强附会或望文生义，错译、错用或乱用的现象存在，有时让人“摸不着头脑”，误导和干扰后学者。

四、着眼现实与法文化“深度描写”

法人类学是有较强实践性的学问，应能很好地解决现实问题，如发生在贵州省黔东南州的“小牛的DNA鉴定”与“祭桥”等案例都能反映出法人类学研究的实践性。由于黔东南特殊的地缘环境和生产方式，基层法院在审理“涉牛”案件时很难确定相关证据，特别是在孳息小牛的所有权纠纷中，还发生了通过DNA进行亲子鉴定的实际案例。通过调研该州两个县“涉牛”案例进行分析，探讨该地区特殊案件审理中的证据提取与民间法参与问题很有意思。此类“涉牛”案件如果按民间习惯法解决，会与国家法律制度对程序的要求相矛盾，但从社会效果上考虑，如果民间习惯法能够有效平息纠纷，就不必用国家法律方式解决，以防止人们“小题大做”“豆腐盘成肉价钱”，陷入旷日持久、难有结果的诉讼之中，从而达到节约司法资源，有效降低解决矛盾纠纷的成本，提高司法效率，稳定民族地区社会秩序的实际效果。

---

① 详见徐晓光、徐斌：《贵州少数民族斗鸡规则及其社会文化含义》，载《体育与科学》2018年第3期。

又再如，“祭桥”活动中与“祭桥权”相关纠纷的出现，成为当地司法实践中新的疑难问题。“祭桥”纠纷案例和其他“涉俗”案件一样体现少数民族地区的文化风俗习惯与民族习惯法影响司法过程。要想处理好与少数民族地区文化所引发的相关的法律问题，就必须了解和掌握少数民族地区特殊的民族风俗文化和民族习惯法在当地的存储和发挥作用情况。以上都说明了法人类学研究着眼于现实社会问题，具有很强的实践性。

当然，能结合现实更好，不能结合的作为一种纯文化的研究也是很有意义的“学问”，大多事项可以进行法文化的“深度描写”，格尔兹认为：文化就是这样一些由人自己编织的意义之网。对文化的分析不是一种寻求规律的实验科学，而是一种探求意义的解释科学，即是分析解释表面上神秘莫测的社会表达。表面未经解码的现象呈现，还只是一种浅度的描述，而解释符号背后的意义，也即深度描写，才是人类学文化分析的旨归。[①] 我们在对一件事、一个现象的意义进行解释的同时要对其本身进行剖析，通过对微小事件的深层解读和分析，摸透其现实意义，进而以点带面，扩展到普遍意义上的理解。法人类学的研究，侧重于以小见大，并非仅仅局限于微观研究，要从微观立场跳出来看宏观，微观只是研究的一种方法和手段。在格尔兹看来：“理论建设的根本任务不是整理抽象的规律，而是使深描成为可能；不是越过个体进行概括，而是在个案中进行概括。”[②] 笔者曾在“罚 3 个 100”和“罚 4 个 120”相关论文中进行过初步尝试。[③]

法律与经济、政治、社会、宗教、风俗等文化现象有着密切的关系，法律的存在与发展与特定的文化背景具有相关性，法律现象也因此而具有多样性。随着科学技术向纵深方向发展，学科之间表现出既高度分化又高度综合

---

① ［美］克利福德·吉尔兹：《地方性知识——阐释人类学论文集》，王海龙、张家瑄译，中央编译出版社 2004 年版，第 5 页。

② ［美］克利福德·吉尔兹：《地方性知识——阐释人类学论文集》，王海龙、张家瑄译，中央编译出版社 2004 年版，第 5 页。

③ 详见徐晓光：《从苗族‘罚 3 个 100’看习惯法在村寨社会的功能》，载《山东大学学报》（哲学社会科学版）2005 年第 3 期；徐晓光：《“罚 3 个 120”的适用地域及适应性变化——作为对黔东南苗族地区“罚 3 个 100”的补充调查》，载《甘肃政法学院学报》2010 年第 1 期。

的大趋势。法人类学作为法学和人类学共同的分支，是一门交叉性很强学科，既对法律和法治提供着学术支援，又对族群和社会研究提供理论支持。当然，人类学的研究方向和方法是在不断调整和变化的，都市人类学的出现就说明这一点。当今社会问题中的弱势群体权利保证、青少年犯罪问题等，法社会学、法人类学之间也有重合点，从多学科、多视角的研究将会不断促进法人类学研究的深入。

民国时期法律人类学传播史研究

徐　哲*

摘　要：法律人类学作为舶来品，通过中国学人对人类学著作的翻译和邀请西方学者来华讲学两大传播途径，在20世纪30年代被传入中国。法律人类学的引入，改变了当时国内只有空谈与公式演算，没有实地田野材料的学术生态；同时，其跨学科的学术风格和碎片化的特点也改变了众多学人的思维模式，为今后国内人类学、社会学的理论发展与学术传承奠定了基础。本文从静态的角度出发，对法律人类学在民国时期的传播路径进行梳理，并试图讨论法律人类学传播的特点与其产生的影响。

关键词：法律人类学；人类学；传播；社会学

一、问题的提出

关于法律人类学何时传入中国，学界并无明确结论。国内学界确有大量涉及法律人类学传播层面的论文，被这些文章拿来论证的法律人类学早期论文、著作（中译本）大都出自20世纪80年代。① 然而细查文献资料后我们

---

* 作者简介：徐哲，男，安徽合肥人，湖南师范大学法律史2020级硕士生。

① 鄂崇荣：《法律人类学研究的回顾与反思》，载《青海民族研究》2012年第4期；赵旭东、张洁：《从异域到本土：中国法律人类学本土研究的现状与发展》，载《江苏社会科学》2017年第2期；胡月军：《法人类学研究的发端、发展与发达——兼评吴大华教授〈民族法学前沿问题研究〉》，载《贵州民族报》2011年10月31日第B03版。同时，知网上国内第一篇有关法律人类学的中文学术论文为［澳］M. 克雷奇尔：《法律人类学评介》，傅再明译，载《国外社会科学》1987年第11期。

可以发现事实并非如此：在20世纪初期该理论便进入中国学人的视野。这进而引出我们新的思考：为什么法律人类学作为纯粹的西方理论会在民国时期被传入中国？又借由哪些渠道进行传播？对当时的乃至后世的理论演进和实践拓展产生了何种影响？因此，本文拟以民国时期为背景，以静态观察为视角，对法律人类学在中国的传播状况进行探究。

二、法律人类学传播的历史背景——以学术史为视角

（一）国内学术背景

1900年（光绪26年）夏，八国联军入侵北京，8月3日（七月初九），慈禧下令停办京师大学堂。1902年1月10日又下令恢复任命张百熙为管学大臣。1902年（光绪28年）张百熙主持制定《钦定京师大学堂章程》，将大学堂分为预备课、大学专门分科和大学院三级。1903年（光绪29年），清廷命洋务派首领张之洞会同张百熙改定学制，修改京师大学堂章程，为《奏定大学章程》。修改后的《奏定大学章程》，较之《钦定京师大学堂章程》有几点不同，其中最突出的特点在于：大学专门分科将原来7科35门改为8科64门，主要增设了经学科，下分周易、尚书、毛诗、春秋左传、春秋三传、周礼、礼记、论语、孟子、理学11门课程，突出了经学的地位。此外，将人种学列入国史及西洋史两门随意课程中。是年，京师大学堂文学科中外地理学门列有“人种与人类学”“殖民学与殖民史”课程。① 因此，我们可以说1903年是人类学这一舶来品在中国被专业制度化的开始，它为法律人类学的引进奠定了制度上的基础与理论上的前提。

① 王建民、唐肖彬、勉丽萍、张婕主编：《中国人类学民族学百年纪事》，知识产权出版社2008年版，第7页。

（二）英美学术背景

1. 英国

在20世纪初的英国，人类学被称为社会人类学（Social Anthropology），[①]早在19世纪，随着海外贸易的发展，殖民地的扩张，英国学者根据一些探险者的口述经历和从海外带回来的原始材料、笔记等物品便开启了人类学研究的起源。如以泰勒（E. B. Tylor）和弗雷泽为首的“古典进化论学派”，该学派提倡进化论原则，采用比较的方法研究不同时代、不同地方、不同种族的事实，主张人类及其文化是演进而来，并可以独立发展，逐渐进步。[②]以里弗斯（W. H. R. Rivers）、史密斯（E. Smith）、佩里（W. J. Perry）为代表的传播学派，强调“传播”在人类文明发展史上的重要作用。该学派主张文明起源于一个中心，通过传播扩散到各地，而这个中心就是埃及。[③]然而，这一时期的人类学家所主张的观点和理论并非都是基于实地考察的第一手资料，而是根据探险者所带回来的零碎材料组合而成，因此这一时期的人类学家又被称为“摇椅上的人类学家”。

20世纪20年代初期，波兰裔英国人类学家马林诺夫斯基创立了功能学派（functionalism），他通过对新几内亚、美拉尼西亚、东非及墨西哥等地的长期调查，开创了正式意义上的走出书斋——奔向田野的学科研究范式。[④]并于1926年写出《原始社会的犯罪与习俗》这部改变人类学研究范式的作品。同时期，拉德克里夫-布朗（A. R. Radcliffe-Brown）根据自己在安达曼岛3年的田野调查，发表了自己第一部著作《安达曼岛人》。无论是马林诺夫斯基还是拉德克里夫-布朗，他们都反对进化论的学术立场，对坚持从书

---

① 其学科传统是对人的需求和社会结构以及相关的功能进行研究，以揭示人类社会和人类行为的一般性规律。参见张晓辉：《法律人类学的理论与方法》，北京大学出版社2019年版，第2页。

② 其学科传统是对人的需求和社会结构以及相关的功能进行研究，以揭示人类社会和人类行为的一般性规律。参见张晓辉：《法律人类学的理论与方法》，北京大学出版社2019年版，第3页。

③ 其学科传统是对人的需求和社会结构以及相关的功能进行研究，以揭示人类社会和人类行为的一般性规律。参见张晓辉：《法律人类学的理论与方法》，北京大学出版社2019年版，第4页。

④ 刘顺峰：《西方法律人类学论纲：历史、理论与启示》，载《北京理工大学学报》（社会科学版）2014年第5期。

斋到田野的方法，保持着审慎的学术态度，[①] 运用自己在实地考察的第一手资料，开创了这一时期以田野调查为代表的人类学研究新范式，使得"摇椅上的人类学家"这一评价成为历史。

2. 美国

与英国不同，在早期摩尔根（L. H. Morgan）关于印第安人组织结构、宗教信仰等理论的影响下，这一时期的美国文化人类学（Cultural Anthropology）[②] 被博厄斯（F. Boas）为代表的历史特殊学派（也称为博厄斯学派）和以怀特（L. A. White）、斯图尔德（J. H. Steward）为首的新进化论派两大学派所占据。博厄斯学派主张，以往人类学理论中的传播论和古典进化论关于文化的普遍规律皆不能用来成功地解释世界各地许多相似的文化现象，因为各种文化是各个社会的独特产物，文化现象的相似性实际上都有其各自发展的历史线索和特殊原因。同时，民族的文化是各民族的历史、社会环境和地理环境所决定的，所以各民族的文化都具有平等的价值，并不存在高低贵贱之分。[③] 新进化论派经历了由单线进化理论到多线进化理论的发展过程。单线进化论认为，食物和生产工具并不是进化的标志，文化的进化是伴随着每年每人所利用的数量的增长而实现的。而多线进化论认为，历史上产生的文化是被特定的环境影响和制约的，文化变迁的过程就是适应环境的过程。文化与生态环境相互影响、相互作用、互为因果。[④]

三、法律人类学传播的实践表达

如上文所述，人类学早在 1903 年便进入中国并且被制度化，成为大

---

① 刘顺峰：《西方法律人类学论纲：历史、理论与启示》，载《北京理工大学学报》（社会科学版）2014 年第 5 期。

② 其学科传统是对人类社会的文化事实、文化模式和文化意义进行研究，以揭示人类社会不同族群的文化现状和文化变迁。参见张晓辉：《法律人类学的理论与方法》，北京大学出版社 2019 年版，第 2 页。

③ 张晓辉：《法律人类学的理论与方法》，北京大学出版社 2019 年版，第 6 页。

④ 张晓辉：《法律人类学的理论与方法》，北京大学出版社 2019 年版，第 6 页。

学里的正式课程之一。自此之后，中国学人所发著作多出现有关人类学的标题，如《人类学之概略》[①]《说民族学》[②]《民种学》[③]《人类学》[④]《人类学大意》[⑤]等，文章涵盖人类学概念之解释、人类学分类、体质人类学、考古人类学、民族学等内容，人类学的领域几乎无所不包，且该时期国内的人类学一直与社会学紧密联系，甚至在学科分布上都归为一个科目。[⑥]与此同时，国内学人对西方人类学理论作品的翻译间接地传播了法律人类学。

（一）学术著作的译介

1. 林振镛对布朗作品的译介

1930年，功能学派的代表人物马林诺夫斯基的著作《原始社会的犯罪与习俗》（时译为《蛮族社会之犯罪与习俗》）由林振镛译成中文，经上海华通书局出版。[⑦]译者林振镛翻译此作品的动机有二。其一，“作者说‘人类学是很幼稚的科学’。在科学潮流这样汹涌的欧美，人类学尚且仅在萌芽的状态，老大癃疲的中国，更何能谈到此种学问……然而我们撇开了功利思想，从纯粹的科学眼光观察，研究一般和我们较隔膜的民族，解剖其一切凡

---

① 孙学悟：《人类学之概略》，载《科学》1916年第2卷第4期。

② 蔡元培：《说民族学》，见于《蔡元培全集》，中华书局1926年版。

③ 王建民、唐肖彬、勉丽萍、张婕主编：《中国人类学民族学百年纪事》，知识产权出版社2008年版，第4页。

④ 王建民、唐肖彬、勉丽萍、张婕主编：《中国人类学民族学百年纪事》，知识产权出版社2008年版，第46页。

⑤ 王建民、唐肖彬、勉丽萍、张婕主编：《中国人类学民族学百年纪事》，知识产权出版社2008年版，第67页。

⑥ 1915年上海沪江大学建立了中国第一个社会学系，该系虽以培养社会学和社会工作者为主，然而也有一些学生从事人类学研究，如许烺光。许氏于1933年在沪江大学毕业后，曾在燕京大学学习，后考取庚款公费留学，赴英国师从马林诺夫斯基。

⑦ 其实早在1929年，恩格斯的著作《家庭、私有制和国家的起源》（时译为《家庭私有财产和国家之起源》）便由杨贤江参考日译本，译成中文，由上海新生命书店出版。虽然恩格斯的这本书受到了摩尔根《古代社会》的影响，而后者又是美国法律人类学重要的奠基人之一，但笔者这里并没有将其作为法律人类学引入中国的开端，原因是译者译这本书的主要动机是“要想知道马克思学派怎样的看男女关系，怎样的看国家，使读者得知历史唯物论的具体论据”。并没有涉及法律人类学或文化人类学的理论。

俗生活与法律思想，这种工作，能不认为有科学的需要与价值？作者在这里，虽只给我们一部分蛮族的现象，但他已至少鼓励了我们研究人类的兴趣，至少已给我们良好的考察方法和良好之演绎法的叙述。遵循着他的路径去努力，或许可以有一个新的探讨”①！其二，“社会学中关于原始人类的演进程序，由游牧或渔猎时代进展，而至工业时代，我们所见的多是理论上的问题，很少有具体的佐证。这本书把初期文化的种族之社会的构造与其一切风俗法律，都充量地描述出来，他可以给社会学者一种研究的帮助，在某种文化的状况之下，所产生的什么一种法律思想，怎样演绎而成为若干具体的制度与方法，如何支配以特殊的社会机能，与人类的性格，攻破了一切无稽的虚妄的窥测，这些都可说是社会学中很逼切的问题”②。译者林振镛在此并没有从整体的角度对法律人类学的框架体系和研究路径进行介绍，而是立足于中国的视角，阐述了这本书对当时的中国学术有何裨益：学习其“良好的考察方法和良好之演绎法的叙述”，对社会学中如法律思想、具体的制度和方法等“逼切的问题”提供帮助。而在后文，译者却一反前文仅谈学术的常态，将自己的评论重心移至对现实生活的反思：“我译完这本书后又发生两种感想：其一，蛮族社会的构造，是基于二元组织的。从他们相互的义务里，充量地表现这种精神。我们中国是没有的。我们中国只是一团散沙，各个的或整个的生活。不懂合作功用的……假如这位作者来参观我们这东亚的古国，其感想又不知如何！”③ 因此笔者认为，译者林振镛翻译此书最重要的

① ［英］马林诺夫斯基：《蛮族社会之犯罪与习俗》，林振镛译，上海华通书局1930年版，译者赘语第1页。

② ［英］马林诺夫斯基：《蛮族社会之犯罪与习俗》，林振镛译，上海华通书局1930年版，译者赘语第2页。

③ ［英］马林诺夫斯基：《蛮族社会之犯罪与习俗》，林振镛译，上海华通书局1930年版，译者赘语第2页。

出发点不仅仅是对中国人类学或社会学在方法论上的帮助,[①] 而是通过对特罗布里安德群岛原住民生活和习俗的“深描”，来达到对中国传统思想和传统社会的反思，乃至批判的目的。

2. 李安宅对弗雷泽、马林诺夫斯基作品的译介

1931 年（民国 20 年），李安宅将古典人类学家 J. G. 弗雷泽（James George Frazer）所著的《金枝》第三章译成中文，单独成书，即《交感巫术的心理学》。[②] 李安宅认为巫术在弗雷泽《金枝》这本书中占据重要地位，且书中对巫术的分类，即感致巫术和染触巫术，对中国的巫术研究具有奠基作用。《金枝》是人类学领域重要的著作之一，马林诺夫斯基在弗雷泽 83 岁的生日宴会上对其这位老师的评价为：“詹姆斯爵士是第一个阐述巫术在初民信仰中的地位和结合点，并证明了巫术实践与仪式在人类早期宇宙观中的重要性。”[③] 但该书仍属于“摇椅”上的作品。[④] 遗憾的是，李安宅的初衷是想通过这本书强调对国内西南地区藏族巫术的研究，于是仅仅摘取了弗雷泽有关巫术的部分理论，因而没有运用人类学的方法论进行整体的框架建构。

在此期间，国内涌现众多关于西方人类学、社会学理论的译介作品。[⑤] 在此背景下，李安宅笔耕不辍，又将马林诺夫斯基的《两性社会学——母系社会与父系社会之比较》《巫术科学宗教与神话》译成中文。《两性社会

---

① 从这个角度说，林振镛对此书的翻译措辞偏向于社会学而非人类学，如在目录一栏，“第五章——法律私利与社会的夸大性”“第九章——相互性与社会构造的基础”“第十二章——特种的社会制度”。在 2002 年由原江翻译，由云南人民出版社出版的《原始社会的犯罪与习俗》中，人类学色彩便相对较重。如在该版本的序言中就写明：“自梅因爵士发表《古代法》到哈特兰发表《原始法律》止，法学一直是从实证的角度检讨法律主体起源。《原始社会的犯罪与习俗》的发表，才标志着人类学家进入了法律人类学的领域。”

② ［英］弗兰柔：《交感巫术的心理学》，李安宅译，商务印书馆 1931 年版。

③ Sir James Frazer: *O. M.*, *F. R. S.*, *News and Views*, *NATURE*, No. 27, 1937.

④ 马林诺夫斯基对此类作品的评价为：“由于这些学者的研究不得不依赖于早期业余人类学者的资料，致使这项研究严重受阻。因为在那时还没有掌握着解决这些问题的方法、目的和知识，以及受过现代田野调查训练的专家存在。在原始法律这门抽象而又复杂的学科中，总的来说业余的观察是毫无用处的。”参见［英］马林诺夫斯基：《原始社会的犯罪与习俗》，原江译，法律出版社 2007 年版，第 2 页。

⑤ 如［美］威斯勒（Clack Wissler）：《社会人类学概论》，钟兆麟译，上海世界书局 1935 年版；［美］罗维（Robert H. Lowie）：《初民社会》，吕叔湘译，商务印书馆 1935 年版；［英］海顿（Alfred C. Haddon）：《南洋猎头民族考察记》，吕一舟译，商务印书馆 1937 年版等。

学——母系社会与父系社会之比较》是马林诺夫斯基向外界展示自己心理学立场的代表作："对于性和人类许多可耻的卑污虚荣等心理加以公开的研究——精神分析为此而最被人恨骂——我以为在科学上最有价值，应该使精神分析特为人类学者所重视；这就是说，倘若人类学者要研究对象而免除不相干的陷坑或甚而免除虚伪的架子的话，他便应该重视精神分析。"[①] 但是马氏在本书中不只讨论野蛮社会里的性，也讨论文明社会里的性；不是研究性本身，乃是研究性的社会学。[②] 马氏将自己的人类学知识融入其中，使其拥有了新的概念界定：人类心理学。有趣的是，该书是马林诺夫斯基（马林樗斯基）的著作第一次被译成欧洲以外的文字。[③] 更为可贵的是，马氏在书中表明自己对中国家族式社会的看法："家，特别是宗教一方面，曾是中国社会和中国文化强有力的源泉。中国的旧式家庭，对于一切见解正确的人类学者一定是可以羡慕的对象……因为它在许多方面，曾是那样的优美……然而不管怎样，中国的旧式家庭现也非变不可了。一切对于中国的前途有热心希望的人，都希望这个变动不致太骤，不致影响最要紧的人伦关系，那就是子女对父母的关系。"[④] 马氏以西方人类学者的身份认为家族或家庭是中国传统社会的核心，也是当时国内社会结构变动的根本所在。这为众多国内的人类学者提供了难得的外在视角。

《巫术科学宗教与神话》是李安宅对马林诺夫斯基两篇论文的汇总翻译。[⑤] 笔者认为，本书最大的亮点并不是马氏的理论，而是文章开头的"译

---

① ［英］马林诺夫斯基：《两性社会学——母系社会与父系社会之比较》，李安宅译，商务印书馆1935年版，第14页。

② ［英］马林诺夫斯基：《两性社会学——母系社会与父系社会之比较》，李安宅译，商务印书馆1935年版，第2页。

③ 在此笔者有一个疑问：1930年国内学人林振镛已将马氏的《原始社会的犯罪与习俗》译成中文，而马氏为何将1935年《两性社会学》的中译作为"第一次"？且马氏已在书中证实："我的著作译成欧洲以外的文字，这是第一次"。

④ ［英］马林诺夫斯基：《两性社会学——母系社会与父系社会之比较》，李安宅译，商务印书馆1935年版，第11页。

⑤ 本书分为上下两编：上编"巫术科学与宗教"（Magic Science and Religion）是一篇论文，见Joseph Needham所编《科学宗教与本体》（*Science Religion and Reality*）一书，1925年由麦克米兰公司（The Macmillan Company）出版。下编"原始心理与神话"（Myth in primitive psychology）单行成册，是英国心理杂志小丛书*psyche Miniatures*之一，1926年出版。

者序”。译者李安宅在序中以中国学者的立场，阐释了为什么当时的中国需要人类学，甚至是为什么需要文化人类学。译者认为，中国学者自古以来深受八股的影响，所以文章并没有“针对了实在界加以直接体验的功夫而有所对策”，导致我们的文章都是些“充满脑筋和笔墨的不自觉的二手货”[①]。而人类学的引入仿佛是给我们沉闷的“黑屋”中注入了一股新鲜的空气。尤其是文化人类学的田野调查方法，实地研究、实地工作，“才是针对了八股习气所下的顶门针”[②]。同时译者认为，虽然人类学分为体质人类学和文化人类学，但是文化人类学对中国的影响要远远超过前者。因为文化人类学的研究对象是原始社会，而中国“以农村为基础，中国的农村又不是工业化的农村，所以用人类学来研究中国农村正合适”[③]。将中国非工业化的农村研究清楚，钻研透彻，是对“中国本位文化”最大的贡献，也“必大有贡献于世界”[④]。

3. 费孝通对马林诺夫斯基作品的译介

1938年，费孝通将其导师马林诺夫斯基的作品译成中文，发表于《社会学界》第十卷。[⑤] 本书的主要目的是想提出一个文化论的大纲，即“能真正传播和演化文化的要素是社会制度——由一群能利用物质工具，而固定生活与某一环境中的人们所推行的一套有组织的风俗与活动的体系”[⑥]。马氏在书中一直强调功能论对改造文化方面的主要作用：“我们现在正需要一种经验的文化论……除非以功能论为基础，播化论者和进化论者都不能建立其文

---

① ［英］马林诺夫斯基：《巫术科学宗教与神话》，李安宅译，中国民间文艺出版社1986年版，第1页。

② ［英］马林诺夫斯基：《巫术科学宗教与神话》，李安宅译，中国民间文艺出版社1986年版，第1页。

③ ［英］马林诺夫斯基：《巫术科学宗教与神话》，李安宅译，中国民间文艺出版社1986年版，第3页。

④ ［英］马林诺夫斯基：《巫术科学宗教与神话》，李安宅译，中国民间文艺出版社1986年版，第4页。

⑤ 王建民、唐肖彬、勉丽萍、张婕主编：《中国人类学民族学百年纪事》，知识产权出版社2008年版，第193页。

⑥ ［英］马林诺夫斯基：《文化论》，费孝通译，见于费孝通：《费孝通全集》（第1版第18卷），内蒙古人民出版社2009年版，第272页。

化史……从研究文化所致力的工作及其所恪尽的功能，文化现象便可以加以整理与分类，功能始终是产生于对文化迫力的反映。”[①] 马氏对功能论的执着影响了吴文藻和费孝通对人类学的看法，[②] 他们认为，西方人类学前期以进化论为圭臬，在对非西方社会进行研究时“不斥之为野蛮，即贬之为半开化，观自傲之态，溢于行间字里”[③]，带有浓烈的西方中心主义色彩。然而功能论却一反陈旧观点，忽略“文化形式之变异”，重视“文化对人类生活之效用及功能”[④]。文化是自生自长、辅助于人类生活的一种手段，“在形式上虽有种种变异，但其自其满足人类生活需要之功能上言，则绝对相同”[⑤]。同时，吴文藻和费孝通也想借马氏的功能论来改变中国当时只是空谈、公式演算的学术状态，“根据功能观点，阐明本国社会之实况，发展比较社会学之理论，最终冀对现代中国之创造过程，能有具体切实之设计”[⑥]。

（二）学术讲学与交流

除将西方法律人类学的著作翻译外，国内学人传播理论的另一重要途径便是邀请西方各学派的代表学者来华讲学，意图让中国学人接触到最真实、最完整的前沿理论，在此以燕京大学为例。

1. 帕克来华讲学

1932 年（民国 21 年）9 月至 12 月，燕京大学聘请美国社会学家，芝加哥学派代表学者罗伯特·帕克（Robert E. Park）担任为期三个月的客座教

---

① ［英］马林诺夫斯基：《文化论》，费孝通译，见于费孝通：《费孝通全集》（第 1 版第 18 卷），内蒙古人民出版社 2009 年版，第 271 页。

② 费孝通所翻译的《文化论》原稿是由其师吴文藻提供，该稿是吴文藻 1936 年离开伦敦前夕，由马林诺夫斯基在辞行宴上亲手赠予。

③ ［英］马林诺夫斯基：《文化论》，费孝通译，见于费孝通：《费孝通全集》（第 1 版第 18 卷），内蒙古人民出版社 2009 年版，第 274 页。

④ ［英］马林诺夫斯基：《文化论》，费孝通译，见于费孝通：《费孝通全集》（第 1 版第 18 卷），内蒙古人民出版社 2009 年版，第 275 页。

⑤ ［英］马林诺夫斯基：《文化论》，费孝通译，见于费孝通：《费孝通全集》（第 1 版第 18 卷），内蒙古人民出版社 2009 年版，第 275 页。

⑥ ［英］马林诺夫斯基：《文化论》，费孝通译，见于费孝通：《费孝通全集》（第 1 版第 18 卷），内蒙古人民出版社 2009 年版，第 275 页。

授。在燕京大学期间，帕克讲授了“集合行为”“社会学研究班”等课程。[①]曾作为美国芝加哥学派的代表人物，帕克给当时国内人类学带来的学术影响主要在以下几个方面：首先是研究目的。20世纪初期，大量海外移民涌入美国，同时农村人口向城市转移，都市规模急剧扩张。过快地增长速度带来的是失衡的社会秩序：贫富分化、贫民窟、暴力、犯罪、种族冲突等社会问题层出不穷。所有这些都需要有一种新的社会学理论给予解释并提出解决方案，帕克1913年进入芝加哥大学后，面对的正是这一重大现实。[②] 帕克将正在兴起的芝加哥看作一个巨大的社会实验场，他认为：“社会学研究工作应该定位于芝加哥的都市文化，芝加哥就是一个社会实验室，这意味着应该去收集那些影响城市社会生活的各种材料，并对材料进行归纳和分析。”[③] 他的学术研究目标是要摸清楚这个大都市的要素分布和要素功能，并解剖都市中的各种人类行为。[④] 在“社会学研究的方法”这门课上，帕克对燕京大学的学子说出的第一句话便是“在这门课程里我不是来教你们怎样念书，而是教你们怎样写书”[⑤]。这与法律人类学的起因有异曲同工之妙：因海外贸易的发展与殖民地的扩张，殖民政府需要与那些拥有非西方文化的初民社会进行交流与互动，需要对初民社会的制度或习俗进行了解甚至掌握，由此产生了法律人类学。这两种理论——法律人类学与帕克的都市生态研究——都是对时下最需要解决的社会问题进行的学理回应。这告诉当时国内的学人：一种学术理论不会凭空产生，而是因某种需求应运而生，通过研究者的努力将其逻辑化、体系化甚至制度化。其次是研究路径。与在法律人类学领域中，由马

---

① 王建民、唐肖彬、勉丽萍、张婕主编：《中国人类学民族学百年纪事》，知识产权出版社2008年版，第124页。

② 柯泽：《帕克社会学理论中的传播思想及其反思》，载《武汉大学学报》（人文科学版）2013年第3期，第113页。

③ Martin Bulmer: *Institutionalization, Diversity, and the Rise of Sociological Research*, The University of Chicago Press, 1984, p. 93.

④ 柯泽：《帕克社会学理论中的传播思想及其反思》，载《武汉大学学报》（人文科学版）2013年第3期，第114页。

⑤ 费孝通：《派克来华》，见于《费孝通全集》（第1版第17卷），内蒙古人民出版社2009年版，第12页。

林诺夫斯基开创的田野调查研究路径相类似，帕克认为社会学的研究需要通过实地调查，而不是在“摇椅”上完成。[①] “他所以能享受芝加哥社会学派正宗的尊荣，实是因为他有一种魔力能把他的学生从书本中‘解放’出来，领到一个活的世界中去领悟人类生活的真相。”[②] 学者应当从生活的具体事实中去获得我们对社会的认识。大胆提出假设是被允许的，但更重要的是要用观察到的生活事实来肯定或否定这些假设。在实地调查的时候，帕克鼓励学生们绘制各种与城市相关的地图，以显示城市的特点。他将人文地理学的思想方法应用于实际研究中，积累了大量有关芝加哥青少年犯罪、吸毒、卖淫、舞女生活、电影剧场、居民住宅、房地产、工业结构等方面的数据。[③] 由于帕克的此种研究方法与中国传统死记硬背的教育方式不同，因此是对包括费孝通、杨庆堃等在内的燕京学生一种振聋发聩的呐喊，打开了学生们的研究视野，“把这批学生带入了一个新的境界”[④]，这直接提高了后来学生们在学习法律人类学时对田野调查这一研究方法的认同程度。

帕克仅在中国任教三个月，其自身散发的个人魅力与带来的先进西方社会学理论在最短的时间内吸引大量的燕京学子，并给他们留下深刻的印象。在帕克离开中国一年后，即 1933 年，听过其课程的燕京大学社会学系的学生“深悟感发”，共同编写了《帕克社会学论文集》。该集收录帕克五篇文章：《论中国》《社会学》《社会之性质及社会概念》《人性论》和《集合行为》。[⑤] 在其序言中，编者写道：“先生在此短促的时间中，传授我们绝非书本死知识而是一种大生命的鼓舞……我们今日之所以起始追求学问的意义和

---

① 当然，这与帕克曾有着 11 年的记者职业生涯密不可分。

② 费孝通：《社会学家派克教授论中国》，见于《费孝通文集》（第 1 版第 1 卷），内蒙古人民出版社 2009 年版，第 137 页。

③ 费孝通：《社会学家派克教授论中国》，见于《费孝通文集》（第 1 版第 1 卷），内蒙古人民出版社 2009 年版，第 137 页。

④ 费孝通：《补课札记》，见于《费孝通全集》（第 1 版第 17 卷），内蒙古人民出版社 2009 年版，第 13 页。

⑤ 王建民，唐肖彬，勉丽萍，张婕主编：《中国人类学民族学百年纪事》，知识产权出版社 2008 年版，第 131 页。

本相，可说完全是先生所启发的。”① 虽然帕克的研究属于社会学领域，从学科分类的角度来说并不涉及人类学。但其研究目的和研究路径都与人类学紧密相连，没有严格划分。且在当时，“社会学上的文化学派，亦正在采取文化人类学的题材，以建立‘文化底科学’，使社会学与人类学渐趋接近”②。

2. 拉德克里夫·布朗来华讲学

1935 年（民国 24 年）秋，英国功能主义学派代表学者拉德克里夫-布朗应燕京大学社会学之邀，来华讲学。自 10 月起，约一个半月的时间，布朗在燕京大学开设“比较社会学”课程，并主持“中国乡村社会学调查”讨论班。随后，在吴文藻的陪同下，南下访问武汉、南京、上海和广州诸城市，并在沿途高校讲学。布朗这次来华讲学给中国学人带来的“礼物”主要有以下几点：

（1）比较社会学理论。布朗虽然被后人称为结构——功能主义的代表人物，但其本人对功能学派却抱有不以为然的态度。他认为功能学派并不存在，该学派只是马林诺夫斯基编造出来的神话。“自然科学中并没有这种意义上的学派的位置，而我则把社会人类学看成是自然学科的一个分支……我认为社会人类学是一门有关人类社会的理论性自然科学，它研究社会现象，所用的方法与物理与生物科学所用的方法基本上相同。如果有人同意，我更愿意把这个学科称作‘比较社会学’。”③ 在布朗将自己的理论定位清晰后，便将法国涂尔干（Émile Durkheim）派的社会学，英国赫腾（A. C. Haddon）与黎佛士（W. H. R. Rivers）的人类学和英国罗素（B. Russell）与怀第黑（A. N. Whitehead）的科学方法论三者融合，作为自己的理论渊源。④ 布朗认为，所有社会现象在某种意义上都是与社会结构的存在相联系的产物，因此

---

① 费孝通：《社会学家派克教授论中国》，见于《费孝通文集》（第 1 版第 1 卷），内蒙古人民出版社 2009 年版，第 132 页。

② 吴文藻：《布朗教授的思想背景与其在思想上的贡献》，载《社会学界》1936 年第 9 卷，第 15 页。

③［英］拉德克里夫·布朗：《原始社会的结构与功能》，潘蛟、王贤海、刘文远、知寒译，中央民族大学出版社 1999 年版，第 93 页。

④［英］拉德克里夫·布朗：《原始社会的结构与功能》，潘蛟、王贤海、刘文远、知寒译，中央民族大学出版社 1999 年版，第 1 页。

把社会行为的产生归因于人类的主观动机、根据人们的心智来解释社会制度、习俗、规范的起源是错误的。他认为社会人类学的宗旨在于揭示人类社会的普遍规律，主张根据社会秩序的机制、根据社会制度的功能来解释社会制度和社会现象的存在根由。① 因此，他与马林诺夫斯基的理论不同。马氏认为，文化的功能在于满足人类的需求，在这些需求中，生物和心理上的需要是最基本或原生的，而社会需要则是次生的。② 他在其著作中所述：“（人类学）作为一门对原始人智力发展的比较研究学科，这种研究方法已被证明充实了心理学，并且将为那些试图去培养或从道德方面去提高土著居民素质的人们提供帮助。”③ 而布朗认为社会是首要的。他始终坚持涂尔干的观点，认为社会事实先于任何个人的存在并制约着人们的行为。他所关注的并不是抽象的生物学意义上的个人，而是具体的社会的人。④

（2）社会学意义上的研究方法。布朗认为，想要研究任何问题都需要用到比较的方法。但这并不意味着将两个或者多个相同或相似的文化等内容放在一起就是比较，而是通过验证事先提出的假说来证明一种文化的功能和性质：“我们可以提出某种假说来说明仪式或神话具有怎样的性质和功能。假说需要验证，而且最终是有可能证实的，只要我们对不同类型的文化进行一系列充分的研究，而在每项研究中，必须把仪式或神话作为一个整体，并与文化结合起来考虑。”⑤ 这与法律人类学的传统研究方法大相径庭：法律人类学学者在进行田野调查前并不进行预设，且十分看重田野调查的质量，如第一手资料是自己收集的还是通过中间人收集的；如果通过中间人，这个中间人自己的世界观与价值取向是否会影响资料的客观性……同时，早期的法律人类学学者对法学问题的研究基本循沿的是英美法系的法学方法，即习惯于

① ［英］拉德克里夫·布朗：《原始社会的结构与功能》，潘蛟、王贤海、刘文远、知寒译，中央民族大学出版社 1999 年版，第 6 页。

② ［英］拉德克里夫·布朗：《原始社会的结构与功能》，潘蛟、王贤海、刘文远、知寒译，中央民族大学出版社 1999 年版，第 18 页。

③ ［英］马林诺夫斯基：《原始社会的犯罪与习俗》，原江译，法律出版社 2007 年版，第 2 页。

④ 吴文藻：《布朗教授的思想背景与其在思想上的贡献》，载《社会学界》1936 年第 9 卷，第 1 页。

⑤ ［英］拉德克里夫·布朗：《安达曼岛人》，梁粤译，广西师范大学出版 2005 年版，第 3 页。

寻找部落社会中发生的个案，接着再用法律多元理论框架下的个案分析法来展开研究。即便是深受“罗马-荷兰法学”影响的法律人类学家，对此方法也非常青睐。[①] 布朗还主张用“函数”“变量”或“功能关系”解释社会。他也不认为小个案可以出大理论，只有对众多个案进行机械提炼，才能得出人类社会的一般构成。[②] 在此暂不论布朗研究方法的合理性和可信度，笔者认为，该种研究方法具有浓重的社会学色彩，是布朗对涂尔干等社会学家理论的继承和发展。这是对当时法律人类学的传统研究方法——“以小见大”研究方法的革新，布朗试图通过在功能主义的基础上，以社会学的研究视角继续对法律人类学进行新的拓展。

拉德克里夫-布朗曾在燕京大学演讲中，表达这位法律人类学的先驱者对中国适用和研究社会学的几点建议。首先，布朗向中国学人表达了他从初民社会的田野调查中的发现：用于科研的社会学调查和一般人们认为的社会调查是截然不同的，“社会调查只是某一人群社会生活的闻见的搜集；而社会学调查或研究乃是要依据一部分事实的考察，来验证一套社会学理论或‘适用的假设’的……它是由社会人类学实地工作员研究‘后退文化’中残存土著民族的简单社会的经验中发展出来的”[③]。在这里，布朗为中国刚刚起步社会学、人类学两门学科排除了一个误区，即常人调查日常生活的方式也可以用来研究社会学问题，这为国内更好地适用西方社会学、人类学方法论铺平了道路。其次，布朗将社会体系这一概念分裂为“适应”与“完整”：“适应”是指“某数量的人类在一个特殊的自然环境中供给他们物质需要的一种机构”；“完整”是指“靠着个人利益的和谐，联合与调试将人类连成一起”。[④] 然而，布朗却认为这种研究方法适用于中国有极大的困难：该方法

---

① 刘顺峰：《理论、方法和问题意识—— 法律人类学对中国法学的知识贡献》，载《江苏社会科学》2017年第2期，第171页。

② 刘顺峰：《理论、方法和问题意识—— 法律人类学对中国法学的知识贡献》，载《江苏社会科学》2017年第2期，第4页。

③ ［英］拉德克里夫·布朗：《对于中国乡村生活社会学调查的建议》，吴文藻编译，载《社会学界》1936年第9期，第79页。

④ 这里布朗的文字具有浓烈的人类学色彩，即人类学的整体论思想。虽然布朗不太认可，但他确实大量的使用了马林诺夫斯基的功能论，强调各社会因素的功能和相互作用。

的产生是源于西方社会学者对狭小、较为隔离的“退后民族”社区的他者观察，而中国土地面积广阔，各地域之间联系较为紧密，属于“复杂社会”，因此并不适用。随即布朗便提出他的解决方法：中国由省市县镇村组成，“户”是其中最小的单位。由“户”开始研究，再推向全国。在此研究过程中需要注意结合三种路径：横向或同时的研究（Synchronic or monochromic Study）、乡村社区外部关系的研究和纵向研究（Diachronic Study）。同时也要注意家族在中国的地位：“家族和家族关系之在中国，特别是在乡村的中国。既然有优越的重要性，则在社会结构已经决定大纲以后，或者开始研究一个乡村的顶好方法，就是由社会生活做一个整体，而来考察家族、氏族和亲族在其中所发生的功能。”①布朗的这几点建议被其在华指导的学生林耀华很好地继承，并贯穿了林的著作——《金翼》的始终。② 同时，林耀华在布朗在华讲学期间请他作为自己的硕士论文材料组织的老师。受布朗提出的“在中国研究，最适宜于开始的单位是乡村，因为大部分的中国人都居住在乡村里；而且乡村是够小的社区，可供给一两个调查员在一二年之内完成一种精密研究的机会”观点影响，③ 林耀华专心于实地研究，立意要将自己的研究立足于乡村。后发表题为《从人类学的观点考察中国宗族社会》一文，④ 从功能主义的角度观察中国乡村的宗族社会这一基本社会结构。⑤ 他的硕士毕业论文《义序的宗族研究》也表现出受功能主义学派的影响。再次，布朗提醒中国学人，要放宽自己的视野，不要局限于研究一种社会因素：“所以我觉得单是研究犯罪毫无用处，除非同时研究那控制行为的舆论、宗教以及伦

---

① ［英］拉德克里夫·布朗：《对于中国乡村生活社会学调查的建议》，吴文藻编译，载《社会学界》1936年第9期，第84页。

② 在《金翼》书中，作者林耀华纵向上描写的是村中张、黄两家族的兴衰史；横向上突出黄氏家族族长黄东林的个人命运；同时写到了该村与福建其他地方的联系，包括贸易、战争等。这正符合布朗氏所提出的研究范式。

③ 王建民，唐肖彬，勉丽萍，张婕主编：《中国人类学民族学百年纪事》，知识产权出版社2008年版，第160页。

④ 林耀华：《从人类学的观点考察中国宗族社会》，载《社会学界》1936年第9卷。

⑤ 当然，林耀华的功能主义立场并非一蹴而就。在请布朗氏当自己的毕业论文指导老师之前，他就已经在福建莆田开始了对乡村宗族的田野调查，布朗氏的指导更加坚定了自己坚持功能学派的理论。

理教训等的效果。”[①] 因此，在当时法律人类学传播的过程中，以狭义意义上的法律为核心的人类学、社会学研究数量很少，取而代之的是对秩序、规则等内容的研究。这实际上是拓展了法律的定义范围，不再将法律仅仅定义为“制定法”或者是“国家法”，并且逐渐减少对条文文字上的修辞性研究，加强对法律背后所代表的正义、纠纷、冲突和仪式等社会价值的讨论。最后，布朗希望自己的研究能对中国理论上的“人类社会的科学”有些许贡献，能帮助“尤以社会绵续性延至数千年的中国”对于过去的社会有“更彻底而系统的认识和进一步地了解”。

布朗结束访学一年后，燕京大学社会学系将《社会学界》第九卷作为其来华讲学的特辑出版。其中包括布朗的4篇文章和中国学人在其理论基础上的拓展研究。[②] 拉德克里夫-布朗的到来，标志着法律人类学在中国的发展到达了一个前所未有的高度，使得中国的法律人类学研究紧跟世界的前沿。

四、法律人类学传播的直接影响

自1934年（民国23年）开始，国内的法律人类学迎来一个短暂的黄金发展时期。在此期间，由于战争的原因，国民政府于1938年成立了专门负责高校迁建的战时教育协会，在整个抗战期间，国民政府组织高校内迁。同时，对高校进行了合并、重组和新设，[③] 这间接导致了法律人类学理论的西进，中国的西南和西北地区也为法律人类学提供的广阔的田野场所。因此，中国学人不仅积极的回顾之前学习的法律人类学前沿理论，更新国内的人类学知识；并且抓住机会，结合中国少数民族实际，做出自己的田野、写出自己的学术成果。

---

① ［英］拉德克里夫·布朗：《对于中国乡村生活社会学调查的建议》，吴文藻编译，载《社会学界》1936年第9期，第85页。

② ［英］拉德克里夫·布朗：《社会科学中之功能观念》《人类学研究之现状》《对于中国乡村生活社会学调查的建议》《原始法律》，李有义译，载《社会学界》1936年第9卷。

③ 王荔、胡怡、刘继青：《抗战时期大学内迁与高等教育的布局调整》，载《云南师范大学学报》（哲学社会科学版）2010年第4期，第151页。

1934年（民国23年），人类学者林惠祥所写的《文化人类学》一书，由商务印书馆出版。该书是民国时期为数不多的以“文化人类学”为题的著作之一，[①] 共七篇，七十个章节，内容覆盖人类学和文化人类学。作者在序言中便对文化人类学一词进行定义：“文化人类学即是研究文化的人类学，原文为cultural anthropology……观于这些名称便可晓得文化人类学即是原始文化即人类文化起源及进化的科学了。这种科学的范围似乎太窄，其实不然，因为它是研究全人类的文化的；似乎太广，其实又不然，因为他只着重在‘原始的’文化，即文化的起源而已。”[②] 在此林惠祥将文化人类学的研究范围划归在“原始社会”中，这与当时西方法律人类学的研究领域和研究动机是相仿的。对原始社会的物质文化、社会组织、宗教、艺术和语言文字的描述占据了本书的大部分内容，其中便介绍到了原始社会的宗教、社会制度与秩序的维护。[③] 本书除在内容上涉及法律人类学，具有先进性之外，形式上也颇具特点。作者在每一篇的末尾都会列举出与本篇有关的参考书目供读者参阅，书目并没有以国别和学派为限制，而是包罗万象，凡是与论点有关的书籍均被作者囊括。这与书中开篇所言“本书的主旨是依最近的趋势，综合社会进化论派、传播论派与批评派的意见，采取各家的长处，融合为一，已构成相对的观念”相同。[④] 但这也使得该书具有内容较为混杂，体系脉络模糊的缺点。

1945年，由杨懋春所著的《一个中国村庄——山东台头》(*A Chinese Village: Taitou, Shandong Province*) 英文版经哥伦比亚大学出版社出版。该书和《江村经济》(费孝通著)、《金翼》(林耀华著) 和《祖荫下》(许烺光著) 并列为早期中国人类学的里程碑作品。[⑤] 然而，作者为了“描述的生

---

① 同时期的还有［美］哥登惠塞（A. Goldenweiser）：《社会科学史纲——文化人类学》，陆德译，商务印书馆1931年版。

② 林惠祥：《文化人类学》，商务印书馆2017年版，第1页。

③ 社会制度和秩序的描述见第四篇《原始社会组织》第一至十二章，宗教见第五篇《原始宗教》。

④ ［美］哥登惠塞（A. Goldenweiser）：《社会科学史纲——文化人类学》，陆德译，商务印书馆1931年版，第2页。

⑤ 杨懋春：《一个中国村庄——山东台头》，张雄、沈炜、秦美珠译，江苏人民出版社2001年版，第6页。

活画面尽可能保持其完整性，”使“台头村这个乡村社会在文化上能被读者理解”[①]，并没有从生活中的各个重要方面——经济、政治、宗教等来对中国农村进行描写，而是以初级群体（家庭）中个体之间的相互关系、次级群体（村庄）中的初级群体之间的相互关系、大地区（乡镇）中的次级群体之间的相互关系这三种社会关系来构成其行文框架。作者的导师，美国著名的文化人类学者拉尔夫·林顿（Ralph Linton），在序中对本书给予高度评价。他认为，人类学者在田野调查时最大的难题之一便是深入异域文化中的隐蔽层面，“要成功地进行研究，他不仅对这种语言有深入的了解，而且还必须对他的研究对象有真正的同情和超乎寻常的敏锐……杨博士对他的村庄的熟悉度不亚于当地村民，又能用科学的无偏颇的态度进行研究……人们读完这本书会有这样的感觉：这是一些真实的人，一些和我们非常相似的人”，[②] 这与作者“尽可能保证生活画面的完整性”的目的是契合的。[③] 本书的另一特点便是与时局联系紧密。1945年正值战争结束，中国社会百废待兴。作者认识到，乡村复兴的运动是国家重建计划中重要一环，“这类研究有助于消除自运动一开始就出现的大量浪费和无效，而且还能够防止重大的失误”[④]。

1947年，林耀华所著的《金翼：中国家族制度的社会学研究》（*A Sociological Study of Chinese Familism*）于伦敦出版。[⑤] 与一般的民族志写作方法不同，《金翼》采用了小说的体裁。同时，它又不是普通意义上的小说，即不具有虚构性，“它是真实的，是东方乡村社会与家族体系的缩影……这

---

① 杨懋春：《一个中国村庄——山东台头》，张雄、沈炜、秦美珠译，江苏人民出版社2001年版，第8-9页。

② 杨懋春：《一个中国村庄——山东台头》，张雄、沈炜、秦美珠译，江苏人民出版社2001年版，第13页。

③ 此外，林顿还在序中提到越来越多的美国社会科学家为了能在实地调查的过程中深入了解异域文化，于是他们去求助于在非欧文化中出生和成长的那些人，他们称之为“边缘人”。这些“边缘人”会把他们的文化解释给研究者听，同时也会站在非欧的立场解释研究者的文化。这种研究方法深刻影响了后来的西方法律人类学者的田野思路。

④ 杨懋春：《一个中国村庄——山东台头》，张雄、沈炜、秦美珠译，江苏人民出版社2001年版，第10页。

⑤ 《金翼》原稿在1944年便于纽约出版，当时用的副标题为“一部家族的编年史”（A Family Chronicle），后太平洋研究所的何兰德（W. L. Holland）来华与林耀华会晤，请林修订此书，因此才有1947年版本。

部书又汇集了社会学研究所必需的种种资料，展示了种种人际关系的网络——它是运用社会人类学调查研究方法的结果”[①]。笔者认为，《金翼》摆脱了社会学家和历史学家常常不可避免的研究难题，即大量引用文献资料，使得学术作品枯燥无味，变成冗长的简单记述。通过对书中每个人物的言行举止甚至是他们心理的描写，让读者身临其境，让我们与作者笔下的人物“共情”。同时，在保持文字趣味性的基础上，作者运用社会人类学的研究方法，通过对“金翼之家”这一个别事件的分析，提炼出存在于中国乡村的普遍性，又使文章具有深远的学术意义。

这一时期出现一个有趣的现象：由众多学人所著成的，有关中国的人类学作品原稿或第一版都是英文而非中文。由此，笔者提出假设：国内初期的人类学、社会学作品受到西方理论的直接影响，甚至是直接套用其研究框架。以杨懋春为例，其著作从表面上看是对山东台头村这一独立的社区进行的“所闻、所见、所经验的事实的记录”，[②] 似乎与燕京学派社区研究的传统相似，但本质上却是属于“以文化人类学的方式研究乡村社区的‘个案研究法’”[③]。杨懋春这种研究思路受教于其1930年在燕京大学就读时的老师杨开道。而杨开道的研究又可以溯源于乡村社会学的鼻祖葛尔宾（G. Galpin）的《一个农业社区的社会解剖》（*The Social Anatomy of An Agricultural Community*）。[④] 1940年，杨懋春进入美国康奈尔大学接受了系统的农学训练，并在主科顾问安德森（W. A. Anderson）的建议下辅修了人类学。[⑤] 其博士论文选题《中国集镇与乡村生活的关系》（*The Market Town and Rural Life in China*）具有浓厚的文化人类学色彩，这不能说与他日后于哥伦

① 林耀华：《金翼：中国家族制度的社会学研究》，庄孔韶、方文静译，生活·读书·新知三联书店2015年版，第7页。

② 杨懋春：《一个中国村庄——山东台头》，张雄、沈炜、秦美珠译，江苏人民出版社2001年版，第6页。

③ 傅春晖：《基于集镇的乡村社会：杨懋春的农业社区研究》，载《学海》2021年第2期，第13页。

④ 傅春晖：《基于集镇的乡村社会：杨懋春的农业社区研究》，载《学海》2021年第2期，第13页。

⑤ 傅春晖：《基于集镇的乡村社会：杨懋春的农业社区研究》，载《学海》2021年第2期，第14页。

比亚大学写成的《一个中国村庄——山东台头》毫无联系。

五、传播特点与影响的评析

与西方法律人类学产生的缘由——为了加强西方国家对非西方社会的殖民——相类似，法律人类学在中国的传播与当时的社会发展密不可分。这种紧密的联系致使国内的研究很难不受到西方理论影响，进而这种影响被直接反映于实践层面。

首先打破了传统法律观念。1911 年民国肇建，但是中国依然是被西方列强所压迫的对象，中国的国际地位和国内的人民生活并没发生较大的改变。具体来说，自 1902 年以迄 1949 年的中国法律近代化，约言之就是法律继受的历程，观乎此期间，法制的变革无论是采欧陆模式、日本模式抑或英美模式，或多或少都有其各自的历史与时代意义。[①] 因此，人类学和社会学家首先将目光投向“法律”这一维护社会秩序最主要的因素。无论是 1930 年林振镛对《原始社会的犯罪与习俗》的翻译，还是 1935 年拉德克里夫-布朗应邀来华讲学，一系列学术活动的开展和学术著作的出版都反映出当时社会学、人类学家研究法律新的角度，即不能仅仅从狭义的法律概念来制定法律，而需探讨法律背后更深层次的理论价值和社会影响。虽然国家的法律由于其作为人类社会唯一真正的法这一被人们确信不疑的本质，被正统法学简单地不加任何修饰词加以限制地称作“法”。[②] 但法律纠纷的背后往往是文化观念的冲突，当不同个体在集体意识如种族、民族、宗教、意识形态等支配下进行行动选择时，就会呈现文化差异，进而产生越来越多的法律纠纷。[③] 因而需要延伸“法”的边界，给予“法”重新定义。杨懋春的《一个中国

① 黄源盛：《晚清民国的社会变迁与法文化重构》，载《法制与社会发展》2020 年第 3 期，第 111 页。

② ［日］千叶正士：《法律多元——从日本法律文化迈向一般理论》，强世功、王宇洁、范愉、董炯、彭冰、赵晓力译，中国政法大学出版社 1997 年版，第 2 页。

③ 侯猛：《司法过程中的社会科学思维：以人类学为中心》，载《思想战线》2020 年第 6 期，第 79 页。

村庄——山东台头》、林耀华的《金翼》、费孝通的《江村经济》等民族志都是突出了中国乡村社会风俗、习惯、仪式、宗教等民间因素在维护社会秩序方面的重要性，他们展现给我们的中国乡村几乎看不见国家法律的影子或者受其影响极小。从整体上看，如马林诺夫斯基所言，这些社会以需求为基础，个体和个体之间、个体和群体之间、群体和群体之间相互的紧密联系在一起。① 在无“法”的情形下，乡村社会却保持着“微妙”的平衡，这不仅是在学术上，也为当时民国政府的社会治理提供了新的路径。②

其次是改变了国内对少数民族的研究方式。西方法律人类学最开始的研究对象便是非西方的初民社会。人类学家从最初依赖探险者的笔记，到自己亲历实地调研，与观察对象“同吃同住”，以求记录初民社会最真实的风俗与习惯。这种对“他者”田野调查的方法被中国学人运用于研究国内的少数民族。③ 同时，这些学者还根据自己的“参与观察”凝聚成了调查报告，如葛学溥（Klup. D. H）的《华南乡村生活》④ 和林惠祥的《台湾番族之原始文化》。⑤ 由于当时国内的社会学和人类学仍是“新兴幼稚学科”，空洞的泛泛之谈要远多于对生活的翔实叙述；对显示的描述又多引证舶来材料，对本土社会并未过多涉及。同时研究之方法多为“代数性社会公式之演算”，与触及社会本质、探究社会问题的研究目的相去甚远。⑥ 因此借由法律人类学的研究路径和人类学的理论框架所产出的民族志作品便显得弥足珍贵，对于

---

① ［英］E. E. 埃文斯·普理查德：《努尔人——对一个尼罗特人群生活方式和政治制度的描述》，褚建芳译，商务印书馆 2014 年版，第 17 页。

② 吴文藻曾在其《边政学发凡》一文中提出：“人类学家的工作，自亦可以应用于‘落后社区’的开化事业……使人类学研究，在理论及应用上，同时并进；以边政学为根据，来奠定新边政的基础，而辅助新边政的推行。”

③ 据笔者不完全统计，1940—1948 年期间，我国人类学家进行田野调查的场所，南方主要有滇、黔、桂、湘、粤、川、琼这几省的民族地区如四川大小凉山、康定、西昌、粤北等；北方主要有如青海、甘肃、新疆地区，西藏地区也被人类学家囊括在内。参见王建民、唐肖彬、勉丽萍、张婕主编：《中国人类学民族学百年纪事》，知识产权出版社 2008 年版。

④ ［美］葛学溥：《华南的乡村生活——广东凤凰村的家族主义社会学研究》，周大鸣译，知识产权出版社 2012 年版。

⑤ 林惠祥：《台湾番族之原始文化》，上海文艺出版社 1991 年版。

⑥ ［英］马林诺夫斯基：《文化论》，费孝通译，见于《费孝通全集》（第 1 版第 18 卷），内蒙古人民出版社 2009 年版，第 274 页。

“现代中国之创造过程，能有具体切实之设计”[①]。这些民族志作品代表了当时法律人类学的研究范式适用于中国田野的最新成果，也是西方理论和中国实践相结合，即法律人类学传播的最新成果。

最后是创建了人类学、社会学学科体系。曾有学者认为，同法律社会学一样，法律人类学在中国的传播肇始于民国初期，不同的是法律人类学是碎片化的引入。[②] 诚然，民国时期在引进法律人类学的过程中并未出现“法律人类学”的字样，也并未将法律人类学作为一门独立的学科和课程在大学进行教授。但从另一角度看，法律人类学的理论散见于各个学科也使其避免了学科壁垒、无法与“外界”交流的学术困境。在众多学科中，人类学和社会学是法律人类学的主要传播领域。西方法律人类学优秀的学科交流传统在引入中国时被国内学者继承了下来，并以此为依据将目光在人类学和社会学之间来回穿梭。对此吴文藻认为：“……人类学与社会学是被视为一物，无分彼此的。迨后一切学问都极度的专门化，因而发生流弊，而人类学与社会学的各不相谋，便是其中一端……此后幸有功能学派的崛起，复使人类学与社会学携手，发生更密切的联系。”[③] 当年帕克和布朗来华讲学是以燕京大学为“阵地”，然而燕大在当时并非是第一个，也不是唯一开设人类学的学校。这些院校虽规模不同，发展侧重点也相异，但在学科体系的构建上都具有共同的特点，即不严格区分社会学和人类学。[④] 同时，由于经典人类学强调研究非西方社会，而中国社会学研究的是非西方的中国社会特别是中国乡村社会，因此，中国社会学和人类学在发展初期其实是相互影响的。[⑤]

---

① ［英］马林诺夫斯基：《文化论》，费孝通译，见于《费孝通全集》（第1版第18卷），内蒙古人民出版社2009年版，第274页。

② 王伟臣：《从边缘到边缘：法律人类学在中国的译介与传播》，载《法治现代化研究》2019年第1期，第133页。

③ 吴文藻：《布朗教授的思想背景与其在学术上的贡献》，载《社会学界》1936年第9卷，第15页。

④ 1923年，南开大学开设人类学系，聘请拥有哈佛博士学位的李济担任人类学和社会学教授，这是中国高等院校设立人类学系的开端。除此之外，清华大学、浙江大学、辅仁大学也相继开设了人类学系；上海沪江大学、北京大学、金陵大学、厦门大学、复旦大学、中山大学等高校也同时开设了社会学，兼有部分人类学课程。如1933年清华大学建立社会学及人类学学部后，唯一毕业的研究生便是费孝通。

⑤ 侯猛：《法律和人类学研究 ：中国经验30年》，载《法商研究》2008年第4期，第145页。

七、余论

作为一门源自西方的理论，法律人类学这门学科正式形成的年代，目前学界仍存在争论。但一般认为，法律的人类学研究是在 19 世纪中后期，20 世纪初兴起和发展起来的。孟德斯鸠、萨维尼、梅因、马林诺夫斯基、霍贝尔、波斯皮士尔、斯奈德等人的学术成就和思想足迹，大致可以勾勒出这门学科萌芽、形成和不断发展的历史。① 我国在改革开放以后已有众多学者对该领域进行多方位的探索与研究。② 其中大部分是以法律人类学为视角和方法去研究民族地区的问题；③ 或是对法律人类学的学科建设和学术地位进行阐释。④ 关于对法律人类学的定义与分类，国内大多数学者都表示法律人类学是法学与人类学的交叉学科，属于跨学科范畴。⑤ 但也有学者认为法律人类学只是文化人类学下的分支学科，并不将其定性为“跨学科”；⑥ 或认为法律人类学就是一门研究少数民族的理论，属于民族学范畴。⑦ 同时，今天的法律人类学研究存在诸多新的困境，如主客观研究视角、他者社会“法律”的存在性、该“法律”是不是西方法学意义上的法律……⑧

综上所述，笔者认为，尽管今天国内学界对法律人类学的历史沿革、学科定位和研究范式等问题仍存在争议，但更为重要的是，虽历经中断，法律人类学仍对当今中国的社会学、人类学乃至法学理论产生了深远影响，并且

---

① 张冠梓主编：《法律人类学：名家与名著》，山东人民出版社 2011 年版，第 6 页。

② 截至 2021 年 8 月 30 日，在知网“全文”的搜索分类下，以“法律人类学”为搜索词的文章共有 4318 篇；以“法人类学”为搜索词的文章共有 3965 篇。

③ 曲艳红：《民族法学的学科定位与研究进路——兼与法人类学、法社会学比较》，载《中南民族大学学报》（人文社会科学版）2019 年第 1 期。

④ 尤陈俊：《社科法学的成长与发展》，载《南开法律评论》2015 年第 1 期。

⑤ 刘顺峰：《西方法律人类学论纲：历史、理论与启示》，载《北京理工大学学报》（社会科学版）2014 年第 5 期。

⑥ 王伟臣：《法律人类学是一门交叉学科吗?》，载《中国社会科学报》2020 年 11 月 18 日第 5 版。

⑦ 郑齐猛：《民族法学与法律人类学若干问题比较》，载《淮北煤炭师范学院学报》（哲学社会科学版）2008 年第 4 期。

⑧ 王伟臣：《论法律人类学之困》，载《民间法》2014 年第 1 期。

在中国的语境中，法律人类学出现了一些不同的研究取向和视角，如作为社会控制和纠纷调解的法律、作为人情和互惠的法律，作为习惯法和民间法的法律研究以及作为地方知识的法律研究。[①] 因此，我们不能仅停留在对法律人类学理论传播的事实叙述与学理评析，还需对该理论如何融于中国话语体系，以及以何种面孔和方式继续传播下去做出更多的努力。

① 赵旭东、张洁：《从异域到本土：中国法律人类学本土研究的现状与发展》，载《江苏社会科学》2017 年第 2 期，第 148 页。

从“法律人类学回家”来回顾法律人类学的发展史*

黄孝慧**

摘　要：法律人类学是社科领域的一门新兴学科。它起源于18世纪后半期，并被作为一个自我发展的自治性领域，其间大量的学者和调查者探讨的主题主要围绕人类的特征、人类社会的性质和人类社会的起源等方面。这些人类学家选择的主题、他们提出问题的方式、寻求解决方案的策略主要源于他们受到所接触学科的强烈影响，如医学、心理学、体质学、动物学等学科都对法律人类学的影响，这说明法律人类学是一门跨学科的特殊性学科。

关键词：法律人类学；自治性；社会的起源

一、法律人类学发展史

（一）进化论时期的法律人类学

1. 梅因

法学对人类学的起源和发展产生的影响是其他学科所无法比拟的。被视

---

* “法律人类学回家”来自英文文献 *Legal anthropology comes home*：*a brief history of the ethnographic study of law*，可译为“法律人类学回家：法律人种学研究简史”。

基金项目：贵州省2021年度哲学社科规划国学单列青年课题“民国以来贵州的乡村治理研究”（课题编号：21GZGX30）的阶段性成果。

** 作者简介：黄孝慧，女，贵州瓮安人，法学博士，贵阳人文科技学院法学院副院长、副教授，硕士研究生导师。

为首批的人类学著作都是出自律师及法律相关人员。1861 年英国学者梅因出版了《古代法》。体现出浓郁的主宰 19 世纪知识界的进化论思想，梅因构建了一种宏大理论来阐释了法律的发展和治理，范围涉及人类社会的起源和他所属的维多利亚英格兰的情况。尽管梅因的比较史受到可用材料匮乏的局限，并且机械的进化论模式最终广受非议。然而通过对法律权利和义务依靠社会身份的社会与契约型社会的基本区分为法律人类学作出了持续的贡献。①

2. 摩尔根

作为与梅因同时代的进化论学者，这位兼具律师和铁路实业家身份的学者志在更进一步阐释进化理论。19 世纪 50 年代后期，摩尔根在法界和商界的成果为他成为一个真正的学者创造了条件。经过对亲属关系的多年的比较研究，他构建了一种宽宏的人类家庭以及最终的人类社会本身的进化理论。摩尔根最知名著作《古代社会》（1877），把人类的文化进化进程比拟为地质性的岩层。他把人类文化史划分为三个蒙昧、野蛮和文明阶段。显然，和梅因一样，摩尔根的宏大的进化径路缺乏可靠的资料，主要来源于古典文学和对当代社会的孤立的非科学记述。二人的两种研究径路都具有充满时代气息的种族主义和物质真理等瑕疵。但是摩尔根对不同文化差异的广泛和系统的研究是值得称赞的。②

3. 影响

这些人类学家以及早期其他的人类学家的法律背景对法律与人类学之间关系产生较大的影响力。自从人类学兴起以来，很多实务工作者对法律产生了很大的兴趣。在现代，大家公认为法律是人类学应予研究的一个核心的文化成分。事实上，几乎每一部著作都有法律标题章节。这一联系有助于使法律成为人类学家感兴趣的大量主题的最前沿部分。正是这些早期人类学家们的研究理论让我们重新发现了一个最基本的要点：法律不应孤立地进行研

① John M. Conley and William M. O' Barr: *Legal anthropology comes home: a brief history of the ethnographic study of law*, *Loyola of Los Angeles Law Review*, vol. 27, 1993, p. 45.

② *John M. Conley and William M. O' Barr*: *Legal anthropology comes home: a brief history of the ethnographic study of law*, *Loyola of Los Angeles Law Review*, vol. 27, 1993, p. 45.

究，相反应作为一个复合型的文化环境中一个要素来加以研究。

（二）功能实证主义时期：法律民族志学的起源

1. 博厄斯（美国）

随着新世纪的到来，第二代的人类学家们从各个角度纷纷对进化论思想予以攻击。尤以德裔美籍人博厄斯和他在哥伦比亚大学的弟子们为首的批评进化论不符合文化实体的发展体系，进化论仅对人类社会作简单的分类并影射种族主义。他们认为，为了证明进化论思想不符合客观事实，必须得弄清楚事实究为何物。为了满足这些事实的需要，20 世纪早期的人类学家们纷纷远行至遥远的世界角落去搜集人类社会行为多元化的文献材料。为了保证文献搜集过程科学严谨，博厄斯和他的弟子们甚至还建立了文化人类学的典型研究方法（民族志）的根本标准。

2. 马林诺夫斯基（英国）

美国之外，早期的民族志者中最重要的要数英国学者马林诺夫斯基。马林诺夫斯基极富语言天赋，第一次世界大战期间他很长一段时间是在新几内亚岛与美拉尼亚人共同度过的。他研究美拉尼亚人的生存系统，参与他们的仪式，甚至乘着独木舟陪同美拉尼亚人开展一些航海贸易。马林诺夫斯基著作颇丰，涉及美拉尼亚人文化的每个方面，包括吸引人而易误导人的这本书：《美拉尼西亚西北部原始人的性生活》。这些主题中，马林诺夫斯基以法律为主题出版了一本专著：《原始社会的犯罪与习俗》。他批判道：梅因进化论思想建构于对治理本质和所谓初民社会控制的基本误解上。这本书的长远的贡献在于其令人信服地证实了法律问题是可以用民族志研究来处理的。而梅因把小型、传统的社会行为贬低为习俗的奴隶，马林诺夫斯基翔实的民族志揭示了一套复杂民事、刑事规则和一个微妙的实施体系。[①]

3. 影响

马林诺夫斯基民族志方面的洞见促使他重新构建了法律人类学的基本核

---

① John M. Conley and William M. O' Barr: *Legal anthropology comes home: a brief history of the ethnographic study of law*, *Loyola of Los Angeles Law Review*, vol. 27, 1993, p. 44.

心问题。与梅因不同，他不是询问一个社会是否有警察、监狱等，相反他是问，究竟什么行为模式控制了反社会的越轨行为。他在《原始社会的犯罪与习俗》里认为，巫术，绝非一个违法的越轨行为，巫术事实上是一种传统的遏制犯罪和阻止过度消耗资源的机制。除了法律之外，马林诺夫斯基还把功能视角投向了经济、仪式、亲属以及人与人之间的行为。呈现给我们的是一个自我平衡、自我调节的有机体，这也是其维持生存和社会稳定的重要贡献力量。

（三）现代和后现代时期的法律人类学

1. 现代时期的法律人类学

我们相信20世纪80年代的大部分法律人类学可以概括为对马林诺夫斯基研究路径的追逐。确切地说，法律人类学家从不同的理论旗帜下行进，与马林诺夫斯基类似的学者把单个社会描述成静态的、功能独立的、自我平衡的社会。而其他的学者则着重强调历史、联系和变化。从20世纪60年代开始，许多法律人类学家们把焦点从日常纠纷处理转向不同文化维持社会稳定的过程分析。不过分关注一个社会有机整体的理想化形象的构建，而是注重识别社会成员用以维持组织运行的策略。尽管如此，他们仍然继续向马林诺夫斯基提出问题：什么样的社会规则等同于西方工业社会中的法律？而且，他们也和马林诺夫斯基一样坚持田野调查来获取答案。他们在核心地带开展了广泛参与观察的民族志田野调查工作，同时他们坚信对严密方法的连续应用将会带来可靠的数据，从而更容易得出客观的分析。

2. 后现代时期的法律人类学

在过去的几十年，后现代批评家们对科学方法的实证主义理念进行攻击。如缜密、客观等思想被认为是西方式幻想。人类学学科呈现一个灵变性转向：人类学家开始摆脱传统的研究对象，来对他们自身进行批判性审视。对人类学家所构想的智慧重新审视，法律人类学的认识论成为他们关注的焦点，对描绘他者社会的惯例重新反省。研究者自己成为主题，他们不再过度关注其他世界，而是重点关注他们自身工作和他们自身的文化所揭示的一切。①

对法律人类学的反思性批评主要通过两个事例来表明：案例法的运用和用本国语言对当地法律问题进行讨论。这些例子同时也表现出后现代主义的优点与缺点。一方面，盲目迷信这些研究传统，依然将法律人类学引入了对“客观性”的误区；另一方面，对于后现代主义力求革除的另一些研究传统，却可能比其他方法更有利于在跨文化背景下对法律的理解。

后现代主义认为：人类学家在不同情况下做出不同选择的能力是一种权利。通过他们不断地实践这种权利，西方人类学家帮助一代又一代的文化人形成了看待世界和理解世界的方式。他们使用的方式微妙且重要，与其说他们是报道者，还不如说他们就是创造者。他们创造的正是“他者”的视觉，这在西方想象中比客观而真实的现实更具有反思性。

对于法律人类学，也对于整个人类学来说，问题是：面对上述启示，我们该怎么做呢？这里提供两种选择。第一种是惩罚性的唯我论。伴随着巨大的痛苦，人类学家反思、痛斥并抛弃他们的已知知识，最终得出结论：人们认为已所知的正是人们永远也无法真正知道的。第二种则是全新的实证论，其对过去的自我妄想异常敏感。这个修正的实证论承认：过去的一些错误是我们无法避免的。通过重新定义研究的客体既包含被分析对象也包含分析者本身，这使得传统和后现代有机融合在一起。

二、法律人类学的研究方法流向

随着社会进程的变迁，通过《法律人类学回家》的视角，发现对法律人类学的研究方向有了一些明显的转变，主要体现如下：

---

① John M. Conley and William M. O' Barr: *Legal anthropology comes home: a brief history of the ethnographic study of law*, *Loyola of Los Angeles Law Review*, vol. 27, 1993, p. 43.

（一）研究视角由“他者”转向“自我”：自我反省

法律人类学自诞生以来很长一段时间，西方法律人类学家皆是带着一种服务使命到西方殖民地——非洲等地展开的田野研究，研究殖民地的地方规则和社会控制机制，挖掘殖民地地区的地方习惯法，梳理系统的知识理论，以更好地为殖民政府对殖民地区的社会管理，维护殖民统治服务。在这些研究者身上体现出一种浓郁的气息——民族中心主义，强烈的自身优越感，使之把殖民地视为原始的、蛮荒的地区，意欲以自身的文化来取缔和构建殖民地地区的管理机制。随着20世纪20—30年代，马林诺夫斯基等法律人类学家在特罗布里恩群岛等初民社会的长期田野调查，以大量的个案事例和深度访谈对话形式证实了初民社会并非是进化论者认为那样，处于落后原始的初级阶段，相反初民社会有一套符合自身社会逻辑的规则体系和社会控制机制，他们的这一套系统机制系通过人与人之间互惠性的交往关系理论来构建的。构建在需求关系上的互惠性交往维系了社会内部的和谐与平衡。拉德克里夫-布朗进一步拓展了马林诺夫斯基的功能理论，他指出，初民社会的社会控制主要是通过人与人之间的社会关系来维系的，在社会关系与功能之间（社会结构与功能）构成一种内在平衡。这些理论进一步证实了：初民社会并非落后蒙昧社会，相反，它有合理的社会治理秩序和控制机制，在其社会中存在的规则等具有一定的合理性。同时，随着西方20世纪后期发生的一系列危机、运动等暴乱，导致西方法律人类学家开始反思他们的社会、他们自身存在的问题，他们社会内部控制故障等问题，法律人类学家们渐渐从他者研究转向了自我研究，对自己的民族、社会、社区进行研究，开启了“法律人类学回家”的时代。①

（二）研究视角由静态转向动态：过程研究

随着研究视角从重视日常纠纷解决的规则到注重各个社会或社区成员用

---

① John M. Conley and William M. O'Barr: *Legal anthropology comes home: a brief history of the ethnographic study of law*, *Loyola of Los Angeles Law Review*, vol. 27, 1993, p. 46.

维持社会稳定的系统过程的转变，法律人类学视角由马林诺夫斯基等学者开创的静态平衡理论研究转向社会结构、社会过程的动态研究。也可以说是从纠纷解决机制研究转向社会控制研究，从微观转向宏观，从静态转向动态，重视法律发展的动态性。法律是随着社会政治、经济、文化、宗教等多方面领域的发展而前行的，呈现一个动态持续过程。在这样一个复杂的社会里，社会成员用以解决纠纷、控制行为、维护社会稳定的方式多元化，可能诉诸法律、抑或因为信仰、文化、习俗等。这说明，法律人类学视角由静态转向动态有一定的进步意义，但是，我们不应舍彼取此，相反，我们应综合利用静态和动态研究，宏观与微观结合，更有利于我们朝向科学的、客观的研究成果迈进。

（三）定量分析与定性分析：跨学科研究方法

法律人类学的田野调查方法注重广泛观察和深度访谈，采用“深描”的方式来对他者进行长期的、持续的研究。由于研究者个人具有的主观主义情绪、民族中心主义等思想难免会遏制研究者获得客观、科学的研究成果。在此，一些学者主张引入定量分析法，以观察的数据作为分析对象，采用统计方法对某一现象进行规律性分析、评价，这样有利于得出更可靠的研究结论。的确，这一来自社会学学科的定量分析法弥补了描述为主的定性分析法的很大不足，对开展科学研究起着重要的推动作用。在法律人类学中，以跨学科的研究方法来对研究对象进行分析、研究已然是一个可取的趋势，对于定量分析与定性分析，我们应综合的加以利用，同时也应扩大视角采用更多的适用于法律人类学研究的跨学科研究方法，如历史学、文化学、民族学等学科的一些经典方法。①

（四）对客观研究结论的质疑：多元文化视角

随着法律人类学由进化论——功能实证主义——现代和后现代主义的脉

① Francis G. Snyder: *Anthropology, Dispute Processes and Law: A Critical introduction*, *British Journal of Law &Society*, vol. 8, No. 2, 1981, p. 143.

络发展，尤其是后现代主义批评家对法律人类学以客观真实研究理论为宗旨这一理念进行质疑，提出疑问：真的可以获得客观真实的研究理论成果吗？你获取的理论成果是最终唯一有效和真实的吗？等等。这些攻击促使法律人类学家们展开自我审视、自我探讨，促使人们重新思考认识论和他们获得的智慧结晶，从而开启了多元文化视角之风，即沿着某一单行路径、固定视角展开的研究取得的研究成果是不能与科学、客观相提并论的。相反，应扩大研究视角，从多元文化的角度出发，对研究对象进行多方位、多路径的研究。同时，注重不同社会或社区的差异性文化的研究，对其进行分析和比较。在今天的法律人类学研究中，多元文化研究已是一个重要趋势和广为认可的重要理念。①

三、“法律人类学回家”的启示

《法律人类学回家》这本著作涉及的田野个案、研究方法、场景呈现等对当代法律人类学研究的启示价值极大，尤其是个案研究颇具特色，以下两份研究样板便是沿袭法律人类学回家这本著作的经典做法。

（一）典型个案写实研究

1.《渴望正义：一个美国小镇中体现的信仰、秩序和共同性》

格林豪斯解释说，她最初的目标是探究佐治亚州一个名叫霍普威尔（HoPewell）的小镇的居民提起诉讼的情况，这个小镇最近成为亚特兰大的一个郊区。她以浸礼会教徒为重点，浸礼会是霍普威尔最大的宗教团体。格林豪斯采用了人类学家传统的做法：1973 年到 1975 年期间，她待在霍普威尔。因此，格林豪斯进过教堂，研究了当地社会的历史档案；并且结交了很多朋友，这些朋友花费时间来为她讲述当地的情况。她很快发现该地居民回避着法律体系，而这种法律体系是作为维持社会秩序和处理社区日常生活中

① John M. Conley and William M. O'Barr: *Legal anthropology comes home: a brief history of the ethnographic study of law*, *Loyola of Los Angeles Law Review*, vol. 27, 1993, p. 49.

不可避免的矛盾的机制。她逐渐意识到在霍普威尔的浸礼会教徒的世界中，作为一种维持秩序的方法，教堂远比法律重要。格林豪斯不得不将她的研究从传统的法律体系转到浸礼会的宗教教义实践中，特别值得注意的是，浸礼会中的教义是对避免现实的和潜在的冲突的伦理。①

2.《诉讼的话语——生活在美国社会底层人的法律意识》

萨利·安格尔·梅丽对不同的文化环境进行了调查：在波士顿市区互为邻居的工人阶级。这些邻里关系的居民具有一种共识，即法律是处理日常生活问题的一种机制。不同于霍普威尔的居民，梅丽研究的人们在因公共区域产生简单的冲突纠纷后，倾向于向传统法律体系寻求帮助：噪声问题、宠物的问题、孩子问题和停车位纠纷。夫妻之间、情侣之间和父母与孩子之间的纠纷也会使许多当事人报警并求助于法律予以处理。根据梅丽的观点，这并不是美国人好讼和社区共同价值沦落的反映。相反，对于这些城区互为邻居的居民来说，法律是——就像霍普威尔的浸礼会教徒眼中的教堂——（当地居民）恰是对维持社会秩序和弥补损害的一种偏好选择。梅丽的研究包括了正式法院和在法院支持下的调解中心。但是，不管是诉诸正式还是可以替代的争议处理程序，这些居民都认为他们有权利获得法律机构的帮助。而且，当对法律的需求增加时，他们会定期寻求法律机构的帮助。这就导致了梅丽提出的术语暨法律权利的悖论：当工人阶级的居民诉诸这些机构后，这些居民也将法律的权力推进到传统被认为是私人空间的生活领域内。他们以他们自治为代价来维护了他们的权利。②

3.《规则与关系：法律话语民族志》

作者分别研究了北卡罗来纳州、宾夕法尼亚州和科罗拉多州的小额索赔法庭。我们研究的问题用最简单的术语表述是：诉讼当事人如何看待他们的案件和他们如何呈现他们的案件？在分析了 3 个州共 150 个案件后，我们发

---

① Francis G. Snyder: *Anthropology, Dispute Processes and Law: A Critical introduction, British Journal of Law &Society*, vol. 8, No. 2, 1981, p. 140.

② ［美］萨利·安格尔·梅丽（Sally Engle Merry）：《诉讼的话语——生活在美国社会底层人的法律意识》，郭星华等译，北京大学出版社 2007 年版，第 89 页。

现我们研究的诉讼当事人中有两种完全不同的法律定位，并且两种完全不同的处理方式，这些方式能够解决社会日常生活的问题。

将纠纷概念化，解释权利和分配事件的责任，关系取向型的诉讼当事人很看重地位和社会关系。他们相信法律有权去分配荣誉和通过广义的社会需求与权利的概念来实施惩罚。这样的信念似乎与普遍的社会经验相关，这种经验是个体不仅缺乏自治，而且是一个被动的受害者、受益人，而他/她无力影响该裁决。

在法院中，这样的诉讼当事人竭力将他们日常生活的细节引入到审判中。他们对他们问题的解释着重于他们在社会网络中所占据的位置，经常排斥合同、财政问题、而后者才会典型地引起法庭兴趣。可以预见的是，法院倾向于将这样的理由视为不具有相关性和不恰当的信息，关系取向型诉讼当事人经常被评价为含糊不清、偏离中心问题的人。

相反，规则导向型诉讼当事人将争议以与社会地位无关的规则和原则的术语进行解释。他们将法律视为衡量责任的精确的规则所组成的体系，并排斥所有没有被包含在规则内的无关的事物。对法律的这种观点似乎源于这样一种信念，这种信念无疑形成于社会经历，即社会不是一种相互关系的网络，而是一种契约的机会网络。在这种网络下，每一个个体在不同的情况下有权力接受或拒绝这种机会。

相比于关系导向型当事人，规则导向型当事人对法律的逻辑和法庭的议程把握得更好。①

（二）构建社会时空格局

从这些研究中所呈现的每个答案已经产生了一系列的新问题。在我们自己的研究中，例如，我们需要知道规则和关系导向如何分布，和这种分布在何种程度上影响了正义的实现。人类学家必须将法律视为促进社会控制的许多机制中的一种机制，也必须研究这些机制各自的分布情况。法律人类学必

① John M. Conley, William M. O'Barr: *Rules versus Relationships: The Ethnography of Legal Discourse*, University of Chicago Press, p. 99.

须对法律本身作为一种文化和法律作为一种构成更广范围的文化环境进行审视。例如，好讼意味着什么？一些人或我们所有的人都符合这种描述（好讼）吗？避免冲突怎么样？我们中的许多人对我们自己的事情的关注花费了我们大部分的时光：什么样的因素扰乱了这种背景条件？我们独特的、有影响力的法律精英在所有的这一些当中扮演了什么样的角色呢？通过对这些问题熟记于心，人类学家能够继续做他们做得最好的：对真实地方的真实的人进行漫长而艰苦地观察。法律人类学可以履行它的百年承诺，即阐明人类社会日复一日的秩序。

自创生理论视域下的环境习惯法运行系统研究

蒋坤洋*

摘　要：托依布纳的法律自创生理论是对法律这一社会系统的子系统的自我描述、自我关联的半自治再到自治的自创生法的系统研究。法律自创生理论是运行封闭与认知开放的结合，这使法律子系统孤立且并非孤立于社会之中。法律自创生理论为环境习惯法的研究提供一个可行的理论支持，环境习惯法在不同次级系统层面的不断进行内部自我调整和外部的理性勾连，使整个环境法治的超循环成为可能，法律自创生理论对我国民族地区环境法治的理论与实践研究具有现实意义。

关键词：自创生理论；环境习惯法；适切性

一、引言

我国环境保护立法始于20世纪70年代，1979年《环境保护法（试行)》实施，标志着我国环境保护的规范化和法治化。从中央到地方，有关生态环境方面的法律法规、地方法规等立法工作见成效。改革开放40年来，我国共制定环保法律13部，资源保护与管理法律20余部，生态环保行政法

* 作者简介：蒋坤洋，男，河南省光山人，法学博士，云南省社会科学院副研究员。

规30余部，基本形成了以环境保护法为龙头，覆盖大气、水、土壤、核安全等主要环境要素的法律法规体系。特别是党的十八大以来，立法力度之大、执法尺度之严、成效之显著前所未有。共制修订法律8部，“史上最严”的新环境保护法自2015年开始实施，在打击环境违法行为方面效果显著。开展中央生态环境保护督察，实现31个省（区、市）全覆盖，成为推动地方党委和政府及其有关部门落实生态环境保护责任的硬招、实招。①

在环境治理的宏观立法层面不断完善的同时，实践层面却出现了宏观理论与微观实践的不一致。例如，多民族地区农村生态环境法治薄弱。卢梭认为，除了根本法、公民法和刑事法以外，还存在最重要的法，“这种法律既不是铭刻在大理石上，也不是铭刻在铜表上，而是铭刻在公民的内心里，它形成了国家的真正宪法，它每天都在获得新的力量，当其他的法律衰老或消亡的时候，它可以复活那些法律或代替那些法律，它可以保持一个民族的创制精神，而且可以不知不觉地以习惯的力量代替权威的力量”②。即为环境习惯法。环境习惯法正是民族地区环境治理的关键所在。

环境习惯法的运行现状表明，强烈推崇国家制定法一元模式会造成习惯法逐渐“式微”，环境习惯法被国家制定法抑制或被大量消解。大量实证研究表明，环境习惯法仍然真实有力地存在于乡土社会中。吴大华、高其才、徐晓光等著作都有详细论述。王启梁认为，在很多情况下，实现秩序和导致秩序改变的并非国家法律，法律中心主义过高地估计了国家法律的实际效力，在极端的情形下甚至置法律所处的社会环境和基础于不顾。在实践中，如果看不到其他规范的存在，往往使执法、司法和行政管理活动无从顺利和高效地进行。③ 在民族地区依然存在着运用环境习惯法等社会控制机制进行环境治理的良性循环。目前，环境习惯法运行机制的主要表达方式有，村规民约、文献记载、口耳相传、款碑款约等。④ 环境习惯法并未因为国家制定

① 生态环境部：《谱写生态环境保护事业新篇章》，载《求是》2018年第21期。

② ［法］卢梭：《社会契约论》，何兆武译，商务印书馆1980年版，第80页。

③ 王启梁：《习惯法/民间法研究范式的批判性理解——兼论社会控制概念在法学研究中的运用可能》，载《现代法学》2006年第5期。

④ 吴大华：《侗族习惯法研究》，北京大学出版社2012年版，第100-103页。

法的逐渐完善而消失是具有其存在的必然的，环境习惯法在国家制定法宏观治理下发挥着不可磨灭的作用是有其内在逻辑的。

20 世纪 80 年代由社会学家卢曼提出了“自创生的社会系统”。托依布纳将法律的分析纳入法律自创生理论中，认为法律是社会系统的子系统，法律是一个自创生的系统。同时认为，法律这个自创生系统是运行闭合和认知开放相结合的系统。社会系统是一个大系统，法律是社会系统的子系统，那么环境习惯法是否可以称之为法律系统的二级系统？环境习惯法在自创生理论下是如何运行闭合和认知开放的？这个二级系统在自创生理论下是如何进行运作并起到环境治理作用的？鉴于此，本文拟从自创生理论对民族地区环境习惯法的运行机制进行探讨，以期对民族地区环境法治、民族地区乡村环境治理提供有益帮助。

二、自创生理论的适切性

（一）自创生理论

自创生理论源于生物学，源于智利生物学家马图拉纳和瓦列拉在 20 世纪 70 年代所开创的神经生物学理论。特别是细胞性质的进化理论。众细胞能够相互并排运行以形成复杂的物质生命——植物、动物、人类社会的事实，并没有使每个细胞成为另一个的一部分。他们是分立的实体。他们发展出复杂的相互关系的结果是一个复杂的生命。[①] 马图拉纳和瓦列拉将生命系统比喻成一台自创生的机器，是一个作为生产构成要素的要素生产过程网络而组织起来的机器，通过这些要素之间的互动和转变，持续地革新和实现生产他们的过程的网络。在此基础上，卢曼认为，自创生系统同时身兼生产和产品，因此也可以成为循环系统。[②] 即社会系统是自己生产自己的系统。

卢曼的社会系统理论是对帕森斯功能主义的继承和修正。在卢曼看来，

---

① ［德］贡塔·托依布纳：《法律：一个自创生系统》，张骐译，北京大学出版社 2004 年版，序言第 3-4 页。

② 杜健荣：《卢曼法社会学理论研究》，法律出版社 2012 年版，第 55 页。

法律系统是一个社会系统中的子系统，政治、经济、法律系统都是自创生系统。他们都通过自我指涉的、递归的运作，不断对自身进行再生产。

托依布纳在社会系统理论基础上，提出法律的自创理论。他认为，社会系统包含各种子系统，例如，法律系统就是一个社会系统中的子系统。法律的自创生理论来源于社会系统理论和法律自治理论。法律系统是一个法律行为的网络。他将法律自创生的形式分为法律的自我观察、自我调整、自我描述、自我构成和自我再生产。自我观察也是一种自我重构。即系统通过一种系统特定的方法传达其未来发展方式的形式来重构其自身运行。那些有关法律的制定、修改与补充的法律规范就是担负着法律自我调整的功能。通过从事件的流动中吸取和组成新要素来再生产自己，并选择性的连接他们加以使用就是自我再生产。[①] 法律在社会中的混同到成为一个自创生系统并非一蹴而就，而是经历不同发展阶段。托依布纳提出了一个法律实现自创生的三阶段论，即弥散法到部分自治再到超循环，这就是法律系统的自创生阶段。社会是具有差异化的社会，对社会秩序的解释同样具有差异化。差异化并不代表没有沟通，自创生理论可以运用于社会秩序及其沟通的差异化解释。

（二）环境习惯法的部分自治

环境习惯法主要指在民间自发生成的，以生态保护为内容的，人们在生活中根据事实和经验，依据某种社会权威和组织确立的，具有某种程度上、有可能的强制力的行为规范。[②] 随着历史发展，村规民约、禁忌等成为承载传统法文化的法律制度的表现形式。其中与环境保护相关的内容就是环境习惯法。自创生理论将法律系统可以看作社会系统的子系统，环境习惯法子系统可看作法律系统的下一级子系统延续。环境习惯法同样有其实现自创生的三阶段，也包括自我描述、调整、建构和再生产。环境习惯法存在实现自我

---

① ［德］贡塔·托依布纳：《法律：一个自创生系统》，张骐译，北京大学出版社 2004 年版，序言第 16 页。

② 李明华、陈真亮：《环境习惯法现代化的价值基础及合理进路》，载《浙江学刊》2009 年第 1 期。

的内在逻辑和推进其发展的超循环。

我国环境习惯法的自我描述与历史、地方性知识、宗教教义有着深刻联系。在民族传统生态保护理念中，环境和资源相关联。环境法与自然资源法在我国很多时候是融合的，这是由环境与自然资源法律研究具有共同的内在、本质的客观实在因素说决定的。环境和资源具有法律保护的自然属性，具有统一社会属性的法律调整对象——生态社会关系。① 例如，侗族款碑中关于生态环境保护的内容。款碑，是侗族社区普遍存在的民间法形式，它是由侗族口头法典发展而来的民间成文法，是侗族习惯法发展的较高形式。侗族习惯法的发展经历了漫长的不断“立法”和不断完善的过程，先是原始的石头法，其次是韵文式的款约理辞法，最后是碑刻款约法。② 侗族款碑条款涉及内容主要有严禁砍伐林木、破坏风水树林，解决山林天地纠纷，卖田当山、木材贸易，防火烧山等。

儒家强调天人同出一体、同处一体，彼此相互依存；人类为了与自然保持和谐，必须深入认识了解自然，尊重自然的权利，按照自然规律办事。恩格斯在谈及人的产生时曾指出：“人也是由分化而产生的。不仅从个体方面来说是如此，从历史方面来说也是如此。”因此，“我们连同我们的肉、血和头脑都是属于自然界和存在于自然之中的”。③ 历经历史的洗礼，这些适应性因素共同组成环境与人之间和谐共存的文化链条，这种生活适应的过程由一个特定的自然环境中的生活经验得到的信息被用于控制那个环境，作为人类与自然互动的严肃思考的结果和假说的验证，可能会发生这种适应性其他行为过程中无意识形成的结果。自然生态系统本身是一个具有相互关联性的有机整体。在一定的自然时空范围内，生物因子和非生物因子通过物质循环、能量流动的自然过程形成相互影响、相互作用的自然生态系统。

环境习惯法作为社会弥散的法。环境习惯法的自我描述、自我关联阶段很难与其他规范取向严格区分开来，冲突解决及社会规范的协调并非采用制

---

① 杜群：《环境法融合论》，科学出版社 2003 年版，第 27 页。

② 吴大华：《侗族习惯法研究》，北京大学出版社 2012 年版，第 67 页。

③ 《马克思恩格斯选集》（第 4 卷），人民出版社 1995 年版，第 273、第 384 页。

度化的法律形式。社会沟通存在于这个社会生产组成部分，个人行为或团体行为关涉环境保护内容并发生纠纷，需要通过规范对行为进行争议检查，此时，相应的行为描述就发生了，当这些描述逐步得到共识，并逐步变得独立的时候，环境习惯法自我关联就会逐步形成。

三、环境习惯法的自我关联与超循环

环境习惯法的反身性。环境习惯法通过文化、禁忌、口耳相传展现，在这个展现过程中确立环境规则，这些环境规范有些被留存，有些被抛弃，环境习惯的抛弃选择过程反过来又形成规则。物质循环和能量流动是生态系统的基本功能，生态系统具有保持或恢复自身结构和功能相对稳定的系统整体的自我调节能力，生物与环境、生物与生物之间通过物质循环和能量流动形成了一个相对稳定、相对平衡的独立运转的开放系统。从法律史和比较文化的视角来看，我们看到的是法律的高度多元化和形式分化。在所有的人类社会中，都存在着法律，并又有等效的后果。但是，哪些法律之间却有不同的规范概念、制度、利益冲突和程序方式，而且与社会结构之间存在着不同程度的相互关系。由于在共同生活中存在着大量必须被解决的问题，就产生了大量的以不同方式解决问题的具体制度。

卢曼认为，自创生理论下，法律系统是一个封闭系统。托伊布纳认为自创生系统是一个封闭与认知开放相结合的系统。例如，法律系统这个社会系统的子系统的统一与一致来自它在其运行和过程中完全的自我关联。法律系统作为与环境相区别之物能继续组织并再生产仅和它们自己有关。根据这一理论，我国生态环境习惯法是与自我组织、自我再生产自身有关的一个封闭系统。环境习惯法系统的发展在其自身而不是使自己尽可能地适应外部条件中寻求其运行模式。它们是在作为一个内部调整程序中发挥作用。环境习惯法如果没有自我关联，没有基本的循环性和组织的闭合，环境习惯法自维持系统的稳定化就不可能存在。环境习惯法内在的控制规则使环境习惯法的自我关联显得独立于其环境并不受它的直接影响。如果不是这样，那就是环境决定系统是否继续并再生产。如果是环境最终决定习惯法的继续和再生产，那么，我国几千年的多样的社会变迁就是受环境来决定的，我国长期保存下来的生态环境习惯法也会面目全非，甚至不复存在。我国少数民族地区在长期的生产、生活中，逐渐形成了自己特有的习惯法，其中有关于自然生态环境的相关习惯法。从这些民族地区居住区域的生态环境状况来看，这些习惯法起着充分有益的不可替代的生态保护作用，并且实施成效非常明显。[①] 这些习惯法，是各少数民族在千百年来的社会生产、生活实践和社会变迁过程中逐步积累而成，是本民族成员共同遵守的一种习惯性行为规范，对其成员具有约束作用。云贵地区少数民族众多，其自然生态保持相对完好，这得益于各少数民族遵循着本民族环境习惯法的遵守。[②] 环境习惯法在其内部进行连接与选择的过程由自我描述来稳固，这也就进入了为自生产系统的基础的极其复杂的自创生过程。

社会是不断前进变化的，生态环境习惯法的自创生要通过它们自然发生的特性来稳固。环境习惯法自身需要形成新的和不同的自我关联循环以便为更高层次的自我创生系统提供基础。卢曼认为，社会法律子系统通过添加新的法律行为持续地再生产它自己。[③] 如此一来，法律是自己生产法律自身的组成部分，习惯法是自己生产习惯法自身的组成部分，较高级的自创生系统就是在一种自创生系统的基础上发展而来的。就习惯法来说，自创生只有在某些行为构成习惯法自身的要素时才会发生。这些行为改变习惯法结构，并由此开动习惯法行为、习惯法中的改变的自创生循环。侗族生态环境习惯法是一种源于侗族社会内部，产生于生产生活发展的需要，适用于当地居民的地方性知识。[④] 它不仅具有丰富的防范环境被破坏的法规内容，还有严密的

① 廖博明：《西南少数民族习惯法在生态环境保护中的作用》，载《黑龙江民族丛刊》2008 年版第 5 期。

② 封贵平：《侗族习惯法对侗族地区生态环境的影响与启示》，载《贵州社会科学》2013 年版第 9 期。

③ 高宣扬：《当代社会理论（下）》，中国人民大学出版社 2005 年版，第 665 页。

④ 郭婧：《侗族生态环境习惯法对当代侗族地区经济社会发展的启示》，见于吴大华主编：《法律人类学论丛》，社会科学文献出版 2016 年版，第 345、354 页。

社会文化网络——社会组织、执行方式和宗教信仰、禁忌保障其有效运行。当环境习惯法系统的这些组成部分在这个超循环中联结起来时，这些组成部分包含着行为和规范，当行为和规范在实际环境习惯法下进行着连接，并同时联结环境秩序和环境理论学说时，环境习惯法才能够成为自创生。这种内源式的非正式制度是以生态正义为价值的自创生系统，是自我关联然后达到超循环的结果。

四、环境习惯法的认知开放与外部勾连

法律理论的恒定前提并非是某些特定的规范或制度，而不过是一个具有假设特征的问题设置，这种功能主义可以容纳更高的问题解决方案的多元可能性，同时通过全面的问题关联也确保了大量丰富多样的规范和制度之间的可比较性。①

环境习惯法内部是封闭的，但对其认知是开放的，环境习惯法在自身演化过程中对外界环境的认知是伴随着自身发展的。自然生态系统本身是一个具有相互关联性的有机整体。在一定的自然时空范围内，生物因子和非生物因子通过物质循环、能量流动的自然过程形成相互影响、相互作用的自然生态系统。物质循环和能量流动是生态系统的基本功能，生态系统具有保持或恢复自身结构和功能相对稳定的系统整体的自我调节能力，生物与环境、生物与生物之间通过物质循环和能量流动形成了一个相对稳定、相对平衡的独立运转的开放系统。由于自然生态系统存在的整体性、关联性等内在特质，人类的生产、生活活动所造成的各种生态问题，因而具有相互联系、彼此影响的关系，各种生态环境保护法律规范之间并非是孤立、分割的，具有内在的目的一致性和实践统一性。②

---

① ［德］尼克拉斯·卢曼：《法社会学》，宾凯等译，上海人民出版社 2013 年版，第 196 页。

② 柯坚：《环境法的生态实践理性原理》，中国社会科学出版社 2012 年版，第 186 页。

一种活动之所以持续下来，是因为它对整体的生存是必要的。[①] 环境习惯法与社会相互耦合是发生在环境法律系统内的，但并非完全封闭，两者相互作用，形成超循环后成为独特的子系统。它发挥着巨大的影响，并推动着整个子系统健康协调发展。正如下象棋，象棋的构成规则并非这种游戏的决定性特点，因为象棋没有充分地显露其发展，并且当时是静止的。只有通过沟通，通过相互之间的渗透作用，通过象棋的步子发展，游戏才会自身发展。因此，象棋活了起来，具有了活力，形成活力的系统。象棋是一种非常人为的沟通类型，动态地将递归连接的步子在一个期待、步子和规则之网中组成。[②]

环境习惯法自身是要与外界环境相互产生作用的，并不是僵化的。秦汉时期的法令就有关生态方面来说，十分丰富，主要表现为对植物、动物、水利等生态资源的管理和保护，严惩破坏生态资源的行为；合理利用生态资源；注意对生态资源特别是植物的培植等。例如，秦汉时期对植物的保护，主要是对森林等资源的保护。这一时期建立了一整套较为严格、完备的森林保护法规。两汉时期也颁布了一系列的生态保护法律，如《二年律令·田律》。[③] 秦汉时期的法令是与当时社会发展的政治、经济、社会相互作用的结果。自中华人民共和国成立以来，环境习惯法中有关草场的保护、水源地的保护、森林资源的保护等都在随着我国制定法的完善和环境政策的变化而有所调整，以适应环境的变化而变化。

在法律的自创生理论中，法律具有运行闭合和认知开放的双重属性。这也是法律与社会其他子系统共同进化的机制，托伊布纳提出，通过自我调整来调整他者，这就是法律的运行闭合与对环境的认知开放结合，从而实现共同进化。

---

① ［美］丁·威尔逊：《功能分析介绍》，罗述勇译，载《国外社会科学》1986 年第 10 期，第 63-65 页。

② ［德］贡塔托·依布纳：《法律：一个自创生系统》，张骐译，北京大学出版社 2004 年版，序言第 11 页。

③ 陈业新：《儒家生态意识与中国古代环境保护研究》，上海交通大学出版社 2012 年版，第 397 页。

五、环境习惯法的演进

环境习惯法的演进主要有两个方面：一个是不同法文化的进化，即少数民族法文化之间的共同进化；一个是习惯法与制定法的共同进化。在这其中人类行为即自治的反映主体同在。卢曼认为，任何一种人类行动以及这种心动想联系的各种事件和过程，都可以构成一个相对独立的系统，因此，系统可以说是无处不在。进而可以把各种社会现象都有机联结起来，获得一个整体性的认识。我们对环境法治的认识也需要基于一个整体性的认识，这种整体性要关注共同进化的连接点和可能性。

卢曼认为，社会实际上也是一个自创生的系统，即社会的构成要素通过要素构成的网络而不断地被生产和再生产出来，而且他们不能外在于这样的网络而存在。[①] 自创生系统是结构决定的系统。系统中所发生的事件是由时间点上的系统结构所决定的。虽然我们可以说环境中发生的事件能够引发系统中的结构变动，但是这样的结构变动是由系统自身的结构所决定的。环境习惯法正是由我国环境事件和环境结构所决定而表现出来的。

环境习惯法是个人偏好的现象，是民族地区众行为人的共同意识，它们是自创生意义上的自治的社会现象，是一种环境沟通的结果。环境习惯法除了作为有效的选择性裁判依据而适用，还作为纠纷解决的具体事实依据被广泛适用。环境习惯法和环境制定法各自的调整领域也相应地被并置和关联在现代性这一历史背景之中，尽管环境习惯法的调整领域和规范价值在外观上不及环境制定法。就环境纠纷的解决机制和方案来看，国家环境制定法在正式环境纠纷司法机制中发挥主导作用的同时，环境习惯法在民间社区的非正式环境纠纷解决方案以及有限的环境纠纷私力救济中也发挥着可与国家环境制定法相比或比国家环境制定法更为有效的功能。[②]

在对待中国民间法的态度上，李理认为应该采取折中和相对积极的立

---

① 杜健荣：《卢曼法社会学理论研究》，法律出版社 2012 年版，第 57 页。

② 郭武：《论环境习惯法在环境纠纷解决中的功能》，载《海峡法学》2015 年第 2 期。

场。一方面必须强调官方法的权威性，维护国家法制的统一；另一方面，对具有强烈的“地方性知识”和民间色彩的社会关系，可以交由民间法来处理，此时官方法应保留必要的宽容和忍让。对于官方法和民间法均可以调整的各种民事法律关系，一般说来应尊重当事人的意思自治和权利选择。[①] 习惯具有规范性，法也具有。习惯限定相互之间的关系，法也同样。法律有其制裁的方法，习惯也有。权威的命令不能与习惯相距太远。[②] 社会的变迁、法律和习惯法的演进有很多研究，但是，依据自创生理论，内在机制取代了进化功能。习惯法的进化可能受外在刺激物的影响，但是它再也不可能被一个外部力量直接引起。从法治视野上来看，少数民族环境习惯法在法理依据、法律理性、法律精神信仰等方面的表现有待商榷，但是这并不影响少数民族环境习惯法对民族地区自然和谐生态秩序的构建，因此，当前我国环境法治的推进，不能完全背离少数民族环境习惯法来发展。中国现阶段的社会、经济的发展多少会影响到民族地区的生态环境习惯法的运行机制，但其自身的变化并非被社会、经济、国家法直接决定。在笔者看来，生态环境习惯是与国家法并存的和谐、互补并共同起作用的法。生态环境习惯法它有其自身的特点，它服从一种内在的发展逻辑，一个自创生的逻辑。我国的社会结构特点决定法律系统的自身特征，我国法律系统的地域、民族特征决定了环境习惯法与我国环境治理的进程是一种演进的过程。

六、结语

自创生理论有其自身的复杂性，是一个复杂的理论体系，究其原因是系统自身的内外部交织与逻辑混杂。但是，自创生理论自有其分析法律、习惯法等社会子系统的内在逻辑，具有其自身魅力。

一是自创生理论为环境习惯法的讨论开辟新路径。自创生理论注重自我

---

① 李理：《千叶正士的法律多元观及中国的法律多元问题》，载《贵州师范大学学报》（哲学社会科学版）2005年第2期。

② ［美］EA. 霍贝尔：《初民的法律》，周勇译，中国社会科学出版社1993年版，第313页。

关联与外部耦合，用此理论讨论环境习惯法，即是环境习惯法有自身发展规律，是封闭与耦合的共同结果。环境习惯法从古至今在环境保护方面都起到了不可磨灭的作用，环境习惯法的存在，在自治方面是一个自我调整的封闭系统，当这个封闭系统的内容被组成并操作性使用时，自创生逐步形成，这种自创生是与社会沟通联结的。此时，环境习惯法的认知逐步开放并与外界勾连产生新的变化。例如，环境习惯法与环境制定法、社会经济发展等内容的勾连或耦合。这种讨论是将自治与他治的有机结合方式。

二是自创生理论为环境习惯法的现象解释、分析提供了理论工具。环境习惯法的研究不仅仅是我国制定法下的弱势制度研究，研究环境习惯法在方法论上，不能走互相排斥的路径，环境习惯法的思维同样可以用来分析我国环境法治当前出现的问题。自创生理论促使我们关注包括习惯法在内的社会各个子系统的动态发展和相互关系。

我国习惯法的研究已有很多年头，从初期的现象描述、现象解释与分析，再到习惯法的自身价值、法治价值、法源价值等都有不少学者进行了深入研究。习惯法目前不是我国制定法的法源并不代表其不重要，自创生理论或许能为我国习惯法的研究、我国民族地区环境治理、甚至乡村振兴的研究开辟一条新的研究路径的理论支持。

第 二 编

制度与规范

论乡风文明建设在民族地区特色村镇保护发展中的内核作用*

陈光斌　宋东晖**

摘　要：党的十九大报告中提出要积极推进实施乡村振兴的新战略，并将其作为决胜全面建成小康社会、全面建设社会主义现代化强国的重要国家战略之一，实施民族乡村振兴是乡村振兴战略的必要选择，在民族乡村振兴中，乡风文明是推进民族振兴的起点，也是建立乡村治理的基石，民族乡村文化传承与发展是民族乡村振兴的关键之举和核心要素，乡风文明建设要求对中华乡村文化所蕴含的独特价值进行挖掘和彰显，通过整合、宣传、推广发挥乡风文明建设在民族地区特色村镇保护发展中的内核作用。

关键词：民族村寨；乡村振兴；乡风文明建设；内核作用

一、引言

党的十九大报告在提出“实施乡村振兴战略”时强调，加强农村基层基

* 基金项目：（313）校重点科研机构/（项目编号：PJW140011807）；“民族乡村振兴战略‘三治’体系实施路径研究”。

** 作者简介：陈光斌，男，湖北赤壁人，中南民族大学法学院教授、硕士生导师；宋东晖，男，湖北恩施人，中南民族大学法学院学生。

础工作，健全自治、法治、德治相结合的乡村治理体系[1]，坚持自治为本，坚守纪律红线，自治是乡村治理体系的基础，坚持法治为要，筑牢法律底线，法治是乡村治理体系的保障，坚持德治为领，对标道德高线，德治是乡村治理的支撑，“三治”体系的提出是对于民族乡村振兴战略中民族文化的渗透和具体表现[2]。习近平总书记在《乡村振兴战略规划》中提出：系统解决“人、地、钱”难题，是我国出台的第一个全面推进乡村振兴战略的五年规划，是统筹谋划和科学推进乡村振兴战略这篇大文章的行动纲领。全面落实乡村振兴战略 20 字总要求“产业兴旺、生态宜居、乡风文明、治理有效、生活富裕”是党的十九大报告提出的实施乡村战略的总要求，在促进乡村乡风文明方面，提出传承发展乡村优秀传统文化，培育文明乡风、良好家风、淳朴民风，建设邻里守望、诚信重礼、勤俭节约的文明乡村，推动乡村文化振兴。

乡村振兴战略具体落实到少数民族地区，由于特殊的地理环境和民族文化特性，实行民族乡村振兴是深入贯彻落实乡村振兴战略的关键基础，[3] 少数民族村寨具有当地的特色习俗和风土人情，在实施乡村振兴战略中，因为少数民族特色村寨在产业结构、民居式样以及风俗习惯等方面都集中体现了少数民族经济社会发展和文化的特点，因此应该着重结合当地特色有针对性的、有计划性的、有目的性的制定相应的政策和方针，颁布自治条例和单行条例，保护和发展民族乡村特色的文化，积极响应国家民族乡村振兴的战略部署。

“三农问题”是农业文明向工业文明过渡的必然产物，而民族乡村振兴战略是新时代我国解决“三农”问题的重要战略。乡村振兴，要坚持农业农村优先发展。党的十九大报告把坚持农业农村优先发展作为实施乡村振兴战略的指导思想和首要任务，改革开放 40 年来，我国农民就大多数而言，仍

---

① 夏红莉：《新时代构建自治、法治、德治相结合的乡村治理体系的思考》，载《大连干部学刊》2018 年第 3 期。

② 王亚华、苏毅清：《乡村振兴——中国农村发展新战略》，载《北京大学中文核心期刊要目总览》2018 年第 1 期。

③ 廖彩荣、陈美球《乡村振兴战略的理论逻辑——科学内涵与实现路径》，载《农林经济管理学报》2017 年第 2 期。

然处于低收入阶层“穷”的问题还没有从根本上解决，与发达国家相比，巨大的城乡差距仍然是我国发展的软肋，从数据上来看，2017年，我国农村家庭承包经营耕地流转面积达到4.6亿亩，约占承包地的三分之一；经营耕地50亩以上的规模经营农户超过了350万户。比如自2010年以来，人均粮食产量连续8年超过了国际公认的400公斤的安全线，再比如自2009年以来，我国人均收入增长速度一直高于城镇居民人均增长速度，城乡居民人均收入倍差也从2009年的3.33下降到2017年的2.71，另外，农民增产不增收的情况频繁出现，多数农产品的价格已高于国际价格，城乡发展差距不仅仅是收入差距，似乎还在扩展。[①]

而近年来，乡风文明的话题在学界也引发了激烈的讨论，在中央政策的引导下，对于乡风文明建设的研究也得到较大发展，研究视野和方法思路呈现多样化，各个学者以及许多基层工作者的思考和意见也为我们的研究提供了理论基础，南开大学的宣朝庆、郝光耀在研究文明乡风如何形塑中探讨民俗信仰对乡村治理的挑战，得出必须将民俗信仰、观念与社会主义法治秩序相协调的结论来发展文明乡风；河南财经政法大学的赵曾彦在《经济欠发达农村乡风文明建设研究》一文中提到乡风文明是建设社会主义新农村的灵魂与精神支撑，与新农村建设的其他方面内容密切相关，乡风文明建设过程中必须要提高农民素质，增强乡风文明建设主体意识，完善阵地设施，筑牢乡风文明建设的硬件平台，创新方法载体，提高乡风文明建设的水平、实效，加强统筹协调，拓展乡风文明建设的实践途径，强化制度建设，形成乡风文明建设长效机制；中共江西省委党校的刘本锋提出营造文明乡风过程中存在着关于认识误区制约了文明乡风的培育、资金投入不足及文化基础设施落后、教育资源匮乏四大瓶颈；宁波大学的袁玲儿以当前农村非理性消费、信仰迷茫等现象为研究对象，提出以社会主义荣辱观作为价值标尺引领乡风文明，确保和培塑文明乡风；湖北大学的朱建堂通过对广大农民群众的精神需求探究发现，加强对农民的思想引导和农村的文化建设是建设新农村的重要支柱；成都理工大学的赵岚通过对文化的

① 董进智：《关于实施乡村振兴战略的思考》，载《农村工作通讯》2018年第3期。

研究提出保护优秀传统农村文化促进“乡风文明”建设，反映传统文化的重要作用；河南工业大学的李本松在《乡风文明建设的价值考量》一文中提出，乡风文明建设是建设社会主义新农村的重要内容，就是要在新农村建设中建设科学、文明、健康、进取、奋斗、创业、和谐的新风尚、新习气、新面貌，这是农村精神文明建设的重要内容，具有多方面的价值，侧面反映出乡风文明建设在农村发展中的重要作用，众多学者对于乡风文明建设问题的深入研究和讨论进一步表明乡风文明是新时代我国民族乡村振兴的重要内容和理论研究热点问题。

二、乡风文明在我国民族村镇建设中的特色形态

（一）乡风文明是一种乡音文明

乡风指乡里的风俗或者地方性的风俗，“乡风文明”主要指的是乡村文化的一种状态，是一种有别于城市文化，也有别于以往农村传统文化的一种新型的乡村文化①。

乡音，有着一种醇厚的感觉；乡音，土生土长的乡音，是无论如何也改变不掉的乡音，只有随着年龄的增长才会读懂乡音；乡音，蕴含着老家的地域文化和风土人情；乡音，是一种对家乡的思念和感激；乡音，是一个人一生的印记，十里不同乡，百里不同音，这是对于乡音的独特性的界定和概括。尊重和保护民族文化，也是保护民族乡风文明的传承，如传唱的歌谣、特定的习俗、喜闻乐见的传授方式等。从物质文化的内容包括饮食、衣着、住宅、生产工具；从精神文化的内容包括语言、文字、文学、科学、艺术、哲学、宗教、风俗、节日和传统等。乡风在文明的传承环节扮演着不可或缺的角色，这种文化对于民族的延续，对于国家的存亡，有着特别重要的意义，其中的精华部分所蕴含的哲学意识、道德观念和艺术见解，又都在培育民族的优秀精神品格方面起着其他方式难以替代的重要作用；传统的民族文

① 谭霞、刘国华、南爱华：《以经济文化为依托转变民族地区经济发展方式》，载《经济纵横》2018 年第 3 期。

化及其所包含的民族精神，它的精华不仅凝结成了它的过去，也可以滋生出新的未来。[①] 尤其是其中所包含的中华民族特有的优秀精神品质，对于这个民族的发展，对于我们国家的进步，都是不能拒斥的。

（二）乡风文明是一种乡情文明

乡情是一支清远的笛，悠扬而深远；乡情是一个古老的童话，美丽而动人；乡情是一坛陈年老酒，清香而醇厚。《易经》贲卦彖传上讲：“刚柔交错，天文也；文明以止，人文也。关乎天文以察时变，关乎人文以化成天下。”是以文化为载体，以艺术为方舟，乡风即为文化和艺术的表现形式，乡风文明建设的过程中一定要注重乡情的塑造和感染。乡情是联系人与人之间的重要纽带，亲情、爱情、友情，三者之间的关系为亲情是一种深度，友情是一种广度，而爱情则是一种纯度，亲情是一种没有条件、不求回报的阳光沐浴；友情是一种浩荡宏大、可以随时安然栖息的理解堤岸；而爱情则是一种神秘无边、可以使歌至忘情泪至潇洒的心灵照耀[②]，这些是乡情的具体表现形式，而中国传统一直坚持的血缘亲情、邻里守望、同心同德等优秀传承正在现代经济的冲击下慢慢淡化和模糊，达到乡村乡风文明中的乡情回溯，是发展乡风文明建设的一个重要铺垫。

国民之魂，乡以化之；国家之神，风以铸之。乡风是凝聚人心的精神纽带，亦是关系民生幸福指标，更是综合竞争力的体现，在乡风的发展过程中不断成为更多人的精神寄托，深挖城市历史乡风资源，梳理乡风脉络，彰显乡风内涵，通过各种文体活动、模范评比、打造旅游景点、发展特色产业等方式，在乡村发展过程中奠定基础，强调精神文明建设，侧重乡风文明创建，丰富文化生活，找到逝去已久的精神寄托，打造文化振兴带动经济振兴，进而实现乡村振兴。

“文化兴国运兴，文化强民族强”。民族乡村文化是中华文化的源头和主干，民族乡村文化的传承与发展在乡村振兴中具有基础和战略意义，是乡村

---

① 于大海：《乡风文明建设路径思》，载《产业与科技论坛》2008 年第 4 期。

② 段红利：《永州农村乡风文明建设研究》，载《才智》2012 年第 35 期。

振兴的关键之举和核心要素，乡风文明建设是对于民族乡村振兴的保障，乡风文明意味着中华乡村文化所蕴含的独特价值得到挖掘和彰显，意味着农村地区在物质文明和精神文明上得到全面发展，从而充分展现中华优秀传统文化的魅力、气度、风采和神韵，进一步增添文化自豪、增强文化自信，形成民族乡村振兴更深层、更持久、更磅礴的力量。①

（三）乡风文明是一种乡俗文明

不同时期，不同地区，不同民族在乡风的表现形式上具有较大差异，习俗对于一个地区就是乡风的表现形式，从简单的说明性层面来说，“习俗”这个词可以指许多东西。它可以指某种正统的或遵循既定规则的东西，即“礼仪”或社会礼节。相对应在某些法律准则中，习俗意味着实践和规则，它们与明确的法律规范不同。进一步而言，一项习俗可以是一场会议、条约、契约或者协议，婚丧嫁娶、节日风俗、建筑特色、穿衣着装、娱乐方式、宗教信仰、艺术表现等各个民族差异巨大的乡俗是保留民族特色的重要依据，保护改造特色民居、发展特色产业、改善人居环境、传承特色文化、促进民族团结是作为弘扬传承少数民族优秀文化的政策和方针。② 最后，乡俗更多的是指一种持续不断的或者确定的实践或规则。就中国各个民族对于春节的习俗可以看出地区差异。

汉族——大年初一，人们不扫地，不向外泼水，不走后门，不打骂孩子、相互祝贺新年吉祥富贵，万事如意。朝鲜族——家家户户贴春联，做各式丰盛饭菜，吃“八宝饭”，除夕全家守岁通宵达旦，弹伽倻琴，吹洞箫。初一天亮人们穿上节日的盛装给长辈拜年。节日期间，男女老少纵情歌舞，压跳板、拔河。正月十五夜晚举行传统的庆祝集会，由被推选出来的几位老人，登上木制的“望月架”，伴着长鼓，筒箫、唢呐载歌载舞。鄂伦春族——除夕，全家围坐，共进晚餐。品山珍，喝美酒，吃年饭。青年人给家族及近亲长者敬礼，叩头请安。午夜，人们捧着桦树皮盒或铁盒绕马厩数

① 金德楠：《论中华优秀传统文化认同的建构逻辑》，载《湖北民族学院学报》2018 年第 2 期。
② 段红利：《永州农村乡风文明建设研究》，载《才智》2012 年第 35 期。

圈，祈祝六畜兴旺。初一，着新装互相拜年请安。青年男女聚在一起跳转圈集体舞。有打猎舞，“红果”舞，“黑熊搏斗”舞等。纳西族——正月新春人们互相访亲拜友，轮流做客，中青年男子组织灯会，并与别村竞赛。城市、乡村都办灯会，演的是本民族故事：如《阿纽梅说笑》《老寿星放鹿》《社戏夜明珠》《狮子滚绣球》《凰舞》等。藏族—除夕之夜，举行盛大的“跳神会”，人们戴上假面具载歌载舞，以示除旧迎新，祛邪降福。彝族——春节期间集会跳“阿细跳月”，有些村寨年初一取水做饭都由男子承担，让妇女休息，以而对她们劳累一年的慰问。透过各个民族各个地区的民族风俗可以依稀见证乡风的精彩纷呈，每个地区独特的文化和文明是代表民族的凝聚根源所在……

我国是一个有着数千年传统的农本社会，有着特殊的“乡土性”，同时也是一个具有完整“乡土性”的乡土景观。如何在保持、保护乡土景观的行动中重视“乡土性”，关乎这一重要战略的时代意义。

（四）乡风文明是一种乡规文明

中华文明传承至今，优秀的源头和活水是传承的必要条件，传承优秀传统文化是一项巨大的文化工程，既要有对历史遗产的把握，又要有对当下情势的认识，还要有对未来趋势的展望。乡风是在中华优秀文化传承中的一颗闪亮的星星，快速发展的物质生活与精神文明建设相对脱节，美好的生活愿景和现实利益面前有着巨大的冲突，乡风文明传承过程中对于村规民约、习惯法的衍生、相关制度和禁忌的发展一直是民族乡村的独特之处，村民群众在村民自治的起始阶段，依据党的方针政策和国家法律法规，结合本村实际，为维护本村的社会秩序、社会公共道德、村风民俗、精神文明建设等方面制定的约束规范村民行为的规章制度是最反映当地特色和现实情况，制度和规定的演进也是乡风文明的一种常规表现形式。①

中国自古以来便有兄友弟恭、父子子孝之说，《史记·五帝本纪》记载：

① 陈勇：《乡风文明论》，载《中共银川市委党校学报》2006年第5期。

“举八元，使布五教于四方，父义，母慈，兄友，弟恭，子孝，内平外成。”明朱有炖《灵芝庆寿》第一折：“皆因中国，雨顺风调，兄友弟恭，夫义妻贤，中外和乐，以致祯祥屡现，百福咸臻。”形容兄弟间互爱互敬，这种传统的优秀风俗随着经济的发展和物质生活的提高正在慢慢淡化，如何在乡村振兴战略中重新重视这种优秀传统文化，提升国民整体文化素养，是乡村建设和振兴的重要目标。

古有孟子以仁、义、礼、智为四基德或母德，将它扩展为“五伦十教”，即君惠臣忠、父慈子孝、兄友弟恭、夫义妇顺、朋友有信。今有社会主义核心价值观：富强、民主、文明、和谐、自由、平等、公正、法治、爱国、敬业、诚信、友善，这些基本的社会道德伦理和基本素养本该是薪火相传，而在于乡风文明方面，当下农村面临着巨大的问题，孔子曾在《礼记·礼运篇》云：“故人不独亲其亲，不独子其子。使老有所终，壮有所用，幼有所长，鳏寡孤独废疾者，皆有所养。”

乡风文明建设能够全面树立良好的基本观念，随着乡风文明建设的推进和演变，经过时间的洗礼，一定能够潜移默化深层次地纠正当今农村根深蒂固的错误观念，通过家庭教育、社区教育和环境营造等措施将传统的乡风民俗充分融入现代化的社会风尚教育体系中，引导农村群众在传统的公序良俗中提高思想政治素质，不再是一味地追求经济指标，改变传统理念形成“青山绿水就是金山银山”的思想基础，改变好逸恶劳的恶性思维，培养勤劳致富的积极信念，扫除因为赌博和封建迷信带来的精神空虚，促进靠奋发向上的文化形成精神寄托，改变在“脏乱差”环境中“自由自在”心态，促进“爱整洁、讲卫生、守规矩”的好风尚，乡风文明建设能够促进和谐的社会风气，由之前的赌博之风、迷信之风、攀比之风、仇官仇富之风、读书无用之风、不孝之风等转变为艰苦创业、勤劳致富、崇尚科学、尊老爱幼、邻里和睦、遵纪守法、遵守社会公德等良好乡风民俗，形成邻里关系融洽、夫妻关系愉悦、社会关系和睦的风气，通过正向循环不断影响更多、更大、更广的人群，为乡风文明建设提供现实基础；乡风文明建设能够促进乡村自治，村规民约是村民群众在村民自治的起始阶段，合约制度是农村社会各阶层表达自身诉求的良好渠道，兼容了村民自治的乡土性与现代性，有效降低治理成本和提高农村管理运行效率，也是乡风文明建设成果的一种具体表现形式。

乡风文明作为社会主义新农村建设的重要内容和有机组成部分，既是新农村建设的思想基础和灵魂，也是新农村建设的内在动力与保障。[①] 新时期不断加强和推进社会主义新农村建设，全面贯彻落实乡村振兴战略的总目标、总方针，就必须不断加强乡风文明建设的步伐，全面提升村民素质，加强家风、乡风建设，村规民约吸收传统文化的精华，推进乡风文明制度化，纠正乡村不良风气，推进乡风文明自觉化，营造邻里和睦相处氛围，推进乡风文明常规化，大力推进乡风文明建设，不仅是促进农村环境改善的重要举措，更是提升农村精神文明和文化内涵的具体措施，对于促进广大群众身心健康具有重要作用，同时大力促进乡风文明建设还是检验基层党员干部作风建设、基层党组织凝聚力和干群关系的试金石。

三、乡风文明建设在民族特色村镇保护发展中具有核心作用

（一）乡风文明建设是民族特色村镇保护发展的内在支撑

党的十九大报告中明确提出，实施乡村振兴战略要以产业兴旺、生态宜居、乡风文明、治理有效、生活富裕为总要求，乡风文明是乡村振兴战略实施的必不可少的内在要求之一，乡风文明与其他几项要求有着辩证统一关系，乡风文明是产业兴旺、生态宜居、治理有效、生活富裕的精神保障，而产业兴旺、生态宜居、治理有效、生活富裕又为乡风文明提供强有力的物质、环境保障，把乡村振兴战略落到实处，满足人民群众对美好生活的向往，乡村建设中将乡风文明建设融入经济社会发展全过程，持之以恒正人心、淳民风、提素质、聚合力、促发展，实现了“硬件”和“软件”同步推进，物质文明和精神文明共同提升。[②]

---

① 李德志、成超：《大力加强乡风文明建设》，载《中共山西省委党校学报》2014 年第 4 期。
② 徐会东：《乡风文明建设的“界首样板”》，载《决策》2017 年第 31 期。

位于武陵山区的石桥坪社区是辛亥革命元勋邓玉麟将军的故乡，社区位于野三关镇6公里，巴鹤公路穿社区而过，健全组织，完善文明创建机制成立了以社区党支部书记为组长、社区“两委”成员为副组长、小组组长为成员的精神文明建设领导小组，制定了工作方案，明确了工作目标和工作任务。通过召开片区会、村民小组会、屋场会、院子会，广泛宣传动员，提高村民文明创建知晓率，调动村民全员全程参与的积极性和主动性，确保了创建工作有人抓、有人管、有人做，推动了创建工作制度化、规范化、常态化。近几年来，石桥坪社区先后被国家文旅局授予AAA级旅游景区，被国家民委授予“特色村寨保护村”，省民宗委授予“民族团结示范社区”，获得“湖北旅游名村”及“恩施州最美乡村”的称号。石桥坪村的精神文明建设领导小组卓有成效，打开了乡村振兴的一扇大门，实现了精神保障与物质基础同步进行，真实地体现了乡风文明建设是民族乡村振兴战略的内在支撑。

（二）乡风文明建设是民族特色村镇保护发展的外在体现

民族文化是某一民族在长期共同生产、生活实践中产生和创造出来的能够体现本民族特点的物质和精神财富的总和，在民族乡村振兴的方针中，民族文化占据着一个不可或缺的角色，是推进民族振兴的起点，也是建立乡村治理的基石[①]，对于政府来说，民族文化建设是发展经济、强化政治、提升文化的前锋，是全面建成小康社会的开放性战略，是实现经济更加发展、民主更加健全、科教更加进步、文化更加繁荣、社会更加和谐、人民生活更加殷实的美好愿景，对于村民而言，民族文化建设是提升生活水平、提高生活幸福指数、提升精神品位的重要措施。[②]

弘扬核心价值观，提高村民文明素质，位于武陵山区的石桥坪村通过开展社会主义核心价值观进家庭活动，制作宣传专栏，印发核心价值观解读资

① 刘瑞娟：《论村落文化与乡风文明建设》，载《江西农业大学学报》2007年第2期。

② 中国青年网：《习近平的小康观和大同观》，http://news.youth.cn/wztt/201703/t20170330_9385427.htm,2017/3/30.

料、文明礼仪手册，教育村民在日常生活中必须恪守基本道德规范；开展“四德”教育，在全村形成遵纪守法、保护环境、文明礼貌、尊老爱幼、诚实守信、助人为乐的大气候；开展“干净自强”巴东精神教育，统一思想、鼓舞人心、凝聚力量、促进发展，让村民“干干净净做人，自强不息做事”；开展好人好事宣传教育，评选十大道德模范及十大文明家庭，让道德模范成为人们新的标杆。重振乡村振兴，精神文明和素质的提升是长期有益的正向左右，形成良好循环和持之以恒地发挥作用，以“文明新村”“十星级文明户”创建活动为载体，以培育新农民、树立新风尚、营造新环境、建设新文化为主要内容，狠抓精神文明建设，“五乱”“三风”现象有效治理，村容、村貌明显改观。完善了村规民约，村民共同讨论、修订完善村规民约，进一步强化自身规矩意识，养成自觉遵规守约习惯，提高自我教育、自我约束、自我管理的能力；充分发挥退休干部、退休教师、退伍军人的作用，倡导文明乡风，在扶贫帮困，文明宣传等工作中发挥了很好的作用，这也是石桥坪村取得巨大成功的原因所在。

基于国家生态文明建设战略，习近平总书记科学论断了“绿水青山就是金山银山”的绿色治理观，这生动形象地表达了我们党和政府大力推进生态文明建设的鲜明态度和坚定决心，要按照尊重自然、顺应自然、保护自然的理念，贯彻节约资源和保护环境的基本国策，把生态文明建设融入经济建设、政治建设、文化建设、社会建设各方面和全过程，建设美丽中国，努力走向社会主义生态文明新时代，[①] 在发展民族振兴战略中，把握生态要素，结合民风民俗，大力发展民族特色，打造民族品牌和文化品牌，传承和弘扬优秀文化，增强文化的保护意识，彰显民族特色，竭力打造“山水园林独特、生态环境优越、民族风情浓郁，时代联合紧密”的发展路线，着力发展民族文化优势，加快新农村的建设和脱贫奔小康建设步伐，积极响应国家乡村振兴战略的号召。

---

① 中国网生态中国：《生态兴则文明兴》，http://stzg. china. com. cn/2018 - 06/12/content_40379518. htm,2018/6/12.

（三）乡风文明建设是民族特色村镇保护发展的核心因素

在民族乡村振兴的方针中，乡风文明占据着一个不可或缺的角色，是推进民族振兴的起点，也是建立乡村治理的基石；对于政府来说，乡风文明建设是发展经济、强化政治、提升文化的前锋，是全面建成小康社会的开放性战略，是实现经济更加发展、民主更加健全、科教更加进步、文化更加繁荣、社会更加和谐、人民生活更加殷实的美好愿景，是提高乡村治理水平和能力的有效助力；对于村民而言，乡风文明建设是提升生活水平，提高生活幸福指数，提升精神品位的重要措施。①

注重产业结合，打造休闲观光农业，位于武陵山区的石桥坪社区现有星级农家乐 4 家，正在筹建的农家乐 18 家，从野三关集镇到石桥坪社区基本形成以巴鹤公路为主线的旅游带，现有 50 亩关口葡萄采摘基地，40 个大棚草莓采摘基地，片区内住宿、餐饮年接待人数可达 30 万人次以上，能发挥较好的旅游服务功能。建设分两步走，前期主要是完成旅游服务基础设施建设，重点是旅游公厕和天生桥景点的打造。随后是进一步完善野三关集镇旅游的相关功能，推进区域内传统农业向观光农业的过渡。结合当地的特色产业发展经济，结合当地的特色风俗开拓进取，精神文明的大力提升带来的是经济利益的稳步增收。

（四）乡风文明建设是民族特色村镇保护发展的需要

《管子·版法》中提及："万民乡风，旦暮利之。"乡风是维系中华民族文化基因的重要纽带，是传承中华优秀文化的重要载体，更是标榜中华民族、实现中华民族伟大复兴的重要标志。②

相对于产业发展而言，乡风文明是乡村的软实力，是吸引要素资源到乡

---

① 郑自立：《推进乡风文明建设策略研究》，载《中共珠海市委党校珠海市行政学院学报》2016 年第 6 期。

② 网易新闻：《培育"乡风文明"提升"美丽乡村"内涵之美》，http://news.163.com/18/0106/00/D7E5MKA1000187VG.html，2018/1/5.

村发展产业的重要因素。无论从改革开放的历史经验看，还是从经济社会发展规律看，乡风文明建设上不去，产业兴旺是难以实现的。首先，生态宜居离不开乡风文明作依托。山清水秀固然是生态宜居的重要条件，但如果没有乡风文明作依托，单纯的自然环境难以让人内心安宁，乡村也不可能成为宜居之地。其次，治理有效离不开乡风文明作基础。乡风文明既是治理有效的重要体现，也是乡村治理的重要条件。在新时代的乡村治理中，坚持法治、德治和自治相结合，本质上是以乡风文明建设为基础的“善治”，只有夯实乡风文明这个基础，乡村治理才会更加有效。最后，生活富裕离不开乡风文明作底蕴。在中国特色社会主义新时代，人们的美好生活需要越来越宽广、要求越来越高。生活富裕不仅仅体现在个人和家庭层面，还体现在邻里之间、村落之间以及广大的乡村社区，只有共同富裕才是真正意义上的生活富裕；也不仅仅体现在物质层面，还体现在包括乡风文明新气象在内的整体生活质量的提高。由此可见，乡风文明在乡村振兴中发挥着基础性作用，高质量推进乡风文明建设是实现乡村全面振兴的必然选择。

（五）乡风文明建设是民族特色村镇保护发展的重要内容

乡风文明建设作为民族乡村振兴的先决条件，其存在和发扬的基础一定是要乡风淳朴，民风朴实，一个乡村的乡风好坏一定程度上影响着村寨的发展格局，在营造良好乡风氛围的前提下才能谈及经济发展的问题。[①] 如贵州省从江县是一个位于黔东南由汉、苗、侗、水族等多民族混居的县，从两首今昔对比的俚歌之中，反映了从江县的经济发展和乡风建设，往昔“一艘碾船，两条大街，三个渡口，四座公厕，五处码头，六家店铺，七栋楼房，八点关门，九点熄灯，实在寒酸，百步穿城，千人户籍，万朴棬枢。”（万朴棬枢是指居民住房简陋，大多是用杉木皮盖成的低矮木房），今朝则是“一条玉带拂侗寨，两道彩虹揽苗乡。三区鼎兴小武汉，四路通达鄂桂湘。‘五子’登科扬中外，六德淳朴引商客。七香八宝天公赐，酒辉映芦笙堂。百岁老人

① 邹力行：《乡村振兴战略研究》，载《科学决策》2017 年 19 期。

夸盛世，万民高歌奔小康。”（“五子”登科是指境内被国务院列为国家重点文物保护单位的增冲鼓楼；侗族大歌之乡小黄；计划生育第一村占里：红豆杉之村银潭；被中外旅游界权威人士誉为“国际旅游绝品”的邑沙，“六德”是指西周大司徒教民的六项道德标准：知、仁、圣、义、忠、和；“七香”是指从江县特产的香禾、香猪、香牛、香果、香辣椒、香菇、香樟；“八宝”是指从江县金不换的气候、银不换的土壤、生态资源、矿产资源、水能资源、森林资源、旅游资源、药材资源。）① 与之邻近的锦屏县华寨村通过各种各样的村规民约“劝和歌”“合约食堂”等形式，形成一股良好的民族风俗习惯，降低社会管理成本，促进了经济的发展，在 2012 年华寨村被列为贵州省“一事一议”项目实施示范村。新农村建设“十好”示范村和平安建设示范村，以及被国家计委评为“全国计划生育基层群众自治示范村等”。2011 年 6 月被贵州省评为“十佳和谐村寨”。2010 年被联合国教科文组织评为“少数民族社区学习中心”示范村，2013 年以来多次被评为“无诉讼村”，在响应民族乡村振兴战略过程中做出了表率的作用。

在乡风文明建设中要全力打造“环境美、风尚美、人文美、生活美”的四美格局，在全面提升农民素质、推动乡村文化振兴、深入推进移风易俗、深化文明创建活动、培育文明生活方式的角度投入大量人力、物力、财力去打造具有民族乡村特色的乡风文明建设，良好的乡风文明建设能够筑牢广大农民群众的精神家园，为实现乡村振兴奠定坚实基础，乡风文明的蓬勃生机发展起来的乡村民俗旅游是一种新兴的旅游产业链形式，它是借着中华民族地域绚烂古朴的人文景观、浓郁纯粹的民族风情、浑然天成的自然风光、便捷通畅的区位条件，通过开发以民俗风情游为主要内容的“农家乐”等形式出现，吸引旅游者进行民族风情赏析、农业生态观光、休闲度假娱乐，从而促进农村经济的发展，其中发展的核心要素是精神文化的铺垫做得好，试想一个地区的精神文化发展落后，村民素质普遍低下，其经济和旅游产业怎么可能发展起来，所以在民族乡村振兴战略中首当注重乡风文明建设，实现

① 摘自《从江县志》。

“美丽乡村·文明家园”内涵和外延的双重提升，为民族乡村振兴提供内核动力。

四、民族特色村寨在乡风文明建设中的路径选择

（一）民族乡村振兴战略中，乡风文明建设存在的问题及其原因分析

乡风文明作为社会主义新农村建设的重要内容和有机组成部分，既是新农村建设的思想基础和灵魂，也是新农村建设的内在动力与保障。[①] 新时期不断加强和推进社会主义新农村建设，全面贯彻落实新农村建设的总目标、总方针，就必须直面乡风文明建设面临的问题，探究其成因，积极寻求破解之策。乡风文明建设中存在的问题尽管近年来我国新农村乡风文明建设取得了巨大的进步和成就，但不可否认的是，其仍然存在许多问题，主要表现在以下几个方面。[②]

1. 迷信抬头、封建思想“阻发展”

所谓封建迷信就是人们对一些令人迷惘的事物不能理性地分析而盲目地相信迷信。目前农村封建迷信市场火爆，求仙、问卜和算命的人络绎不绝，在农村因封建迷信而导致的生产资料匮乏、庙堂馆所繁华的奇怪现象屡见不鲜，为孩子取名要看五行缺啥；找对象要看属相和八字，结婚日期也要选个“良辰吉日”；埋葬死人也要挑个“风水宝地”，我国有几千年的封建剥削历史，封建迷信意识根基深厚。进入社会主义初级阶段以后，传统的道德、精神等旧的痕迹不可避免地在人们的头脑中残存下来，乡村封建迷信泛滥的原因归根结底在于农村村民的精神寄托没有形成，文化生活匮乏和缺乏科学知识，因此进行乡风文明建设的任务刻不容缓，宣传、帮助、引导农民正确区分封建迷信与传统民俗、宗教信仰的界限，发挥政府的引导作用，大力加强乡风文明建设，狠刹封建迷信的歪风邪气。

---

① 刘合光：《乡村振兴的及其战略关键点路径》，载《中国国情国力》2018 年第 2 期。

② 李德志、成超：《大力加强乡风文明建设》，载《中共山西省委党校学报》2014 年第 4 期。

2. 陈规陋习、赌风盛行“压正气”

大操大办现象普遍存在。现在农村流行一句顺口溜“小事大办，大事特办，没事找事也得办一办”，一些民营经济发达、农民相对富裕的乡村，红白喜事更是铺张浪费，此外民俗节庆大操大办，生辰寿宴花样繁多，奢靡斗富现象比比皆是，在建立“合约食堂”之前，华寨村深受中国经济快速发展的影响，村寨里的酒席非常泛滥，婚丧嫁娶、生小孩、满月、过生日、进新屋、升学等都要办酒席，在各种酒席中讲排场、比阔气，而且形成了严重的攀比之风。认为酒席办得体面，在村民评价中有面子、大方、有本事；如果办得简单不丰盛，就在村中失去地位，得不到村民良好的评价，滥办酒席之风致使大家苦不堪言，同时也导致了村里不和谐，产生了很多纠纷。

石桥坪村在破除农村举办酒席的攀比心理，特地组成“红白理事会”，破除婚丧嫁娶中的铺张浪费、愚昧落后陋习，做到婚事新办、丧事简办，倡导文明、健康、科学的生活方式，讲究举办红白喜事时不讲排场、不摆阔气、不搞攀比、不举债办婚事等氛围，大大降低村民的开支和成本。

华寨村为了传承群众勤劳持家、勤俭节约的优良传统，破除红白喜事中攀比浪费的陋习，提倡婚事新办、丧事简办、文明科学的生活观念建立“合约食堂”，厨具一应俱全，人员村民之间互相帮忙，饭菜标准化降低举办酒席的标准，减轻农民负担和心理压力，“合约食堂”的实施大大地减轻了华寨村村民的财力物力，有效地遏制了滥办酒席之风，减轻了群众的经济负担和心理压力，促进了村民和谐和社会稳定，树立了先进文明之风。另外在大部分农村目前赌风盛行，村寨里的大部分人尤其是青少年非常热衷于赌博，因没有精神寄托，赌博便成为他们消遣时光的一种娱乐方式，在一些村寨甚至出现了家家打牌，男女老少齐上阵的现象，华寨村针对赌博的现象制度“合约”，《合约》前言：“在家的勤劳致富、丰衣足食。”华寨村负责人介绍：“全村都在积极比发展、比科技、比先进，争廉政、争和谐、争贡献，形成了良好的‘三比三争’村寨氛围，积极发展生产，积极探索发展致富的道路。”用积极的方式来引导村民进行积极正向的攀比，通过各种评优评先的激励措施引领村民形成一种积极向上的氛围，鼓励更多人参加和评比，形成正向循环。

3. 人情泛滥、消费奢靡“拖经济”

讲面子、重排场在某种程度上是一些农民的写照，农村时常出现的现象，就是不少农民都开始以各种理由，大摆筵席，宴请三亲六戚，主要是就为了收份子钱，如果你家不办，那么之前你送出去的就没有机会收回来，尤其是到了年底，农村酒席越来越多，不少农民都感叹，现在赚钱不易，酒席都吃不起，这些农民很重视他人对自己的评价，从他人的评价中获得对自我价值的认同。① 在农村人情往来中，不管是送礼方还是办事方无不怨声载道、有苦难言，华寨村为了传承群众勤劳持家、勤俭节约的优良传统，破除红白喜事中攀比浪费的陋习，提倡婚事新办、丧事简办、文明科学的生活观念。经过村委提议、村民表决通过，在原来的《村规民约》的基础上制订了集体聚餐合约食堂管理的村规民约，共 7 条。在婚姻嫁娶方面，不管是男方还是女方只能办一次集体聚餐且要求简办，杜绝滥办酒席和攀比之风，如第 1 条规定：“婚姻嫁娶实行喜事简办，男方娶妻或女方出嫁，只能办一次集体聚餐。”在食品安全方面，保证红白喜事聚餐的食品安全，严格按照食品安全管理制度的相关规定。在物资购买方面，所需的物资要求专人采购，严格遵守相关规定，减轻了村民负担，通过各种办法使得村民认同人情消费的负担和落后，能够积极自发地抵制人情泛滥，形成简约简办的风格，大大减轻居民负担，从而为经济发展铺垫坚实的基础。

4. 活动单调、设施落后“消动力”

当前，农村文化设施缺失，农民在生产之余几乎没有可以活动的场所和利用的器材，尤其是农村出现了文化主体空心化现象，成为乡风文明建设的“软肋”，华寨村在精神文明方面就下了很大的功夫。提倡村民之间要相互团结、和睦相处，从简节约、反对铺张浪费，尊老爱幼，树立文明之风。制定的《合约》第 2 条规定：“加强团结，和谐共处，以歌劝和。”第 4 条规定：“凡红白喜事，提倡从简节约，反对浪费，提倡厚养薄葬，树立尊敬长者、

① 刘畅：《农村乡风文明建设问题调查报告》，载《福建质量管理》2018 年第 3 期。

孝顺老人之风。”用合约的形式提倡文化的重要性，大力发展文化和谐，因为在贵州苗族侗族地区的伦理歌流传盛广，种类繁多，几乎人人都会唱歌，“不会说话就会唱歌”是指黔东南州苗族、侗族人。每逢年过节或是举办各种庆祝活动，村民们都喜欢用唱歌喝酒来表达情意。①

华寨村的《劝和歌》是在苗族、侗族传统文化和伦理歌的基础上创造制作的歌曲，都是村民们自己创作的，内容十分丰富，主要是用于解决各种纠纷且实用性强，而早在2007年石桥坪村就在村委会建起了电脑农业咨询站；2008年，又建起了村图书室，到目前一共募集科技以及其他类型书籍近4000册，同时还在村委会会议室安装了电脑和投影设备，并改装了村文化活动室；2009年石桥坪村修建了民族文化活动中心，组建了28人的民族文化宣传队，新编和改编了一套具有本村特色的舞蹈、民歌、小品等文艺节目；另外，在村委会办公楼前修建了1200平方米的民族文化广场，成了村民休闲、娱乐、健身、传承民族文化的好去处，用多种方式传承文化经典，华寨村和石桥坪村在文化建设方面下足功夫，力求让老百姓有事可做，有精神寄托和精神食粮，传承民族特色文化。

5. 动乱治安、黑暗势力“扰民心”

目前农村治安情况亟须得到改善，因为承包地、排灌水、宅基地边界划分等种种问题造成村民之间冲突，黑暗势力侵犯财产犯罪日益猖獗、流氓恶势力抬头，村霸乡霸为所欲为等情况的频繁发生。这不仅对当地社会治安和农民人身财产安全带来一定程度的危害，还影响着农村基层党政工作的顺利开展，在华寨村的实施办法是自2004年以来，华寨村围绕“安民、富民、便民、乐民”这条主线，以“劝和歌、劝和匾、劝和酒、劝和饭”等为载体，大力推进“以歌劝和、合约管理”的村民自治模式，先后实施了风貌整治、新区建设、苗木基地、农业大棚及电路改造等五大工程，群众生产生活得到根本改善，基本实现了“煮饭不用柴、走路不湿鞋、钱袋鼓起来、家园美起来”的目标，石桥坪村在社会治理方面着重强调村民自治，而真正转变

① 林淑蓉：《文化传统VS农村现代化——以贵州侗族的文化观光与经济发展为例》，黑龙江人民出版社2012年版，第142-157页。

和走上发展轨道还是始于农村改制，尤其是实行村民自治以后，村民通过民主选举，选出自己信任且有能力的村民担任村干部，就这样在一批又一批村干部的带领下，实施村民自治，降低社会治安的问题和源头，便于管理和疏导，形成良好的循环和传承。

（二）挖掘模板民族村寨传统文化的优秀基因

民族文化的传承和发展离不开优秀的基因，经过时间的考验才是证明优秀文化的重要性和特殊性。2016 年 7 月，在庆祝中国共产党成立 95 周年大会上，习近平总书记谈道：“文化自信，是更基础、更广泛、更深厚的自信。在 5000 多年文明发展中孕育的中华优秀传统文化，在党和人民伟大斗争中孕育的革命文化和社会主义先进文化，积淀着中华民族最深层的精神追求，代表着中华民族独特的精神标志。我们要弘扬社会主义核心价值观，弘扬以爱国主义为核心的民族精神和以改革创新为核心的时代精神，不断增强全党全国各族人民的精神力量。”文化自信是一个国家、一个民族对自身文化的充分肯定与信任，并坚信自身文化具有强大的生命力。

华寨村的文化发展和传承有很多值得借鉴部分，存在“榔规”“侗款”“石头法”等习惯法，是维持该地区社会稳定与发展的重要规范形式，也是文化自治的一种具体体现，既结合民情又符合当地特色，华寨村“以歌劝和，合约治理”的模式促进了当地优良社会风气的建设以及经济的发展，被誉为“合约管理第一村”，是国内外典型的“合约管理”模式的村寨，合约的形式是一种典型的习惯法的具体体现，将本地的民族特性融合进去，因地制宜地制定相对应的村规民约，不仅仅是调节村民之间的矛盾支撑，更是传统优秀文化的外在体现，从“伦理歌”到“劝和歌”，以“歌”解纠纷，用歌声来劝和不失为一种新兴的调剂机制和创新手法，既具有民族特点，又具有可复制性、可应用性，能够完美地将文化的精华部分结合歌声传达，达到维护家庭和睦、邻里亲近、村民喜进的目的，传承文化自信，立足民族根基，打造民族魂气，从歌声传文化，从合约看兴衰，从治理成经典，大力挖掘模板民族村寨的优秀文化基因，吸收经典治理方法，汲取优秀管理方案，为湖北省民族乡村治理提供参考性意见。

两个模范乡村在响应乡村振兴的战略下大力发展乡风文明建设，不仅完成乡村的整体转型，更是在经济、文化、政治、教育方面取得突破性的进展，实现了经济稳定发展、治安和谐稳定、文化繁荣创新等良好局面，完成了从落后贫穷走向繁荣富强，打通经济发展和社会治理的“任督二脉”，深刻改变了乡村的发展环境和人文氛围，成为乡村振兴战略中先锋者和模范带头者，积极吸取两者的经验，不仅仅是能够可以明得失、知兴替，更能够采用其中通用的方式方法，以点破面、对于每一次进步和改革进行分解式解读，形成经典形式，做成群体效应，为其他省市乡村振兴战略发展提供参考，达到“触类旁通、举一反三”的功能，真正实现全面振兴和农业强、农村美、农民富全面实现的战略目标。①

（三）加强文化宣传、政府引导、村民自治，形成乡风建设的良好土壤

在乡风文明建设的过程中应该大力加强宣传和普及，对于村民来说政府部门应该融入各项群众文化活动，运用群众喜闻乐见的形式，广泛开展健康向上的文化活动，使广大农民群众在潜移默化中受到社会主义核心价值观教育，融入农村思想文化阵地建设，大力推动村民中心、文化广场、村综合文化服务中心建设，让这些思想文化阵地成为宣传社会主义核心价值观的有效载体。

华寨村的发展过程中政府部门在其中也发挥着巨大的作用，尽管村寨自身有寨老进行管理，但是人口越来越多，居住也比较分散，如果没有一个有组织的机构进行引导，无论是制度的修订，还是村寨自身的发展，都是很难进行的。并且政府部门对于民族地区发展的定位是非常重要的，开发的度也是很难把控的，这就需要政府工作人员具备一定的经验以及相关知识，有组织有计划地进行。在华寨，村委会就通过当地村民根深蒂固的自治管理意识，通过合约来发展经济，才能使华寨村的经济发展迅速步入前列，让人们

---

① 余浩然：《习惯法生态价值的发展人类学研究——以建始县白云村土家族习惯法为例》，载《原生态民族文化学刊》2017年第4期。

过上幸福生活。

石桥坪村之所以比同一区域的其他村庄，无论是在经济发展方面还是在社会发展方面都相对较好，其一个重要原因就是各级政府部门的扶持，其中包括县级、州级以及省级政府部门，而扶持的形式多以项目建设为主。从最早的科学种田开始，玉米种植、白肋烟种植、蔬菜种植、魔芋种植、山羊养殖，再到当前的核桃种植、花卉苗木种植、生猪养殖，都受到政府有关部门的信息、技术、资金等多方面的帮扶。现在政府部门对石桥坪的扶持不仅体现在农业生产和产业发展领域，还包括村庄的公共建设方面，但究其根本，政府部门的扶持只是石桥坪发展的一个外力，而外力作用要转换成为内部的发展动力，实现内源式的发展，还需变革村治的方式，所以村治变革是其关键。目前石桥坪的经济社会发展为村治变革提供了可能，但仍需从治理的视角出发，通过村治方式、方法的改变以达到实现村庄内源式发展的目的，最终形成乡风建设的良好土壤。

（四）瞄准民族村寨的特点，促进经济发展，夯实乡风建设的物质基础

在民族乡村振兴的过程中，因为乡村普遍地理位置较为偏僻，经济发展水平普遍欠缺，而正是由于与外界的沟通交流较少，信息的闭塞性使得文化能够更大程度上原汁原味的保留，民族村寨的亮点特色在于独特的民族文化和风土人情，运用当地民族特点优势，能够大力发展旅游经济业务，发展乡村旅游其实质是利用我国农村剩余农业资源的过程，当将这些农业资源高效利用后就能够产生良好的经济效益，并且实现社会效益、环境效益以及经济效益的三重完美统一。①

经济基础决定上层建筑，发展乡村旅游经济不仅是适应社会发展需要的结构，同时也是缓解我国农村经济存在矛盾的需要。所以在我国发展乡村旅游经济具有非常重要的意义，建立科学的发展计划，形成可持续性的经营模式，完善服务设施，加强民宿环境改进，打造乡村绿色旅游，营造乡村田野

① 张晓山：《实施乡村振兴战略的几个抓手》，载《人民论坛》2011 年第 11 期。

的气氛。对于当代中国人而言，乡村尤其是寄托乡愁之所在，城里的人们两三代以上都是生活在乡村——乡村是根之所在。对于乡村的民风民俗、乡村的历史、乡村熟悉的人与事等等都是留在心里挥之不去的记忆，乡村或故乡的存在是人们慰藉心灵，去除在城市异乡无所依靠或内心不安的一个出口，所以发展旅游、民宿、农家乐是一种既能让城乡结合的方式，又是相对城市人口的放松形式，相对村民的经济创收方法，促进就业人员同时防止人口流失，最重要的是大大促进了乡村的经济发展，发展旅游的同时必不可少地促进乡村部落的社会治安管理和文化传承，以青山绿水吸引人长留，以风土人情吸引人常驻，用喜闻乐见的方式欢迎外来人口，增加文化和信息的交流，旅游产业中要融入红色文化、民俗文化，还应加入特色农业和休闲养生元素，极大促进经济发展，为乡风文明建设夯实坚定的物质基础。

（五）突出亮点、打造精品、发挥乡风建设的内核作用

通过深入地了解当地乡村的实际发展情况，在选取的民族乡村的治理成果中汲取值得借鉴的部分，以先锋示范起到带头作用，在治理方法和措施上归纳形成系统的方案，产生群体效应，对于全面推进乡村振兴战略具有重大的参考意义，在乡风文明建设的过程中，体现三治体系的核心内容，突出表现了扶贫先扶德的重要理念，在打好基础的前提下，以民族文化建设为突破点，进一步深入探索高效、示范、实用的治理方案和技巧，多方位、多层次、多角度地分析问题和思考应对问题的解决方案，乡村文化是农民在长期的日常生活中，由于特殊的自然地理环境、经济特点、政治结构以及意识形态的作用而形成的文化积累。一些优秀的乡村文化深深融入农民的思想意识和行为规范，渗透农村生活的各个方面，参与农业生产的各个环节，是宝贵的文化遗产。在现代化过程中，既要继承、发扬优秀的传统乡村文化，保持乡村文化特色，又要借鉴、吸收外来文化、城市文化，增添先进元素，推陈出新，建立体现守法意识的乡规乡约，使乡村文化不断获得内生的动力和滋养，不断获得无限的生机和活力，在冲突与整合、保持与变迁中实现发展与创新，为农村现代化奠定文化基础，在传承和革新中不断挖掘属于乡村特色的文化亮点，立足民族的根和民族的魂，用文化引领物质的发展，用精神探求更深层次的追求，加强对于传统文化的保护与传承，通过精神文明建设培育乡村文化自信，通过乡风文明建设推进乡村振兴战略的全面实施。

打造文明村镇、幸福村镇、和谐村镇，结合民族特色，突出文化亮点，打造文化精品不断吸收外来经验和创新理念，推陈出新、鼎新革故，培育乡风自信和自治理念，发挥乡风建设的内核作用。

（六）适应形势，运用多种载体，促进乡风文明建设与时俱进

文化的发展离不开宣传和继承，在民族乡村振兴过程中，乡风文明通过形式丰富的群众文化宣传方式，可以将一些民风民俗、民间文化的象征与表达方式等发扬出去，让更多的人了解和熟悉，为群众文化宣传工作所取得的效果提供保障。如今社会的迅猛发展，传统媒体行业的宣传工作已经不能满足乡村文化的宣传情况，网络新媒体以其形式丰富、覆盖率高、互动性强等特点对经济、文化和社会环境产生巨大的影响，民族村寨在取得良好的治理效果后，应该更多的借助网络平台，在微信公众号、微博、以及互联网的各种渠道进行推动，紧跟时代的步伐，抓住潮流的脉搏，运营过程中打造以喜闻乐见的方式，吸引更多的村民参与乡风文明建设，为年轻人和中年人以及老年人分别推出不同的板块，因人而异扩大影响力，随着信息科技技术的迅猛发展，新媒体成为信息传播的重要通，这让口碑传播在短时间内实现大范围覆盖成为一种可能，而这正是民族乡村的振兴机遇，运用网络传播的先进性和及时性，通过网络能够使得民族乡村的文化的广泛传播，吸引更多目光和重视，进而提高村民和更多人群的关注，带动文化发展和建设乡风文明进一步扩展，形成人人帮忙传播，人人自觉传播的良好乡风氛围，为新时代的民族乡村振兴提供可持续化的宣传输出。

民族自治地方政府立法的反思及完善*

彭　振**

摘　要： 通过对依法治国背景下民族自治地方政府立法问题进行分析，明确其在民族事务治理法治化中的作用、属性及理论重构，研究当前面临的困境及挑战，并提出相应的对策建议。认为完善民族自治地方政府立法是民族法治体系建设的重要内容。

关键词： 民族自治地方；政府立法；反思；完善

一、问题的提出

在全面推进依法治国背景下，协调和均衡各方利益和选择，推进民族事务治理法治化，不仅要加强国家立法、民族自治地方人大立法力度，也要完善民族自治地方政府立法，构建全方位的民族法治体系。关于民族自治地方立法问题的理论与实证研究，学界已经从民族法学、立法学等方面进行了较为全面的研究。康耀坤系统地总结了新中国成立以来我国民族立法的经验启

* 基金项目：本文系 2021 年国家社科基金项目“民族区域自治地方立法中统一与自治相结合研究”（项目编号：21BMZ149）的阶段性成果。

** 作者简介：彭振，广西桂林人，法学博士，中国社会科学院·贵州社会科学院联合培养博士后，广西民族大学法学院副院长、副教授。

示，提出：“正确处理好民族政策与民族立法之间的关系。”① 胡纪平则认为：“制定完整的民族法规体系的环境尚不完全具备。”② 宋才发认为：“民族自治地方政府自治权是民族区域自治权的载体和核心。”③ 谢尚果提出：“要不断促进民族自治地方依法行政。”④ 张文山提出：“自治条例和单行条例是通往自治的桥梁。”⑤ 朱玉福提出：“民族区域自治法制是自治权的重要保障。”⑥ 经过60多年的发展和完善，我国民族立法已经取得了巨大成绩，但与全面推进依法治国的高要求、高标准相比，民族法治建设还存在一些问题。对于民族地区法治建设的研究，学界仍然主要集中在自治条例、单行条例等民族自治地方人大立法上，对于民族自治地方政府立法的关注相对较少。民族自治地方政府在自治机关中居于核心地位，其立法涵盖了经济社会发展的各个方面，在数量上也远远超过了同级人大立法，在实施和发展民族区域自治制度中发挥着重要作用，是推进民族事务治理法治化的关键。尽管前人的学术研究成果已经为我们清晰地勾勒了民族自治地方立法的基本体系和内容，但当前民族自治地方政府立法的地位和功能如何确定？还存在哪些问题？如何进一步完善并发挥它在民族事务治理法治化中的作用？这些问题还需要进一步明确和分析。本文将以前人的学术研究为基础，围绕这些问题展开进一步的探讨。欠妥之处，诚望读者匡正！

二、民族自治地方政府立法是法治与自治的有机统一

民族自治地方政府立法有着自身特有的定位。民族自治地方政府立法是指民族自治地方人民政府，依据《中华人民共和国宪法》（以下简称《宪

---

① 康耀坤、马洪雨：《新中国成立以来我国民族立法的历史进程与经验启示》，载《求索》2010年第7期。

② 胡纪平、彭建军：《民族自治地方立法存在的问题及原因分析》，载《中南民族大学学报》（人文社会科学版）2008年第6期。

③ 宋才发：《中国民族自治地方政府自治权研究》，人民出版社2008年版，第41页。

④ 谢尚果、高兴武：《民族自治地方依法行政问题研究》，广西民族出版社2011年版。

⑤ 张文山：《通往自治的桥梁——自治条例和单行条例研究》，中央民族大学出版社2009年版。

⑥ 朱玉福：《中国民族区域自治法制化：回顾与前瞻》，厦门大学出版社2010年版，第63页。

法》）和相关法律规定，依照法治、科学、民主等立法原则，制定、修改、废止地方规范性法律文件的政府活动。它是中国特色社会主义法治体系的重要组成，也是实施民族区域自治制度的核心内容。

（一）民族自治地方政府立法的法律渊源

无论《中华人民共和国宪法》还是相关的法律法规，都对民族自治地方政府立法进行了明确的规定。1984 年颁布的《中华人民共和国民族区域自治法》（以下简称《民族区域自治法》），进一步细化了民族区域自治的机关内容，并详细规定了民族自治机关自治立法权。其第 4 条规定："民族自治地方的自治机关行使宪法第三章第五节规定的地方国家机关的职权，同时依照宪法和本法以及其他法律规定的权限行使自治权，根据本地方的实际情况贯彻执行国家的法律、政策。"① 2015 年的《中华人民共和国立法法》（以下简称《立法法》）赋予自治区、设区的市、自治州的人民政府等地方政府主体根据法律、行政法规和相关的法规规范，制定规章。包括如下两个方面：一是为执行法律、行政法规、地方性法规的规定需要制定规章的事项；二是属于本行政区域的具体行政管理事项。② 民族自治地方政府立法权并不是横空出现的，它有着自身的法律依据和合理性。当前，民族自治地方立法环境处于历史上最好的水平，而民族自治地方政府如何充分行使这些立法权，则是新时期民族法治建设的重要内容。

（二）民族自治地方政府立法的二元属性

新中国成立后，民族区域自治制度作为中国的基本政治制度在全国各少数民族聚居地逐步实行，伴随中国法治建设的不断推进，民族自治地方政府立法也得以发展和完善，而它在推进民族区域自治和地方治理现代化中的二元属性也愈加明显，主要表现在以下三个方面：

---

① 《中华人民共和国民族区域自治法·中华人民共和国法律全编》，法律出版社 2016 年版，第 88 页。

② 《中华人民共和国立法法·中华人民共和国法律全编》，法律出版社 2016 年版，第 144 页。

行政行为与立法行为的统一整体。关于民族自治地方政府立法的性质，学界素有不同的看法。在2015年《中华人民共和国行政诉讼法》（以下简称《行政诉讼法》）修改之前，大多数学者把政府立法的性质划归为行政行为，认为行政行为包括抽象行政行为与具体行政行为，抽象行政行为包括国务院制定行政法规、有关行政机关制定规章的行为。但也有学者认为，行政立法在性质上是一种委任立法，不是行政行为而是宪法行为。长期以来，我国把实际上属于宪法行为的行政立法纳入行政行为来讨论，起因于王名扬先生的观点，后受英美行政法的影响，当然也根植于行政立法的强势现状。[①] 还有学者认为，政府制定规章的行为属于由《立法法》规制的立法行为，不是简单的行政行为。[②] 2015年修改后的《行政诉讼法》已经不再使用抽象行政行为和具体行政行为这两个概念，统一使用"行政行为"；修改后的《立法法》也将政府制定规章的活动纳入其调整范围。民族自治地方政府立法是中央政府立法的重要组成部分，立法主体为各级民族自治地方的人民政府，其立法活动是人民政府行为的直接体现。如果从这个角度看，民族自治地方政府立法具有双重属性，既具有行政行为的基本特征，又属于《立法法》调整的立法行为。

一般地方政府立法权与民族自治地方自治立法权的有机结合。立法自治权是民族自治机关自治权的核心，而民族自治地方人民政府不仅享有一般地方政府制定地方规章的立法权，还享有《中华人民共和国宪法》和《民族区域自治法》赋予民族自治地方自治机关的立法自治权，包含了经济管理自治权、财税管理自治权、人事管理自治权、民族语言文化管理自治权、自然资源开发自治权等，以及根据本地方实际情况制定相关方针、政策的权利。民族自治地方政府立法仅限于民族自治地方政府根据本民族、本地区社会发展需要和特色而开展的一项具体立法活动。国家的立法往往是较为宏观的，是作为一般性的原则来表达国家意志，不一定体现每个民族的特殊性，而民族自治地方政府则可以在自身权限内把国家意志具体化。民族自治地方政府

① 叶必丰：《行政行为原理》，商务印书馆2014年版，第33-34页。
② 胡建淼：《行政法学》，法律出版社2015年版，第126页。

立法，必须坚持与宪法、法律及其他上位法的统一，自觉地服从国家的统一领导和监督，在行使自治权的基础上结合本地区的特点和实际需要开展立法。但民族自治地方政府立法也有一定局限性。其立法主体仅限于民族自治地方人民政府；立法权限于为执行法律法规、自治条例等法律规范而需要制定规章的事项或者属于政府管理的具体事项；地域性则指立法的效力范围仅限于民族自治地方内。譬如，广西出台的《广西壮族民族自治地方传统工艺美术保护办法》等政府规章，都只在广西区范围内发生效力。

变通立法权与补充立法权的有效组合。有的学者提出，我国民族立法是一元两级多层次的立法体制，只有自治条例、单行条例等才能对上位法做出补充规定，变通权、补充权只有民族自治地方的人大可以行使。[①] 但也有学者认为，自治地方政府在一定条件下对上级国家机关的决议、决定命令和指示做出变通或者补充，应是可以的。[②] 笔者赞同第二种观点。根据《民族区域自治法》第33条规定："民族自治地方的自治机关对本地方的各项开支标准、定员、定额，根据国家规定的原则，结合本地方的实际情况，可以制定补充规定和具体办法。民族自治地方制定的补充规定和具体办法，报国务院备案。"除此之外，对于上级国家机关下达的决议、命令、决定、指示，如果不适合民族自治地方实际情况，作为自治机关的民族自治地方政府，可以报请上一级国家机关批准，进行变通执行或者停止执行。而根据其第15条之规定，这里的"自治机关"包括民族自治地方的人大和人民政府。[③] 国家在一定范围内给予民族自治地方政府立法权，将为少数民族在统一原则下充分行使自治权提供了有力保障，使国家各项民族政策的落实更加有效，对于维护民族团结、稳定发展的新型社会主义民族关系，发展和完善民族区域自治制度的实践都是十分有利的。

---

① 吴宗金、敖俊德：《中国民族立法理论与实践》，中国民主法制出版社1998年版，第222页。

② 陈绍凡：《我国民族自治地方立法若干问题新探》，载《民族研究》2005年第1期。

③《中华人民共和国民族区域自治法·中华人民共和国法律全编》，法律出版社2016年版，第89-91页。

（三）民族自治地方政府立法：法治与自治的统一

法治与自治的统一是实现民族事务治理法治化的重要途径。这主要体现在以下三个方面：一是民族事务治理法治化的提前是有法可依。这里的有“法”可依，不仅包括国家层面的法律规范，也包括自治地方人大立法和政府立法。二是为了保证民族自治地方人大立法质量，部分地区在制定单行条例或是地方性法规时，往往先以规章以形式制定，经过立法效果评估后，再提交地方人大上升为自治条例或单行条例。这不仅可以为民族自治地方人大立法提供良好的参考，也避免了由于时间短等原因而造成的立法不科学、执行性差等问题。如《立法法》第82条规定：“规章实施满两年需要继续实施规章所规定的政府措施的，应当提请本级人民代表大会或者常务委员会制定地方性法规。”① 三是民族自治地方政府立法与人大立法是统一协调、互不冲突的。尽管民族自治地方的地方立法和自治条例、单行条例等在民族经济社会发展中发挥着重要作用，但毋庸置疑，单靠人大立法是远远不够的，只有双管齐下，把人大立法与政府立法都抓好，才能为民族自治地方经济社会发展提供全面、系统的法律保障体系。

法治与自治的统一是建设民族自治地方法治政府的基础。新中国成立特别是改革开放以来，我国民族事业的成功经验证明党和国家对民族法律法规体系进行的制度设计和规范是完善正确的，符合中国国情和民族地区实际，有利于维护国家统一和民族团结，有利于推动民族地区与全国同步实现小康，有利于促进各民族交融、交往、交流，深受各族群众欢迎和拥护，在世界范围也具有先进性。② 民族自治地方法治政府建设的基本目标是全面运用法治思维和法治方式管理区内事务，实现法律对政府管理从具体事项到治理过程的全覆盖，保障政府各项行为在法律范围内开展、在法治轨道上运行，形成办事依法、遇事找法、解决问题用法、化解矛盾靠法的新理念。法治政府的建立，要求少数民族地区真正实现政府管理有法可依、有法必依、职权

---

① 《中华人民共和国立法法·中华人民共和国中国法律全编》，法律出版社2016年版，第145页。

② 王正伟：《努力提高民族事务治理法治化水平》，载《人民论坛》2015年第2期。

法定的目标。如果没有民族自治地方政府的立法，仅依靠国家法和自治条例、单行条例或者地方性法规，很多细节将得不到落实，少数民族的特殊性也得不到照顾，民族法制建设将受到影响。只有完善民族自治地方政府立法，才能更好地促进民族自治地方法治政府建设，提升民族地区依法行政水平。

法治与自治的统一是实现法治和自治有机统一的有效途径。一方面，民族自治地方政府立法体现了地方政府依法行政、依法管理作用。地方法治政府的建设是全面推进依法治国的重要内容，法治政府是职能科学、责权法定、执法严明、守法诚信的政府，是实现治理体系、治理能力现代化的必经之路。① 作为地方政府，其立法需要解决的重要问题就是调整本地区社会发展过程中的各种矛盾和利益。通过政府立法，进一步明确本级政府的行政职权，明确依法行政过程中的程序、责任等内容，以推进法治政府的建设。另一方面，民族自治地方政府立法表现出浓厚的民族自治特征。民族自治地方人民政府是民族自治地方的自治机关，立法是民族自治地方政府的基本职能之一，立法内容与少数民族地区经济社会发展的实际紧密结合，体现的是民族自治地方各族群众对本民族的治理和实施区域自治的自主管理权。通过立法等一系列措施，自主发展本地区经济贸易发展、教育、科技技术、文化、环境保护等社会事业。例如，内蒙古针对民族自治地方各民族饮食习惯制定《内蒙古民族自治地方牛羊屠宰管理办法》；新疆为促进民族旅游事业发展出台《民族自治地方乡村旅游促进办法》；广西出台《广西壮族民族自治地方左江岩画保护办法》，进一步保护骆越文化，最终促成左江岩画成功列入世界文化遗产名录，等等。

三、民族自治地方政府立法的困境与挑战

民族自治地方政府立法取得了巨大成就，但仍需进一步完善。主要表现

① 马怀德：《深刻认识法治政府的内涵和意义》，载《光明日报》2017年5月8日第16版。

在以下三个方面。

（一）立法自治权行使不足

由于自然条件、历史发展、政策等多方面的因素，民族地区的经济社会发展依然相对落后，因此，民族自治地方的立法应当对少数民族的特殊需求给予一定帮助和照顾。但部分立法没有依各民族差异性进行划分，也没有充分保障各民族在经济社会发展过程中的权益，没有最大限度地考虑各民族自治地方的特殊地域环境、发展情况和交通等因素，也没有充分体现民族个性与特殊性。制度建设尚未完全反映民族事务管理法治化的实践要求，特别是涉及与少数民族切身利益相关的教育、经济、文化、环保等方面不够凸显，没有充分发挥“自治”的功能和体现少数民族特殊性。部分立法也跟不上经济社会发展速度，有的立法甚至停留在计划经济层面，对市场经济为主的社会发展带来了较大影响，成为当前民族地区经济发展的桎梏。“南方的与北方的差不多，西部的与东部的难区别，根本看不出本地与异地在政治、经济、文化、社会生活等方面有任何差别，一些规定也大同小异，因而不仅法规的针对性差，而且实用性、可操作性也差。”① 同时，由于立法工作人员不足、立法工作人员立法能力不强、立法机构设置不合理等因素，有些立法并没有经过充分的酝酿和论证，起草过程也较为匆忙，一些地方大量借鉴其他省市或者部门相关的法律规范，有些草案甚至不做任何改动，直接复制其他地区已经通过的相关法律规范，导致立法内容重复或者自相矛盾等情况时有发生。“地方”和“自治”这两个特点都没有得到充分的体现。

（二）与同级人大的立法权限混淆不清

从权力行使内容上看，民族自治地方人民代表大会和常委会的立法自治权和政府行使的政府管理自治权，共同构成了完整意义上的民族区域自治权。② 人大在民族立法中占主导地位，而政府立法则是在结合本地区实际情

---

① 夏宏根：《地方立法缺乏地方特色的成因及其对策》，载《人大研究》1997 年第 6 期。

② 宋才发：《民族区域自治制度重大问题研究》，人民出版社 2008 年版，第 124 页。

况的基础上，为了更好地落实各上位法的内容及管理属于本地区的具体行政事务。立法并不是政府的首要任务，与人大相比，政府的职责主要在于依法对本地区的经济、教育、文化等各方面进行管理。但政府的立法功能却是不能被忽视的，社会管理的每个细节都需要通过政府的行政行为得以实现。两者在立法权限及效力等方面仍然容易产生混淆：一是两者的立法权限不清。2000 年通过的《立法法》赋予了自治区的人民政府可以根据法律、行政法规和本自治区的地方性法规，制定规章的权力。2015 年修改后的《立法法》则将可制定地方性法规的事项分为两大类。同时还明确了“设区的市、自治州的人民政府根据本条第一款、第二款制定地方政府规章，限于城乡建设与管理、环境保护、历史文化保护等方面的事项”①。比较来看，民族自治地方在制定自治条例、单行条例、地方性法规和规章上确实有不同的分工，但在实际操作中却很难区分。譬如，地方性法规和规章制定的前提都可以是为了执行法律和行政法规，但到底哪些应当制定地方性法规，哪些又应当以规章的形式出现，却不好把握。再譬如，“属于地方性事务”和“属于本行政区域的具体行政管理事务”，这两句话的意思表达是存在区别的，但却不能很好地划分两者的界线。因此，尽管《立法法》对两者的立法范围已经做出了具体的规定，但实践中仍然难以区分。二是两者的立法效力不同。民族自治地方人大立法的效力高于同级政府立法，如自治区自治条例或单行条例的效力要高于自治区政府制定的规章。民族自治地方政府立法是落实同级人大立法的重要途径。人大立法侧重于宏观性的规定，而政府立法则更倾向于微观性的规定。从政府的角度来说，立法的最终目的就是为了让行政管理中的矛盾得到调整，让执行过程中的问题得到真正解决。人大立法往往以政府立法为基础。规范性文件的制定并不是一蹴而就的，即使在立法中严格按照立法程序并且参考了多方的立法建议所制定出来的立法，由于科技的进步和社会的发展等因素导致立法出现瑕疵的现象时有发生。

---

① 《中华人民共和国立法法·中华人民共和国法律全编》，法律出版社 2016 年版，第 144-145 页。

（三）地方立法主体扩张后立法能力不足

2015 年，全国人大对《立法法》和《地方各级人民代表大会和地方各级人民政府组织法》进行了修改，修改后的一大亮点就是赋予了设区的市享有地方立法权。地方立法权的扩张，体现了国家法治体系的科学性，也对民族自治地方各级政府立法的理念和实践造成了巨大的影响和变化。主要表现在以下四个方面：一是立法机构设置亟待完善。在《立法法》修改前，绝大多数民族地区中设区的市没有地方政府立法权，政府法制部门没有设置相应的立法部门和配备相关的立法工作人员，《立法法》修改后，这些地方的政府立法机构和人员都需要重新设置和配备，而民族地区财政、编制和立法人才的不足，导致立法机构和人员设置并不完善，“一套人马多块牌子”的现象较为普遍。二是立法动力不足。部分民族自治地方仍然没有很好地行使新增加的地方政府立法权，有的立法人员考虑到立法经验不足、程序复杂、立法责任大、各方利益难以协调等因素，加上立法不作为责任追究不明确，立法的积极性并不高。三是立法监督机制不到位。一些民族地区设区的市政府由于立法水平有限，立法仍然存在重复上位法的一般性法律法规，区域性和民族性特色并不突出的问题；一些地方的立法更是成为地方利益的“保护伞”和“什么都可以往里装的筐”。而造成这些现象的重要原因就是地方政府立法监督机制的不健全、不到位。四是立法协调性不强。主要表现在不同位阶、层级的立法数量烦冗、内容重复、效力不明确，立法清理和编撰工作进展缓慢等，其他立法相关部门对立法重视不足，导致民族自治地方法治体系混乱。

（四）立法质量有待提升

法治当为良法之治，法治中国的建设提前就是有高质量的立法。判断立法质量可以从价值标准、合法性标准、科学性标准、融贯性标准、技术性标准这五个方面来进行，符合这五大标准的立法方为高质量立法。[①] 我国《立法法》也明确了要提高立法质量、发挥立法的引领和推动作用。立法质量是立法工作的核心，民族自治地方政府立法质量还存在以下问题：一是立法主体的立法素养有待提升。2015 年修改后的《立法法》使地方政府立法主体扩张，立法权限和层次也增加不少。民族自治地方政府面临统筹培养和提高政府立法人员业务能力，做好立法指导和监督工作等新的挑战。但非专业立法工作者仍然是民族地区政府立法的主力军，立法过程中仍然存在简单转抄、内容雷同的现象，使立法的严肃性和权威性受到损害。也仍存在有些部门对立法不关心、逾期不答复、沟通不顺畅等因素，造成立法成本加大、立法效率不高、立法进展缓慢和被动。二是立法监督力度不够。尽管各级地方都建立了立法监督审查机制，但是大部分监督过于形式，效果不佳。譬如，有的地方仍然存在立法概念模糊，立法内容不具体，范围大、操作难的问题，立法越权、不作为或消极作为行为没有得到有效监督。三是立法执行效力有待加强。“法律的生命在于实施，法律的权威也在于实施”。当前，民族自治地方政府还没有统一的执法标准体系、执法管理体系和信息公开制度，大多数立法没有明确违规责任和法律后果，在公布后往往成了“没有牙齿”的软法；有些民族自治地方政府立法中，“不准”“严禁”等文字经常出现，可操作性不强。四是立法体系不完善。体系不明确、不具体、清理工作滞后，立、改、废不够及时等问题仍然存在。譬如，立法“打架”、立法“撞车”等现象时有发生；部分规范并不是以规章等形式出现，“红头文件”代替立法的现象时有发生；有些新的政府法规、规章已经颁布实施，但没有明令废除或修改那些已经现实相冲突、旧的政府法规或规章；在起草或者制定新的政府规章时，没有充分考虑社会发展和社会生活的变化情况，而针对现实情况做出相应的规定，等等。[②]

---

① 宋方青：《立法质量的判断标准》，载《法制与社会发展》2013 年第 9 期。

② 谢尚果、高兴武：《民族自治地方依法行政问题研究》，广西民族出版社 2011 年版，第 61 页。

四、完善民族自治地方政府立法的有效路径

民族自治地方政府立法是推进民族事务治理法治化的前提和核心。在立法过程中，应当坚持立法统一性，即国家统一、民族统一、立法统一，不能与国家改革和发展的大局相冲突，也不能与国家和各民族的利益冲突，更不能与宪法、法律法规、自治条例和地方性法规冲突，只有在维护国家和民族大一统的前提下，才能结合实际有序开展。主要可以从以下几个方面完善。

（一）充分行使统一前提下的自治立法权

主要可以通过以下四个方面：一是围绕民族自治地方发展实际开展立法。从民族地区的实际情况出发，结合本民族的风俗习惯、地域环境、发展情况等因素，出台既容易被少数民族接受，又符合当地经济社会发展的良法。譬如，我国少数民族地区有着丰富的自然资源，在“一带一路”等国家合作倡议背景下，民族自治地方政府出台既有利于经济发展，又有利于保护生态环境的政府规章，是实现既要金山银山，又要绿水青山发展目标的有力保障。二是突出重点领域立法。把握立法过程中的重点和难点，切实增强政府规章的可操作性，有针对性地制定与民族自治地方经济社会发展相符的政府规章，特别是在民族教育、文化保护、环境保护等方面的立法。三是促进关系民族发展的政府立法。民族自治地方政府需积极开展民族地区城市建设与管理政府立法，统筹城乡建设，为民族自治地方建设一批民族团结、稳定的新型城镇提供保障；关注少数民族地区脱贫致富，在调整少数民族地区生态失衡、产业结构不合理、人力资本投入不足、家庭经济收入较低等诸多方面下大力气，补齐精准脱贫中的“短板”，使少数民族地区与全国同步实现小康。譬如，作为唯一临海的民族自治地方，广西在政府立法方面就可倾斜于中国—东盟自由贸易、北部湾经济发展、海洋资源开发、海洋运输等方面；而新疆则可以在丝绸之路经济带、能源、交通运输等方面开展政府立法。四是增强立法的实用性和可操作性。真正做到按需求开展立法，让立法

与改革发展相适应，既要突出地方特色，也不能与上位法“相冲突”，杜绝立法“克隆”现象，突出立法权限的“底线”。

（二）明确民族自治地方人大立法与政府立法的关系

民族自治地方人大立法是在不与宪法、法律和行政法规相冲突、并符合当地经济社会发展实际的条件下根据需要开展的，立法涉及自治条例、单行条例、地方性法规等方面，其目的是制定对整个民族自治地方产生约束力和影响力的法律规范。相比之下，民族自治地方政府立法的范围则仅限于政府管理的各个方面，如历史文化保护、城乡建设与管理、环境保护等，只能以“办法”等命名，不能以“条例”命名，既有涉及民族事务管理的立法，也有一般性地方立法。明确民族自治地方人大与政府的立法权限，应当遵循以下基本原则：一是依法区分原则。按照《中华人民共和国宪法》《民族区域自治法》《立法法》《行政处罚法》《行政许可法》等相关法律规范的规定，界定两者的立法权限范围。二是因地制宜原则。不同地区在经济、文化、教育等方面存在较大的差异，立法过程中不能一视同仁，而应当具体情况具体分析。三是科学划分原则。在地方立法过程中，人大所起的主导作用是毋庸置疑的，但政府立法也不能忽视。对于民族自治地方而言，不能简单地以位阶高低来决定立法取向，还应当考虑立法的实用性和执行效果，因此，无论是人大立法还是政府立法，其最终的目的就是能够解决社会发展过程中的突出问题，调整好不同群体之间的利益关系。

（三）加强民族地区设区的市政府立法，体现地域性和民族特色

民族事务管理是一项系统工程，除了充分发挥国家法律法规的作用之外，还要注意发挥自治条例、单行条例和规章等立法手段的功能与作用，对民族事务、民族关系进行综合治理。民族地区设区的市的政府立法对调整民族关系、维护民族团结稳定也有着重要的意义。譬如，广西壮族自治区内就有 14 个设区的市，这些市可以通过政府立法，调整城乡建设、民族文化保护、环境保护等地方政府管理事宜。与其他制定法相比较，民族自治地方政

府立法具有针对性、动态性、灵活性的特点，它能够根据少数民族和民族地区社会、经济、政治、文化的发展和变化而及时做出相应的变动和调整，从而有利于各项政策的落地和执行。加强民族地区设区的市政府立法，突出地域和民族特色，应当注意以下几个方面：一是修改过于纲领性、政治性、原则性的条文，使之更加具体化，就行使自治权进行进一步的细化规定，增强民族区域自治制度的针对性和可操作性，更好地调整自治区经济社会发展过程中有可能出现的各类关系和利益冲突。二是以少数民族的文化传统、民族心理以及思维特征为立法的前提和基础，努力促进制定法与民族习惯法的协调。通过调查研究，适当吸收部分符合立法要求的民族习惯法，使立法更加符合少数民族和民族地区发展的需要，达到减小实施阻力，增加立法可操作性的目的。三是立法既要尊重本自治区各民族的利益，也要考虑到不同民族的合法权益。立法不能成为地方利益的“保护伞”，而应当为均衡各民族利益、调整各种社会关系而提供法律支持，使立法真正符合本地区各民族关系的现状，为经济社会共同繁荣发展服务。

（四）提升民族自治地方政府立法质量

民族自治地方政府立法质量的提升主要可以通过以下四个方面：一是提升民族自治地方政府立法人员立法能力。“致天下之治者在人才”，应当不断提升立法工作人员法治观念和能力，通过广泛吸收优秀律师及专家学者加入立法队伍、与高校联合培养政府立法专门人才、持续加强对政府法制干部的继续教育等措施进一步提升立法主体的素养。二是探索多元化的立法起草机制。多年来，大多数民族自治地方政府立法都是由政府法制部门负责起草，渠道比较单一，受此局限，不可避免地出现部门利益色彩明显、缺少全局性考虑等问题。而在立法实践中，法学专家、律师或者政府立法工作人员都很难做到对立法中的所有问题都十分了解，这些问题给立法起草带来了挑战。笔者认为，解决这些问题的关键就是建立和完善多元化的“联合”起草模式，既将立法起草的组织、协调等相关工作交由相对固定、专门从事立法工作的机构来负责，采取相对集中、多方参与、开放式的起草模式。同时，坚持实行开门立法，广泛征求社会各界的意见，进一步完善公众参与立法的各项内容，防止听取意见流于形式，提高立法的科学性。三是加强立法规划。根据本年度、本地区的立法计划开展立法，如制定立法“五年计划”“年度规划”等，按照立法计划开展立法各项工作，特别是立法调研、意见征求等关键环节；进一步明确立法的工作重点、立法范围，充分保证立法相关工作卓有成效地开展。对于法律规范在实施过程中所出现的问题和缺陷，及时反馈并报相关部门进行修改完善。四是不断完善民族自治地方政府立法体系。彭真曾指出：“法律，繁了不行。繁了，谁也记不住，叫人怎么执行。”① 法律是治国之重器，面对数量、层次繁多的政府立法，只有建立长效整体机制，才能最大限度地发挥民族立法权的作用。应当克服立法清理工作的随意性、被动性和阶段性，将民族地方自治条例、地方性法规、政府规章等进行梳理，找出法律体系中相互冲突的部分并及时上报与处理，形成相互协调、互不冲突、全面覆盖的民族政府立法体系。及时废除与经济社会发展不相符的政府立法，精简立法数量。杜绝以红头文件代替立法的现象，坚持简政放权为原则，起草、制度与民族地区发展相适应的规范，以立法为维护民族地区稳定、促进民族团结、繁荣民族经济服务。

① 彭真：《论新时期的社会主义民主与法制建设》，中央文献出版社 1989 年版，第 267 页。

民俗习惯与刑事法律何以共处：正当民俗行为的构建*

于达尔汗**

摘　要："定罪免刑"暂时性地调和了民俗习惯与刑事制定法之间的冲突，但始终难以否定行为的违法性。超法规违法阻却事由的建立为正当民俗行为阻却违法开辟了新路径。社会相当性作为违法阻却事由的实质原理，考察的重点在于社会事实的通常性与规范价值的适当性。兼具通常性与适当性的正当民俗行为符合违法阻却事由的实质原理，可以实质性地阻却违法，排除行为的违法性，实现民俗习惯与刑事制定法的和谐共处。

关键词：正当民俗行为；罪刑法定主义；超法规违法阻却事由；社会相当性

一、问题的提出

近年来，民俗习惯与刑事法律之间的正面冲突日益引起社会的关注。一方面，国家鼓励发掘研究民族法制文化，加快民族法制文化与现代法治文明相融合，以此增进民族地区群众对中国特色社会主义法律体系的认同与信

---

* 基金项目：本文系国家社会科学基金项目"激励性刑法规范与预防性刑法观的实现研究"（项目编号：19BFX064）的阶段性成果。

** 作者简介：于达尔汗，男，内蒙古人，中央民族大学讲师，法学博士。

仰；另一方面，虽然国家现行法律明确了为民族风俗的存续与传承预留了空间，例如《中华人民共和国宪法》第116条规定："民族自治地方的人民代表大会有权依照当地民族的政治、经济和文化的特点，制定自治条例和单行条例。"《刑法》第90条规定："……由自治区或者省的人民代表大会根据当地民族的政治、经济、文化的特点和本法规定的基本原则，制定变通或者补充的规定。"但迄今为止，民族自治地区依然缺乏刑事法律的变通或补充规定。[①] 因此，在变通性刑事法律缺位的前提下，受罪刑法定原则的严格约束，即使行为人的行为与地方民俗习惯及传统民族文化相契合，一旦与刑事法律相抵触，依然难以摆脱法律的制裁。在司法实践中便会出现此类极具争议的案件，如下述案例。

案例1：泰顺"药发木偶戏"是传统戏曲表演形式的一种，迄今已有300多年历史，2006年被评为第一批国家级非物质文化遗产项目。2008年国家文化部（现文化和旅游部）确定周尔禄为泰顺"药发木偶戏"代表性传承人。2008年5月7日，周尔禄在制作"药发木偶戏"表演所需的黑火药时，因涉嫌非法制造爆炸物罪被公安机关刑事拘留。检察机关认为，周尔禄自制火药用于传承国家级非物质文化遗产项目"药发木偶戏"，不同于一般的私制火药，主观无犯罪故意，且没有造成社会危害，根据最高人民法院《对执行〈关于审理非法制造、买卖、运输枪支、弹药、爆炸物等刑事案件具体应用法律若干问题的解释〉有关问题的通知》，行为人确因生产、生活所需，而非法制造、买卖、运输枪支、弹药、爆炸物，没有造成严重社会危害，经教育确有悔改表现的，可依法免除或者从轻处罚。鉴于本案情况特殊，建议法庭依法免除或者从轻处罚周尔禄；7月9日，泰顺县人民法院做出一审判决，判处周尔禄免予刑事处罚。[②]

① 田熹文、朱建华：《民族风俗习惯与刑事法律适用冲突及其消解——以湖南湘西自治州土家族、苗族为例》，载《西北民族大学学报》（哲学社会科学版）2015年第6期，第111页。

② 参见《泰顺64岁药发木偶传承人制造火药惹官司》，载http：//news. sina. com. cn/s/2008-07-15/083414165997s. shtml，最后访问日期：2021年10月1日。

案例 2：2013 年被告人杨风申被河北省文化厅命名为省级非物质文化遗产项目——赵县五道古火会代表性传承人。2016 年 2 月 19 日，因临近元宵节，杨风申组织村民在杨家庄村闲置空院里制作“五道古火会”所需烟火药被匿名举报非法制造爆炸物。赵县公安局当场查获已配制完成的烟火药 15 千克、“梨花瓶”成品 200 个（每瓶装有烟火药量约 1.46 千克）以及相关原料。经对查获的烟火药鉴定，该烟火药具有爆燃性。2017 年 4 月 20 日，河北省赵县人民法院对杨风申作出一审判决，法院认为被告人杨风申违反国家爆炸物管理法律法规，未经有关部门批准，在杨家庄村居民区非法制作烟火药 15 千克以上，其行为已构成非法制造爆炸物罪，判决被告人杨风申犯非法制造爆炸物罪，判处有期徒刑 4 年 6 个月。① 一审宣判后，杨风申上诉至石家庄市中级人民法院。2017 年 12 月 29 日，石家庄市中级人民法院二审宣布撤销一审判决，被告人杨风申犯非法制造爆炸物罪，但免予刑事处罚。二审法院认为，被告人杨风申是省级非物质文化遗产项目传承人，其制作烟火药的目的在于配合“五道古火会”的表演，且所制火药并未造成实际危害后果。此外，法院考虑到杨风申犯罪时已年满 75 周岁，故对其量刑予以改判，免予刑事处罚。②

当此类符合民族风俗的行为因与刑事法律相抵触而受到排斥的境遇见诸媒体时，总能引起民众的广泛关注。被告人作为民族风俗与传统文化的传承人，其旨在维护地方民族风俗、发扬传统文化精神、促进社会安定和谐的行为却为刑事法律所不容，民众的朴素情感与道德天平不可避免地向被告人倾斜。因此，当此类案件进入司法领域时，地方政府、人民群众和人大代表往往自发地向司法机关请求法外开恩。例如，在周尔禄被刑事拘留后，泰顺县委政法委立即召开公检法协调会，认为周尔禄非法制造爆炸物，是为了抢救非物质文化遗产需要，主观无犯罪故意，且没有造成社会危害，从法律上可

① 参见《河北省赵县人民法院刑事判决书》，(〔2017〕冀 0133 刑初 4 号)。

② 参见《非遗古火会再“爽约”传承人：担心传不下去了》，载 www. xinhuanet. com/local/2019-02/13c_112，最后访问日期：2021 年 10 月 1 日。

依法免除刑罚。[①] 然而，司法机关基于现实考虑，往往选择将被告人符合民族风俗、维护传统文化的因素置于量刑环节予以考虑而非定罪环节。法院通过采取“定罪免刑”的方式既维护了国家法律的尊严，又照顾了民族风俗的传承，达到两全其美的效果。诚然，此种处理方式一方面通过定罪确保被告人为自己的行为承担刑事责任，另一方面通过免刑兼顾保护地方民族风俗和照顾民众同情心理的需要，以确保判决的可接受度。但当诸如此类有利于被告人的因素出现在案件中时，并非只有在量刑环节以酌定减免处罚的方式来对上述因素予以考虑，从而改变刑法对被告人行为的评价。在定罪环节，借由出罪事由往往可以将上述因素对刑法评价的影响展现得更加彻底。更为重要的是，只有在定罪环节否定了所有可能影响行为评价的出罪事由，才能开启量刑环节的讨论，考虑以法定或酌定量刑情节来减免被告人的刑事责任。[②]

本文认为，对于此类行为人的行为与地方民族风俗相契合的案件，我国刑法理论与司法实践过早诉诸量刑环节，并未有效挖掘违法阻却与责任阻却事由存有的解决途径。因此，本文将对此类案件可能涉及的出罪事由展开详细讨论，希望以此为契机推动司法机关进行非犯罪化处理的思考，使审判结论更具接受度，在维护国家法治尊严的基础上最大限度地顺应民意、消弭争议。

二、罪刑法定排斥民俗习惯之否定

罪刑法定原则是被现代法治国家所认可的基本原则之一，我国《刑法》第 3 条从立法上确立了这一原则，从而使得罪刑法定原则成为贯穿我国刑法始终，具有全局性和根本性的准则。[③] 然而，从罪刑法定原则所依据的民主

① 参见《非遗项目传承人为演出自制火药被拘》，载 http://news.sina.com.cn/c/2008-07-17/071915947319.shtml，最后访问日期：2021 年 10 月 1 日。

② 周光权：《犯罪构成要件理论的论争及其长远影响》，载《政治与法律》2017 年第 3 期，第 17 页。

③ 张明楷：《刑法学》（第五版），法律出版社 2016 年版，第 43 页。

主义和国民预测可能性原理出发，均不可避免地得到排除民俗习惯的结论。[①]通常而言，民俗习惯缺少明确且成文的表达形式，国民因此缺少可能预测自身行为性质与后果的前提。最为重要的是，民俗习惯的特点决定了其难以起到限制司法权力的作用。因为，罪刑法定原则自设立之初便是一种限制任意入罪的权利保障机制，防止司法机关滥用入罪权与施刑权。[②] 从这个意义上说，以民俗习惯为主要内容的习惯法难以成为刑法的直接法源。但需要明确的是，刑事法律并非全面的、笼统的排斥民俗习惯，而是仅从入罪加刑的层面上予以排斥。事实上，就刑事司法而言，民俗习惯作为解释犯罪构成要件和违法性、有责性判断的重要因素，必须纳入司法机关的考量范围。[③]

国内外诸多学者同样对罪刑法定排斥民俗习惯的观点予以否定，例如陈兴良教授认为，罪刑法定排斥民俗习惯的着眼点在于入罪层面，即不得以民俗习惯作为入罪根据。依据罪刑法定蕴含的基本理念，对任何公民进行定罪，必须基于明确的成文法律。但以民俗习惯作为出罪根据，并不为罪刑法定所排斥。[④] 换言之，民俗习惯作为少数民族独有的价值观念与文化传统的集中表现，吸收了民族地区特殊的社会道德观念，能够消融现行成文法的机械性与僵硬性，使个案的处理更加顺应民意、合乎情理。这种有利于被告人的消融作用无疑是值得肯定的，能够融入罪刑法定原则之中。同样，德国学者汉斯·海因里希·耶赛克认为罪刑法定原则对民俗习惯的排除性表现在不得仅仅依据民俗习惯将任何公民定罪入刑，但对行为人有利的民俗习惯，如成立新的正当化事由则是允许的。[⑤] 此外，日本学者大塚仁指出，作为罪刑法定主义派生原则的排除习惯刑法，应当从刑法的直接法源这一意义上进行理解，即由于刑事法律的明确性，民俗习惯自然不能成为刑法的法源。但民

---

① 苏永生：《论罪刑法定原则与民族习惯法》，载《法制与社会发展》2009 年第 5 期，第 3 页。

② 梁根林：《刑事法网：扩张与限制》，法律出版社 2005 年版，第 325 页。

③ 张明楷：《刑法学》（第五版），法律出版社 2016 年版，第 49 页。

④ 杜宇：《重拾一种被放逐的知识传统——刑法视域中“习惯法”的初步考察》，北京大学出版社 2005 年版，第 3 页。

⑤ ［德］汉斯·海因里希·耶赛克、魏根特：《德国刑法教科书（总论）》，徐久生译，中国法制出版社 2017 年版，第 165 页。

俗习惯在刑法上并非毫无价值。在解释构成要件和判断违法性时，便可依据民俗习惯。[①] 综合上述学者的观点，不难看出罪刑法定从入罪角度，排除民俗习惯作为刑事法律的直接法源，但从出罪角度，民俗习惯依然发挥着不可忽视的作用。

除了学者的论证支持，民俗习惯的“出罪”功能在罪刑法定主义的演变与修正过程中同样得以体现。受 19 世纪主观主义刑法理论的质疑，罪刑法定主义逐步进行了自我修正，其中最为显著的修正是从绝对罪刑法定主义向相对罪刑法定主义的过渡。这一演变背后体现的是罪刑法定主义从以往对社会秩序的强调到现今对人权保障的关注，表现为从绝对禁止类推到容许有利于被告人的类推，从绝对禁止溯及既往到容许有利于被告人的溯及既往。[②] 将上述罪刑法定主义蕴含的精神转变一以贯之，那么有利于被告人的民俗习惯与注重人权保障，强调人道关怀的旨趣便不期而遇。因此，笔者认为沿袭此种思路展开思索，罪刑法定主义为有利于被告人的民俗习惯适用提供了可容纳空间。申言之，将符合民族风俗的行为作为一种超法规违法阻却事由，借由行为符合民族风俗的正当性排除其实质违法性从而阻却犯罪的成立。此种正当民俗行为的适用，意在强调对被告人利益的保障，与罪刑法定主义的理论发展与精神转变不谋而合。

三、超法规违法阻却事由的挖掘

在德日刑法的阶层论中，构成要件是违法行为的类型化规定。[③] 通常而言，该当构成要件的行为具有实质违法性，但并不必然。借由违法阻却事由可以排除该当构成要件行为的违法性。然而，刑法明文规定的违法阻却事由却极为稀少，在我国仅有正当防卫和紧急避险。鉴于违法阻却事由的开放

① ［日］大塚仁：《刑法概说（总论）》（第三版），冯军译，中国人民大学出版社 2003 年版，第 67 页。

② 黎宏：《罪刑法定原则的现代展开和刑事司法公正》，载《司法改革论评》2002 年第 2 期，第 217 页。

③ 张明楷：《阶层论的司法运用》，载《清华法学》2017 年第 5 期，第 20 页。

性，除却法律明文规定以外，那些可以实质性地排除该当构成要件行为违法性的事由便构成了超法规的违法阻却事由。要肯定正当民俗行为能够作为超法规违法阻却事由的适用，必须先确定违法阻却事由的实质原理，正当民俗行为只有符合这一实质原理才能在欠缺法律明文规定的场合通过适用实质的违法阻却原理肯定违法性阻却。[①] 例如，在杨风申一案中，张明楷教授认为"即使杨风申的行为符合非法制造爆炸物罪的构成要件，也可根据法益衡量认定其具有违法阻却事由，不应当以犯罪论处"[②]。

刑法理论界关于违法性阻却的实质原理大体分为法益衡量、社会相当性和目的说三种学说。法益衡量说为结果无价值论所采纳，认为超法规的违法性阻却的判断基准是法益衡量。[③] 该学说的优势在于使违法阻却实证化，具有可考量性，但并非所有的违法阻却事由都可通过法益衡量得出，因而法益衡量说存在局限性。[④] 社会相当性说以"社会相当性"为基准，为行为无价值论所采纳。该学说认为，在历史地形成的社会伦理秩序范围内，被此种秩序所允许的行为即为正当的。[⑤] 相较于法益衡量说，社会相当性理论具有更大的包容性，但社会相当性概念具有不明确性，缺乏具体的判断标准。[⑥] 目的说以该当构成要件的行为是否属于"为了正当目的的相当手段"为判断基准。但就本质而言，目的说可以归结为法益衡量说或社会相当性说。详言之，若将目的的价值与手段的侵害性相衡量即可归为第 1 种学说；若通过社会伦理秩序独立评价手段行为则可归为第 2 种学说。[⑦] 然而，刑法学者发现，试图采用单一的学说作为统领所有违法阻却事由的实质原理不具有可行性。因此，目前通说倾向于将法益衡量与社会相当性共同作为违法阻却的根据。[⑧] 换言之，在行为无价值与结果无价值二元论看来，不能脱离社会相当性而仅

---

① ［日］山口厚：《刑法总论》（第 3 版），付立庆译，中国人民大学出版社 2018 年版，第 183 页。
② 张明楷：《宪法与刑法的循环解释》，载《法学评论》2019 年第 1 期，第 11 页。
③ ［日］山口厚：《刑法总论》（第 3 版），付立庆译，中国人民大学出版社 2018 年版，第 184 页。
④ 陈兴良：《正当化事由研究》，载《法商研究》2000 年第 3 期，第 4 页。
⑤ 张明楷：《刑法学》（第五版），法律出版社 2016 年版，第 194 页。
⑥ 陈兴良：《正当化事由研究》，载《法商研究》2000 年第 3 期，第 4 页。
⑦ ［日］山口厚：《刑法总论》（第 3 版），付立庆译，中国人民大学出版社 2018 年版，第 185 页。
⑧ 陈璇：《刑法中社会相当性理论研究》，法律出版社 2010 年版，第 179 页。

把法益衡量当作违法阻却的实质原理。

虽然犯罪的成立须同时满足结果无价值与行为无价值，但两者的判断顺序具有先后之分。对以社会相当性为基准的行为无价值的判断应当置于结果无价值之后。① 申言之，如果行为欠缺结果无价值，便无须判断行为无价值；但若行为存在结果无价值，则有判断行为无价值的必要。如上文所述，在司法机关看来，即使符合地方民族风俗与传统文化的正当民俗行为，一旦与刑事法律相冲突便具备法益侵害性，满足结果无价值。此时，犯罪的成立仍需进一步判断是否满足行为无价值，绝不能止步于结果无价值的具备而将被告人的行为视为犯罪。正如陈璇副教授所言“社会相当性的使命在于弥补纯粹法益侵害说和结果无价值论的不足，是为了在法益侵害之外再为不法的本质添加行为无价值的内容”②。在现实社会中，确实存在一些与民族风俗与传统文化紧密相连的法益，对于这类法益的判断必须结合特定的文化风俗与价值观念。因此，对侵害此类法益的犯罪，社会相当性能够限缩法益侵害的范围。

综上所述，该当构成要件的行为只有同时满足结果无价值与行为无价值才能最终成立犯罪。因此，违法阻却事由的建立既可能源自法益侵害的欠缺，也可能源自社会相当性的具备。正当民俗行为在具备结果无价值的情形下，应当着眼于行为无价值的判断，以行为方式符合社会相当性肯定违法性的阻却，成立超法规的违法阻却事由。

四、社会相当性判断标准的构建

社会相当性理论中欠缺明确的判断标准始终为人所诟病，正如学者所言“社会相当性是依据社会伦理秩序进行判断的，但这只是结论，并没有明确

① 陈璇：《结果无价值论与二元论之争的共识、误区与发展方向》，载《中外法学》2016 年第 3 期，第 766 页。

② 陈璇：《刑法中社会相当性理论研究》，法律出版社 2010 年版，第 131 页。

的判断标准”。[①] 因此，确立精确化的判断标准用于指导特定社会观念所允许的行为以出罪化是社会相当性理论亟待完善的重点。[②] 自德国刑法学者威尔策尔提出社会相当性概念后，德国刑法学界便提供了社会相当性判断标准的框架，即社会相当性的成立须同时满足作为社会事实的行为通常性与作为规范价值的行为适当性。[③] 既然正当民俗行为成立违法阻却事由的关键在于其行为方式是否具备社会相当性，便意味着需判断该行为是否满足社会事实上的通常性与规范价值上的适当性。换言之，行为所依据的民族风俗在事实上是否存在以及事实上存在的民族风俗能否得到法秩序规范的认可。由此，不难看出社会相当性的判断标准决定着超法规违法阻却事由的建立。因此，以下就社会相当性判断标准的构建展开进一步讨论。

（一）基于社会事实判断的行为通常性

行为的通常性旨在证明具备结果无价值的正当民俗行为在特定的民族地区，是符合民族风俗与传统文化而被民众广泛接纳与认可的行为举动。

1. 区域限定：通常性的判断限于特定的民族地区

面对现代国家纷繁复杂的社会现状，不加限定的“社会相当性”无异于空中楼阁，缺乏现实可行性。因民族风俗与文化观念随地域差异而有所不同，那么基于共通的文化心理与价值观念而为的行为通常性判断必然是针对特定的社会群体而言的。在我国，得益于幅员辽阔的疆域，地方特色与民族差异表现得尤为突出，甚至可以呈现“十里不同风，百里不同俗”的民俗风情。因此，针对正当民俗行为的通常性判断只有限于特定的民族地区，才能够被认为是具有刑法学意义的可行标准。正如德国学者魏根特认为的“社会相当性并非固定的，可适用于任何场景的行为属性。相反，只有结合行为人所处的具体社会背景，社会相当性才得以确定”[④]。

---

① 张明楷：《法益初论》，中国政法大学出版社 2003 年版，第 213 页。

② 陈璇：《社会相当性理论的源流、概念和基础》，载《刑事法评论》2010 年第 2 期，第 254 页。

③ 陈璇：《刑法中社会相当性理论研究》，法律出版社 2010 年版，第 196 页。

④ 陈璇：《社会相当性理论的源流、概念和基础》，载《刑事法评论》2010 年第 2 期，第 254 页。

2. 标准确定：以社会一般人为判断标准

正当民俗行为通常性的判断应当以民族地区社会一般人为判断标准，理由在于：首先，正当民俗行为侵害的法益在民族地区是否具有通常性，属于社会事实。相较于自然事实，其特点在于这种通常性的判定始终源自特定文化背景下社会群体的主观价值取向。① 换言之，对于行为通常性的判定必须依据特定文化背景下社会群体的一般观念或内心确信。其次，正当民俗行为的目的在于阻却违法，而违法性的认定本就依据行为时社会一般人的认知为判断标准。为了避免不法与责任相混淆，始终保持不法的客观性，不法判断的主体应当属于特定社会群体里的理性一般人，而非行为人本人。②

3. 正当民俗行为的通常性判断

行为通常性的判断应当依据行为所处社会领域内的文化因素与传统风俗，因此正当民俗行为通常性的判断须立足于特定的社会领域内予以考察。简而言之，只有正当民俗行为符合民族地区普遍认同的民族风俗时，才可认定该行为具有通常性。我国存有不少至今仍保留了地方民族风俗与传统文化观念的偏远地区与民族地区。在这些地区，由于其特有的民族风俗缺少明确的成文载体，绝大多数内化为了民众的日常生活习惯。因此，要考察行为人的行为是否符合特定区域传承下来的民族风俗，必须求助于社会学调查方法。例如，借由村规民约或者以成文形式固定下来的民族习惯法，抑或是通过民众的普遍行为以探明民族风俗的真实存在。③

（二）基于规范价值判断的行为适当性

正当民俗行为的通常性是成立社会相当性的必要条件，但以此为基础仍需进一步判断行为的适当性，即具有通常性的行为能否获得规范价值的认

---

① 赵明：《近代中国的自然权利观："内在视角的"一种新解读》，载《清华法治论衡》2001年第1期，第360页。

② 陈璇：《不法与责任的区分：实践技术与目的理性之间的张力》，载《中国法律评论》2020年第4期，第122页。

③ 杜宇：《重拾一种被放逐的知识传统——刑法视域中"习惯法"的初步考察》，北京大学出版社2005年版，第253页。

可，只有两者的同时齐备才能最终成立社会相当性。

1. 标准确定：以宪法精神为规范价值的判断标准

虽然德国刑法学界肯定了规范价值判断的必要性，但对于判断标准的确定却众说纷纭。例如，威尔策尔认为，规范价值的判断标准是“基于历史形成的国民生活所共同认可的社会伦理秩序”。彼得斯认为，规范价值体现的是“通常且显著的价值观念”。埃泽尔认为，规范价值蕴含着“国民从历史中传承下来的观念”。[①] 尽管上述观点各有千秋，但不难看出，德国刑法学者所讨论的规范价值判断标准仍重在“社会”属性，造成其与行为通常性的判断缺乏显著的区分。在笔者看来，规范价值的判断应着眼于“规范”属性，即具有社会通常性的行为在规范价值上是否具有适当性。在我国，规范价值的判断标准应当以宪法精神为指导，依据如下：

首先，脱离宪法精神的指导，去寻找国民共同认可的规范价值观念不具有现实可行性。考虑到我国辽阔的疆域、众多的人口以及高速发展的现代科技文明，民众的伦理观念和道德判断不可避免地呈现多元化，希冀通过建立统一的规范价值观念以包容所有的民族和地区不亚于水中捞月。但是，作为国民意志和诉求集中体现的宪法精神不仅为全体国民所认可，而且其所蕴含的法治国家的重要理念可以最大限度地确保社会相当性判断的客观性与明确性。

其次，对于少数民族地区普遍通行的民族风俗，法律并非不加辨别的全部认可。以宪法精神为分界，民族风俗大体可以分为两类：一类是正当合理、与宪法精神相契合的良俗；另一类则是野蛮落后、与宪法精神相背离的恶俗。只有符合前者的民俗行为才是正当的，具有社会相当性，而源于后者的行为即使具有通常性也必将为法治国家所抛弃。例如，在云南少数民族地

---

① 陈璇：《刑法中社会相当性理论研究》，法律出版社2010年版，第211页。转引自Vgl. Hans Welzel, Das Deutsche Strafrecht, 8. Aufl. ,Walter de Gruyter & Co. ,1963,S. 76; Friedrich Schaffstein, Soziale Adaquanz und Tatbestandslehre, Zeitschrift fur die gesamte Strafrechtswissenschaft,72 Band,1960,S. 370; Karl Peters, Sozialadaquanz und Legalitatsprinzip, Strafrechtspflege und Menschlichkeit, C. F. Muller, 1988,S. 174; Alibin Eser, Sozialadaquanz: eine uberflussige oder unverzichtbare Rechtsfigur?, Festschrift fur Claus Roxin zum 70. Geburtstag, Walter de Gruyter, 2001, S. 205.

区，制毒贩毒活动泛滥，单纯以行为发生的频率来判断，此类活动具有通常性，但通常性的行为不代表具有社会相当性。一方面，制毒贩毒活动并不为云南少数民族地区的社会一般人所认可，不少本地家族都通过庄严的仪式抵制毒品活动；① 另一方面，宪法精神旨在通过毒品管制保护公民的身心健康，此种背离行为必将为宪法及整体法秩序所否定。

2. 正当民俗行为的适当性判断

以社会事实的通常性与规范价值的适当性为基础建立的社会相当性只有通过具体案件的适用，才能使违法阻却功能的发挥为人所信服。因此，笔者将借助社会相当性理论对开篇所示案例展开分析，为欠缺实质违法性的正当民俗行为开辟新的出罪事由。在杨风申一案中，辩护人认为，杨风申配制烟火药的目的在于完成焰火表演而非出售谋利或其他非法目的。但值得注意的是，非法制造爆炸物罪是抽象危险犯而非目的犯，行为人没有出售谋利不能成为此罪的出罪理由。事实上，借由社会相当性理论可以实质性的阻却杨风申行为的违法性，帮助其合理出罪。首先，“五道古火会”作为河北省赵县的传统民俗活动，自汉代传承至今日，已有两千多年历史。该活动除了具有观赏性以外，还兼具凝聚人心、保护传承传统手工制作技艺的作用，也正因此被确立为省级非物质文化遗产项目。其中“梨花瓶”焰火表演是最引人注目与不可或缺的环节，杨风申作为该表演的代表性传承人为了“五道古火会”的举办需要制作“梨花瓶”，不仅符合该地的传统民俗，而且具有传承民俗文化的必要性。因此，杨风申的行为被当地民众普遍认可，具有社会事实上的通常性。其次，《中华人民共和国宪法》第 22 条规定：“国家保护名胜古迹、珍贵文物和其他重要历史文化遗产。”“五道古火会”作为非物质文化遗产项目，丰富了民众的文化生活，具有极高的研究价值与历史保护价值。② 可见，从我国宪法的规定出发，国家对历史文化遗产的传承与保护始

① 刘希：《民间法：一种少数民族地区犯罪控制的乡土力量——以云南宁蒗跑马坪乡彝族社区民间禁毒个案为样本》，载《西南边疆民族研究》2009 年第 1 期，第 146 页。

② 参见《“五道古火会”名录简介》，载河北非物质文化遗产保护网 http://www.hebfwzwhyc.cn/MuLu_Content.asp? id=541，最后访问日期：2021 年 10 月 1 日。

终给予支持与肯定。杨风申旨在保护“五道古火会”历史传承性的行为与宪法精神相契合，即使该当非法制造爆炸物罪的构成要件，也可依据宪法精神认定其具有规范价值上的适当性，从而实质性地阻却违法，排除非法制造爆炸物罪的成立。

五、结语

当行为人符合地方民族风俗与传统文化的正当民俗行为与刑事制定法发生正面冲突时，不可避免地使司法机关陷入进退两难的境地。在维护国家法治尊严的同时，要尽可能地保护民族风俗。“定罪免刑”顺理成章地成为调和矛盾的有效机制，但行为人始终难以摆脱“违法”的桎梏。借由社会相当性理论可以为此种困境开辟新的解决路径，以正当民俗行为满足社会事实的通常性与规范价值的适当性，进而实质地阻却行为的违法性，排除犯罪成立。正当民俗行为作为超法规的违法阻却事由将民俗习惯与传统文化融入刑法教义学之中，化解了刑事制定法与民俗习惯的矛盾，使刑法解释最大限度地与民意相契合，符合我国刑法学发展的现实趋势。

W 县殡葬改革中政府主导与农民参与互动研究*

——基于行动的“嵌入性理论”视角

孙健飞 陈 波**

摘 要：在政府主导的殡葬改革中，如何动员农民参与是基层政府必须直面的治理难题。农民何以消极轻慢抑或抵制反对？行动的“嵌入性理论”提供了全新的解释框架。以此理论为视角，农民行动是嵌入在多重依赖关系之中的。农民对政府的依赖性越强，越能通过基层政府回应上级政府需要的参与行动；反之，如果农民对政府的依赖性越弱，越容易采取自主性行动。通过对 W 县近期殡葬改革案例的深描，揭示政府主导与农民参与实现良性互动的关键是形成利益一致的强需求关系。因此，需要重构政府与农民的利益关联，借助政策执行的柔性引导和激励嵌入，构建农民与政府、农民与农村基层组织间的强需求关系，为农民参与提供强有力的组织领导和源源不断的内在动力。

关键词：殡葬改革；嵌入性理论；政府主导；农民参与

《中华人民共和国宪法》第二条第三款规定：“人民依照法律规定，通过各种途径和形式，管理国家事务，管理经济和文化事业，管理社会事务。”

---

* 基金项目：本文系国家社会科学基金项目“法制视域下各民族互相信任研究”（项目编号：20XFX004）的阶段性成果。

** 作者简介：孙健飞，男，陕西岐山人，云南财经大学法学院副教授、法学博士、硕士研究生导师；陈波，男，云南昭通人，云南财经大学法学院 2019 级硕士研究生。

十八大报告提出要形成“党委领导、政府负责、民主协调、社会协同、公众参与、法治保障的社会管理体制。”党的十八大以来，农民参与得到党和政府的积极支持，“政府主导与农民参与”成为农村治理的基本格局。在殡葬改革中，作为主导者的政府是能动因素，而农民参与则基本表现为消极冷漠。通过对W县2021年殡葬改革案例的深描，分析“政府主导与农民参与”的实践逻辑以及良性互动的实现路径。

一、农民参与理论检视与框架建构

农民参与公共政策过程是国家治理体系和治理能力现代化的重要指标，是保证政策合法性与顺利施行的根本途径。尽管《中华人民共和国宪法》第二条第三款将人民管理国家事务和社会事务置于显著位置，但现实中的权利与纸面的规定仍有不小的差距。“一旦政治选择已经作出，政策就必须得到落实，这通常是一些大的政府机构的责任。”① 政府是政策制定与实施的主体，然而，缺乏农民主动积极参与，政策执行难免会举步维艰无以为继，因此，在政策执行中，应重视农民参与问题。农民参与中的问题主要是指在地方政府主导的公共政策执行过程中，农民采取的观望、消极应对以及不合作的态度与行为。农民参与作为基层治理研究中的重要议题，现有研究大致可以分为农民参与的方式途径、影响因素和参与困境等方面。农民参与被视为通过正式规则或非正式规则介入公共事务决策和治理的过程。②

有学者认为，农民参与程度呈现出从乡村精英、普通农民、弱势农民递减的差序格局，并重点把视野聚焦于乡村精英③。例如，乡村精英善于利用自身的社会关系网络，并借助其掌握的资源优势，构建合法“话语”体系，

---

① ［美］史蒂文·凯尔曼：《制定公共政策——美国政府的乐观前景》，商正译，商务印务馆1990年版，第4页。

② LANE M B. *Public participation in planning*: *An intellectual history*, *Australian Geographer*, Vol. 36, No. 3, 2005, pp. 283-299.

③ 狄金华、钟涨宝：《从主体到规则的转向——中国传统农村的基层治理研究》，载《社会学研究》2014年第5期，第85页。

取得民众的信任。[①] 与此同时，行政资源进村缺乏落地的抓手，容易受乡村精英和大户影响，而贫困人群容易丧失话语权。[②] 而对于弱势农民的参与，学者们关注其参与日常，主要聚焦其政治参与，如环境抗争、农民上访，是农民参与政治生活的一种特殊形式，即以对抗行为进行参与意愿表达。[③] 还有学者认为，农民是一个特殊的社会群体，具有自身特有的属性，即农民性，包括对土地的依附性、分散性、家族性及由此带来的封闭性、自治性、受支配性以及边缘性。[④] 受农民性的影响，农民较少具有现代参与意识和参与能力，只是被动地回应地方或国家权威，采取逆来顺受、唯命是从的态度和行为。

农民行动的理论探讨以斯科特的"道义小农"与波普金的"理性小农"展开。斯科特认为，小农的行为深受深藏内心的道义原则的支配。[⑤] 当精英阶层或国家对农民的索要一旦侵害了农民的基本需要，即生存利益，就会激起农民的日常反抗。以消极不服从、暗中破坏、逃避和欺骗的形式出现的"日常武器"提供了一种针对国家、地方权威的农民参与的经典形式。[⑥] 农民行动的道义逻辑反映了传统社会中农民对国家或村社共同体的依赖关系，农民的有限行动主要受"生存逻辑"的支配。而在波普金的"理性小农"分析框架中，农民参与是在个人可量化的动机引导下追求自己利益的行为。农民的行动受"投资逻辑"决定，而这种"投资逻辑"无处不在，不仅适用于市场交易，也适用于非市场交易。[⑦] 即在现代社会，国家与农民之间的

---

① 徐林、宋程成、王诗宗：《农村基层治理中的多重社会网络》，载《中国社会科学》2017年第1期，第44页。

② 吴高辉：《国家治理转变中的精准扶贫——中国农村扶贫资源分配的解释框架》，载《公共管理学报》2018年第4期，第113页。

③ 陈锋：《从抗争政治、底层政治到非抗争政治——农民上访研究视角的检视、反思与拓展》，载《南京农业大学学报》（社会科学版）2014年第1期，第21页。

④ 参见徐勇：《国家化、农民性与乡村整合》，江苏人民出版社2019年版，第42-50页。

⑤ ［美］詹姆斯·斯科特：《农民的道义经济学：东南亚的反叛与生存》，程立显等译，译林出版社2013年版，第4页。

⑥ ［美］詹姆斯·斯科特：《弱者的武器》，郑广怀等译，译林出版社2011年版，第35页。

⑦ ［美］马克·格兰诺维特：《社会与经济：信任、权力与制度》，王水雄等译，中信出版集团2019年版，第81页。

关系日益疏远，农民置身于市场结构，因而其行动更多地受市场逻辑的驱动。

斯科特和波普金的两种理论逻辑反映出农民的行动受制于其所处环境，嵌入社会关系并受其影响。嵌入（embeddedness）概念最早由经济人类学家卡尔·波兰尼提出，主要用于分析市场与社会的关系，并提出“经济行为嵌入于社会之中”的命题。格兰诺威特在此基础上提出经济行为既嵌入社会，也嵌入社会关系和社会结构。格兰诺威特认为，“嵌入性”是一个解释个人经济行为与社会结构的干预性变量，提供了一种个人经济行为受社会影响的作用机制，即个体的意愿与行动受个体对群体的依赖关系的影响。格兰诺维特指出：“若一个人控制着你所珍视的资源，这个人就能对你形成权力——能令你调整你的行为，以试图获取更多这样的资源，而不是任性而为。”[①] 即依赖者的行动自由和范围基于其他的可替代方案的可行性。当可行的替代方案越多，则被依赖者享有的权利影响相应缩减。根据行动的“嵌入性理论”，农民行动因嵌入于多重关系，其参与意愿和行为选择将取决于与村落、市场或政府等形成的依赖程度，且表现为正相关性，高依赖程度能召唤积极踊跃参与行动。

关于农民参与意愿消极或者冷淡的原因分析，学者从国家与社会两个视角形成了较为稳定的理论体系。国家分析视角内部又存在两种观点，第一种观点认为，政府治理重心的下移和权力的延伸，极易形成农村治理对政府权力的路径依赖，导致农民动员不足；[②] 第二种观点则主张，农村税费改革，使此前依靠从农村收取税费维持运转的基层政府治理重心转变为争取上级转移支付，造成与农民关系更为松散的“悬浮型”，导致动员能力不足。[③] 社会分析视角认为，随着经济快速发展与城镇化和工业化的推进，大量农村人

---

① ［美］马克·格兰诺维特：《社会与经济：信任、权力与制度》，王水雄等译，中信出版集团 2019 年版，第 147 页。

② 陈秋红、黄鑫：《农村环境管理中的政府角色——基于政策文本的分析》，载《河海大学学报》（哲学社会科学版）2018 年第 1 期，第 55 页。

③ 周飞舟：《从汲取型政权到“悬浮型”政权——税费改革对国家与农民关系之影响》，载《社会学研究》2006 年第 3 期，第 1 页。

口特别是农村精英向城镇地区迁移，大规模的劳动力外流使农村地区的社会结构发生了深刻变迁，出现了农村社会空心化、农村人口老龄化、女性化以及农村土地非农化等新趋势。[①] 由于国家对农村生态环境出台的制度体系和配套措施不够系统完善，广大农民群众对于本地的生态环境保护意识薄弱，加之社会资本不足等因素抑制了农民参与社会治理的积极性。[②] 笔者认为，基于国家分析视角的第二种观点更切合我国农民参与实际而更具参考价值。

中华人民共和国成立后，政府推行农业集体化、人民公社化运动实现了对于农民的整合，强化了农民和政府的相互依赖，农民服从政府的劳力配置，政府满足农民的社会福利。改革开放在农村推行家庭联产承包责任制，建设社会主义市场经济体制，聚焦经济建设，农民回到以家庭为单位的状态，农民与政府的关系演变成合作关系。政府通过家庭联产承包责任制和基层群众自治制度赋予农民自主权和自治权，提高了农民行动的自主性和自觉性，尤其是东部地区、城市等经济率先发展起来后，农民考虑的重点已不再只是农业提供的资源而是更优渥的经济利益。当农业不足以满足农民需求时，农民将运用其自由流动的权利选择离开村庄，往经济发达的地方流动，进而疏远与村庄社会的联系，造成基于血缘、地缘的社会关系结构日渐瓦解。从改革开放初征收农业税，到取消农业税，再到现在的乡村振兴政策，反映出政府主导型治理模式，政府与农民间存在默认的治理与被治理的默契。在此语境下，农民的参与意愿降低，很少主动配合政府的治理活动，缺乏参与村庄公共事务的意愿和行动的动力。特别是深受农业市场化和脱离农业参与非农经济活动影响，农民的生产生活与市场关系越加紧密，更趋于依赖市场，引致市场经济的经济理性原则渗透日常生活，其行动更多地受市场驱动，塑造了农民利益最大化的行为导向。农村基层组织在农民心目中的形象逐渐弱化，而行政化趋向明显，群众内部事务更倾向于少数人的“自治”，

---

① 王亚华、高瑞、孟庆国：《中国农村公共事务治理的危机与响应》，载《清华大学学报》（哲学社会科学版）2016年第2期，第24页。

② 王炜、张宏艳：《社会资本视阈下农村生态环境治理问题研究》，载《农业经济》2020年第10期，第96页。

导致农民对基层组织态度冷漠。表现为农民对于政府主导的基层组织公共治理事务漠不关心、消极懈怠，参与程度低。

因此，农民的行动选择受所处社会环境的影响，嵌入各社会关系和结构中。农民与所处村镇集体、市场活动以及政府制度的相互依赖塑造了农民参与行为的内容和形式。当农民更大程度依赖于政府，则更趋于采取积极主动的态度及时回应政府的要求。反之，农民在处理与政府关系时呈现更多独立性和自主性，政府依靠呼吁号召农民参与公共政策执行则力不从心，或者试图发动群众参与的成本远大于预期。市场化和自治化社会语境中的农民日渐个体化、独立化和理性化，将公共政策实施和基层群众自治视作政府的事情而于己无关，长期疏离在共治的范围外。“事不关己高高挂起”“各扫自家门前雪”等观念不断得以强化，造成对政府主导的政策执行以及社会治理群体性消极怠惰或无动于衷。在农民与村镇、政府间掺杂市场等因素后，农民与村镇、政府的关系持续松弛，农民更倾向于受市场利益驱动，多基于村镇和政府的利益补给而有所回应，否则农民消极观望始终是政策执行和村民自治环境里的常态。

二、殡葬改革中政府主导与农民参与的实践逻辑

现代化进程中的社会变革使传统的村社共同体解体，农民日益疏远脱离传统的乡村社会关系网络。如何将乡村群众引入国家政治便成为扩大政治参与的关键。[①] W县为争取农民支持殡葬改革采取了政府主导与农民参与良性互动相关的四项举措。

（一）依据上位法出台殡葬改革政策

殡葬改革是一项以解决生态环境可持续发展为目标的自上而下的公共政策执行，是深刻引导农民转变思想和传统习惯进而促成乡村振兴的关键举措

① ［美］塞缪尔·P. 亨廷顿：《变化社会中的政治秩序》，王冠华等译，生活·读书·新知三联书店1989年版，第68–69页。

之一，因此W县根据国务院《殡葬管理条例》《Y省殡葬管理条例》以及《W县全面深化殡葬改革工作方案》等殡葬改革法律法规和政策文件，依法逐步推进殡葬改革。例如，自2021年9月起，W县开始在官方平台公布关于禁止修建“活人墓”和“活人墓”整治政策依据。宣传《中华人民共和国土地管理法》第三十七条第二款规定，国务院《殡葬管理条例》第九、第十、第二十条内容，《Y省殡葬改革条例》第十八、第二十一条相关规定以及《Z市殡葬管理实施办法》第二十一、第二十三条内容规定等法律依据。有关政策文件诸如《Y省人民政府办公厅关于进一步加强和规范殡葬管理工作的通知》《Y省人民政府办公厅关于进一步推动殡葬改革促进殡葬事业健康发展的通知》以及《Z市殡葬改革工作领导小组办公室关于开展殡葬环境专项整治工作的通知》等。并依据《Z市关于进一步深化殡葬改革的实施意见》和《Z市殡葬管理实施办法》等法律规定以及政策文件制定出台W县的有关政策文件。例如，2021年5月印发《W县集中治丧管理暂行办法》，内容共计51条，除总则和附则外，包括第二章墓葬管理，第三章遗体、火葬管理，第四章治丧、祭祀管理和第五章责任追究。同日也公布了《W县公益性公墓管理暂行办法》五章计30条，涉及规划与建设、公墓管理、法律责任。其中第九条第二款还规定，火葬区内合葬墓一方已安葬，另一方新死亡人员应当火化，在公墓内集中安葬，对已葬逝者遗骸丧主有意愿迁至公墓埋葬的，鼓励迁移至公墓合葬。并根据《W县殡葬惠民政策实施细则（试行）》的规定享受殡葬惠民政策补助。此举较为系统的规定了规范殡葬管理的法规要求，做到了有法可依。

（二）政府党员干部带头示范

在殡葬改革中，当地政府党员干部发挥了主导作用。通过自上而下的政府体制内动员，党员干部成为殡葬改革的主力军。整个殡葬改革过程，政府的主导作用来源于政府在农村社会治理中的地位与作用，殡葬改革的动力来源于中心工作下的责任机制。2021年6月，W县组织召开全县殡葬改革工作业务培训会，要求组织召开好乡镇干部职工会、村民小组长会、村民代表大会、丧葬从业人员会等各级各类会议，加大宣传学习，统一做好干部群众的思想认识工作。要落实好村民小组长的第一责任人责任，要管好民间丧葬从业人员，要动员好群众举报员，党员干部要带头。要组建好执法队伍，持续开展活人墓、大墓、豪华墓、散埋乱葬整治，要严格规范治丧行为，提升殡葬服务质量。为落实会议要求，9 月，GY 社区“村两委”、挂包单位县供销社、社长、党员干部成立殡改工作小组，全体投入殡改工作，做好殡葬改革正面宣传，执行殡葬改革要求，不包庇纵容违法违规行为。MG 镇人民政府组建乡风文明先锋队带头助力活人墓拆除，大墓、豪华墓整改工作。领导带头、干群响应，在前期宣传动员、氛围营造的前提下，Z 村于 9 月正式启动活人墓拆除工作。9 月 23 日，LF 镇以火葬区 LF 社区为重点突破区域，下派镇村组三级干部 77 人，以点带面、全面推进拆除整治活人墓、大墓、豪华墓工作。ST 乡积极宣传政策、制定方案，乡村组党员干部、驻村工作队员坚决拥护县委政府决定和殡葬改革政策，充分发挥党员干部先锋模范和示范带头作用，积极做通家人思想工作，将活人墓主动拆除。9 月 26 日，W 县应急管理局相关人员主动带头拆除位于老家的一家“活人墓”。据统计，自 2021 年 8 月 17 日至 10 月 9 日以来，党员干部带头拆除“活人墓”共 646 宗。党员干部先锋模范和示范带头作用的影响反映的是村社成员对规定其权利义务关系的村规的一致的认知和态度，说明村规在村社内部较高的地位亦要求村社内部的每个成员接受村规的约束。[①] 而党员干部的行为示范有效地争取到了多数农民对殡改政策的拥护。

（三）丰富殡改政策宣传方式

政策动员是地方政府为了推动某个政策议程或某项政策的执行，通过动用一定的公共资源，发动社会各界、各阶层成员的广泛参与，从而获得社会

---

① 狄金华、钟涨宝：《从主体到规则的转向——中国传统农村的基层治理研究》，载《社会学研究》2014 年第 5 期，第 88 页。

其他成员支持的过程。[①] 政策动员不仅针对相关政策对象进行说服、告诫以及鼓励，而且也是政策宣传和政策执行者的自我动员。对此，W 县各地开展了声势浩大的宣传动员。针对殡葬改革群众政策知晓率不高、火葬改革区时有发生违规土葬的问题，W 县所有干部职工全员下沉，走村入户召开村民小组群众会、院坝会，面对面与群众沟通交流，听意见、收民意、解疑惑，并把政策宣传到位，思想工作做通理顺，积极引导群众移风易俗，破除千年陈规陋俗，有序有力推进殡葬改革工作。殡葬改革启动以来，ST 乡召开殡葬改革群众会、院坝会 200 余次，同时利用村级广播与微信公众号等进行大力宣传，多方位多层次广泛宣传发动，真正让群众感受到乡党委政府重拳整治旧风俗的决心和信心，在全乡上下营造了绿色殡改的良好氛围。4 月 16 日上午，MS 镇接到群众举报称张某违规土葬，镇主要领导亲自指挥，及时从派出所、司法所、民政等部门抽调精干人员组成综合协调组、应急处置组、政策宣传组 3 个工作组，迅速到达现场进行处置。工作组经过 8 个小时的反复宣讲法规政策后，张某同意将逝者转移到殡仪馆进行火化。7 月 21 日，MG 镇殡葬改革领导小组知悉当地一老人逝世后，多次到逝者家中向逝者家属讲解殡葬改革相关政策，分析传统土葬与火化的利与弊，同时表明县委政府推动殡葬改革工作的态度和决心，经耐心讲解劝说，死者家属最终表明愿意支持殡葬改革工作，同意将老人火化并进入公墓安葬。10 月 29 日，ZX 镇 SK 社区村民吴某父亲去世后，吴某违规将逝者的遗体进行土葬，经过工作人员耐心细致的政策宣传，将其思想工作做通后，吴某主动将其父亲的遗体起棺火化，并将骨灰安葬在经政府批准的合法公益性生态公墓。

（四）鼓励群众呼吁号召行为

按照参与的实质性程度，农民参与可分为无实质性的参与（表面参与），

---

① 陈潭：《政策动员、政策认同与信任政治——以中国人事档案制度的推行为考察对象》，载《南京社会科学》2006 年第 5 期，第 65 页。

如告知、引导、劝解型参与等；实质性参与，则包括合作、授权、控制等。[①]按照参与的组织化程度，农民参与可分为组织化参与和自主参与。其中，农民组织化参与带有一定组织特征，常见的如农民合作社参与贫困治理；[②]自主参与则是指农民在没有外部力量驱使时，自发、主动形成参与社会生活事件的治理的行为。[③]群众是殡葬改革的主体，群众的主动参与度，是殡葬改革能否顺利推进并持之有效的决定性因素。因此，在发挥党组织引领作用的基础上，W县政府在侧重党委和政府主导的前提下还注重激发群众参与活动的主动性，充分发挥群众在推进殡改中的主体作用。10月，W县官方公众号发布了一则《写给MG镇广大父老乡亲的一封信》，文章作者呼吁"不应该为了其他人的几句挑拨，就聚集在一起，高喊无知的口号；不应该为了其他人的串联，就聚集在一起，向政府挑衅；不应该为了其他人的怂恿，就聚集在一起，跟政府对着干"。之后，该公众号相继推出《不要被别有用心之人利用，成了炮灰》《我的家乡到底怎么了?》《老年人是用来孝敬的，不是用来当"枪"使的!》等文章，呼吁群众保持理性和克制，依法表达诉求！据我们了解，文章作者都是关心家乡建设的非政府工作人员，他们推心置腹通俗易懂的语言表达比政府公文式的劝诫更接地气。进而发挥村社伦理与规范作为地方性规范为社区范围的人所共享，并内化为日常行为准则的积极作用。[④]

三、"嵌入性治理"：政府主导与农民参与良性互动的具体路径

农业生产合作社和人民公社的瓦解，家庭联产承包责任制的推行，基层

---

① ARNSTEIN N S: *Aladder of citizen participation*, *Journal of the American Institute of Planners*, Vol. 35, No. 4, 1969, pp. 216-224.

② 陈家涛：《农民合作组织参与贫困治理的动力机制及制约因素》，载《管理学刊》2019年第6期，第37页。

③ 钟祥虎：《农民组织性参与的自性危机与合法化困境——基于对广东H市征地拆迁的研究》，载《理论与改革》2014年第6期，第146页。

④ 狄金华、钟涨宝：《从主体到规则的转向——中国传统农村的基层治理研究》，载《社会学研究》2014年第5期，第87页。

群众自治制度的实施和农业税的相继取消，使得农民成为社会独立性和经济自主性日渐增强的市场化农民。需要采取“嵌入性治理”行动，通过“政党嵌入”、柔性引导和“激励嵌入”为农民有序参与提供组织领导和持续的内在动力。

（一）政党嵌入引导农民依法参与

一般而言，农民往往因为国家法律法规规定的农民参与义务而选择参与。主要表现在国家法律规定的农民应尽的公民义务，譬如每隔三年进行一次农村村委会选举是中国目前所具有的竞争性最强、对选民利益最具实质影响、参与人数最多、参与率最高的政治选举。[①] W县充分利用基层群众自治组织和基层党员干部与农民密切联系的优势发挥政党嵌入作用，而政党嵌入为农民参与提供了组织和领导。强调各级党组织尤其是基层党组织是殡葬改革的领导者、组织者和推动者，肩负着具体指导、推动、参与整个活动的任务，把握着活动的方向。将党组织的领导、引导、指导和放手群众自治深度融合，通过“引、放”推动殡葬改革深入持久、可持续开展的工作模式和长效机制。“引”就是通过加强基层党组织建设，强化基层党组织的引领作用。“放”就是充分放手发动群众，强化群众主体作用。实现群众的“事”群众办，群众的“权”群众使，群众的“利”群众享。这种工作模式就是通过政党嵌入实现基层党组织和村民自治的深度融合，既注重发挥基层党组织的领导、引领作用和广大党员的先锋示范作用，又注重保护、充分调动村民自觉、自愿、自主参与殡葬改革的积极性、主动性和创造性。

（二）注重政策执行的柔性引导

学界针对调动农民参与积极性提出了赋权视角，认为农民权利意识的养成有助于调动其参与的积极性。即经济权利、政治权利和社会治理权利等方面农民权利意识的养成，使农民在经济、社会、政治、文化等方面享有主导

① 张光、JENNIFER R W、于淼：《中国农民的公平观念：基于村委会选举调查的实证研究》，载《社会学研究》2010年第1期，第69页。

权、参与权、表达权、受益权和消费权等，破解农民主体性缺失的困境。①W县殡葬改革过程中，政府积极正视群众的意见和建议，及时有效回应群众的关切，坚持发挥村民自治作用，各乡镇成立红白理事协会，各村（社区）成立红白理事协会分会，倾听群众呼声，收集群众意见建议，规范组织辖区内红白喜事，使群众感受到自己享有真实的政治权利和社会治理权利。此外，政府还根据前期实践并借鉴其他地区成功做法的基础上提出坚持因地制宜多措并举，采取“五建”方式建设农村公益性公墓的可行性举措。具体做法为：一是镇村两级负责建；二是挂钩单位帮联建；三是发动社会力量支援建；四是组织当地群众参与建；五是做好规划分期建。根据官方网站和宣传平台内容，政府也注重对群众开展理性对话与协商方式的引导。允许不同观点、呼声和意见在法治轨道内交流、辩论，基本促成了“交叠共识”。以“对话”方式进行沟通，创设包容和开放的环境形成政府和群众畅所欲言的和谐关系。在此过程中，群众不是单纯的意见表达者、政策的管理对象和简单的普法受众，而是法治社会的治理者，和谐社会的参与者以及乡村振兴的责任承担者。

（三）出台惠民殡葬政策

如前文所述，农民作为市场经济中的“原子”属于“理性的经济人”，那么基于利益视角可以推定利益驱使可以调动农民参与的积极性。譬如，有学者以乡村旅游为例，证实村里开展乡村旅游可以通过提高农民收入、降低农户人居环境整治支付成本来激励农户积极参与。② 其内在逻辑是与农民利益挂钩的收入提高会降低农户参与环境治理的成本。为保障群众基本殡葬需求，切实减轻群众丧葬负担，提升殡葬公共服务均等化水平，增强群众支持和参与殡葬改革的自觉性和主动性，W县制定并公布《W县殡葬惠民政策

---

① 王春光：《关于乡村振兴中农民主体性问题的思考》，载《社会科学文摘》2018年第7期，第6页。

② 闵师、王晓兵等：《农户参与人居环境整治的影响因素——基于西南山区的调查数据》，载《中国农村观察》2019年第4期，第106页。

实施细则（试行）》，主要内容如下：一是减免政策。四项基本殡葬服务费实行减免，即遗体接运费、3 天内遗体存放费、遗体火化费、1 年内骨灰寄存费由县人民政府承担。二是奖励政策。分为四类，即节地生态安葬奖励政策、集中治丧奖励政策、特殊困难群体火化补助和合葬墓迁移至公墓节地生态合葬奖励政策。其中节地生态安葬奖励 2000 元～5000 元不等，捐献器官后遗体火化骨灰进入公墓安葬或骨灰堂安放的，给予一次性奖励 10000 元。集中治丧奖励 1000 元～2000 元，烈士、见义勇为、因公牺牲人员经有关部门认定后集中治丧的，一次性奖励 4000 元。具有本县户籍且不能享受国家规定丧葬补助的城乡低保、农村特困供养人员以及重点优抚对象三类人员，除享受节地生态安葬奖励政策中任意一项的，同时还可享受特殊困难群体火化补助，一次性补助 1000 元。合葬墓迁移至公墓节地生态合葬一次性奖励 3000 元。公职人员、村组干部引导非公职人员亲属带头实行火化，带头进公墓或集中安葬点安葬，其亲属享受同等的奖励补助政策。

四、结语

《法治中国建设规划（2020—2025 年）》提出要“广泛推动人民群众参与社会治理，打造共建共治共享的社会治理格局。完善群众参与基层社会治理的制度化渠道。加快推进市域社会治理现代化。健全社会治理规范体系。发挥工会、共青团、妇联等群团组织引领联系群众参与社会治理的作用”。根据“嵌入性理论”的解释框架，农民行动是嵌入在多重关系之中并受多重关系逻辑的驱动。农民消极不参与或者冷漠的根本原因在于农民与国家、村庄依赖关系的解体。在农村基层治理中，以废止人民公社，施行家庭联产承包责任制和取消农业税为骨架的农村集体经济瓦解，市场经济的深化引致农村劳动力外流，农民与农村基层组织关系日渐淡化疏远，导致农民消极懈怠对待农村治理的问题。破题关键在于实施乡村振兴，推动社会治理和服务重心向基层下移，把更多资源下沉到基层，更好提供精准化、精细化服务。以做强集体经济为交流合作契机，发挥群团组织、社会组织作用，发挥行业协会商会自律功能，实现政府治理和社会调节、居民自治良性互动。构建农民与政府、农民与农村基层组织间的强需求关系，借助政党嵌入、政策执行的柔性引导和激励嵌入，提供常态化制度组织领导供给，增强农民参与内生动力，才能提高包括殡葬改革在内的公共治理的成效。

民族乡村治理法治化的贵州经验与思考*

郭　婧**

摘　要：民族乡村治理法治化是新时代民族地区全面实施乡村振兴战略的重要环节，是实现民族地区治理现代化与民族事务法治化的关键所在。本文在贵州省黔东南苗族侗族自治州、黔南布依族苗族自治州、遵义市钟山区等民族乡村地区实证调查的基础上，分别从中观角度和微观角度对近年贵州省民族乡村治理的法制建设经验和法治实践经验进行观察与考量，立足于治理法治体系更加完善的基本立场，进一步思考民族事务法治化“创新乡村治理体系”的创新性路径。

关键词：民族事务法治化；乡村振兴；法制建设；法治实践

民族乡村治理法治化是新时代民族地区全面实施乡村振兴战略的重要环节，是实现民族地区治理现代化与民族事务法治化的关键所在。关注多样性文化区域治理的法治实践，对考量文化背景与地域空间在国家治理体系和治理能力现代化建设中的作用具有重要意义。贵州省是一个具有文化多样性特征的民族省份，也是我国民族事务法制化建设多维共推的典型区域。2012年以来，在扶贫战略和乡村振兴战略的联合推动下，贵州民族地区不断探索总

* 基金项目：2020年度法治建设与法学理论研究部级科研项目专项任务课题“乡村振兴战略下民族地区法律意识认同研究”（课题编号：20SFB4003）的成果。

** 作者简介：郭婧，女，贵州贵阳人，法学博士，贵州民族大学法学院副教授，硕士生导师，中国社会科学院民族学与人类学研究所博士后。

结，形成了很多各有特色的乡村法治治理地方经验。本文在贵州省黔东南苗族侗族自治州、黔南布依族苗族自治州、遵义市钟山区等民族乡村地区实证调查的基础上，分别从中观角度和微观角度对近年贵州省民族乡村治理的法制建设经验和法治实践经验进行观察与考量，立足于治理法治体系更加完善的基本立场，进一步思考民族事务法治化“创新乡村治理体系”的创新性路径。

一、贵州民族乡村治理的法制建设经验

党的十八届三中全会以后，我国民族乡村治理的法制建设主要突出了时代主题：“国家治理体系和治理能力现代化”“精准扶贫战略”以及“乡村振兴战略”。2015 年，贵州省颁布了《贵州省促进民族团结进步条例》（以下简称《条例》）。作为全国首部促进民族团结进步省级地方性法规，该《条例》将为支持民族地区加快发展，促进各民族交往、交流、交融，实现经济跨越发展和社会进步提供法制支持与保障。2015 年 10 月 13 日，党中央在全面深化改革领导小组第十七次会议通过了《关于完善矛盾纠纷多元化解机制的意见》，我国矛盾纠纷多元化解机制进入了全面系统推进阶段。多元化纠纷解决机制改革是党的十八届四中全会确定的一项改革任务。2016 年贵州省出台的《贵州省大扶贫条例》后，得到了时任中央政治局委员、国务院副总理，现任中央政治局常委汪洋同志的充分肯定，成为以扶贫战略法治思维和法制方式推进扶贫工作的典范，以及全国扶贫系统学习的参考。民族乡村治理法制建设在此背景下进一步完善。2017 年，贵州省深入学习贯彻习近平新时代中国特色社会主义扶贫思想，把决战脱贫作为首要工作，以法治思维和法治方式推进工作，制定了《贵州省民族乡保护和发展条例》和全国第一部保护发展传统村落的地方性法规——《贵州省传统村落保护和发展条例》。根据住房和城乡建设部等部门公布的第五批中国传统村落名录，贵州

省和黔东南苗族侗族自治州的传统村落数量都位居全国总数首位。[①] 这些条例对政府扶贫开发部门与其他部门进行传统村落保护和发展规划时需与扶贫开发等有关规划相互融合；对易地扶贫搬迁的传统村落建（构）筑物的处理应尊重村民意愿等方面作出了规定。在自治地方，黔东南苗族侗族自治州出台了消防条例和立法条例。2015 年至 2016 年，贵州省订立或修订涉及民族乡村治理的地方性法规、自治条例和单行条例共 14 部，其中自治条例和单行条例共 8 部。

乡村振兴战略的提出再次加速了民族乡村法制建设的进程。2018 年最高人民法院印发了《关于为实施乡村振兴战略提供司法服务和保障的意见》。2019 年修订的《贵州省法律援助条例》规定："在少数民族聚居或者多民族杂居的地区，对不通晓通用语言文字的受援人，法律援助机构根据需要可以为其提供翻译。"[②] 自 2020 年开始实施的《贵州省反家庭暴力条例》鼓励和支持民族地区的村（居）民委员会、妇联等单位根据民族特点组建调解组织进行反家庭暴力预防与调解工作。2018 年 1 月至 2020 年 9 月贵州省订立或修订了关于或涵盖民族乡村治理的地方性法规、自治条例和单行条例共有 21 部，其中自治条例和单行条例有 18 部。

2015 年 1 月至 2020 年 9 月，贵州省关于民族乡村治理订立、修订的法律制度进一步丰富了贵州省民族地区法制建设发展，同时也是区域法制建设自身发展状况的映射。根据 1984 年至 2019 年贵州省每年的地方立法数量统计，2010 年以后，贵州省出台或修订自治条例、单行条例等相关民族权利的地方性法规每年平均 3—5 部；2018 年至 2019 年订立或修订相关自治条例、单行条例等地方性法规数量以倍数提升。此阶段法律制度涉及的治理主题出现了以下几个特点：一是生态保护和文化传承与发展是各自治区关注的两大

① 参见中华人民共和国住房和城乡建设部、中华人民共和国文化和旅游部、国家文物局、中华人民共和国财政部、中华人民共和国自然资源部、中华人民共和国农业农村部：《住房和城乡建设部等部门关于公布第五批列入中国传统村落名录的村落名单的通知》，http://www.mohurd.gov.cn/wjfb/201906/t20190620_240922.htm. 登陆时间：2020 年 10 月 15 日；彭芳蓉、徐其飞：《传统村落保护 贵州走在前列》，载《贵州日报》2019 年 8 月 9 日第 9 版。

② 《贵州省法律援助条例》第七条。

治理领域；二是火灾风险治理是农村公共安全的主要风险；三是公共事务治理主题在我国乡村振兴战略提出以后成为继生态治理和文化保护之后另一关注领域。

二、贵州民族乡村治理法治实践经验

民族乡村治理法治模式是民族乡村法律制度的实践经验。2013年，党的十八届三中全会提出“社会治理”的概念，要求“创新社会治理体制”“创新有效预防和化解社会矛盾体制”“健全公共安全体系”。党的十九大进一步将社会治理水平细化为社会治理的社会化水平、法治化水平、智能化水平和专业化水平。在此背景下，近年来贵州省民族地区在继续深入推进“平安贵州，法治贵州”矛盾纠纷多元化解机制的基础上，结合大数据平台，积极参与构建贵州省实施乡村振兴战略部署工作，在民族乡村治理法治化过程中形成一系列经验总结，各民族地区突出涌现的基层治理经验模式。贵州民族乡村治理创新式经验模式的法治化的实践场域主要体现在社会治安综合治理、司法救助、刑事政策实践、民间社会矛盾纠纷调解以及民族区域自治权、民族权利保障与村民自治的结合等方面。

（一）社会治安综合治理的实践场域

黔东南苗族侗族自治州以大数据引领立体化信息化社会治安防控体系建设工作，构建起“全方位、全领域、全时空、全天候”的智慧型立体化公共安全防控网。地属于该州的剑河县建立了“平安剑河法治在线”微信公众号，统筹政法部门和综治成员单位的综治资源，设立新闻资讯、综治专栏、百姓关注等专栏，方便公众快捷查询相关业务、咨询相关政策、拨打服务热线、反映相关诉求。作为全省移民搬迁人数最多的州（市），黔西南州运用大数据创新打造易地扶贫搬迁安置区网格化的社会治理亮点。在大数据智能化、一体化的协助下，黔西南州实现了安置区采集基础信息一体化；部门力量联勤联动化；多源数据共享化；政法综治专业数据、政府部门管理数据汇聚整合化；全州社会治理大数据中心提供数据服务智能化，大大提高了安置点预测预警预防能力。[①] 截至2019年11月，全州建成警务室37个，警力142人，综治中心33个，群防群治组织75个，1108人，调解组织56个，295人，排查化解矛盾纠纷68起，化解率100%。推进"天网""雪亮工程"和"地网"工程，实现防控体系立体化覆盖。采取网格化服务管理，实现"人在格中走、事在格中办、过程网上走"。安置点实现了无重大刑事案件、重大治安案件、重大矛盾纠纷、越级上访的良好成效。[②] 2019年，凯里市上马石搬迁社区服务中心法治示范创建及民族团结进步示范创建进社区的做法受到了国家民委的高度肯定，被国务院评为全国民族团结进步模范集体。[③]

（二）纠纷调解的实践场域

1. 以现代化信息技术为平台

贵州省司法厅在推进民族地区易地扶贫搬迁人民调解工作中积累经验做法：于2019年12月，贵州全面完成188万人易地扶贫搬迁之际，实现易地扶贫搬迁安置区人民调解组织全覆盖，设立人民调解委员会409个，配备人民调解员2019人。各地方司法局创新矛盾纠纷解决工作方式，法治服务常态化，为安置区社会秩序稳定提供了有力支撑，矛盾纠纷排查化解成效显著。[④] 例如，黔西南州司法局建立的"三查工作法""六个一工作法""五心调解法""少数民族妇女调解工作队""双语调解法"；黔东南州司法局的

---

① 王家梁、王鹤霖：《黔西南州破解基层社会治理工作难题　发挥政法力量助力易地扶贫搬迁》，载《法制日报》2019年12月17日第2版。

② 杨羽：《贵州黔东南：全力抒写易地扶贫搬迁法治保障大文章》，http://m.people.cn/n4/2019/1101/c1288-13353072.html，2019年11月1日发布。

③ 黔东南州司法局：《安居乐业 法治同行 ——黔东南州多形式打造易地扶贫搬迁法治保障示范工程》，http://sfj.qdn.gov.cn/sfdt/xsdt/201911/t20191118_16754314.html，2019年11月18日发布。

④ 《贵州省实现易地扶贫搬迁安置区人民调解组织全覆盖》http://www.guizhou.gov.cn/xwdt/dt_22/bm/201912/t20191227_37561295.html，2019年12月27日发布。

“六抓六实”工作法；[①] 贵州锦屏县公安局三江派出所“五个一”工作法[②]等。

建设法治乡村，创造良好的法治环境成为基层社会实现贵州省“大扶贫”战略取得胜利的“助推器”。黔东南州在县级政府建立了矛盾纠纷调解中心和网格信息综合调度平台，向法院、司法行政机关打开端口；在乡级建立诉调对接中心，在村级建立司法工作联络站，实现三级平台无缝对接。基层司法工作注重诉讼“三个时段”：诉前，引导当事人到人民调解或行政调解先行调解；诉中，适时与乡村、部门进行对接，实现联动调解；诉后，及时向乡村和部门通报案情，共同向当事人作判后释明工作，实现案结事好。在民间调解方面，该州还要求全州所辖各村居派驻一名政法联络干警；在每村设立一名法律顾问；人民法院在每村安排一名司法联络员，负责专业指导。县人民法院对于在诉讼中的较为专业的或在农村有群体性事件的重大群体纠纷，需征求当事人意见后，委托行政调解、人民调解或专业调解机构进行调解。目前，黔东南苗族侗族自治州已经实现了“零收费、防反悔、可执行、促和谐”的诉调对接司法确认工作机制：在人民调解或行政调解中的重大纠纷达成协议后，引导当事人向人民法院申请司法确认，减少司法成本，提高非诉效率。剑河县在矛盾纠纷网上化解平台建立温馨调解室，网上公布调解流程、调解规则、互动交流、网上疏导，通过 App、微信、QQ 等形式化解社会矛盾。

2. *以民族乡村内生秩序为依托*

剑河县少数民族地区剑河县农村地区发挥“五老”人熟、地熟、事熟的优势，每村选聘 5—8 名“老党员、老教师、老干部、老军人、老模范”为

---

① “六抓六实”工作法：一是抓好组织领导，实现基础保障工作稳定可靠。二是抓好组织建设和队伍建设，实现矛盾纠纷排查化解运行规范化。三是抓好矛盾纠纷排查化解，实现搬迁安置区和谐稳定。四是抓好矛盾纠纷激化预防预警，实现“化早化小”。五是抓好源头治理和普法宣传教育，实现强化群众法治理念。六是抓好方式方法创新，实现基层法治建设“新招”百花齐放。

② “五个一”工作法：为社区群众搭建一个“微平台”；入户开展安全检查，填写一张“体检表”；与每户成员合影拍摄一张全家福；入户开展一次法制宣传，上送一个法制礼包；为群众递上一张警民联系卡。参见石福涛：《贵州锦屏：法制扶贫跟进异地扶贫安置小区迎着幸福来》，http://news.sina.com.cn/c/2019-07-23/doc-ihytcitm4101266.shtml，2019 年 7 月 23 日发布。

“五老”调解员，让纠纷双方当事人自主选择其中“五老”调解员为他们化解争议。推出了运用民俗调解的模式。剑河县是苗族、侗族、布依族、土家族等世居少数民族的居住地。在社会矛盾纠纷多元解决机制创新的推动下，该县结合民族传统文化中以歌定情、以歌传承、以歌说理的深厚习俗氛围，选聘百余名民间歌师为民歌调解员，并组织他们搜集和整理民族传统劝世歌谣。当村里发生婚姻纠纷、财产纠纷或赡养纠纷等日常矛盾纠纷时，用播放劝世歌谣或组织老歌师现场演唱的方式化解矛盾。此外，该县充分运用了寨老牯藏头德高望重的调解优势，设立牯藏调解室。剑河县苗族和侗族地区历史上曾存在“罚三个一百二”（一百二十斤酒、一百二十斤米、一百二十斤肉）寨规也重现于当地矛盾纠纷调解的规则适用中。

华寨村位于黔东南苗族侗族自治州锦屏县隆里乡，民族人口构成主要是苗族，与侗族、汉族杂居。华寨村所处的清水江流域，杉木林业商贸发达，当地自古以来林木买卖存在签订契约文书的民间自发行为。2007 年初，华寨村修订了《华寨村村民自治合约》。该合约前后经过五次村民大会讨论和修改后通过。2010 年 6 月，村委会仿效传统“以石立规”的做法，把合约刻上石碑，立于村寨中心活动场旁，并组建工作领导小组、邪教防范工作领导小组、劝和工作小组、治安联防队、义务消防队等 12 个村民自治组织。合约保留了传统内生制度的中用请“劝和饭”、唱《劝和歌》调解纠纷的习俗。①

2014 年以来，黔东南苗族侗族自治州开始试点开展集中统一规范村规民约行动。由综合治理部门牵头，法院、检察院、司法局、政府法制办等部门组成工作专班对各县市村寨的村规民约进行统一规范，在保留民族自治习俗的同时，将涉及宗教、迷信、违背伦理道德、涉及违法犯罪等条约统一过滤，新增党的路线方针政策，国家惠民政策、社会主义核心价值观等内容，充分征求村民代表意见后定稿下发各村执行，规范化的村规民约在充分保证村民自治的情况下助推了基层法治化进程。

---

① 《村民自治和谐发展 合约管理让华寨村人和民富》，http://www.gywb.cn/content/2014-05/23/content_817172.htm，登录时间：2020 年 10 月 14 日。

（三）法治监督的实践场域

黔东南苗族侗族自治州以贵州省大数据平台为支撑，创立了“互联网+全民共治平台”。该平台将全州县市区、乡镇（街道）、村居（社区）各级综治中心与州综治中心之间互通连接。群众通过手机下载平台“平安在线”APP 可以直接举报线索、求助、反映问题与参与义务巡逻等。社区民警、群访群治力量、综治网格员再通过 App 直接将有关数据联入互联网+全民共治平台，形成从州、县市（区）到乡镇（街道），到社区（村居）、网格员（信息员），再到群众的数据联动关系。此外，黔东南州的“互联网+全民共治”平台利用其汇聚综治信息资源的技术优势以实现保障和服务民生的治理目标。平台将银行、通信、工商、保险、网购、水、电、煤气、家政、汽修、医疗就诊等日常生活信息纳入。当地群众将其问题或诉求反映到平台后，平台会根据涉及的部门和行业进行任务派发、流转、催办、监督，以避免以往行政机关推诿扯皮的情况。平台设置了制度监管机制。通过对各部门处置的结果和群众的回访，平台评价将给予该部门月考核评分。该月考评分纳入地方政府年终综治目标考核体系。① 为确保“互联网+全民共治”平台高效长效运转，黔东南苗族侗族自治州政府制定了《黔东南州加强和完善城乡社区治理实施方案的通知》（黔东南府办发〔2020〕1 号）等地方规范性文件。

（四）法律援助与法制宣传的实践场域

作为民族自治州，黔东南苗族侗族自治州法治护航扶贫移民搬迁工作已成体系。在普法宣传方面，黔东南州积极建立法律审查“四个先行”② 程序，从源头上预防隐患。同时，各县市指挥部成员单位积极落实法律顾问制度，配备 114 名法律顾问为征地拆迁、项目开发等提供法律咨询服务；组织

---

① 由课题组成员杨戴云在贵州省黔东南苗族侗族自治州收集并整理。

② “四个先行”：政策项目立项，风险评估先行；政策项目设计，合法性审查先行；政策项目实施，法律顾问先行；政策项目落实，法治宣传先行。

党员干部、法律工作者、社工志愿者等走村入户宣讲政策法规，开展多种形式的法治宣讲和动员演出，印制发放宣传材料 7 万余份，消除搬迁群众在子女入学、户籍转换、土地调整变更、医疗保障等方面的疑虑；建立“法治+管理+帮扶”控辍体系，开展“州级安全文明校园”和“州级法治教育示范校”双创工作。安置区学校建立法制副校长、法制辅导员制度。

三、关于民族乡村治理法治化的思考

贵州民族乡村治理法制体系建设和法治治理实践反映了我国依法管理民族事务能力和民族工作法治化水平在整体上正在快速发展。如果说十八大以前的民族乡村治理法治化仅是民族事务治理法治体系建设的侧影的话，那么十八大后民族乡村治理可以说是新时代民族事务法治化的重要表现。习近平总书记在中国共产党第十九届中央委员会第五次全体会议工作报告指出，目前我国发展面临不平衡不充分，创新能力和社会治理能力还需要进一步提升。[①] 当前，尽管民族乡村治理法治化已经取得较大的发展成绩，但是仍然面临潜在风险因素。

（一）当前民族乡村治理法治经验路径的结构及其局限性分析

根据贵州民族乡村治理法治治理地方经验，我们将这些经验模式分为四种结构类型。

1. 技术精英治理

技术精英型治理类型是国家治理主导与现代技术法治推动下，通过现代信息网络技术实现法治治理在多维空间的实施与多层次监管的模式，其治理范围主要侧重于社会风险和社会风险的评估。它来源于科学的理性观，即以制度理性和现代化技术的专业性为治理的立足点。从其包含的“技术”与“精英”两个治理层面分析，治理技术化主要表现为：一是国家治理的法制

① 习近平：《中共中央关于制定国民经济和社会发展第十四个五年规划和二〇三五年远景目标的建议》，载《人民日报》2020 年 10 月 30 日第 1 版。

在订立、执行和评估过程中强调专业和分工；二是现代科学技术在法治化过程中的平台式运用。精华化治理关联着权力关系、资本的分配与技术的占有。现代国家从立法、司法到执法是一套以技术性为突出特征的制度体系。该制度体系的制度改革可视为一种技术提升。因此，我们将国家法治部门在民族乡村治理过程中所做的各种制度改革统称为“技术提升”类型。

2. 内生秩序治理

内生秩序治理类型是国家矛盾纠纷多元化解机制改革背景下，建立在民族传统制度文化基础上的社会治理模式。这种制度文化在学界没有统一的称呼，常见名称有“非正式制度”“习惯法”“民间法”“软法”。产生不同名称的根源是对“自然”与“社会”二者之间存在差异化的理论认知，也就是在理解自然法则和规范性法则作出一元或二元的划分。然而，名称的差异并不影响该种制度文化的性质，即自发于以血缘关系为基础的区域社会，形成于区域主体与自然交感中，以道德和伦理为构架，有强制性约束力的经验性知识。它区别于现代社会崇拜的技术与理性，更多依靠人们对约制的内心确信。禁忌、家规族约、村规民约、民间信仰仪式甚至是节庆等日常生活中诸多文化符号都可以成为其象征。运用民族文化中的地方性知识进行社区秩序治理与纠纷解决是当前很多民族乡村治理实践中主要模式之一。该类型包涵了民族自治权与村民自治制度的体现；国家治理现代化体制的包容性与治理能力现代化的开放性。但我们不能将该模式与国家治理介入区域社会前内生秩序自治相等同，还应该看到内生秩序治理类型模式实质是现代国家治理、社会治理与市场治理的产物。因此，此内生秩序治理模式是国家法律部门专业技术指导下的内生秩序治理，并不是纯粹意义上的社会治理。

3. 技术下的公众参与治理

公众参与治理类型是我国进一步完善新形势下社会治安综合治理工作体系下，民族地区让民族群众直接参与治理法治化过程的模式，体现了“全民共建共治共享”治理理念。信息社会时代，这种治理模式类型是在第一种类型模式——“技术精英式”基础上发展而来。“互联网+”现代信息技术和精英治理外，以及对自治权的重视是技术下的公众参与治理式重要的制度特征。

4. 技术路径的局限性

在上述“技术精英治理”“内生秩序治理”“技术下的公众参与治理”三种治理类型的突出特质是“技术”在所有治理范式中发挥着经验“创新”的符号意义。若治理可被视为国家、市场、公民和组织之间以及国家间和非政府组织之间正式和非正式机构塑造的一种关系机制和规范化过程，那么“技术”在这些机制和进程中被认为是一个具有线性的与理性的，且以目标为导向的过程。社会影响通常在传播或实施阶段加以考虑和解决，并侧重于特定技术。从这个角度看，道德和公共问责制也通过技术精英治理的方法得到技术路径的促进，但却很可能存在将自律性治理和文化主体放在缺乏技术认知与专业知识的刻板印象中，从而降低公民协同的参与性。

除了“技术”具有它制度排他性之外，法治在实践的过程中存在被简化为纯粹的技术决定的可能。政策制定者过于狭隘地关注风险评估和激励管理会将法制的创制空间与实践空间相互间隔。例如《贵州省人大常委会执法检查组关于〈贵州省大扶贫条例〉施情况检查报告》（2017）指出，“扶贫工作精准度不够”是当前存在的脱贫攻坚短板。主要体现在有的地方具体工作上不够精、不够准，贫困户识别工作不规范，不公开、不公示，有错评、漏评现象；有的地方虽经多次检查整改，但仍存在贫困户档案资料逻辑混乱、动态管理不及时、贫困退出不规范等现象。

尽管当前治理模式中也存在内生秩序治理的路径，但是从内生秩序的规范来源和地方经验模式来看，这种治理方式实际上依靠国家正式制度的合法性来取得内生制度在实在效用方面或形式框定方面取得合理性。然后形式框定往往将地方性知识预先格式化，忽视地方性知识多样态以及与地方文化成互嵌结构的实质。最终仍没有走出从前多层次制度间的关系冲突困境。

此外，科学技术在多元化空间存在自身的局限性，即对民族心理的深层理解与族群认同观塑造的忽视。人类在信息世界容易被分割成单一、独立且离散的个体。科技仅是手段，不是目的。它的作用是作为一种协助治理的工具，文化空间中人的行为及其与社会的互动关系才是治理需要解决的重点。

在全球很多国家的各种发展计划中，新技术或设备以及健全的立法是必须的配备。在一些如消防救援的计划中，对新兴技术的追崇，甚至导致社群生活成为一个只有科学家或者工程师能回答的纯技术性问题。[①] 然而，似乎先进的技术和健全的制度并没有让人们摆脱火灾的梦魇。英格兰大学地理与环境管理专业的学者纳撒尼尔·奥格雷迪（Nathaniel O'Grady）的最新著作《政府如何应对未来的突发事件——以英国消防救援服务与火灾风险的关系处理为例》（*Governing Future Emergencies*：*Lived Relations to Risk in the Uk Fire and Rescue Service*）中论述了这样的观点：英国引入了名为 MOSAIC 的软件作为提供消防救援职能时进行大数据分析，但在具体火灾防控中，数据分析的结果并未完全起到积极的作用。虽然 MOSAIC 软件通过数据分析准确识别被认为具有防灾脆弱性的人，进而干预、防范，却忽略了对人其他方面的潜在威胁。例如，通过卫星定位，并详细监控社区生活来判断火灾发生的可能性，这种方式实际上违背了人的隐私权。这种分析方式可能更适用于更大社会区域内较多群体的集中治理，而不适用于对具体生活有相关性的火灾治理。在存在死亡情况的火灾调查中，调查人员通过建立以死者为中心的生前社交网络（私人关系网络）、公共服务关系网络以及现场勘验与死者生活方式相关的证据线索，综合得出死者的防火脆弱性结果。整个推断的过程涉及与人面对面的交流、心理活动的观察、线索的逻辑推断。而这些是软件做不到的。[②]

（二）认清实践场域的风险脆弱性，是民族乡村治理法治化创新性的前提条件

民族乡村治理的法治化实现的首要条件是认清实践场域的风险脆弱性。民族乡村治理是我国乡村治理的区域体现，但又不能与惯常乡村治理

---

① 在这个过程中，学科领域的分化愈加专业，但也筑高了隔阂。同时，对自然科学研究的需求逐渐加大。

② O'grady N：*Governing Future Emergencies*：*Lived Relations to Risk in the Uk Fire and Rescue*，Springer International Publishing，2018，pp. 87-109.

简单等同。法治场域的异质、复杂、多元和流变以及少数族群权利的宪法性要求既是民族乡村治理区别于通常意义上的乡村治理。应对民族乡村异质、复杂、多元和流变是对考验治理法治化制度有效性与创新性的考验与检验。

1. 区域文化的独特性与边缘性

民族乡村的异质性是指该区域文化的独特性与边缘性。作为基层社群，民族乡村意味着区域民族文化空间内承载的是一种共识性的经验文化。这种地域性经验话语首先来源于区域地理与行为的相互成就——自发而生成的一种自然通感。这种回应自然的方式实际上是人类最初应对自然风险和寻找生存机会的反映。在中华民族族际交往、国家治理、人口迁徙、商品交换的社会发展中形成区域文化异中有同、同中有异的文化特点。这种地方性的文化逻辑因为地理空间与历史上民族边疆治理政策深嵌在民族文化结构中。在生计模式与人口流动相对固定不变的情况下，这些文化共同体孤岛式与主流文化区域快速变化的社会结构形成区别。这正是地方民族文化被视为各具文化地方性，且与主流话语形成中心与边缘的区别所在。在这个意义上，“异质”既代表相对于中心话语的“同质”，同时也意喻了边缘的话语需求。

2. 文化形态的多样形态

“法治场域的复杂与多元”同样是从文化角度认识到，今天的民族乡村已经在全球化时代、国家治理需要与市场经济形成的互构性外力作用下变迁为多种文化形态。原来的乡土格局如今不复存在。仍然保留了传统知识逻辑的“半自治形态”，在中华人民共和国成立以后的相当长一段时间内是民族乡村的主要形态。若将原生形态作为民族乡村形态的第一种形态，我们把这种民族乡村的类型称为普通形态。这种文化形态乡村内部制度呈多层次共存，且制度间的碰撞主要是外源制度与内生制度之间发生的。可谓是民族事务治理法治场域初期形态的多元化。从 20 世纪 90 年代的“打工潮”开始到国家战略扶贫开始之前，生计模式的结构性改变再次对这个地方性文化机体造成冲击。人口外出务工的生计方式突破了原来且有限的依靠自然形成的小农经济与家庭手工业模式。新的生计方式带来的结果更加加深了行动主体与社会互动方式的改变。贫富差距和经济价值认知取向对内生制度带来了较大冲击。但由于内生制度形成的地理空间尚且存在，区域地方性知识仍然得以保存。随着外出务工生产与生活场域的转移，农村人口向村外的乡镇或县城输出。内生制度的行动主体不再恒定不变。这种文化形态对应的现实乡村类型有两种：一是当代民族村寨的普遍性形态中的大多数，即尚未被纳入国家传统文化保护制度保护范围内的多数民族村寨。这种形态的民族乡村内部处于原生形态与城镇化形态中间的过渡阶段。因为社会变迁程度的不同，原生性与城镇化程度不一进而再次造成该种常态形态的异质、复杂与多元。未来之路要么被因为传统文化的特色被国家或地方政府纳入正式制度的保护之内，要么与国内其他多数乡村一样即将进入城镇化的规划中。二是被国家或地方正式制度纳入传统文化保护的保护范围。目前主要有我国住房和城乡建设部发布的“传统村落保护名录”和“全国乡村旅游重点村名录乡村名单”。该类传统村落的认定需要经过正式的申请程序，以及接受国家认定标准的考核。2012 年住房城乡建设部、文化部（现文化和旅游部）、国家文物局、财政部印发《关于开展传统村落调查的通知》（建村〔2012〕58 号），作为评价传统村落的保护价值，认定传统村落的保护等级的规范标准。2013 年住房和城乡建设部发布了《关于做好 2013 年中国传统村落保护发展工作的通知》将传统村落保护发展规划工作进一步标准化。一些原生文化保护较好的少数民族村寨先后进入了 5 批的中国传统村落名录的村落名单中。2019 年，文化和旅游部启动后的全国乡村旅游重点村名录乡村名单项目。该项目目标是发展乡村的文化产业，对符合文化和旅游发展方向、资源开发和产品建设水平高、具有典型示范和带动引领作用的乡村（含行政村和自然村）进行标准认定后纳入保护重点支持范围。一些符合认定标准的少数民族村寨先后进入中国传统村落名录的村落名单和全国乡村旅游重点村名录乡村名单，传统文化的保护与发展得到国家有力的支持。

易地扶贫搬迁工程的推进后，村寨整体搬迁入城镇，并打破了传统以宗族为居住区域的格局划分，各宗族的村民杂居在高层居民楼中。在此背景下形成当代民族乡村第三种文化形态。曾经尚且还作为传统文化知识“领袖”的寨老，在缺乏传统知识空间，代际差距加大以及政治权威早已交出的情况下，在新的居住空间里不知道还有多少能将参与矛盾纠纷的解决。同样，此种社会变迁下的习惯法一方面可能出现仅存在符号的功能，而丧失了传统的实质意义；另一方面退出显性位置，随着居住与生活方式的改变而变化仪式形态，仅以某种符号方式存在于日常生活的行为中。

3. 基于实践风险性对当前治理法治化创新性的思考

民族聚居与今天的民族地域所表现的社会结构复杂化是一种多元且流动的社会文化结构。这区别于曾经以血缘和有限的地缘为交往关系的传统乡土结构。国家治理与福利、市场经济、主流社会文化、全球化与本土文化多重叠加造就了这种多元且流动的性质。不同形态的民族乡村类型之间不是恒定不变的，而是有相互转化或发生新的延展的可能。这是文化适应的本质属性。这也意味着，不同形态的民族乡村所应对的治理风险并不相同，不能以某种模式以僵化地淡然处之。经验模式的总结应该是对深层次的风险脆弱性的共性把握，而对将治理创新仅停留在对制度形式的差异性创造上。仅是制度形式的创新而不涉及对本质规律的认知，那么这种经验“创新”仅是一场政治仪式，不仅没有真正体现治理路径创新的效用，也没有实现政府民生治理理念。面对多元规范认知且迅速流变着的空间，无论是立法者、司法者或是理论研究者对法律需要解决的实际问题的认识不应仅仅是停留在允许（默认）法律多元的形态共存，更需要将法律的理解与适用建立在一种新的沟通与谈判机制基础上。这个问题的解决，才是乡村振兴视域下重塑风险防控法律制度的多元意义与实现治理创新之所在。

（三）将“打造共建共治共享的社会治理格局”融入民族命运共同体理念，是民族乡村治理法治化创新性实现的内在条件

此外，当前民族事务法治化建设在法治文化的制度层面已逐步取得显著成效，但在法治观念认同方面仍存在困难。其原因在于国家治理历史维度中国家与民族地区相互成就的“中心”与“边缘”“他者”与“他者化”的文化偏差。“打造共建共治共享的社会治理格局”① 是新时代社会治理机制创新和体系的建设方向。分析国家治理视角下民族乡村法治建设中的文化认同阻却，并探索共识性的法治理念重塑是当前治理法治化实务界与理论界需要思考的主要问题。

共建共治共享的社会治理格局最终目标应是公民权利的价值实现，以及公民安全的维护保障。这需要在理论与实务界打造这样的观念：将文化差异的基础还原于文化同源，那么在制度上就不存在“他者”身份与“我者”身份、“他”空间与“我”空间的区分。区域治理法律制度在处理治理主体关系时，应将主体关系视为是“我”与“我们”的关系，而不是“他者”与“我者”之间的关系。

塑造命运共同体式的民族乡村治理法律制度意识是乡村治理法治化在民族乡村空间实践的创新理念。法律制度实践立场需要通过“共情”“共鸣”“共体”法律意识来完成。命运共同体式的法律意识是实现乡村治理的内化要求。心理学上，“共情”等同于“同理心”“共感”，意为心理换位、将心比心、设身处地地对他人的情绪、情感进行认知、觉知、把握与理解。“共情”能力是人际交往中行为主体设身处地去体验他人处境，感受和理解他人情感的能力。其能力主要体现为：情绪自控能力、换位思考能力、倾听能力以及表达尊重等相关能力。“共情”能力是从“他者”到“我者”在意识形态上的载体。没有感同身受的“共情”能力，就没有办法寻得“认同”，也不可能真正理解“共同”；危机面前，更无法实现共同体的铸造。“共情”能力的培养就是走向“共鸣”的桥梁。

“共情”“共鸣”“共体”法律意识是习近平总书记提出的“人类命运共同体”权力观、共同利益观、可持续发展观和治理观在法律观念上的具体回应。“共情”“共鸣”“共体”法律意识不仅包括对公民个体的意识要

① 习近平：《决胜全面建成小康社会　夺取新时代中国特色社会主义伟大胜利——在中国共产党第十九次全国代表大会上的报告》，见于《中国共产党第十九次全国代表大会文件汇编》，人民出版社 2017 年版，第 39 页。

求，还包括以国家权力机关为对象，将国家空间的行为认知延展到对个体空间行为的认知。由此建构国家与个体双方都将“国事”与“家事”联结，即形成个体（他者）与个体（我者）、个体与国家的关系联结。在此基础上形成利益与共，共担责任。这意味着政府需要具备一种开放视野去实现治理权力。处理少数族群权利相关事务时，要克服刻板印象，认识到少数人的权利也是你我皆为公民的基本权利。在个体空间内，每个人都可能在某一时刻成为“少数人”。关注并保障少数人的权利，实际上也是某个时刻的自己维护权利。树立和加强命运共同体的法律意识，能有力回击官僚主义之弊端。同时，乡村风险治理制度在创制、实施与评估的过程中，不应该忘记在某个角落还有因为民族语言不通、教育背景不同、行动能力或社会资本有限的边缘群体以及他们面对的风险和问题。他们可能落后于这个科技迅速发展的时代，可能被新的生活所抛弃，可能遭受的风险达不到国家的标准，但他们不能被实体制度所遗忘，更不能被程序制度所忽视。

道歉理论对我国医疗纠纷解决的启示与意义*

徐　清　王康宁**

摘　要：医疗纠纷解决不仅是法律调整的结果，亦是医患主体通过沟通达成“合议”。道歉理论扩展了促成这种“合议”的维度，在医方和患方之间建立起沟通桥梁。道歉理论以保护医护人员道歉、维护患者安全为出发点，切断道歉与医护人员自认的关联。这对完善诊疗过程、提高医疗服务质量、促进医患沟通十分重要。道歉理论在弥合医患主体需求、提高医疗纠纷解决实效、构建医患良性互动机制等方面展现出独特价值，对我国医疗纠纷解决具有借鉴意义。

关键词：道歉理论；医疗纠纷；道歉规则；纠纷解决机制

一、问题的提出——为何是道歉理论

习近平总书记在十九大报告中指出：“实施健康中国战略。”在全面推进依法治国背景下，深化医药卫生体制改革，建立有效的医疗纠纷解决机制，

---

* 基金项目：本文系国家社科基金青年项目“民法典人格权禁令民事程序构造”（项目编号：21CFX025），云南省千人计划青年人才专项的阶段性成果。

** 作者简介：徐清，女，云南省昆明市人，云南大学法学院副研究员，法学博士；王康宁，女，河南省周口市人，云南大学法学院硕士研究生。

是提高国家治理能力和治理体系现代化的应有之义。2018 年 7 月，国务院印发《医疗纠纷预防和处理条例》，该条例中将医疗纠纷定义为：“医患双方因诊疗活动引发的争议。”近年来，国内对医疗纠纷解决机制的研究，或是从多元法律治理切入；① 或是对《医疗纠纷预防和处理条例》中相关规定的规范分析；② 或是就某种非诉讼医疗纠纷解决机制的适用实践与完善进行探讨；③ 或是通过比较分析，借鉴域外医疗纠纷解决之相关经验。④ 而对于医疗纠纷解决中道歉理论的研究，则更多关注道歉能否作为法律上的责任承担方式。⑤ 总体而言，尽管上述关于医疗纠纷解决机制的研究日益增长，但对于道歉理论的研究较为分散，尤其是尚未聚焦探讨道歉理论对医疗纠纷解决的具体作用。

鉴于上述原因，本文以道歉理论为视角，试图从中观理论层面探讨以下问题。首先，为何选择道歉理论作为医疗纠纷解决的理论视角；其次，在梳理道歉理论的缘起和发展中比较其与我国医疗纠纷解决的传统和制度有无共通之处；最后，道歉理论对医疗纠纷解决具体制度的完善建议。

---

① 徐明：《反思与完善：医疗纠纷中的多元法律治理》，载《政法论丛》2020 年第 2 期，第 48-58 页。

② 艾尔肯：《论新时期医疗纠纷防范对策——以〈医疗纠纷预防和处理条例〉为视角》，载《北方法学》2019 年第 5 期，第 38-50 页；刘炫麟：《〈医疗纠纷预防和处理条例〉立法争议问题研究》，载《青海社会科学》2019 年第 2 期，第 152-159 页。

③ 陈琦：《医疗纠纷仲裁制度的正当性证成》，载《江汉论坛》2018 年第 6 期，第 128-133 页；董春华：《美国医疗纠纷仲裁发展困境的缘由与中国的选择》，载《现代法学》2016 年第 3 期，第 146-159 页；艾尔肯、吴冬梅：《论医疗纠纷第三方调解与民事诉讼的衔接机制》，载《苏州大学学报》（哲学社会科学版）2015 年第 2 期，第 50-58 页；丁凤楚：《论我国医疗纠纷人民调解制度的构建》，载《法学杂志》2011 年第 S1 期，第 284-287 页；杜仪方：《人民调解制度在医疗纠纷领域的适用与完善》，载《求是学刊》2020 年第 1 期，第 7-12 页。

④ 刘兰秋：《域外医疗纠纷第三方调处机制研究》，载《河北法学》2012 年第 11 期，第 140-149 页；刘兰秋：《韩国医疗纠纷调解立法及对我国的启示》，载《证据科学》2014 年第 4 期，第 484-499 页；陈琦：《美国的医疗纠纷仲裁制度》，载《华东政法大学学报》2018 年第 2 期，第 176-181 页；满洪杰：《医疗道歉法与医疗纠纷解决机制的发展——美国经验与中国进路》，载《当代法学》2017 年第 6 期，第 89-98 页；肖柳珍：《域外视野：中国医闹之医疗纠纷解决机制探讨——兼与哥伦比亚大学李本教授商榷》，载《证据科学》2016 年第 3 期，第 297-308 页。

⑤ 王立峰：《民事赔礼道歉的哲学分析》，载《判解研究》2005 年第 2 期；郝维华：《加拿大——中国道歉法的比较分析》，载《比较法研究》2011 年第 6 期；黄忠：《赔礼道歉的法律化：何以可能及如何实践》，载《法制与社会发展》2009 年第 2 期。

以域外道歉理论为视角对医疗纠纷解决机制进行分析，首先，域外道歉理论中切断道歉与自认的关联，为医疗纠纷解决具体制度下主体的道歉行为设置了一个“保护地带”。具体而言，其所指的切断道歉与自认的关联就是确认道歉的证据排除效力，这是医护人员放下心理包袱与患方进行沟通的保障。在这样的语境下，医患双方为促进医疗纠纷解决进行的沟通行为对完善诊疗过程，提高医疗服务质量，促进医患沟通具有重要意义。其次，医疗纠纷是医方、患方和其他因素综合产生的，解决医疗纠纷的过程是一种沟通的过程，一种在平等互信基础上的交往行动。再次，道歉理论将道歉作为社会交往中的补救机制，医疗技术的发展、新型医患关系的建立都是在医患双方的相互交往和影响下发生的。在医疗纠纷解决机制领域中，医患关系的补救最主要是医患双方达成的“合议”，医方通过道歉行为获得患方的谅解，与患方重建良好关系；患方则通过道歉获得心理补偿，与医方重建信任关系。最后，医疗纠纷解决机制的发展趋势需要道歉理论的注入。近年来，医疗纠纷解决机制领域热议的“非诉讼医疗纠纷解决机制”“多元法律治理”“医疗纠纷仲裁机制”等问题，其核心都是通过医疗纠纷主体的参与、主体间的沟通与合议，实现解决医疗纠纷的目的。

二、道歉理论概述

道歉理论缘起于20世纪以来政治或政府行为领域出现的“公共道歉”。一些国家的政府或公共机构会为过去在历史中的错误进行道歉，彰显如今“政治正确”的立场，如“第二次世界大战”后，德国对犹太人的道歉。由此，在普通法国家中出现了道歉法的身影。学者郝维华认为，“公共道歉”（Public Apology）是指：道歉扩大到社会层面，或成为向公众全体的道歉，或成为向特定人群的道歉，或者在公众视野范围内向某位或特定的几位遭受其伤害的对象道歉。[①] 20世纪80年代，马萨诸塞州通过了全美第一个道歉

① 郝维华：《加拿大——中国道歉法的比较分析》，载《比较法研究》2011年第6期，第65页。

法案，鼓励意外事件的肇事者向受害人及其家属道歉，以弥补受害人及其近亲属心中的遗憾。[①] 不过，该法案仅保护表示同情的陈述。[②] 从马萨诸塞州通过第一个道歉法案开始，美国的36个州以及哥伦比亚地区都制定了《道歉法案》（I'm Sorry Law/Apology Law）。[③]

（一）道歉的含义

当道歉进入法律语境后，因为道歉具备的复杂内涵，不仅能表达出内疚、惭愧、不好意思，还可以表达出承认错误以期获得理解与谅解的深层含义，它可以作为一种“黏合剂”，修复受损伤的人际交往关系。为了维持社会关系的道歉，会构成社会礼仪的一部分，行为者通过道歉求得息事宁人，社会礼仪的均衡状态得以重建。[④] 这也是为什么道歉在司法救济中拥有与其他救济手段不同的作用，被戈夫曼称为社会交往机制中的补救工具。

在中华法律文化传统与社会认知中，道歉并不仅是遗憾、歉意的表达，更是一种在“礼”治文化下的责任承担方式。传统社会中的行为规范由“礼”来承担，“失礼”则需要“服礼”来纠正。而服礼的主要实现途径便是：道歉。[⑤] 在我国传统文化认知中，赔礼道歉与赔偿损失并列同属责任承担方式。如瞿同祖在讲述基层社会的权威时举例：“族长在族中的权威很高，是族法的执行者，他可以根据族规或自己的意志判断曲直，酌定处罚。他可以责令赔偿损失、服礼道歉、罚款、加以身体刑、在祠堂打板子、开除族

---

① Lee Taft：*Apology and medical mistake*：*opportunity or foil*，Annals of Health Law，Vol. 14，No. 1，2005，pp. 71-76.

② MASS. GEN. LAWS. ch. 233，§ 23D（1986）. 向意外事故的受害人或其家属，就其因该事故造成的痛苦、死亡表达同情或一般性的关心等慰问的陈述、书面或致意的行为，不应该在民事程序中被当成自认责任的证据。原文为：Statements，writings，or benevolent gestures expressing sympathy or a general sense of benevolence relating to the pain，suffering or death of a person involved in an accident and made to such person or the family of such person shall be inadmissible as evidence of an admission of liability in a civil action.

③ Benjamin Ho，Elaine Liu：*Does Sorry Work? The impact of apology laws on medical malpractice*，Journal of Risk and Uncertainty，Vol. 43，No. 2，2011，pp. 141-167.

④ Erving Goffman：*Relations in Public*：*Microstudies of the Public Order*，Based Books，1971.

⑤ 郝维华：《加拿大——中国道歉法的比较分析》，载《比较法研究》2011年第6期，第68页。

籍、送官究办，有时甚至下令处死。”①

通过上述比较可见，域外道歉理论中对道歉的定义与我国的法律文化传统和社会认知不同，域外更多是将道歉的范围限于对“遗憾”“歉意”的表达，不包括对于过失的承认和对责任的承担。塔夫特总结的道歉模式是：给他人权益造成损害的人通过对自身行为的道歉表示其承认自己实施了违反社会规则的行为，也对由于自身行为给他人带来的不良后果表达真挚的悔恨意图。② 如1986年美国马萨诸塞州通过的全美第一部道歉法案中，将道歉的范围限定在对事故造成的伤害、死亡表达同情或一般性的关心等慰问的陈述、书面或致意的行为。

（二）美国医师道歉制度的发展历程

1. 患者安全运动的发展背景

20世纪70年代，美国由于经济态势紧张，保险费用上涨且保险公司缩小保险范围，这给医患双方都带来直接或间接的影响。医生直接受到的影响是医疗过失保险率飞涨，医疗机构为降低风险更多地采取防御性医疗手段，拒诊重危症疾病，损害了原本就紧张的医患关系，美国的医疗服务行业陷入危机。当时有实证研究指出，美国医疗环境并非如大众所预期般的安全③，相反，医疗伤害事件发生率居高不下。但患者向法院提出的医疗纠纷诉讼件数和庞大的医疗伤害件数相比，只不过是冰山一角而已。④

至此，美国各界开始反思，发现医疗过失的问题事实上比医疗诉讼更迫切需要处理，对医疗纠纷解决的思维也从早期以提高患者诉讼难度为主的改

---

① 瞿同祖：《法律在中国社会中的作用——历史的考察》，载《中外法学》1998年第4期，第7页。

② Lee Taft: *Apology Subverted: the Commodification of Apology*, The Yale Law Journal, Vol. 109, No. 5, 2000, p. 1135-1160.

③ 1984年，一批不同学科的哈佛大学学者接受纽约州州政府委托，耗时4年，对当年全纽约州51家医院抽样取出的31429份病历进行研究，结果发现每100名住院患者中有3.7名受到医疗伤害，其中28%是医疗过失引起的，而在每8件可能成立的医疗伤害中，只有1件提起了诉讼。

④ 杨秀仪：《医疗纠纷之定义、成因，及归责原则》，载《台湾法学杂志》2002年第39期。

革，逐渐转向以提升医疗品质、维护患者安全为主。[①] 在这一波患者安全的社会运动中，坦诚面对和公开错误，被认为是预防错误的关键因素。美国学者对患者起诉医生的原因进行了实证分析，结论是：患者及其家属遭受医疗损害时，除了有经济上赔偿的诉求外，其他非经济的诉求也同样重要，首先，是公开情况，追究真相；其次，是道歉，防止事件再次发生；最后，是处罚等。[②] 由此可以发现，道歉在缓和双方当事人的对立情绪、开展理性沟通、满足受害人的情感需求、促进和解以及降低诉讼率等方面发挥重要作用。

2. 美国医师道歉制度的沿革

1986 年，马萨诸塞州为赔礼道歉专门设立了一个“safe-harbor”[③]，通过了一项禁止将医生道歉的言论及行为作为民事诉讼中医生应当承担法律责任的证据的法案。这项法案规定医生道歉仅包括诉讼前或者诉讼结束之前的道歉，不包括事故发生后的同情和仁慈的表达。同时马萨诸塞州法令中为道歉者提供的安全港切断了道歉者的道歉与民事诉讼中证据的关联，该制度表示，当事人同情或者表示仁慈的言论或姿态应与涉及事故的人的痛苦或死亡有关，并且道歉者对于该人或其家属做出的说明不可以在民事诉讼中作为当事人需承担责任的证据。

1999 年，得克萨斯州通过了类似“我很抱歉”的法案，以此来保护医生关于同情的表达，但是得克萨斯州的道歉法案并不保护一个医生对诊疗行为涉及疏忽或有罪的陈述，对于包含承认过错的部分依然可以适用一般的证据法则。该项法案也影响了其他州及其他国家的道歉法案模式，2000 年加利

---

① 邱玟惠：《浅谈医疗纠纷诉讼之相关规范》，载《台湾法学杂志》2010 年第 178 期。

② Gerald B Hickson, Ellen Wright Clayton, Penny B. Githens & Frank A. Sloan: *Factors that prompted families to file medical malpractice claims following perinatal injuries*, *JAMA*, Vol. 267, No. 10, 1992, pp. 1359-1363; Charles Vincent, Magi Young & Angela Phillips: *Why do people sue doctors ? A study of patients and relatives taking legal action*, Lancet, Vol. 343, No. 8913, 1994, pp. 1609-1613.

③ Lee Taft: *When more than Sorry Matters*, Pepperdine Dispute Resolution Law Journal, Vol. 13, No. 1, 2013, pp. 181-204.

福尼亚州以及 2001 年佛罗里达州都沿用了上述规定。[①]

《道歉法案》为了鼓励医疗机构及其医护人员主动认错，还在不同程度上排除了医生道歉在证据法上的自认效力。其旨在保护医护人员，使其不受治疗期间医护人员向患者说明病情信息及治疗后果的言论影响责任的承担。

（三）道歉制度的分类

道歉一般分为部分道歉与完全道歉。部分道歉是指为诊疗过程中人为不可避免的，不因人的意志而转移的潜在因素进行的道歉。部分道歉是典型的加利福尼亚州模式。加利福尼亚州在立法理由中说明表示同情的陈述与承认错误的陈述的区别[②]，这种道歉的保护范围仅限于“遗憾”和“道歉”的表达，只有符合此范围的道歉才被排除在证据法中。完全道歉是指医疗服务提供者不考虑客观原因，仅针对由于自身过错或过失导致发生本可避免的医疗不良后果进行的道歉。完全道歉模式则以科罗拉多州为代表，这种道歉模式在将所有对权益受到损害者表示安慰、遗憾或同情的表达纳入保护范围的同时，把过失的承认也同样纳入道歉法的保护范围中。

与此相对应，道歉法分为完全道歉法和部分道歉法两种，部分道歉法仅保护对受害者表示安慰、遗憾或同情的表达，完全道歉法则不仅保护承认过失和责任，也保护部分道歉法中的同情、遗憾或安慰。[③] 完全道歉将过失的承认纳入保护范围的原因主要有两点，一是患者及其家属想要了解对医疗损害发生的原因和经过，如果医护人员不愿意诚实面对，他们会因感到被背叛和不被尊重而愤怒，并为此提起诉讼。二是如果医护人员诚实告知有助于他

---

① Lee Taft: *Apology and medical mistake: opportunity or foil*, Annals of Health Law, Vol. 14, No. 1, 2005, pp. 55-74.

② West's Ann. Cal. Evid. Code § 1160（a）及立法理由说明。加利福尼亚州《民事诉讼法》第116（a）条规定：“对于因意外而受伤或死亡的受害人所承受的痛苦，向该受害人本人或其家属任何表达同情（Sympathy）或一般性致意（General Sense of Benevolence）的陈述（Statement）、书面（Writing）和动作（Gesture）均不能作为法庭证据使用。但若该陈述保护承认过错（Fault），则不适用此规则。”

③ 晏英、刘玉莹：《域外道歉法的发展及对我国医疗纠纷解决的启示》，载《中国医学伦理学》2018 年第 1 期，第 10-13 页。

们自身从罪恶感中解脱。[①] 第一个原因似乎与我国传统社会“讨说法”不谋而合，也从侧面表明我国借鉴医师道歉制度具有一定可行性。

（四）对域外道歉理论的评价分析

自30年前医疗道歉法出现以来，美国学术界对医疗道歉法在解决医疗纠纷中发挥的功能和作用的评价两极分化。一些学者对道歉理论表示明确支持与赞同，认为发展道歉理论和建立道歉制度能快速处理医疗纠纷，提高医患双方解决矛盾的效率；[②] 有效降低医疗纠纷发生率；[③] 同时道歉制度也能降低医疗损害赔偿金额。[④] 但还有一些学者认为，道歉理论无法达到理想中解决医疗纠纷问题的功效，甚至可能危害患者安全。有学者认为，道歉法可能带来医护人员以不真诚的态度为道歉而道歉所做出的“战略性道歉”，这种敷衍的道歉行为可能会引起患者及其家属的愤怒，对原本岌岌可危的医患关系再次造成伤害。[⑤] 还有一部分学者认为，道歉法案的通过没有考虑道歉的道德意义，丢失了道歉应具有的道德内核，使道歉丧失应有的真诚意味，仅仅成为侵犯他人权益者的“安全港”，并不能缓和人际关系之间紧张对立状态。[⑥]

道歉理论诞生至今仅仅有三十余年的历程，域外道歉制度讨论涉及的主题还有待拓展，道歉理论对医疗纠纷解决的作用还有待评估，但是人们对道

---

① Jonathan R. Cohen: *Toward candor after medical error: the first apology law*, Harvard. Health Policy Review, Vol. 5, No. 1, 2004, pp. 21-24.

② Benjamin Ho, Elaine Liu: *Does Sorry Work? The impact of apology laws on medical malpractice*, Journal of Risk and Uncertainty, Vol. 43, No. 2, 2011, pp. 141-167.

③ 根据美国相关机构的调查数据显示，与没有实施道歉制度的州相比，无论通过道歉法的州是否是完全道歉模式，医生和患者选择以和解方式解决医疗纠纷的比例都有明显提高，重大医疗事故中和解金额平均下降14%~17%。Benjamin Ho, Elaine Liu: *Does Sorry Work? The impact of apology laws on medical malpractice*, Journal of Risk and Uncertainty, Vol. 43, No. 2, 2011, pp. 141-167.

④ Benjamin Ho, Elaine Liu: *What's an apology worth? decomposing the effect of apologies on medical malpractice payments using state apology laws*, Journal of Empirical Legal Studies, Vol. 8, No. 1, 2011, pp. 179-199.

⑤ Jonathan R. Cohen: *Toward candor after medical error: the first apology law*, Harvard. Health Policy Review, Vol. 5, No. 1, 2004, pp. 21-24.

⑥ Lucinda E. Jesson; Peter B. Knapp: *My Lawyer Told Me to Say I'm Sorry: Lawyers, Doctors, and Medical Apologies*, William Mitchell Law Review, Vol. 35, No. 4, 2009, pp. 1410-1417.

歉理论在医疗纠纷解决与鼓励和引导医生道歉方面的作用总体持肯定态度。①目前西方国家正在医疗领域迅速推行道歉法，我国香港和台湾地区也有意制定道歉法。② 2017 年，我国香港特别行政区立法会通过了《道歉条例草案》。

三、确认道歉的证据排除效力的价值和限度

确认道歉的证据排除效力，刺破医护人员“永不犯错”的面纱，对完善诊疗过程，提高医疗服务质量，促进医患沟通十分重要。医患纠纷比起其他类型的民事纠纷更加棘手的一点是，患者及其家属对医护人员有过高的期待，患者及其家属期待一个好的诊疗结果。并且在长期的医疗活动实践中，无论是一般公众，还是医疗行业共同体都对医护人员形成了“永不犯错”的刻板印象。但是在现代医疗技术水平下，诊疗过程更像是一个系统活动，各个部门在诊疗活动中都发挥着不可或缺的作用，不能仅仅将医疗不良后果简单粗暴地归结于医护人员身上。在医疗事故造成的医疗事故损害赔偿纠纷中，医护人员不愿意承认医疗过错的防御心理及逃避责任的行为不仅不能解决医疗纠纷，还会加剧患者对医生的不满。道歉可以扭转这一情况，避免医患双方矛盾升级，促使医护人员尽到充分的注意义务，尊重患者权利。发生医疗不良后果后，只有医护人员放下防御心理，诚恳承认错误，将同类事件的发生率降至最低，患者才能获得安全可靠和令人放心的医疗服务。

确认道歉的证据排除效力，切断道歉与自认的关联，可以帮助医护人员放下“包袱”，搭建医患之间沟通的桥梁。大多数医护人员不愿意因医疗纠纷向患者及其家属道歉的原因在于，患者是否会以其道歉作为其医疗行为失误的证据，让其承担责任。但如果在证据法上切断道歉与自认的关联，即医护人员的道歉不会成为法庭质证过程中的证据，大多数医护人员会放下负

---

① 林暖暖：《美国无过错医疗责任改革：制度缘起与法理启示》，载《中国社会科学》2010 年第 2 期，第 177 页。

② 香港《经济日报》(2013) 刊载文章《道歉有“法”，有错爽快认》表示中国香港地区有意制定道歉法案。

担，就不当的诊疗行为进行道歉，以此与患者重建良好关系，缓和医患矛盾。

实践中绝大多数医护人员都会担心与患者发生矛盾，且认为如果与患者及其家属发生纠纷会影响自己的职业生涯。医护人员在自我防御心理下，不愿意与患者进一步沟通，在出现医疗纠纷时出于自我保护的心理，不愿对患者及其家属道歉。但当患者及其家属和医护人员发生医疗纠纷时，他们更想通过维权手段获得的是医护人员的道歉与医患双方友好平等的关系。医疗道歉立法的目的是为了保护医护人员的权益，避免医方的道歉成为法庭质证过程中的证据，以此鼓励和保护他们为不当医疗行为进行道歉。“在庭审之前，医护人员对不良后果给患者带来的痛苦和不便表示同情、关心的表达。应该排除其证据效力，但是在诉讼过程中，医方承认对发生医疗不良后果存在过错，则应具有证据效力。”① 确认道歉的证据排除效力有利于医护人员放下防御心理，积极就医疗不当行为与医疗不良后果与患者及其家属进行沟通，这种沟通与尊重恰恰是患者需要的。

借鉴道歉理论必须在目的视角下考察建立保护道歉规则的必要性。如有学者认为：“医疗道歉是针对可能存在的医疗错误作出的，而医疗错误可能已经造成了患者的人身损害或者现实地威胁着患者的人身安全。保护医疗道歉，直接目的有二：从医疗服务者一侧来看，道歉是为了促进医方揭露医疗错误，尽早地发现问题、解决问题；从患者一侧来看，道歉是为了加强患者与医疗服务者的沟通，预防医患矛盾激化，缓解紧张的医患关系。”

确认道歉的证据排除效力，并不代表医护人员在发生医疗不良后果时可以免除法律责任。“道歉与自认之间的关系应该从更具政策性的角度来考虑，诚然取消了自认要件的道歉可能会成为一种诉争的攻击，但只要当事人的妥协有利于社会和谐与稳定，就应该对当事人的妥协予以立法保护。”② 但需要

① 满洪杰：《医疗纠纷与医疗纠纷解决机制的发展——美国经验与中国进路》，载《医学法学》2017 年第 6 期，第 89-98 页。

② 黄忠：《赔礼道歉的法律化：何以可能及如何实践》，载《法制与社会发展》2009 年第 2 期，第 125 页。

明确的一点是，保护完全道歉并不意味着医护人员不承担侵权责任，如果除医护人员的道歉以外还存在其他能够证明医护人员违反医院管理规定及医疗卫生规章的证据，能够证明医护人员对医疗不良后果的产生具有不可推卸的责任时，医护人员仍然面临潜在的法律责任。

四、道歉理论对医疗纠纷解决的意义

（一）道歉理论对弥合医患主体需求的意义

2018 年 7 月，国务院印发《医疗纠纷预防和处理条例》，该条例中将医疗纠纷定义为："医患双方因诊疗活动引发的争议。"保护医护人员的道歉对缓解医患之间的紧张对抗关系而言十分必要。医护人员在诊疗过程中，由于疏忽大意产生的过失和过错极有可能造成医疗事故，对患者及其家属带来不良后果，使医患关系进入紧张模式。医护人员的道歉行为，在这种紧张对抗状态下就显得极为必要。一方面，道歉不仅可以安抚患者及其家属的激动情绪，也可以调节自身情绪，通过对过错的承认来释放巨大的心理压力，不至于影响其他工作。另一方面，道歉也意味着提供补偿和相互理解的契机，有助于构建良好的医患关系。

1. 道歉理论为医方放下心理"包袱"

道歉制度的确立有助于医护人员放下心理"包袱"，在诊疗中与患者建立良好的沟通机制，缓和医患矛盾，修复医患关系。医疗道歉法以保护医护人员利益为出发点，切断道歉与自认的关联，保证医生道歉不会日后作为呈堂证供使医生承担不利责任。道歉理论的发展和道歉制度的建立为医护人员解决了后顾之忧。若在我国医疗纠纷解决机制中适用道歉理论，让医护人员不再为责任承担而担忧，可以使医护人员以较为放松的心理状态进行诊疗活动，更放心大胆地向患者或患者家属公布真实的诊疗信息，这有利于患者及其家属对患者身体状况和治疗方案有更加全面客观的了解，也有利于构建医患之间良性互动机制和提高医疗服务质量，推动我国医疗卫生体制改革。

2. 道歉理论为患方提供情感慰藉

在医患双方发生纠纷时，大多数患者的首要诉求并不是经济赔偿，而是医护人员的道歉、尊重以及医患双方友好平等关系的恢复。在法律层面，无论当事人选择诉讼方式或调解方式解决医患纠纷，其都重点强调通过金钱赔偿承担法律责任。然而在很大比例的医患纠纷中，患者并没有要求经济补偿，而是要求医护人员解释他们的疏忽。从功能而言，医护人员通过向患者或其家属道歉可以取得良心和道德上的平衡，患者也可以从赔礼道歉中获得心理补偿。“被告的道歉可以发泄受害者的怨恨……受害者甚至可以通过不合理的，令人不满意的道歉来发泄他们的愤怒和仇恨。”① 在这样的情形下，道歉行为不仅能缓解医护人员内心的不安，还可以化解患者及其家属对医疗疏忽或过错的不满，以便医生与患者在和谐友好的环境中进行交流和沟通。

（二）道歉理论对提高医疗纠纷解决实效的意义

1. 道歉理论对促进医患沟通的意义

医患双方在医疗过程中进行的是一种平等的互动和沟通。缓和医患矛盾，促进医患关系向健康方向发展，医疗服务提供者与其患者之间的互动和沟通需要建立在开放和信任的基础之上。在完善我国的医疗纠纷解决机制进程中，基于道歉理论建立相应的道歉制度，对医护人员的道歉加以立法保护，这对改善医疗卫生环境，建立更安全、更和谐、更开放的医疗卫生服务体系而言十分必要。借鉴道歉理论建立相应的道歉制度，有利于促进医患沟通，改善医患关系。

2. 道歉理论对提高医疗信息对称性的意义

由于医生和患者之间的知识水平不同，患者在相关信息理解上与医生相比处于绝对不利的地位。患者只能通过医护人员在诊疗过程中的披露与沟通了解病程和病情信息。目前，医患纠纷频繁发生的主要原因在于患者担心与医护人员缺乏必要的沟通，医护人员对自己隐瞒真实情况，给自身知情权、

① 王立峰：《民事赔礼道歉的哲学分析》，载《判解研究》2005 年第 2 期，第 36 页。

生命健康权等合法权益造成不必要的损害。保护医护人员的道歉可以鼓励医护人员向患者及其家属告知实情，得到患者的理解和信任，同时可以降低医护人员的防御心理，有效提高医患双方的信息对称性。

3. 道歉理论对提升医疗纠纷和解效率的意义

在没有建立起确实有效的医疗纠纷解决机制时，诚恳的道歉可以在化解医患冲突中发挥司法和行政机关不可比拟的作用，道歉可以缓解医生与患者之间的冲突和安抚双方的情绪。道歉对受害者、侵权者和社会而言具有多种功能，它不仅可以协调医护人员和患者的心理感受，也可以帮助恢复和谐信任的医患关系。有实证研究显示，如果医生诚实地承认错误，超过一半以上的受访者“就不会起诉医生”①，这证明了医护人员道歉的行为对降低医疗纠纷诉讼率，提升和解效率有重要作用。

（三）道歉理论对构建医患良性互动机制的意义

1. 道歉理论将道歉由责任承担方式转变为纠纷解决方式

自古以来，“赔礼道歉”在我国纠纷解决中都是以责任承担方式出现的，邻里之间产生矛盾，不管采用何种纠纷解决方式，承认自己的行为确实给对方造成了影响，赔礼道歉，纠纷就此了结。但在医患纠纷解决过程中，如果将“赔礼道歉”作为责任承担形式，就代表着医护人员承认自己的行为对患者产生的不良影响，这与上文中提到要切断道歉与自认之间的关联相违背。因此，在我国医疗纠纷解决机制中借鉴道歉理论，需要将道歉由责任承担方式转变为纠纷解决方式。

我国现有的医疗纠纷解决机制，以赔偿和制裁为重点，忽略了医患之间需要构建良性沟通循环的需要和重塑医患互信关系的必要性。因此，有必要鼓励和支持医生和患者沟通有关不良医疗后果的信息，并通过信息沟通和相互理解促进医患之间建立诚实和信任的关系。道歉理论鼓励以赔礼道歉方式解决医疗纠纷，从保护医护人员权益的角度出发，切断道德与自认证据的关

① 黄钰媖、杨秀仪：《诉讼外医疗纠纷处理机制——认错、道歉有用吗？美国道歉法制度沿革及启示》，载《月旦法学杂志》2014 年第 7 期，第 140-172 页。

联，以期降低医疗纠纷诉讼率。

我国道歉立法应逐步收缩，使道德的归道德，司法的归司法，将道歉由哪里需要哪里搬的“责任承担形式”转变为纯粹的当事人在诉前或诉中真诚和自发地忏悔与反思。[①] 同时，承续司法实践中的优良传统，借鉴道歉理论，在整个司法体系中重新思考道歉规则的立场，使这种长期存在的道德仪式焕发出新的活力。

2. 道歉理论与新型医患关系的建构

免除医护人员的法律风险，有利于保障医护人员敢于承认自己的过失行为和道歉，从而避免医患矛盾恶化，构建和谐友好互信的新型医患关系。在诊疗过程中，大部分医护人员认为自己的医疗行为是合乎规定的，出现不良医疗后果并不能归结到个人身上，只要完成自己的工作，与患者的沟通似乎并不重要。但是患者在诊疗过程中，最为在意的就是医护人员的态度以及耐心与否，当患者的需求与医护人员的防御心理正面交锋，原本细微的情绪问题极有可能演化为医疗纠纷甚至暴力伤医事件。医护人员为了缓和患者情绪，解决医疗纠纷问题，对医疗过失或过错进行道歉，不仅不能被指责其没有道德，反而应该认为这是具有道德正当性的行为，对这种道歉行为予以立法保护和鼓励。从域外经验来看，明确排除医护人员在诉讼之外道歉的证据能力，解决医护人员后顾之忧，使医护人员敢于道歉并披露过失或过错行为是十分必要的。

患者对医护人员的认识充满了“父爱主义”色彩，认为医护人员是无所不能的，期待好的诊疗结果。患者对医疗专业知识缺乏了解，不能充分认识到医疗技术的局限性以及意外因素的介入，患者及其家属在就诊过程中期待好的诊疗结果，以至于在出现医疗不良后果时，他们更愿意将责任归结到医护人员身上。但是“在这种医疗父权主义模式营造的共同幻象中，治疗结果的不确定性被掩盖，而要想改变这一点，应当建立医患共同决定的关系模式”[②]。而面对患者及其家属的过分期待，医护人员往往带上一层自我保护的

① 郝维华：《加拿大——中国道歉法的比较分析》，载《比较法研究》2011 年第 6 期，第 74 页。

② Jay Katz：The Silent World of Doctor and Patient，The Free Press，1985，p. 166-198.

面纱，加强防御心理以减轻或免除责任。保护道歉规则有利于保障医患双方更少地纠结于认定一个既成事实的原因上，而将重心引向争议解决，使医患关系尽早重回正轨。这是一种具有法律意义的道歉形态。[①] 从功能而言，医护人员通过向患者或其家属道歉可以取得良心和道德上的平衡，患者也可以从赔礼道歉中获得心理补偿。因此，在我国现行的医疗环境下，有必要借鉴道歉理论以及道歉法中关于道歉证据效力的规定，排除诉讼外医生道歉的证据能力，让医生在法律风险免除下敢于道歉和披露过失，从而避免医疗矛盾的恶化，构建基于道歉理论的新型医患关系。

总体而言，道歉理论的发展和道歉制度的建立在降低医疗纠纷诉讼率、减少医疗损害赔偿金额等方面发挥了重大作用。其一，道歉法的实施为医患双方提供了一种公开友爱的信任关系，能够改善患者在信息交互上的劣势，提高信息交流与不良后果披露的效率。其二，道歉法可以降低诉讼率。有研究发现，患者或其家属往往是出于愤怒情绪选择起诉医护人员，如果医护人员针对其过错进行真诚地道歉，可以缓和患者及其家属的这种愤怒情绪。[②] 其三，道歉法的实施提高了医疗纠纷案件中的和解效率，同时能有效降低医疗损害赔偿金额，当患者及其家属的权利得到尊重，心灵诉求得到满足，对经济赔偿的标准会降低。在完善医疗纠纷解决机制进程中，基于道歉理论建立相应的道歉制度，对医护人员的道歉加以立法保护，这对改善医疗卫生环境，建立更安全、更和谐、更开放的医疗卫生服务体系而言十分必要。

---

① 陈云良：《保护道歉规则在医疗纠纷中的确立与运用》，载《中外法学》2020 年第 6 期，第 1534 页。

② 黄钰媖、杨秀仪：《诉讼外医疗纠纷处理机制——认错、道歉有用吗？美国道歉法制度沿革及启示》，载《月旦法学杂志》2014 年第 7 期，第 140-172 页。

甘南藏族自治州完善多元化纠纷解决机制的路径探析*

王春艳**

摘　要：甘南藏族自治州具有特殊的历史文化背景，其多元化纠纷解决机制的构建既要坚持国家法制统一原则，又要结合以习惯为主要内容的传统纠纷解决机制。当前，甘南藏族自治州传统纠纷解决机制适用范围和效果逐渐萎缩，但地方文化对纠纷化解又有着重要作用。要坚持国家制定法的主导性地位，尊重并善用优秀的民族习惯，优化民间调解资源，加强司法队伍建设，完善司法中习惯的引入机制，实现国家制定法与地方文化的良性互动。

关键词：民族地区；习惯；多元化纠纷解决机制

一、引　言

我国是一个多民族的国家，各民族在长期的历史发展过程中形成了各具特色的民族文化，这种文化的差异性也体现在各民族不同的纠纷解决机制上。这些自发形成的纠纷解决机制在很长的一段时间内受到人们的遵循，发挥着社会治理的作用，即便在法治体系较为健全的今天，在经济社会发展步伐较为缓慢的民族地区，各民族大多沿用着本民族传统的纠纷解决机制，其

---

* 基金项目：国家法官学院 2021 年度研究课题。

** 作者简介：王春艳，女，硕士研究生，甘肃省民族法制文化研究所助理研究员。

对国家制定法具有重要的补充作用，因此，在民族地区，要构建多元化纠纷解决机制，运用好民族地区本土的纠纷解决机制是其中不可或缺的一环。

二、甘南藏族自治州主要的纠纷解决机制

甘南藏族自治州的纠纷在本质上与其他地区的纠纷并无区别，都是由于个体之间因为权利义务关系难以调和而产生的矛盾，只是由于生产生活方式以及民族传统文化上的特殊性，故而其纠纷的表现形式和解决方式与其他地区有所区别，在甘南藏族自治州，常见的纠纷类型如草场纠纷，特色的纠纷解决方式则有“吃咒”“民间权威调解”等。由于藏族是典型的游牧民族，环境较为闭塞，受外界影响较小，其传统的纠纷解决方式较好地沿袭下来，在民众中有着广泛的应用基础，国家制定法不能在短时间内完全取代其发挥作用，故而现在甘南藏族自治州的藏族民众中，纠纷解决机制主要由两部分构成，一部分是以习惯、村规民约等为主要内容的传统的纠纷解决方式，另一部分则是以国家制定法为依托的司法程序纠纷解决机制。具体而言，有以下三种。

一是“吃咒”。在纠纷解决过程，当事人对是非、善恶有争议，或是对某一事实的主张产生分歧又难以拿出明确的证据时，常常使用这种方式来证明自己的主张是真实的。一般情况下，是否“吃咒”完全基于当事人的意愿，但如果一方要求去“吃咒”，另一方必须答应，否则即说明其对于所主张的事实是理亏的，由此是非得以分辨。“吃咒”在安多藏族中尤其受到重视，是当事人对自己所主张的事实极其确信的表现，故而在纠纷中一方或双方对争议事实去“吃咒”，双方则不再对该事实进行深究，这实质上防止了纠纷的进一步发展和升级。“吃咒”在调解中适用也比较广泛，在纠纷调解成功后，为保证双方当事人都能够履行调解协议，调解人会提出让当事人一同去“吃咒”，“吃咒”后任意一方不得毁约，极大提升了调解的成效。

二是民间权威调解。甘南藏族的纠纷解决方式中调解占了很大的比重，担任中间调解人的民间权威主要有部落头人和年长的老人、活佛僧侣、官员或者干部、亲朋好友等。一些农牧民群众民族宗教信仰色彩极为浓厚，“重调轻法”

现象较为普遍，甚至可以说民间调解是一个纠纷解决的必经程序，在解决当地纠纷中具有重要的作用。正如甘南藏族自治州的一位法官在座谈中谈道：

（我们这里）牧区农区相对偏远的地方，一定程度上保留了传统的家长制、村落制或部落制，他们自己处理一些矛盾纠纷，会考虑更长远的问题，强调处理好双方的关系，否则在一个村子共同生活，积压矛盾或者矛盾处理得不到认同，就可能引发刑事案件，所以他们自己处理案件相对彻底圆满，反而到法院打官司的相对少，我们有 1300 多件调解案子，涉及牧区农区的就 20 至 30 件，这不是说村里没纠纷，是他们自己能够较好地解决纠纷，这就是传统有传统的做法，有它的好处。①

由此可以看出，在牧区和农区，受家长制、部落制、村落制的影响更深，民间权威调解后通常纠纷都能够得到解决，传统的纠纷解决方式取得的效果更明显。此外，即使案件进入司法程序后，通过邀请民间权威居中调解结案的情况也很多，夏河县法院曾办理过这样一个分家析产案②：

涉案家庭地处偏远牧区，相较于传统观念上的分家析产，此案中涉案家庭财产包括藏羊、牦牛、马、草场、羊棚、牧民合作社股份、地皮等，财产种类多样，牛羊又有公母长幼之分，草场亦有冬夏之别，家庭成员众多，且在传统习惯上，丈夫去世后儿媳回到娘家，分不到任何财产，这与法律“保护妇女儿童的合法权利”相悖，承办法官邀请村委会主任及村中德高望重的三位老人组成第三方民间调解组织参与本案调解，在多方共同努力下，当事人达成调解协议，男方同意给女方分配适当财产，对品相均匀的牛、羊、马依照当事人合意分配，对多出来的单只牛羊及品相不一的马按照传统习惯抽签决定。

此案虽已进入诉讼程序，但承办法官在案件中让民间调解人员充分发挥

① 座谈时间：2020 年 11 月 13 日，座谈地点：HZS 法院，座谈人员：合作市法院员额法官、法官助理。

② 来源于夏河县法院提供的文字材料：《民族区域民事习惯法的司法适用——以夏河县藏族为例》。

了作用，通过调解，弥补了当地习惯的不足，保护了妇女权益，达到案结事了人和的效果。

三是诉讼。随着社会的发展，矛盾纠纷愈加多元化，国家制定法也进一步普及，甘南藏族自治州的藏族民众逐渐认识到运用传统纠纷解决方式的局限性，一些文化程度较高、法律思维较强的人开始运用诉讼的方式来维护自己的权益。在当地法院审理的一些具体的案件中，在依据国家制定法做出裁判的基础上，法官也会考虑当事人的习惯，综合考量，把国家制定法和当地习惯相结合，以使案件取得更好的社会效果。

〔2018〕甘3027民初26号民事案件中，双方当事人起诉离婚，法院依照有利于从孩子身心健康发展及原告已经丧失生育能力的角度出发，将长子判给男方，次子判给女方，出于该地民俗习惯中长子继承家业的惯例考虑，女方希望将夫妻共同财产中属于自己的份额全部赠予其长子扎某某，在庭审中自愿放弃分割除用于其个人使用的生活必须用品及衣物首饰外的其他夫妻共同财产，法院亦尊重其意愿。①

三、甘南藏族自治州纠纷解决机制面临的困境

虽然甘南藏族自治州传统纠纷解决机制在现代仍然具有法治价值，发挥着定分止争的作用，但由于其起源于传统的生产生活方式，与日渐多元化的现代社会纠纷不可避免地存在一定的脱节，故而在现代法治实践中的应用面临着困境。

（一）传统的纠纷解决机制适用范围和效果逐渐萎缩

社会的不断发展和变革给民族地区带来的最显著的变化就是打破了地方性生活的封闭性，随着民族的交往、交融，城镇化的发展和人民文化水平的提升，与外界的联系逐渐增多，受外界文化的影响越来越大，原先的村落、

① 〔2018〕甘3027民初26号民事判决书。

部落、种族的观念和界限逐渐减弱，在较为封闭的环境下形成的传统的纠纷解决机制适用范围和取得的效果逐渐萎缩，在甘南藏族自治州，“吃咒”和民间权威调解这两种传统的纠纷解决方式就存在这一问题。

“吃咒”在本质上是一种“神判”，人们认为“吃咒”时说谎或做错事的一方会受到神灵的责罚，因此保证了“吃咒”的说服力。与其他的许多民族习惯一样，“吃咒”的效力建立在相对封闭的地方性生活中人们诚信度较高，其对纠纷的化解作用也大打折扣。

在民间调解中，藏族由于宗教信仰色彩浓厚，农牧民群众、族群和部落意识较强，对村主任、头人、宗族内部首领较为尊崇，能起到“一锤定音”的作用，通常由这些人员担任调解人，随着时间的推移，甘南藏族自治州的部落中逐渐形成一些“老人组织”，专门负责调解纠纷，但这些组织的调解任意性较大，并不遵循法治理念，也不能保障公平正义，调解过程中产生的费用给当事人造成极大的负担，甚至给当地的社会秩序带来负面影响，笔者在夏河县法院调研时，一名法官也说道：

> 我们这里以前也有一些“老人组织”，专门调解纠纷，完全依照习惯进行调解，但调解过程中很容易触犯法律。并且调解过程一般都需要一两个月的时间，叫一些人天天谈，所产生的费用都要双方当事人承担。比如，同一个村子两家人发生命案以后，有一个习惯，就是受害方要到致害方家里去，把他的房屋推倒，不推倒的话也要把柱子毁坏，不让他在这个村子里面住下去，有些人限定年限 10 年、20 年，有些人就一辈子不能回来。这时候“老人组织”就出来了，他们不是一两个人，人比较多，吃住要到甘南州合作市的哪个宾馆里面，所有的吃、住、行产生的费用都要由双方当事人来出。而且他们调解会依照习惯，习惯是要把你们赶出去，那就依照习惯来处理。所以这种“老人组织”的存在有很大的问题，现在已经没有了。①

① 座谈时间：2020 年 11 月 12 日，座谈地点：夏河县法院，座谈人员：夏河县法院员额法官、法官助理。

此外，传统的纠纷解决机制依赖于习惯化解纠纷，而习惯具有较强的地域性，其产生以一定区域的人的聚集为基础，是一在定区域内的人认同和共同遵守的规则，发挥作用的范围也只限于这一区域，这个区域可能是地域上的一个村庄、一个乡镇，也可能是某个行业、某个民族，超过了这个特定区域，在另外的区域又有不同的习惯，这一区域的习惯将难以得到认同。同时，形成不同习惯的区域与区域之间也没有明确的地理界限，不同区域之间的习惯可能略有不同，亦有可能相去甚远，正所谓“十里不同风，百里不同俗”。正如甘肃省临夏州和甘南州，在地理位置上相毗邻，但穆斯林民族与藏族的风俗习惯截然不同。在各民族不断交往、交融的今天，地域、民族之间的界限模糊化，不同民族、不同地域的主体之间产生的纷争越来越多，在不具有相同习惯的主体之间，习惯便没有用武之地，传统的纠纷解决机制解决纠纷的范围自然也不断缩小。

（二）地方文化影响国家法的适用

虽然伴随着经济水平和社会各项事业的发展，甘南藏族自治州较为封闭的社会模式已经被打破，诉讼已经成为社会纠纷的主导方式，但习惯仍然以观念的方式作用于社会关系的调整过程，国家法治理念以西方法律文明为基础，而习惯主要是本土的传统法制文化，二者在起源、观念、对社会关系的调整方式、解决纠纷的方式等方面都截然不同，国家法在深入社会治理的各个方面时不可避免地与地方文化交织，甚至可以说地方文化在某种程度上阻碍着国家法的运行。

在纠纷的解决方式上，习惯与法律各有侧重。法律通常意味着国家公权力的介入，以裁判为主，司法调解为辅，而习惯往往通过私力救济和社会救济方式解决纠纷，且以调解为主。我国传统文化中的儒家思想主张“以和为贵”，人民普遍具有“厌讼”的心理特征，因此发生纠纷后，人们更倾向于请在当地具有威望的人依照习惯居中调解，在甘南藏族自治州，这一特征表现得尤为明显，他们认为利用传统习惯调解和解决本民族纠纷是更为合理的方式，因此司法裁判对化解纠纷所取得的社会效果不如调解。由于调解与判决的侧重点不同，同一案件依照习惯进行调解与法院依法判决的结果也会截然不同，前者的结果与当事人之间的习惯相一致，后者的结果以法律为依据，使得习惯与国家法治理念的冲突在所难免。在乡土社会，依照习惯进行调解具有一定优势，也在一定程度上影响了在乡土社会的法律适用空间。在本该由法律发挥作用的领域内，习惯代替了法律维持着社会秩序，使得法律的适用受阻，大大降低了国家法的权威性。

从法律与习惯的具体内容上来讲，依据《婚姻法》婚姻的解除需在民政部门办理登记手续，而习惯中还存在口头离婚。在夏河县法院提供的文字材料中有这样的内容：

> 关于离婚，习惯上认为，只要夫妻双方愿意，举办民俗婚礼，即为结婚，因此未办理结婚登记而请求解除同居关系的案件仍然存在。夫妻不合时，经过当地村委会、家长等人同意，夫妻双方可以分居了事，而不用办理其他手续。夏河县法院在处理的一起离婚纠纷案件中，当事人并未办理离婚手续，后女方再次结婚，在法庭询问过程中女方一再表示已经离婚，当询问起如何离婚时，回答“在我们大队（村委会）离婚的”，在本案当事人观念中，男女分居、父母同意，大队（村委会）认可，这三者同时满足后即已经离婚。①

此外，一些物品从法律上来看只是一个简单的物权归属的问题，但习惯上却赋予了特殊含义，合作市一名法官举例：

> 当地的风俗讲的是把锅头搬走了就是把灶王爷搬走了，法官觉得那不过是400块钱的东西，但在习惯里却很重要，所以我们不掌握当地风俗习惯，生搬硬套法律，结果肯定不理想，如果硬判给男方，执行的时候肯定会有矛盾。②

---

① 来源于夏河县法院提供的书面材料：《民族区域民事习惯法的司法适用——以夏河县藏区为例》。

② 访谈对象：YJC，访谈时间：11月13日，访谈地点：HZS法院。

在物权领域，我国《物权法》中规定，不动产所有权以登记为准，但在习惯中，许多人认为签订买卖合同便意味着不动产所有权的转移，买房付款后即为不动产所有权人，因此可能会有房屋已经经过几次买卖但都未进行权利变更登记。此外，有一些习惯违背法律强制性规定，但这些习惯目前仍旧存在当地人的观念中。在甘南藏族自治州，刑事案件中有“赔命价”的传统，“杀人者依其命价大小赔命价”①，致害人即使伤及被害人生命，也不会剥夺其生命，用“赔命价”的方式解决，“命价”中也包含了精神损失费，受害一方收到“命价”后便不再追究。在当地习惯中，刑事案件中也会由部落头人、老人或者有社会威望人士从中调解，这与我国法律规定中刑事犯罪须追究当事人刑事责任，刑事附带民事诉讼赔偿不得要求精神损害赔偿的规定相违背。以上种种例证都体现着民间习惯与国家制定法的藩篱。

（三）司法裁判适用习惯存在困难

虽然我国《民法典》明确了习惯的补充性法源地位，但实践中适用这一条的裁判文书少之又少，习惯仍然面临“能说不能写，能调不能判的困境”。在对甘肃甘南藏族自治州开展的调研中，当地法院表示虽然在司法调解过程中经常运用到习惯，但在裁判中直接依据习惯进行裁判的案件几乎没有。在民族聚居区域，习惯发挥的作用理应更大，但习惯“能说不能写，能调不能判”的情况却尤为明显，调研中也发现，法官在适用习惯的过程中面临着重重阻碍。

1. 习惯缺乏有效的识别、举证和查明依据

司法中适用习惯需符合公序良俗原则，民间流传至今的许多习惯都带有封建性质，如家产“传男不传女”，就是典型的“男尊女卑”“重男轻女”思想的残余，再如前文所述在藏族习惯中将锅视为传统文化中的“灶王爷”，这类习惯具有迷信色彩，不能算作公序良俗，但对社会公共利益并没有损害，可以说是一种民族文化，法官作出两种认定似乎都不为过，都可以自圆

---

① 五世达赖喇嘛：《西藏王臣记》（藏文版），民族出版社 1981 年版，第 15 页。

其说，但如何认定其性质显然严重影响着裁判的法律效果与执行难度。习惯的识别标准不明确，不同的法官之间存在价值观和认知的差异，对同一件事会有不同的看法，必然导致司法实践中同案不同判的现象发生。

司法所适用的规则必须具有确定性和稳定性，足以使人信服，习惯得以适用于民事案件也是由于其作为一种社会规则具有一定的稳定性和社会认同，是一种“软规则”，但习惯具有模糊性、区域性和保守性，难以有明确的举证和查明路径。依照目前我国民事诉讼法中“谁主张，谁举证”原则，当事人在审理过程中提出某项习惯后，必须举证证明习惯的存在，但因为许多当事人见识和文化水平有限，本来举证能力不足，习惯又难以用有形的证据来证明，在无形中加大了当事人主张适用习惯的难度。且即使当事人完成了举证，也需要法官查明习惯是否真实存在，是否具有惯行性。我国历史上除了民国时期的《中国民事习惯大全》和《民事习惯调查报告录》以外，几乎没有其他较为全面的习惯汇编，而且习惯是处于流变中的，随着人民文化水平的提升，一些陈规陋习已经被摒弃，外加我国法治化进程加快，法治理念也影响着人们的观念和行为，因此从民国到当代，必然经历了习惯的变迁，当时的习惯汇编必然不能适应现在的司法需求。正如韦伯所说：“习俗是在一定范围内存在的事实上的实践或机会。它决定的社会行为的规律性并不总是绝对的，具有或然性。”①

2. 法官面临内部考核和外部监督的双重压力

在我国现有制度下，对法官业务能力高低的判断主要是由其所裁判案件的结案率与上诉率决定的。如果一个法官在裁判依据中明确说明依据某个习惯做出判决，那么这个案件的当事人将极有可能上诉或申请再审。调研中也有法官表示：

> 不要说用习惯，我们现在用法律的公平原则裁判案件都很少，因为你用法律的基本原则有时候当事人不服，你认为正确的价值观念是这样

---

① ［德］韦伯：《经济与社会》（上），林荣远译，商务印书馆1997年版，第62页。

的，但是人家认为是那样的，所以用原则裁判是很麻烦的。[①]

也有用了习惯不在判决书里写明的，该法官也讲道：

我们之前有过一个离婚的案子，男方是回族，女方是藏族，在调解的时候偏向于把孩子给男方，判决时候也尊重民族习惯，但是判决里面不会写明。[②]

习惯的使用涉及更大的自由裁量权，没有统一固定的评价标准，审理之后学术界和上级作出不满意的评价是常态，尤其像基层法院，在司法体制中处于低位，各方面缺少足够的支持和底气去大胆地适用习惯。如同苏力教授所说："法官在选择性地允许习惯性规则进入司法，修改或置换制定法时，既不主要是由于他/她们没有正式法律的知识，也并非主要是出于某种文化的认同，或某种文化结构使然（文化认同仅仅在决定以什么规则来修改、置换制定法上起作用），而同样是由于种种涉及他/她们自身一系列合法利益（其中包括对职务责任的考虑）的制约条件促成的。"[③] 案件终身负责制、裁判文书公开、纪律监察以及信访和舆论压力等，让法官必须在制定法与习惯之间进行平衡，以确保自身职业安全。习惯的模糊性及其与制定法之间存在的不协调增加了判决的不确定性，相比之下，对法官而言，运用有说服力的明确的法律原则、法学理论来裁判案件显然更有利。

四、甘南藏族自治州完善多元化纠纷解决机制的路径

当前，在甘南藏族自治州，国家法已经对社会矛盾纠纷的处理占据了主导地位，传统纠纷解决机制的适用领域被大大压缩，但又不可能在短时期内被完全替代，仍然会在夹缝中生存。因此，在社会发展进步和现代法治理念

---

① 访谈对象：WXR，访谈时间：2020 年 11 月 12 日，访谈地点：HZS 人民法院。

② 访谈对象：WXR，访谈时间：2020 年 11 月 12 日，访谈地点：HZS 人民法院。

③ 苏力：《中国当代法律中的习惯——从司法个案透视》，载《中国社会科学》2000 年第 3 期。

的共同作用下，传统的纠纷解决机制面临着新形势下的转型，国家法在民族地区的运行亦需要在尊重民族文化的前提下与传统的纠纷解决机制相协调。

（一）坚持国家法在纠纷解决中的主导地位

目前，我国法律体系已经较为完善，国家法渗入社会治理的各个角落，即使在民族地区，国家法也越来越被人们认可和接受，在维护社会秩序中发挥着主要作用。坚持国家法在纠纷解决机制中的主导地位是维护国家法制统一的内在要求。国家法由国家强制力保证实施，具有公平性、公正性和权威性，在我国民族区域自治制度中，各民族地方虽然具有立法变通权，但须在法律允许的范围内，且不得违背上位法，司法权更是由国家统一行使，故而民族地区传统的纠纷解决机制的运行亦应当遵循国家法的规定。一方面，坚持国家法在纠纷解决机制中的主导地位，要求必须摒弃传统纠纷解决机制中与国家法治理念相违背的内容。民族传统习惯本身具有局限性，如“群体械斗”扩大了纠纷，“赔命价”违背了刑法中罪刑法定的原则……这些纠纷解决方式与现代法治理念不符，甚至消解着国家法治能量，阻碍了国家法的运行。因此，要实现对甘南藏族自治州的依法治理，必须要重新审视习惯的内容，甄别出其中不合理、不合法的因素，进行废弃，才能把各项事务纳入法治轨道。另一方面，要加大普法力度。普法的成效直接影响着人们的法律观念和法律行为，国家法在民族地区适用受阻，很大程度上是因为当地人法治观念不足，对国家法的接受程度不高，甚至抱着不信任的态度。因此，相关部门还要继续深入开展普法教育活动，充分运用电视、网络等媒介，通过有奖问答、专题讲解、视频短片、电视节目等方式，着重普及与群众日常生活息息相关的法律法规，把法律知识和民族语言文字、宗教仪式、日常生活习惯、生产技能提高相结合，带动民众学习法律知识的主动性，逐渐让法治观念深入人心。

（二）尊重并善用优秀的民族习惯

构建多元化纠纷解决机制，即意味着纠纷的解决不能一味依赖国家公权力，而应当充分发挥私力救济、社会救济和公力救济等多种救济方式的优势和作用。不同的纠纷解决机制有其对应的场域，诉讼作为一种公力救济方式，不可避免地存在成本高、耗时长、容易加剧当事人之间的对抗关系等缺点，在我国人民普遍“厌讼”的背景下，通常在穷尽私力救济和社会救济均无法解决纠纷时才适用，而习惯作为一种补充性规范，对纠纷的解决通常效率较高，过程较为平和，注重说情，事后当事人之间往往还能保持和谐友好的关系，在某种程度上能够弥补制定法的不足，以习惯为主要处理依据的传统纠纷解决机制往往成为诉讼的前置程序。另外，在推行法治化的过程中，还应当注重法律所取得的社会效果，藏族群众有自己的习惯和价值观念，不顾本土文化而推行法治，必然会适得其反。要求社会治理法治化不是全盘西化，不能脱离本土法治资源去谈法治，藏族群众传统习惯保留较好，在纠纷解决方面是现成的资源，因此甘南藏族自治州法治化过程中也应当尊重优秀的民族习惯，并承认其合理性，在案件的调解和审判过程中将民族习惯作为重要的考虑因素，在调解中吸纳民间权威及习惯做法，在司法裁判中合理运用《民法典》第十条，适当发挥民族习惯的积极作用，通过整合与运用，进一步充实纠纷解决机制。

（三）优化民间调解资源，加强司法队伍建设

在多元化纠纷解决机制中，民间调解资源的存在是把双刃剑，一方面，他们在民众中间的威望使他们调解的成功率很高，有利于纠纷的化解；另一方面，文化素养、法律素养的缺失，又决定了他们容易向民众传达错误的价值观念。在多元化纠纷解决机制下，应该加强对民间调解资源的整合，通过培训、管理民间权威人员及组织，提高他们的法律素养，加深他们对法治理念的理解，提高他们甄别习惯善恶的能力，约束他们的调解行为，让这些民间调解资源实现转型，继而将其吸纳进入人民调解组织、审判组织及基层群众性自治组织，如此既能灵活运用本土资源化解纠纷，又能起到普法、传达正确价值观念的作用，将对本土资源与国家法的融合起到很好的助推作用，为民族地区多元化纠纷解决机制的构建提供帮助。

民族地区应当有针对性地培养了解民族文化的司法工作人员。一方面，要加强本民族法律人才的培养。本民族的法律人才兼具民族文化背景与法律基础知识，能够了解纠纷主体的想法，迅速找到矛盾所在，在法律允许的范围内考虑到当地习惯寻求化解之道，也容易得到当事人的信任，更有利于化解纠纷。民族地区可以通过与高校联合培养法律人才、定向招录本民族的法律专业毕业生等方式，将本民族法律人才充实到司法队伍中。另一方面，要加强对司法队伍的文化培训。民族地区许多问题都与当地文化背景有关，对司法人员要求较高，需要司法人员不但要有专业的知识储备，更要对本地风土人情有深刻地了解，民族地区应当加强对司法人员的专业技能培训，将本地区的民俗习惯、风土人情的学习纳入培训和考核内容。

（四）完善司法中习惯的引入机制

1. 加强习惯的收集、整理和汇编，丰富举证和查明方式

民国以后，我国再没有对习惯进行系统的调查和整理，习惯的内容细碎，地域差异性大，其搜集整理是一个庞大的工程，但随着近些年学者对民族地区习惯的研究较多，对习惯的调查和搜集已经做了一些基础工作，因此这一工作具有可行性。笔者认为，可以在国家层面成立专门的工作组，组织各民族地区开展调查和搜集，联合学者、司法部门、基层行政组织、基层法院等，对常用的、不违背法律和公序良俗的民族习惯进行搜集、整理和汇编，为司法过程中习惯的识别、举证、查明和引用提供文字依据，降低司法过程中适用习惯的难度。此外，在举证和查明习惯内容时，可以邀请宗族长老、民间权威、当地百姓、相关领域专家参与，由他们对习惯是否存在及其具体内容作出阐述，将其作为证人证言纳入案件材料中，考虑这些人员的诚信度、在社会上的受信任程度，由法官综合考量后对习惯的内容作出认定。

2. 以完善的机制减小法官面对考核与评价的压力

第一，以审判委员会的权威和法官会议的集体智慧为法官适用习惯保驾护航。通过集体讨论，法官之间充分进行沟通交流，互通有无，年轻法官积极听取借鉴资深法官的经验，获得对习惯的更深层次的认知，同时，以多名

法官集思广益的结果进行裁判，将法官的自由裁量权控制在一个良好的限度之内，也能更好地保障裁判的合理性和合法性，增强判决的说服力，减小案件被发回重审或改判的可能性，为承办法官增加信心。

第二，二审、再审法官应更加尊重原审法官的自由裁量权。法官适用习惯的过程也是行使自由裁量权的过程，而法官自由裁量权很大程度上取决于个人对事情与案件的看法和认知，有时候并没有绝对的对错。因此，在二审、再审中，如果原审法官适用习惯满足法律规定，有明确的习惯依据，不违背公序良俗，决定改判或发回重审时应当慎重，要审慎行使自己的权利，避免因为二审、再审法官的个人的主观认知和看法而改变案件的结果，打击基层法官适用习惯的积极性。

第三，完善对法官的监督与考核机制。要彻底解决法官适用习惯的后顾之忧，就必须从监督和考核机制上着手，在习惯的适用中对法官的监督与考核标准适当倾斜，对适用习惯裁判收到良好社会效果、有模范作用的法官进行奖励，对因为适用习惯而导致改判的案件进一步甄别其是否错案，被改判的原因如何，后决定是否计入改判率，如此完善奖惩机制，才能在根本上解决习惯“能说不能写，能调不能判”的窘境。

第 三 编

经验与田野

南方民族走廊的生产、生活法人类学研究[*]

——南方民族走廊法人类学研究系列之二

李远龙[**]

摘　要：从法人类学意义上来说，南方民族走廊生产、生活习惯（或习惯法）大致可以分为："砍山吃山""原始共耕""男逸女劳""做海""干栏""舟楫为家"。"砍山吃山"又一别称叫"刀耕火种"意即以瑶族为代表的南方山地民族易土而耕，"吃过一山徙他山"；"原始共耕"同样是指南方山地民族（如独龙族、拉祜族、佤族）在原始土地公有制基础上、耕作形式上保留的原始共耕制的共耕关系，共耕各方共同出籽种和劳动力，共同生产，产品大部分平均分配；"男逸女劳"意即男人安逸，女人辛劳，是母权社会制度在南方民族、特别是在两广和云南的残余；"做海"是南方海洋民族（如广西的京族、广东沿海的疍民）的生产生活方式，意为"见者有份"，其中"寄赖"最具特色，所谓"寄赖"，就是占客人的光，托客人的福。同时，它也表示"丰收"和"幸福"，"寄赖"越多，"丰收""幸福"越多；"干栏"干栏又称高栏、高脚屋，是南方少数民族（壮族、瑶族、苗

---

* 基金项目：本文为国家社会科学基金项目"南方民族走廊族群关系研究——法人类学的视角"（项目编号：05CMZ005）阶段性成果。

** 作者简介：李远龙，男，1966年出生，广西民族法学研究院院长，教授，博士，博士生导师。主要研究方向：法律人类学、民族法学、法律文化及法理学。

族）因南方特有的地理环境而设置的一种居住方式，即房屋上层住人，下层养家禽家畜的楼房；“舟楫为家”是指南方民族走廊沿海地区的唯一的一个非少数民族弱势群体——“疍民”，其一生居住在船上或在傍岸临水架设的竹木结构的高脚棚——“疍家棚”里，“水居”一方面说明了疍民遭受歧视、沦为弱势群体，过着与世无争的游渔生活，另一方面又反映了其洪母般的铮铮气节。总而言之，通过描述这些生产、生活习惯（或习惯法），以此反映南方民族走廊地区人们对抗外敌，自我保护，适应、改变自然的等法人类学功能。

关键词：南方民族走廊；生产；生活；法人类学

从法人类学意义上来说，南方民族走廊生产、生活习惯（或习惯法）不是现代国家的制定法，但在维护社会稳定、调处社会纠纷等方面仍然具有法的功能，其大致可以分为：“砍山吃山”“原始共耕”“男逸女劳”“做海”“干栏”及“舟楫为家”等，下文分别通过以上维度的史料分析，逐一对其进行法人类学解剖。

一、“砍山吃山”

“吃过一山徙他山”，是历代山居瑶族生活的生动写照。自古以来，瑶族人民不喜争斗，受封建统治者及其他大民族的压迫，退居山林，每到一山就砍完一山，刀耕火种，由于所耕土壤没有现代化学肥料，自身肥力有限，所以三年左右他们就又要迁往其他地方，筚路蓝缕，重启山林。是故，瑶族人民被戏称为“东方的吉卜赛人”，不少学者就其特征以“漂泊中的洞察”“漂泊中的永恒”为题写成专著。香港中文大学人类学系第一任系主任乔健先生就说：“一部瑶族史便是一部漂泊史，大部分历史学者都认为瑶族源于长沙五陵蛮。都在现湖南境内。由此向南向东在华南地区辗转迁徙，之后便是越境到了越南、老挝与泰国等地，越南战争之后，随着难民又移居到美、法等西方国家。"①

刀耕火种农业主要是在耕作技术条件低下的情况下进行的。由于肥力的补充远不如地力的消耗，耕种一两年之后土地肥力急剧下降，出产率日渐降低，以致无法耕作，迫使人们另择好土，"易土而耕"。

"刀耕火种"又一别称叫"赶山烧畲"。地广人稀是从事这一生产方式的民族社会生态环境的客观物质条件。在这些地区，土地富有，山地自然资源一望无际，无限而广阔。也正是这种广阔的生活地域为这种"刀耕火种"提供了可能。是故，南方山地民族常常易土而耕，"吃过一山徙他山"，今年耕此，明年种彼，如北方游牧民族一样，谓之"游耕"。

史料记载，位于中越边境的云南金平县拉祜族就是"通常每隔1年就短途移徙耕作居留地一次，每隔3年又重返故地利用那些已经休闲期满的耕地，每隔12年左右就不辞辛劳长途跋涉到另一片原始森林"②。

诚然，从法人类学意义上来讲，在人类社会的早期，人类自身认识及对抗大自然的能力有限，借用早期的"砍山吃山"生产方式，生息繁衍，是一种迫不得已的自然法则。

但是，人类文明在不断进步，这种游耕的传统耕作方式，弊端日益显现：增加二氧化碳排放，全球因二氧化碳气体不能被植被吸收固化而导致全球升温，产生"温室效应"；破坏生物多样性，很多动植物就此逐步消失；直接破坏地表植被这一地球的外衣，这不仅影响人们的生存环境，还引发一系列生态问题，我们不希望出现第二个玛雅文明的毁灭。

随着国家对森林资源和生态环境的重视与保护，《中华人民共和国森林法》的出台，南方山地民族生产生活能力随之提高，人们对大自然的理解加深，这些较为原始、粗放的耕作方式也逐步退出了历史舞台。

---

① 乔健：《漂泊中的永恒》，山东画报出版社1999年版。

② 云南少数民族五套丛书编辑组：《拉祜族简史》，云南人民出版社1986年版。

二、"原始共耕"

在南方民族走廊地带，至今仍有少数山居民族残留有原始共耕制的痕迹，以瑶族为主，尤其是蓝靛瑶和山子瑶。表现在生产方式上就是刀耕火种，生产季节，大伙互帮互助共同耕种村落里的山地。原始共耕主要是村内共耕，不少地方也出现跨村共耕，在中越、中缅边境地区甚至出现跨国共耕。

除了广西的瑶族、少数苗族之外，其他山居民族也存在这一特征，目前比较权威的历史文献——王锺翰的《中国民族史》就是佐证。请看它的描述：

> 19世纪初独龙族、怒族、傈僳族（部分）、佤族（部分）还处在原始社会后期家族公社和原始农村公社解体的时期，这些民族社会发展的特点是生产力水平低下，经济虽以刀耕火种的农业为主，但采集和渔猎仍占很大的比重。生产工具十分简陋，小型铁器和竹木农具并用，社会分工不明显，交换尚停留在以物易物的阶段，社会内部虽有一定的贫富分化，但还没有形成剥削阶级。在土地所有制形态上，正处在家族公社和农村公社公有制向个体私有制发展的时期。土地的原始公有制还较普遍存在，独龙族保留有家族公有、几户伙有的公有土地；怒族土地关系中原始公有制还十分突出，村社公有、氏族公有、家族公有土地还占有重要的地位；傈僳族社会中家族和村寨公有的土地还作为一种残余形式保留下来，家族、村社公有的土地有的地区占到总耕地面积的30%；云南西盟佤族家族，村社的公有土地占耕地面积的10%~20%；西双版纳布朗族的土地大部分属于氏族公有。对于这些公有土地，凡氏族、家族、村杜成员都可自由开荒耕种，丢荒后就失去使用权。

基于这样的原始土地公有制，因而在耕作形式上便保留着原始共耕制的共耕关系。各族对共耕的称呼不一，独龙族叫"猛吴"，怒族叫"扣利牙"，佤族叫“麻格类亩”，傈僳族则称之为“哈米奔列伙”，皆为共同耕作或大伙一起种的意思，译成汉语为“合种”或“伙种”。各个民族的共耕组织虽有所差异，但大体是一致的，即由两家或两家以上（最多8家）组成，一个家庭可参加一个或两个以上（最多者参加10余个）共耕组织。共耕关系不稳定，每年都有变化。共耕使用的土地有的是家族、村社公有地，有的则是私人土地。共耕各方共同出籽种和劳动力，共同生产，产品大部分沿袭原始平均分配的原则，按户平均分配，也有按人口平均分配的，不计劳动力的强弱，土地无论属于谁所有，一般都不计报酬。如果籽种原由一方所出，则先扣除籽种，然后再平均分配。有少数的共耕组，因组内生产资料占有的不平衡而产生了分配上的不平等，因而出现了某些剥削因素，导致共耕关系的逐渐解体。①

为什么会产生这种共耕关系呢？笔者认为：

> 由于地广人稀、生产力水平低下，人们只得过着群居的生活，生产生活上互帮互助，不会也不可能存在大量的剩余产品及贫富差距，从而构成了其独特的平均分配原则，没有土地买卖，没有土地所有权。

独龙族人民在生产中的地位是平等的，所以独龙人对于生产所获之物，实行绝对平均分配原则，即便是毫无收获者亦可分到一份。独龙族的“尼得休”就是指把采集到的食物绝对平均地分给大家；“发休夺”则是指捕获野兽时，除用兽皮和一支后腿奖励最先击中者而外，其余的都要毫无保留地平分给大家；捕获的鱼照例也要平分，这叫作“阿奢木得休”。独龙族在生产中平等帮助，在生活中也同样如此，“迪里哇”在独龙语中是大伙帮助的意思，指的是独龙族社会中互相帮助，不计报酬的一种原始的生活方式，即谁家有困难，大家出力帮助，不收取任何报酬。

拉祜族分猎物时，由众人推举一人来主分，分好后人们可以提意见，直到没有意见时各取一份，但分猎物的人到最后才拿自己的那一份，以示公正。

---

① 王锺翰：《中国民族史》，民族出版社1995年版。

对怒族来说，团结、互助既是一种美德，也是一种生存手段，在怒族社会中占有相当重要的地位。他们平均分配劳动产品，每个成员不论在任何时候做任何事情都要相互帮助。最突出的有盖房互助、妇女纺织互助、传授技术互助、办婚丧事互助、对鳏寡孤残的帮助等。“棉阿白”（意为请人干活）是怒族互助的一种形式，没有任何剥削性质。这些无私的帮助使得这些山地民族的生活水平相差无几。

三、“男逸女劳”

“男逸女劳”意即男人安逸，女人辛劳。

不少地方志书都有关于少数民族“男逸女劳”或者说“男惰女勤”的记载。直到今天，广西、云南的相当一部分少数民族妇女仍然是山上和田间的主要劳动力，也是家庭中的总管，就是在“重男轻女”的条例下也能充分显示女性的重要地位和责任。

宋周去非《岭外代答·情农》卷三载：

> 其耕也，仅取破块，不复深易，乃就田点种，更不移秧。既种之后，旱不求水，涝不疏决，既无粪壤，又不耔耘，一任于天。既获，则束手坐食以卒岁。其妻乃负贩以赡之，己则抱子嬉游。慵惰莫甚焉。

卷十《十妻》又载：

> 余观深广之女，何其多且盛也！男子身形卑小，颜色黯惨；妇人则黑理充肥，少疾多力。城郭虚市，负贩逐利，皆妇人也。……为之夫者，终日抱子而游。无子则袖手安居。

明王济《君子堂日询手镜》也说：

> 余初到横，入南郭门，适城市，荷担贸易，百货塞途，悉皆妇女，男子不十一……又有多人负柴米入市，亦是妇人。尤为可笑。

明魏濬的《娇南琐记》又载：

解牛多理妇（理即俚，笔者注），亦曰屠婆。缚牛于木，数之曰："某时牵汝耕田不得，某时乘汝渡水不即行，今何以免死！"乃杀之。

清嘉庆《广西通志·诸蛮》：

妇女挟粟布赴墟市贸迁，男子襁负而随。

民国《思恩县志·社会》（今环江县）：

女子……才力亦不让于男子。凡农事工作，男子所能者，女子尽能之，且极负其子作工于烈日苦雨中，较男子为劳……兼能营商贸易，每墟场赶墟之人，男女各半。外来人骤然视之，颇诧异。

耕田、打柴、背米、挑担入市贸易之事，几乎全为妇女所为，则其他活之类，自不必说了。甚至杀牛之类也是妇女来干。①

刘锡蕃《岭表纪蛮》载：

蛮区各县，凡耕耘、烹饪、纺织、贸易、养育、负担诸事，女子皆能任之。故其立于家庭地位，同为经济生产上重要之人物，有时并能赡养男子。

初看这些材料，给人的第一印象好像是"男尊女卑"：男子大老爷们，养尊处优，女子处于从属地位；仔细又看，似乎又是"女尊男卑"：女子绝对主导家庭经济生活。其实两者都不尽然。

"男逸女劳"是母权社会制度在南方民族、特别是在壮民族的残余。众所周知，南方少数民族如壮族等母系社会的结束远比汉族来得迟（云南的摩梭人至今仍基本处于母系社会状态中），而其由母权制社会向父权制社会过渡的进程期也很长，这是因为其开发较晚，文明程度低下，经济生产严重滞后所知。从"男逸女劳"这一民俗事项我们可以看出，女子占主导地位的母系社会特征的残留：在现代壮族社会里家庭虽然在形式上以男子为中心来组

① 山民：《略论桂西壮族若干习俗之缘起及其对经济发展之影响》，载《广西教育学院学报》1998年第1期。

成，但女子在家庭中仍然占据着主导地位；女子在占据主导地位的同时也承担着较多的义务。

诚然，母系制时代，世系由母系计算，女性当家作主。但笔者认为：在母系社会里，绝不像一般人所想象的那样，母系制社会就是一个女性王国，妇女可以坐享其成，衣来伸手，饭来张口。恰恰相反，发号施令的女性家长及其姊妹们，同时也承担着更大的生产、生活责任。

《鲈霍屯志略·风俗》记载：

> （藏族）平时操作，男逸女劳，稼穑耕耨外，妇女之力居多。主持家事，市茶布悉委诸女，供力役咸与焉。更有健于男子者。稍暇，携筠笼、捻毛线、织毪子，以供衣服。①

又有史料记载说：“西藏男子怠惰，女子强健。普通男子所操之业，在藏族中大抵为妇女之职务，或耕作田野，或登山采樵，或负重致远，或修缮墙壁，建造房屋。凡普通男子所为概为之。贸易亦多属妇人。且在家自庖厨纺织裁缝，及老幼之亦梳发等亦为之，并不以为劳，殆习惯使然。男子间亦耕作，不过为妇女之辅助，使牛马负载货物，亦非得女子之助不能，诚异闻也。”②

《大定府志》载：

> 土人妇女草履耳红细花，男逸女劳，肩上出入无空者。

这里的土人指的是贵州的穿青人。

可见，“男逸女劳”并不只是现今壮族的经济生活的特征，是一种流传久远的习俗，是母系社会遗留下的产物。同时，也不仅是表现在南方壮族经济生活中，在其他民族中也能找到相应的痕迹，她是母系时代生活的载体。

是故，笔者认为，这是一种陋习。壮族学者也认为：“这种习俗，对壮族

---

① 中央民族学院图书馆编：《鲈霍屯志略·风俗》，中国民族史地丛刊之十四.

② 《中华全国风俗志》（下篇，卷10《西藏》），中州古籍出版社1990年版，据1936年大达图书供应社本影印。

地区的经济发展有着不利影响，这是显而易见的：在生产手段落后、生产力低下的社会中（就是在今天，广西壮族地区农业生产的现代技术含量也并不高），劳力投入的多少与劳动者体力的强弱是经济发展与否的一个重要条件。从生理等客观条件来看，男子的劳动能力本优于女子。而'男逸女劳'之俗却使得作为强劳力的男子对家庭经济和社会经济的贡献甚为微小，有时候竟连自己的生存都要依赖女子。而体力较弱的女子，居然承担了供给生活资料发展经济这一重大责任的大部分，这如何谈得上发展经济？妇女不仅生理和体力上不如男子，而且又有生育之苦、子女之累、家务之劳，仅仅这几项已足可使她们疲惫不堪，可此种陋习竟然还将耕田种地、负贩贸易甚至杀猪宰牛之类重体力活也加在她们身上，这也未免太残酷、太不合理了！而男子的懒惰成性、游手好闲，尽管是一种传统习俗、一种社会风气，但这种不负责任不思进取的不良习气不可能不对妇女产生负面影响。不要说她们力不能逮，哪怕她们力有余裕，这种不公平的社会现象也难以让她们全心全意地去发展经济啊！"①

壮族人民自己也意识到了这一点。中华人民共和国成立后，党和政府组织成立了合作社、人民公社、生产队等集体合作组织，壮族男子的肩膀开始强壮了起来，但是家务劳动及经济贸易仍然主要由妇女承担；改革开放后的今天，据笔者在这一地区的多年田野调查，情况大有改观，可喜可贺！

四、"做海"

（一）捕鱼

北部湾位于十万大山南麓，沿岸有许多河流，大量有机物质通过河流注入大海，鱼料十分丰富。其次，"三岛"地区属亚热带气候，年平均气温在21.5°~23.3°，年降雨量1300~2700毫米。气候湿润、海水温暖、鱼料充足，这一带是北部湾周围最好的渔场，是鱼类、贝类天然的产卵场。

据不完全统计，京族捕获的鱼类有青鳞、鲨鱼、马鲛、红占、石斑、鲈

① 山民：《略论桂西壮族若干习俗之缘起及其对经济发展之影响》，载《广西教育学院学报》1998年第1期。

鱼、鱿鱼、墨鱼、马母、季母、奎龙、红鲷、赤鱼、鲷鱼、龟鲹等700多种，其中经济价值较高的有200多种，最主要的有马鲛、青鳞、赤鱼、鲷鱼、石斑、鱿鱼、墨鱼等10余种。杂海渔产主要有：沙虫、螃蟹、蚧及贝类。名贵药材有：珍珠、海龙、海马与海蛇。

京族生活很艰苦，主要靠做海为生，具体有：浅海捕捞、深海捕捞及杂海渔业，以浅海为主。

浅海捕捞的对象主要是鱼、虾、蟹和鲎，工具主要有：渔箔、拉网、塞网、鲎网、鲨渔网、连丝网、刺网、南虾缯、大虾缯、墨鱼笼、鱼钩、小渔船等，以渔箔为主。

渔箔是最大型的捕鱼设施，一块箔地要用木条10000~20000条，藤长数千米，竹竿几百根。没涨潮时，在水流湍急的低洼地用木条、竹竿及藤围插而成。涨潮时鱼随海水游进渔箔中，退潮后，渔民就驾船来到渔箔地用网捕鱼。每架渔箔年产量少则2000~4000斤（1斤=0.5千克），一般在5000~7000斤，多则达万斤。和塞网、拉网及鲎网等大型渔具一样，在“三岛”，由于费用很高，渔箔一般是多户渔民合伙购置，合伙使用。也有不少京家无钱购买，租用地主的渔箔，交纳很高的租金。

网的种类很多，除了捕捉某一特定的专门鲎网、鲨渔网、墨渔网、南虾网外，还有拉网、刺网和塞网。

拉网十分普遍，由于它操作简单，男女老少都能参加，也不受季节限制，是京族地区主要的捕鱼方法。一般来说，网长约100~120丈（1丈≈3.33米），高约9丈，需要20~40人，规模较大，场面也十分壮观。

刺网又分三种，即定刺、流刺及旋刺。

塞网与拉网各有千秋。塞网是固定的，分疏、密两种，其主要方式是“塞”和“堵”；拉网则是流动的，其主要方式是“拉”和“收”。

涨潮前，渔民就要在事先选定的地方“号桩”“插桩”“挂网”“挑沙土”，设置好塞网；落潮时，海水退去了，鱼、虾就只好留在塞网里。

渔箔是京族最主要的渔具。其结构分为头、身、尾三部分，头大，身小，尾圆，像只大龙虾，尾部有多个螺状的节，习惯上称为“箔漏”，到了这里，鱼儿只能是有进无出。据说，很早以前的“箔漏”有五个，经过多年的演变，现在只剩下三个了。

杂海渔业主要运用沙虫锹、蚝蛎刨、蟹耙等在海边挖沙虫、捉蚝蛎和蟹。相对于浅海作业及深海作业，沙滩渔业比较轻松，一般是妇女、老人及儿童从事这种工作。

深海作业是指渔民用大渔船、竹筏、围网和孤网到深海进行捕鱼。这种工作有一定的危险性，需要较大的体力，时间也较长，一般只限于青、壮年人做。过去为了养家糊口，不知有多少青壮年京族人同波涛海浪做斗争。

在长期的生产实践中，京族人民根据海水的涨潮落潮及鱼群的洄游规律，进行海上捕捞。

按照经验，每个月有两个潮期，每个潮期前八天为“涨潮期”，后八天为“落潮期”，每次涨潮的第一天称为“一眼水（子）”，他们认为，“三眼水（子）”是出海下网的最佳时机。

仅仅掌握潮汐规律还不够，要提高鱼产量，还必须懂得鱼儿的洄游规律。一般来讲，为寻找交尾、产卵及孵化幼鱼的地方，鱿鱼、墨鱼与鲨鱼、鲎分别于春天及夏天洄游到海岸，这就是鱼儿的“生殖洄游”；为了索取有机物质、追逐小鱼，马母、白贴及马鲛、青鳞分别于秋天与夏天洄游到海边，这种洄游叫作“索饵洄游”；为了适应季节、水温的变化，鱼儿的洄游则是“季节洄游”。

一年四季中，冬季水温较低，气候寒冷，鱼儿很少出现，这一时期一般不出海捕鱼。因而捕鱼只有春、夏、秋三个季节。三个季节中，鱼汛又有淡、旺季之分。按照季节，农历二月至七月为旺季，产鱼最多；八月到十月，鱼儿游走或躲入海底，难于捕获，是淡季。也就是说，相对而言，春、夏为捕鱼的旺季，秋天则为淡季。

春天是捕鱼的旺季，鱼产量最高，捕获鱼的种类也最多，墨鱼、鱿鱼、仔鱼、力鱼、玉卿、曹白鱼、沙箭鱼等应有尽有。夏季可捕获的主要是鲨鱼，另外还有鲎、蟹、万尾的南虾，巫头、山心的沙洲虾。相对于夏天来说，秋天可捕获的鱼类稍多，主要有马母、白贴、马鲛、大眼、白饭鱼等。

（二）“底嗨”

最有趣的是，在长期的渔业生产中，根据渔箔的占有形式，在京族人民中形成了一种特殊的生产关系——“底嗨”。

以前，在京族“三岛”地区，渔箔的占有形式分为：全村共有、几户占有、一户占有，从而分别产生了“投标”、轮流和雇工，或出租使用渔箔的生产方式。

第一种生产方式最公平，主要出现在巫头村。

第二种生产方式就其性质而言是互助性的，轮流做箔，使用户也主要是兄弟、叔侄关系，分工也好、分红也罢，大家地位平等。

第三种“底嗨”关系是一种剥削关系，新中国成立前在“三岛”地区也最普遍。据老人讲，根据具体情况，它又分为“常年底嗨”和“临时底嗨”两类。“常年底嗨”在箔主家吃住，收成好时箔主会给一些小鱼小虾，“临时底嗨”则在自己家吃住，与“常年底嗨”干同样的活，只是年终分红时能分得较多的鱼虾，这是一种较为严重的剥削方式。据资料统计，从一个“底嗨”身上，箔主通常能剥削 80%，最高者达 90%，可见其剥削程度之高。

最残酷的一种剥削方式叫“租空”，京族习惯上叫“买海水”。所谓“买海水”，就是许多租用人，预先交付箔主租金，排队使用渔箔。由于贫苦渔民多，拥有渔箔的箔主少，为了保证能用上渔箔，渔农只好提前预交很高的租金，候用箔地。实际上，这种方式也不保险，渔民要租到一块箔地很不容易，往往要等上好几年，最长的租空达 18 年。

（三）“网主”“网丁”与“网头”

中华人民共和国成立前，京族虽然很穷，但受剥削的方式却五花八门。通过租、贷、购渔网把租佃剥削、高利贷剥削及商业剥削结合起来也是地主盘剥渔农的方式之一。所谓“租”，即出租渔网，“贷”则为发贷渔网，而“购”是指贷款购置渔网。在这一系列生产关系中，出现了“网主”“网丁”

"网头"三种主客关系。

所谓"网头"，就是出租渔网的户主，"网丁"则是租用渔网的渔户，"网头"是"网丁"共同推举出来劳动出色有丰富经验、管理公共事务的能人。"网主"为主人，"网丁"和"网头"为客方，主方通过租、购、贷的方式将渔网交给"网丁"和"网头"；"网头""网丁"则将收获物全部交给"网主"，由"网主"统一分配。分配方式是五五开，即"网主"拿收成的一半，"网丁"和"网头"共拿剩余的一半。

表面看来，这种生产关系很公平，不存在多大的剥削，实际上，众所周知，"网主"只有一家，而"网丁"则由几户、甚至几十户组成，这几户、几十户共同分享那百分之五十的产品，每户的收入多少可想而知。

渔农除了受箔主的高利润剥削外，有时出海还会遇上海盗抢劫，一张价值千元的大网，要好几年才能重新购置，有的就此贫困潦倒。

国民党时期，征兵也是剥削渔农的方式之一。迫于内战，国民党在京族地区的征兵由起初的三丁抽一、两丁抽一到独子也要服兵役。尤其可怕的是伪保长的勒索。万尾李世丰先后被抽四次壮丁，被弄得家破人亡。他共被勒索西贡币——3600元，变卖了12亩（1亩≈666.67平方米）坡地，把女儿卖给地主为奴，妻子到外地做乞丐，自己生活不下去，被迫自杀。

"民国万税"。国民党时期的苛捐杂税多如牛毛，海粮、田赋税，什么盐税、牛税、猪税、屠宰税，联防米、自卫班米，还有市场税、竹木税、过秤税、门牌税、身份证税，应有尽有。

（四）制盐

除了捕鱼之外，京族还从事盐业生产。其用途除了腌鱼和食用外，主要卖往外地。盐又分生盐、熟盐两种，但生盐较多。据抽样资料显示，京族"三岛"沿海海水含盐度高达30.01%~33.91%，因而，中华人民共和国成立前，"三岛"各村都开辟了许多盐田，最多的是乌头岛，最多时达50多公顷。

制盐有晒生盐与煮熟盐两种。

晒生盐时，要使用水塘、"沙幅田"和"石田"。水塘存储海水，"沙幅田”为晒生盐的沙场。把海水引进水塘，让其流经“沙幅田”“石田”，最后晒干成盐。通常情况下，一漏水要沙幅田 3 块，石田 9 块，可晒得生盐 1000~4000 斤。

煮熟盐一般在冬季时进行，程序也比较简单，家家都会煮。其基本程序分晒沙、过滤和煮盐三步。

每天一早，京家就来到海边把盐田整理成小块，然后压平，经阳光暴晒，成白色后，就可以用来过滤海水。过滤后的海水要把一种叫作鲁古簕的植物放在海水中检验，鲁古簕浮起表示海水还咸，需要继续过滤；若沉下，则海水盐度适合，可拿来煮盐。一般而言，100 斤这样的海水可煮盐 20 斤。以前在进行盐业生产时，盐农也遭受地主的剥削，根据分工的不同，盐农与盐主的分成可分为二、八开、五五开。

（五）“寄赖”

如果你有幸去看京族海边渔民出海，无论你是谁，都可以“寄赖”几只鱼虾，拿回家一饱口福。要是你是外来人，不懂得这一规矩，没关系，只要你经过出海归来的渔船，船主都会高兴地扔给你一些鱼虾，让你享受他的丰收快乐。

所谓“寄赖”，就是凭赖、托福、沾光的意思。在京族的习惯里，“寄赖”是占客人的光，托客人的福。同时，它也表示“丰收”和“幸福”，“寄赖”越多，“丰收”“幸福”越多。

按照京族的习惯，出海捕鱼时，当你捞起第一网鱼时，无论怎样，都要抓几条大鱼扔回海里，以保来年有更好的收成。

京族的这种“见者有份”的生活习尚，很大程度上带有原始社会共同生产、劳动，共同消费生活用品的烙印，在当今社会却为数不多。

如果说疍家的“水居生活”是迫不得已，京族则相反，他们世世代代生活在海上，劈风斩浪，形成了其独特而繁复的生产生活民族文化。

五、住“干栏”

“干栏”是南方少数民族因特有的地理环境而设置的一种居住方式。在广西防城港市的十万大山地区有一族群因这一生活方式而得名，这就是民族学家、人类学家俗称的“高栏人”。高栏人是自称，因居住高栏屋而得名。

“干栏”有其独特的象征，据范宏贵教授研究，高栏人称他们的住房为“牛神”，房屋中间的四根主柱象征牛的四条腿，椽子象征腰骨，屋顶象征脊背，柱子上挂着的东西象征心、肺、肝，门。①

17 世纪后，高栏人从十万大山，经钦州、廉州、灵山、雷州、过上思、宁明迁入越南。

六、“舟楫为家”

“舟楫为家”在本文中指的是南方民族走廊沿海地区的唯一的一个非少数民族弱势群体——“疍民”。

宋范成大《桂海虞衡志·志蛮》中记载：

> 蜑，海上水居蛮也。以舟楫为家，采海物为生，且生食之。入水能视，合浦珠池蚌蛤，惟蜑能没水探取。

宋周去非《岭外代鉴·蜑蛮》记载：

> 浮生江海者，疍也。钦之疍有三：一为鱼疍，善举网垂纶；二为蚝疍，善没水取蚝；三为木疍，善山取材。

“善山取材”之“木疍”，笔者疑为有误，因为，疍民一般生活在海边，没有上山取柴的环境。

① 范宏贵：《中国壮族进入越南一分为五（中）之——高栏人》，载《中国民族报》2004 年 1 月 13 日第 4 版。

屈大均认为，疍人是岭南原住民“真粤人”。当年“真粤人”为反抗暴秦，“杀（南海）尉屠睢，伏尸流血数十万”“逃入丛土，与鱼鳖同处”。秦以降，中原汉人大批南迁，疍人逐渐失去了原先居住的陆地，漂泊海上，“以舟楫为家，捕鱼为生”，被汉人称为“疍民”。

“疍”也写成“蜑”“蛋”等，“疍民”，因所居住的渔船外形极像蛋壳，大小如蛋，而命其为“疍家”，也叫“蛋家”“水上人家”。广西的疍民大概有蚝蛋、珠蛋和鱼蛋三类。所谓蚝蛋谓其以采蚝为生，所谓珠蛋，即指其以采珠为主要生计方式，顾名思义，鱼蛋当然是以捕鱼为生了。

作为水上人家，疍家居住在船上或在傍岸临水架设的竹木结构的高脚棚——“疍家棚”里。疍家文化水平低，故而迷信鬼神，不管吉凶都要托诸神灵。

疍家崇奉蛇图腾。像福建闽侯疍民一样，他们“自称蛇种”，他们在宫庙中画塑蛇的形象，定时祭祀。在船舶上放一条蛇，名叫“木龙”，祈求蛇保佑行船平安，若见蛇离船而去，则以为不祥之兆。福州一带疍民妇女，发髻上多插着昂首状蛇形银簪，其寓意亦为不忘始祖。广西疍家也甚为类似。

为什么疍民要长年累月、世世代代地过着水上生活呢？

安土贱水自古以来就为中外人民认同。水居不是正常人的生活方式，是一种惩罚、流放。理性长期以来就属于坚实的土地，而非理性则自古以来就属于水，在梁启超看来，“水居”是疍民遭受歧视、沦为弱势群体的主要原因。

疍民“为我族（指汉族）所逼”而“由陆入水”，与世无争地过着游渔生活。

同时，水又是‘无根’的意象，它被想象为不依附于任何权利。明重臣洪承畴降清之后，其母怒不可遏，为保气节，遂生活水面之上，以示头不顶清朝的天，足不踩清朝的地。致死都没再踏上陆地。

总之，“舟楫为家”一方面说明了疍民遭受歧视、沦为弱势群体，过着与世无争的游渔生活的处境，另一方面也反映了其洪母般的铮铮气节。

七、结语

通过以上“砍山吃山”“原始共耕”“男逸女劳”“做海”“干栏”及“舟楫为家”等南方民族走廊生产、生活习惯（或习惯法），从法人类学意义上来理解，充分反映了南方民族走廊地区人们对抗外敌，自我保护，适应、改变自然的等法人类学功能。

基层软法治理的必要性与可能性*

——以贵州省黔东南苗族侗族自治州为例

杨武松　冉　慧　刘云彩**

摘　要：在全球化社会背景下，社会治理成效成为一个评估社会发展完善与否的重要指标，基层软法治理也越来越受到关注。在少数民族地区，因其相对封闭的场域环境，至今还很好地保留着少数民族习惯法，村民根据其习惯法制定了相应的村规民约，这些村规民约在黔东南苗族侗族自治州的村民自治当中发挥了极其重要的作用，本文将从少数民族地区的村民自治入手，浅析基层软法治理的必要性与可能性。

关键词：软法；村民自治；村规民约

一、黔东南苗族侗族自治州基层社会纠纷处理情况

（一）调研的基本情况

本次调研时间持续一周左右（2021 年 8 月 29 日至 2021 年 9 月 12 日），调研地点围绕少数民族村寨展开，除了入户调研、访谈等方法外，还采取了其他调研方式，如在网上发放问卷进行问卷调查，通过转发的方式让黔东南

---

* 基金项目：本文为贵州省哲学社会科学 2019 年度一般项目“新时代贵州省生态环境资源司法保障研究”（编号：19GZYB97）阶段性成果。

** 杨武松，男，贵州天柱人，法学博士，贵阳人文科技学院法学院院长，教授；冉慧，女，贵州务川人，贵阳人文科技学院法学院 2019 级学生；刘云彩，女，贵州绥阳人，贵阳人文科技学院法学院 2019 级学生。

苗族侗族自治州的同学及其家人填写，共收到有效问卷519份，在线下发放50份问卷给相关人员填写，共回收有效问卷47份。通过阅读大量的相关文献，对本次调研工作进行了有序的展开。

贵州省黔东南苗族侗族自治州是一个多民族聚居地，通过调研发现，在这里经常发生一些经济纠纷和邻里纠纷。由于少数民族聚居的地方离大城市较远，他们不像在大城市里面居住的居民一样，能接触到形形色色的人。在黔东南苗族侗族自治州这个少数民族聚居的地方，他们每天接触的大多是邻里乡舍，而在生活中最容易发生的也是一些家长里短的事情，在一些基层少数民族地区，由于他们的经济和科技水平并不发达，导致他们与外界存在较大的差距。且在他们的心中，流传了数千年的文化习惯才是他们心中的信仰，他们内心认可的“法”。他们在发生纠纷时基本上都会选择用他们的“规则”来解决，而这样的规则是靠什么来维系的呢？

可以发现，在纠纷处理机构的选择中，司法所无论是在城市还是农村，选择的人都是最少的，大家对司法所的了解甚少。与大城市里能接触到更多的法律服务的人的不同之处是，这些地方的人能接触到的纠纷处理机构有限，他们最容易接触到的就是派出所和居委会以及村委会。相对于法院、司法所这些更制度化的纠纷处理机构，这些当地的机构更了解他们，明确地知道怎样处理才能更加有效解决他们的问题，并且对于黔东南少数民族地区的人来说这种处理方式快捷且成本较低。

调研结果显示，乡村的民众比城市的民众对国家法律法规了解得更少。城市里面随处可见各种法制知识以及法制宣传标语，而在农村他们对国家法律法规的了解是以当地法制教育场所为半径展开的，他们的各种通知与宣传会张贴在当地政府门口的宣传栏上。大家忙于劳作、学业与各种家庭琐事，去专门了解法律法规的人就相对较少，而对于村规民约与基层自治条例这些与自己生活贴近的规定，他们会了解得比城市里面的人多。

同时，我们也发现，在发生纠纷时，无论是城市还是农村，选择寻求法律帮助的人都远远高于其他的解决方法。但是在农村，自行和解与请长辈协助调解远远高于城市。在社会发展变迁的影响下，民众的法律意识渐趋增强，他们开始学会用法律来解决纠纷，但是由于法律接触得少，许多人实际上并不知道怎样用法律来解决纠纷。且农村的村民们在解决纠纷时，最先考虑的是快速解决以及节约成本，以便不影响以后的生活，所以自行和解还是首选。

通过调查发现，黔东南苗族侗族自治州纠纷处理机制有以下特点。

1. 处理纠纷时在村寨内解决是首选

通过调研发现，当地的村寨一般会由村级行政管理机构牵头制定与当地民俗习惯相适应的村规民约。一般的家庭、经济等经济纠纷基本会交给村级行政管理机构依据村规民约进行解决，或者由寨老依据习惯法进行解决，如果调解不成功或无法调解则会寻求法律途径进行解决。

2. 地方性规范节约成本且迅速

与城市里发生了纠纷大多数都会选择进行诉讼来解决不同的是，村寨里的村民基本上都会选择在村寨内解决。诉讼会产生诉讼费以及花费许多时间和精力，而在本村寨内解决纠纷只需要交给村级行政管理机构依据村规民约进行解决，或者由寨老依据习惯法进行解决即可。对于这些小的纠纷，这样近乎零成本的解决方法可以为产生纠纷双方省去很多财物以及精力上的不必要支出，并且能够快速有效地定纷止争。

3. 地方性规范具有相对约束力

从产生的效力上来看，虽然没有法律上的强制力，但是这些解决方法在当地就像是一个不成文的规定，由大家共同制定出来，大家也都愿意共同遵守，大家的行为在无形中都受到村规民约的约束，以及对德高望重的寨老的“审判”发自内心地服从。经过村规民约以及寨老的“审判”，能够一次性解决所发生的纠纷，并且产生纠纷双方对这个判决结果都会遵守，具有很强的约束力，能有效地解决纠纷。

（二）以村规民约实现村民自治

囿于特殊的地理环境，黔东南苗族侗族自治州至今仍完整地保留着其长期流传的习惯法，如苗族的“榔规”[①]、“埋岩”[②]，侗族的“寨老”[③]等，而这些少数民族村寨在国家法律法规的前提下，结合自己民族的习惯法制定了相应的村规民约，并根据村规民约进行村民自治。

村规民约是习惯法内容的体现之一，许多规则与国家法律之间存在着差异，为了让大家更好地了解少数民族村寨的“软法”，这里选取了黔东南苗族侗族自治州岜沙村村规民约的部分内容以供参考。

有下列行为者，按三个“12”[④]来进行惩罚：

①计划外生育；②早婚早育；③聚众赌博；④霸占水源或偷放他人田水；⑤存在火灾隐患限期整改而不整改；⑥未经允许在他人田边3丈范围内种植高秆植物；⑦乱砍滥伐林木；⑧邻里之间吵架、夫妻之间吵架，或打架造成不良社会影响；⑨酗酒闹事；⑩乱捕滥猎野生动物；⑪无证驾驶、驾驶无牌车辆、超员超载、酒后驾车；⑫乱堆乱放柴火、乱拉乱接电线被要求整改而未整改；⑬乱放禽畜损坏他人庄稼、果木；⑭住公共场所、水沟、村庄周围乱倒垃圾；⑮阻塞通道或堆积杂物被要求清理而未清理；⑯房前屋后不符合卫生条件被限期整改而未整改；⑰室内烘烤谷物、棉花、腊肉等无人看守；⑱未履行巡逻喊寨职责；⑲新出窑的木炭带入家中；⑳一担以上稻草进寨存放；㉑妨碍或无故不参加公益事业建设。

岜沙村的村规民约根据处罚的严重程度将规定分为四个等级，此处所列举的是严重程度最轻的一种等级，另外三个等级分别按三个“33”、三个“66”、三个“120”执行。其内容中对村民日常生活中的事项规定得也较为详细，且规定合理，该村规民约由全体村民共同制定，对全体村民有效，有相应的组织进行监督，充分体现了岜沙村的村民自治。

---

① 榔规：苗族制定、修改习惯法的会议叫“议榔”，制定的习惯法条款叫“榔规”。

② 埋岩：也叫“栽岩”，“埋岩”时将一块长方形的石条埋入泥中，半截露出地面的公众议事和“立法”活动。

③ 寨老：侗族族姓或村寨之长，自然形成，其职能为调解寨内或族内日常纠纷，代表本族本寨与外界联系。

④ 三个“12”是指12斤猪肉、12斤大米、12斤米酒。

二、基层软法治理的内涵、现实困境与必要性分析

（一）基层软法治理的内涵

所谓“硬法”，是指国家制定的法律法规，并由国家的强制力予以保障实施的法律规范；而“软法”的概念是相对于硬法来说的，是指不能运用国家强制力进行保障实施的规范。软法没有国家强制力进行保障，也就没有强制约束力，主要是靠相关主体自觉遵守。与硬法相比，软法在制定（或形成）主体、产生程序、表现形式和保障措施（或约束力）等方面更加多样化，也更富有弹性。①

在基层，软法大致以《居委会自治管理条例》，习惯法、村规民约等形式存在及推进。特别是在一些较为封闭的少数民族村寨里，他们缺少与外界的联系，以至于现今还较为完整地保留着他们的民族习惯法。有的村寨通过将其习惯法与国家法律法规的有效结合，制定了独具特色的村规民约，这些民族习惯法和村规民约便成为他们日常处理纠纷的重要依据。

习近平总书记在党的十九届四中全会上指出：“坚持和完善中国特色社会主义制度、推进国家治理体系和治理能力现代化，是关系党和国家事业兴旺发达、国家长治久安、人民幸福安康的重大问题。”“基层和群众的联系最直接、最紧密。基层治理在整个国家治理中往往具有基础性、探索性和先导性。推进国家治理体系和治理能力现代化的重点难点在基层，活力源泉也在基层。推进基层治理是国家治理体系和治理能力现代化的重要内容。”基层是最接近人民群众的，推进基层软法治理也直接影响着人民的幸福安康，基层软法治理最重要的就是人民民主，在治理过程中要充分尊重人民的意愿，考虑群众的想法，按照群众的规律办事，这样才会让软法治理在基层有效推进。

① 罗豪才、宋功德：《软法亦法　公共治理呼唤软法之治》，法律出版社2009年版，第202-203页。

（二）基层软法治理的现实困境

下面将以农村基层软法治理为中心，展开叙述基层软法治理目前存在的困境。

1. 软法的制定程序有待完善

软法是村规民约等村民根据习惯法自治的一种规则，村规民约根据各村寨的实际情况制定的，不同村寨的规则都不尽相同，制定规则时只考虑到本村寨的一些基本问题，规则不够全面。由于规则只针对本村寨，那么问题就来了，如果是其他村寨的人在本村寨犯了“法”，应该适用哪一个规则呢？在我们的调查中发现，这些村规民约里几乎都没有提及。缺少制度化和体系化，对基层软法治理来说是一个难题，所以需要由国家相关司法人员参与其村规民约的制定，制定相对严谨完整的村规民约，减少村规民约的随意性。

2. 村民自治有待提高

由于村民的文化水平有限，所以在制定基层村规民约的时候，许多人并不能很好地表达自己的想法，导致软法的制定在一定程度上可以说是少部分人决定的，只能表达少数人的意愿和诉求，那么这样的软法，群众还会不会自觉遵守？是否缺乏有效约束力？

3. 监督机制有待加强

制定了相应的规则之后，由谁来监督执行，这也是一个很大的难题，比如关于偷盗者的处罚，对于有些经济条件不好的家庭来说，执行起来有很大的难度，那么谁去监督他们执行呢？如果没有一个相对完善的监督机制，那么谁来进行监督，以及到底是该依照怎样的规定进行处理呢？所以村规民约不仅要有规定，还应该配备相应的监督机制。

三、基层软法治理的必要性分析

（一）软法能更好地契合基层软法治理

软法在基层治理中占据了不可忽视的地位，在黔东南苗族侗族自治州这样相对偏远的地方，这里很好地保留着他们独特的习惯法，部分国家性的法律法规直接在这里适用是行不通的，但是根据这里的实际情况制定相应的村规民约便可以在这里很好地实施。

在黔东南苗族侗族自治州，无论是“议榔”“埋岩”还是“唱理词”①，均是需要村寨里面的人必须亲自参加的大事。在黔东南苗族侗族自治州这样的少数民族村寨，每一个村民都是软法治理的重要参与者，通过让村民亲自参与其中，可以充分发表自己的意见与看法。基层软法治理最重要的就是人民民主，在制定的过程中充分尊重民众的意愿，考虑民众的想法，充分调动民众的积极性，可以减轻软法在基层推动的阻力，更好地推进基层软法治理。

（二）村规民约能更好实现村民自治

村规民约在基层软法治理中发挥着十分重要的作用，它通过通俗易懂的形式将国家性的规章制度变成村民看得见、听得懂的“土话”，通过村规民约，把社会主义核心价值观与村风民俗、精神文明建设等内容融入日常生活，引导村民进行更加文明规范的生产生活。村规民约既可以在潜移默化中将国家性的法律法规对村民进行灌输，又可以将一些不好的风俗习惯去除掉，规范民众的生活。

同时，村规民约大多都以威慑犯罪者为主，制定较为严重的处罚以“威慑”犯罪者。以盗窃罪来说，黔东南苗族侗族自治州地区多为山区，与外界相对封闭，这里的大部分人世世代代都是以劳作为生，农作物、家畜等就是他们较为值钱的财产，所以在制定关于偷盗方面的村规民约时，都是贴近生活的，而在处罚方面，以重罚达到威慑盗窃者的目的。因为日常生活中盗窃的财物数额跟城市里进行比较，相对较小，如果在黔东南少数民族地区按照《中华人民共和国刑法》的规定来处罚的话，如苗族所规定的水果按个计算、稻田秧苗以捆计算等，这些都达不到盗窃罪的标准，而在苗族的规定中不仅要罚还要重罚。每个村的村规民约中对盗窃的处罚都不一样，但其目的都是

① 理词是苗族传统社会治理的主要内容，是传统内生秩序和外来制度文化耦合的重要参考，亦可成为基层社会治理效度的理论概括。

为了维护村寨里村民的利益。

（三）软法与硬法之间相互协调、相互补充

软法可以让国家法更加与时俱进。随着时代的发展会衍生出很多新的问题，如果不及时对这些问题进行调整，就可能导致不合理、不公平。但是因为硬法具有相对的稳定性，所以在很多时候不得不容忍这些不合理、不公正。[①] 基层软法治理最接近民众的生活，在实施过程中，可以迅速得到反馈，对民众之间出现的新问题进行解决，根据民众生活的发展及时进行相应的调整，可以有效防止制度的僵化与落后，确保软法在基层治理中有效实施。

四、软法治理的可能性分析

（一）软法是一种法律规范体系

首先，软法为现代化治理提供了新的法治思维方式。硬法作为国家性的法律法规，其具有相对稳定性和固化性等特点，而软法重在强调从多元角度进行思考，着眼于国家整体以及每一个地方，软法具有灵活性、时效性等特点，对硬法存在的缺陷进行弥补，打破硬法的思维单一的缺陷，为现代化治理提供了更多元的法治思维。

其次，确立新的法治基本观念。硬法的权力大多集中在国家和管理者手中，基层的群众很多无法真正参与基层治理当中，而软法通过不同的方式将这些不平衡进行补充，让群众直接参与立法、执法和管理，真正实现了基层群众自治。同时，基层自治与国家的治理相结合，可以更好地推进现代化治理。

最后，基层软法治理明确了法治的重点。基层软法在德治、自治与法治三治协同治理上发挥着重要作用，软法可以根据群众的实际情况进行制定和调整，更好地深入群众。因此，国家行政机关应与人民群众合作，共同推进

---

① 来源于姜明安老师2005年12月15日在中国政法大学“名家论坛”上的讲演，题为《软法在构建和谐社会中的作用》。

现代化治理。

（二）多主体参与基层治理

当下，我国基层治理呈现多主体参与治理趋势，这些主体之间相互弥补，可以避免许多治理上的缺陷，其主要表现在以下几点：第一，多方力量共同管理。在基层实施软法治理，可以更好地将群众纳入治理体系中来，群众依据其生活习惯制定相应的村规民约、自治条例等，开展基层群众自治，再通过村委会或居委会进行管理，基层政府的相关机构进行监督，同时又有国家法律法规进行保障，结合多方力量共同治理。第二，责任分担，分工明确。群众负责制定相关规则和进行自我管理，村委会及居委会负责集中管理，国家相应机关对其进行监督，将基层治理的担子进行分工，各自承担自己的责任和义务，减轻了行政机关的压力，同时又很大程度上实现了人民自治。第三，避免权力过度集中。在基层治理当中，经常会出现一个地方的权力集中在管理者手中的现象，导致管理者权力过大，造成贪污腐败等。实现多主体参加治理，可以将权力分散，更好地推进基层治理。

（三）以人为本思想丰富了法理学的科学内涵

以人为本对马克思主义法理学的影响是全面而又深远的。当它在法学的方法论与价值论上有所创新的同时，客观上也必然会在一定程度上丰富法理学的本论体、范畴论、运行论、关联论等多方面的内容；还可以用以指导部门法研究的创新与深化。[①] 基层治理最重要的还是民主自治，从立法、执法到守法再到监督等法律运行的各个环节，软法都给予了很多的补充，它更大程度地让群众都参与基层治理中来，充分展现了法理学以人为本的核心思想。

---

① 李龙等：《以人为本与法理学的创新》，中国社会科学出版社 2010 年版，第 233-234 页。

五、结语

“新时代中国特色社会主义法治体系政策的出台”，无疑给法治工作者提供了更多的机会和解决问题的思路。坚持习近平法治思想在全面依法治国中的指导地位，认真贯彻落实习近平法治思想到全面依法治国的各环节、各领域和各过程。软法作为基层地方最重要的约束人们行为的方式，其关键性决定了它的必要性和可能性，其必要性和可能性便是支撑软法发展下去的强大动力。软法的发展势必会促进硬法的发展，国家法律法规与软法相结合共同治理必将成为一种趋势。

软法处理快捷、公平公正、节约成本等优势很好地促进了软法的发展。软法想要长期稳定发展，不仅要靠它内生的社会性规范，还得看人民群众的认可度，国家的支持力度。促进国家基层软法治理，使软法更好地协助于硬法需要群众提高自己的法律意识，一起参与立法，深化基层社会团体的自我约束，建立开放、透明、便民的司法机制，让软法更加灵活多变，提升其约束力与影响力，为软法的大力实施增加更多的可能性。

多元化纠纷解决机制研究

——以文山州为例

马海云　杨　璐*

摘　要：本文选取文山州中级人民法院作为调查对象，以文山州中级人民法院多元化纠纷解决机制具体的运作方式和办案流程为调查内容，剖析了当前文山州中级人民法院多元化纠纷解决机制存在着存在整合纠纷解决力量不足、运行程序不健全、缺乏保障措施以及多元化纠纷解决理念和平台有待升级等问题。并从强化整合纠纷解决力量、规范多元化纠纷解决机制的运作、强化机制保障、丰富多元化纠纷解决平台和方式等层面，为人民法院多元化纠纷解决机制的完善提出建议。试图为人民法院如何深入推动落实多元化纠纷机制的改革提出有效的对策。

关键词：多元化；纠纷解决机制；法院调解

近年来，随着市场经济的发展和法治建设的推进，我国进入了社会转型时期，不可避免地导致社会纠纷数量激增、纠纷类型多样化、纠纷主体的利益诉求复杂化等一系列的社会变迁。作为纠纷解决主体的法，承载了大量的纠纷，在纠纷解决领域发挥着举足轻重的作用。然而当前单一的诉讼程序纠纷解决机制因其成本高昂、诉讼迟延、程序复杂因素使我国的诉讼程序越来越多地呈现出拥堵现，司法资源的有限性更加剧了问题的严重性。在这样的

* 作者简介：马海云，女，云南大理人，法学博士，云南民族大学法学院副教授，硕士生导师；杨璐，女，云南文山人，云南民族大学法学院硕士研究生。

社会变迁之下，诉讼案件的数量不减少，或者说司法资源不能持续增，如何加速诉讼进程，使法院摆脱日益严重的案件负担，缓解法院的压力，合理地配置和利用司法资源，采取积极有效的措施抵消这社会冲突带来的不良影响，已成为我国司法界普遍关心的问题。要解决这一棘手问题，我们可以借鉴社会冲突理论研究，社会冲突理论研究指向冲突的原因、表现形式、制约因素和带来的影响，侧重于冲突的过程与应对策略，所以我们需要分析目前我国社会纠纷产生的原因、纠纷主体利益诉求、纠纷类型、诉讼机制的弊端并结合构建和谐社会的目标，才能探索出一条符合社会发展的解纷新道路。

党和国家高度重视社会公平与和谐，提出“构建社会主义和谐社会”这一新的理念和目标，促进了纠纷解决机制的研究，结合当前正在推行的司法改革，法学界和法律实务界开始广泛使用“多元化纠纷解决机制”这一概念。2016 年最高人民法院发布的《关于人民法院进一步深化多元化纠纷解决机制改革的若干意见》，是今后一个时期指导全国法院开展多元化纠纷解决机制改革的纲领性文件，在中国多元化纠纷解决机制发展历程中具有里程碑意义。

国家自上而下大力推进人民法院构建多元化纠纷解决机制，其必要性我们结合社会安全阀理论就可窥见一斑。科塞在安全阀理论中指出：“‘安全阀’是为敌意和被群体压抑的一般内驱力提供制度化出口的习俗和制度，是为进行冲突而又不导致中断群体内关系提供社会认可的框架，起发泄释放的通道的作用。如果不提供这种释放敌意的出口，就会损害对立双方的关系。”① 社会系统都会给人提供排泄敌对情绪和进攻性情绪的制度即安全阀制度，这有助于维护对立双方的关系，维护整个系统的稳定。如果取消敌对情绪的发泄，那么对社会危害更大，一旦爆发必然对整个社会结构造成威胁。中国正处于社会转型期，社会纠纷激增，群体内部矛盾较多，如若不提供有效的解纷渠道，将可能造成整个社会结构的重大危机。本文所要探析的人民法院多元化纠纷解决机制，恰恰在当下中国社会扮演着安全阀的角色，为社会转型中的不满、敌对情绪提供发泄的手段和渠道，以解除对社会结构的潜

① 科塞：《社会冲突的功能》，华夏出版社 1989 年版，第 24-34 页。

在威胁。由于，许多法院为平息大量涌入法院的纠纷，纷纷鼓励大多数纠纷当事人通过更加协调和灵活的途径来解决他们的纠纷，而法院则创设了新的纠纷解决方式——法院多元化纠纷解决机制供当事人选择。

一、调查情况概述

（一）调查点的选择

文山壮族苗族自治州地处云南省东南部，居住着汉族、壮族、苗族、彝族、瑶族、回族、傣族、布依族、蒙古族、白族、仡佬族11个民族，由于文山地区社会、文化的特殊性，人民法院建立多元化的纠纷解决机制也呈现出特有的民族性。同时文山州是一个高度重视法治建设的民族自治州，推进多元化纠纷解决机制的构建也是文山州中级人民法院的工作重点，因此本文以文山州中级人民法院为调查点，具有很大的研究价值。

（二）调查内容

本次调查以四人组成一个小团队，7月15日至8月2日期间由笔者本人带领小组成员分别在文山州中级人民法院、文山市人民法院、马关县人民法院、广南县人民法院进行了实地调研。主要是针对文山州两级人民法院多元化纠纷解决机制的机构设置、人员安排、构建特点等情况进行调查，从而获取人民法院多元化纠纷解决机制运作的具体情况。

（三）调查方法

团队成员亲自到文山州两级人民法院诉讼服务中心走访，搜集到了文山州中院多元化纠纷解决机制的机构设置、人员组成、运行流程等相关资料和数据。我们参与具体工作中，留心观察并且采访立案庭工作人员、调解员、法官以及纠纷当事人，深入了解在法院第一线办案的工作人员的心得体会以及纠纷当事人在解纷过程中的真实感受。比如，与立案庭的法官交谈我们了解到立案庭是打官司的第一道门槛，负责立案、诉讼费收费和退费、诉前保全、调解等工作；与案件分流组的法官交谈中我们发现简案和难案不易区分，增加诉调对接工作难度的问题；速裁组的法官告诉我们速裁调解团队办理案件坚持“调解优先、调判结合”的原则；纠纷当事人告诉我们，调解让他们对到法院“打官司”有了不一样的改观，能体会到更多人情味，而不是冰冷的判决纸一张。最后，我们小组成员一起进行资料整合，分析得出了文山州中级人民法院在多元化纠纷解决机制的现状。

二、文山州中级人民法院多元化纠纷解决机制构建的现状

文山壮族苗族自治州是云南省下辖的民族自治州，位于我国西南边陲的云南省东南部，东与广西百色市接壤，南与越南社会主义共和国接界，西与红河哈尼族彝族自治州毗邻，北与曲靖市相连。文山州辖文山市、砚山县、西畴县、麻栗坡县、马关县、丘北县、广南县、富宁县，州政府所在地文山市。文山州中级人民法院成立于 1950 年 6 月 1 日，管辖文山市、砚山县、西畴县、马关县、麻栗坡县、丘北县、广南县、富宁县 8 个基层法院，全州共有 22 个人民法庭。

（一）文山州中级人民法院多元化纠纷解决机制构建情况

文山州是一个高度重视法治建设的民族自治州。文山州中级人民法院积极推进多元化纠纷解决机制的建设，这主要体现在诉讼服务中心的建设上。诉讼服务中心的基本任务是对外服务社会，对内提升审判效率。它是多元化纠纷解决机制改革的重要组成部分。

1. 基本情况

从 2016 年 9 月到 2018 年 9 月，文山州两级法院共设立诉调对接中心 8 个，分别设在文山市、砚山县、西畴县、马关县、麻栗坡县、丘北县、广南县、富宁县 8 个基层法院。诉调对接中心建筑面积共计 3600 平方米，工作人员 52 名，特邀调解组织 27 个，特邀调解员 240 余人，专职调解员 20 人。

全州 8 个基层法院还探索建立了“院、庭、站、点、员”五位一体的诉

讼服务模式，在边境口岸和边境乡镇设立“国门诉讼服务站”“边境诉讼服务站”，在人口密集、案件相对较多的社区、工业园区、旅游景区开通诉讼服务直通车 96 个，在部分村委会、社区设立家事调查员，进一步探索实现诉讼服务的全覆盖。

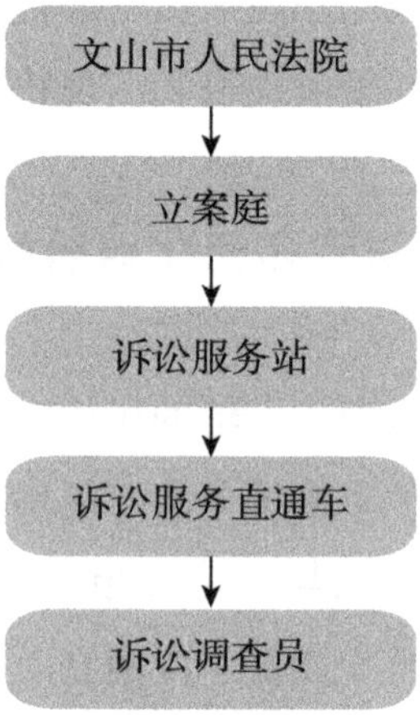

诉讼服务模式

2018 年文山州两级法院共受理各类民商事案件 18201 件，其中开展立案前委派调解案件 236 件，调解成功 126 件，立案后委托调解 17 件，调解成功 5 件，受理司法确认 133 件，确认有效 128 件，进入强制执行的 21 件。

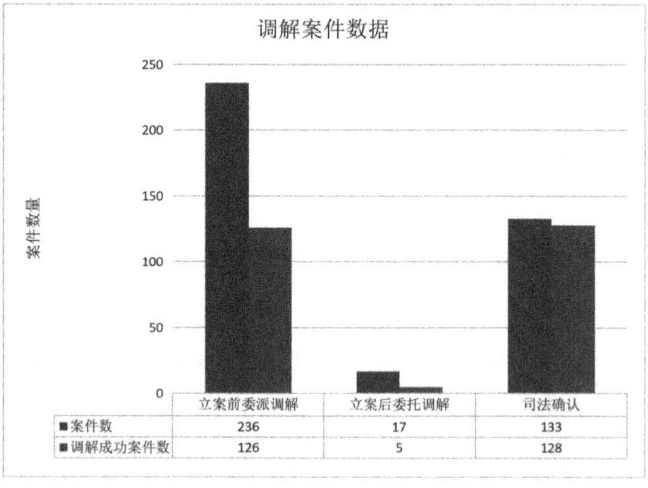

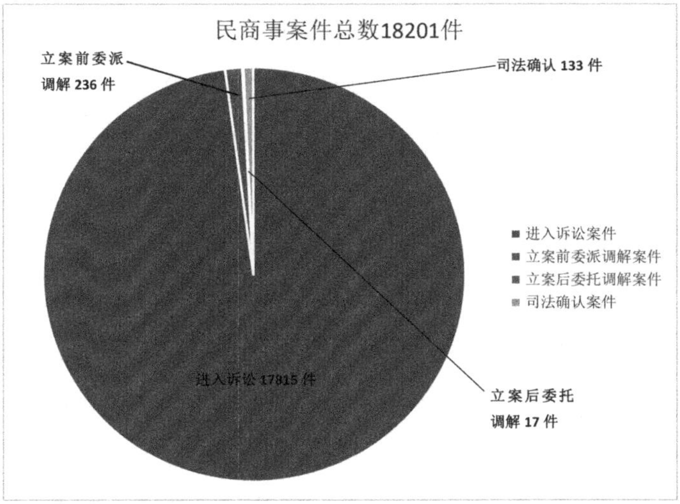

2. 内部设置

各法院实际情况和办公办案环境及人员配备情况不同，实际机构设置也会有所不同，但仍按照“统一规划、统筹推进、全面建设、分类指导、突出特色”的建设思路，遵循诉讼服务中心“大服务、大平台、大辐射”这“三个定位”的基本原则，将诉调对接中心与诉讼服务中心同步规划、同步建设并同步开展工作。

诉调对接中心内包含了案件分流区、调解区和速裁区，案件调解区又根据案件性质分为家事调解室、商事调解室、双语调解室，专业调解室等若干特色调解区域。各法院还在各乡、镇及村委会设立诉讼服务站、点。纠纷群众借助诉讼服务站点平台，通过热线电话联系法院工作人员，由工作人员提供法律咨询，必要时工作人员亲自到诉讼服务站点接受法律咨询和做诉前化解工作。

3. 人员组成及运行方式

人员分工与搭配在一定程度上直接影响工作质量和效率，只有人员选用得当才能事半功倍。文山州两级法院在诉调对接中心一般包含四个小组，即案件分流组、诉前调解组、速裁组和送达组。

案件分流组：安排 1~2 名经验丰富的法官兼任程序分流员，负责立案审查，并对法院收案（派出法庭除外）中针对民商事案件的繁简情况确定案件应当适用的程序，并做好不同案件程序之间转换衔接工作。

诉前调解组：由若干名调解经验丰富的法官（法官助理）和从司法局、公安局（含交警队）保险公司、妇联，教育、医疗卫生，人民调解委员会等部门抽调的工作人员组成。并依据案件性质和调解组成员各自的业务专长，成立为若干调解组，对争议不大、法律关系明确及当事人之间有近亲、近邻等特殊关系，具有较好调解基础的案件及时进行立案前调解，组织双方当事人调解结案，并通过 QQ、微信等多媒体终端开展远程视频调解，加强立案调解工作职能。

速裁组：重点在“裁”字上下功夫。负责审理婚姻家庭纠纷、金融借款纠纷、民间借贷纠纷等事实清楚、权利义务关系明确、争议不大的案件类型。

送达组：由若干名法官助理、书记员、法警及临时的综治专干、网格管理员组成。重点是在“送”字上下功夫，除当庭送达、直接送达、法院特快专递送达等传统送达方式外，征求当事人意见采用电话、传真、手机短信、微信、电子邮件等高科技快速送达方式，切实解决送达难问题，提高送达效力。

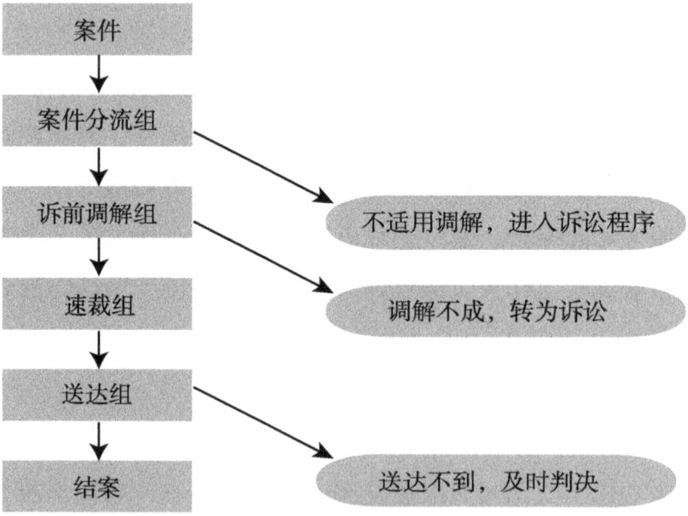

诉调中心运行流程

（二）文山州中级人民法院纠纷解决机制构建特点

1. 重视诉调对接中心的建设

诉调对接中心是矛盾纠纷多元化解系统中有效聚合各方力量的重要平台，是人民法院推动矛盾纠纷多元化解的核心环节，诉调对接中心运行不起来，诉内与诉外就失去了连接的桥梁，诉内外解纷联动就会落空。文山州两级法院从人员配置、明晰职责、健全机制以及推动诉外组织、人员进驻中心开展相应工作等方面，进一步加强诉调对接中心建设，真正使诉调对接中心实体化运作起来。

一方面，积极开展特邀调解工作，在分流案件、整合资源、化解纠纷等方面收到了实效。明确由诉讼服务中心或者诉调对接中心负责特邀调解工作，并配备熟悉调解业务的工作人员，组织协调和工作落实。建立特邀调解组织和特邀调解员名册，为特邀调解员提供必要的场所和办公设施。通过接受特邀调解员的咨询，定期开展工作交流等方式，对特邀调解组织和特邀调解员进行指导和培训，帮助调解员提高调解技能。

另一方面，积极与当地律师事务所对接，在法院诉讼服务中心、诉调对接中心或具备条件的人民法庭设立律师调解工作室。建立健全律师值班制度和调解工作制度，积极引导律师参与纠纷多元化解。要推动建立律师接受委托代理时告知当事人选择非诉方式解决纠纷的制度，充分保障当事人的知情权和自主选择权。

2. 道路交通事故保险纠纷诉前调解

文山州中级人民法院与文山州保险行业协会联合制定《道路交通事故保险纠纷诉调流程操作规则》（以下简称《规则》），其中明确了民事审判庭是保险纠纷诉调对接工作的职能部门，负责辖区内道路交通事故纠纷保险行业诉前调解工作及日常管理协调工作。为方便纠纷处理，各县（市）人民法院及文山州保险行业协会确定的保险公司还应当参照本规则设立相应的调解委员会，设置若干调解点。各调解点负责对符合适用保险行业诉前调解条件的道路交通事故纠纷进行调解前的案件审查、调解、信息录入，司法确认衔接、数据统计，档案管理等工作。

道路交通事故保险纠纷有专门的调解流程，发生道路交通事故后，先由投保保险公司引导当事人到相应保险调解点开展调解。对符合立案条件并已经受理的涉保险道路交通事故纠纷案件，案情疑难复杂或当事人矛盾较大不宜简单裁判的，相关民事审判庭可以视情况委托保险行业协会再次进行调解或邀请保险行业调解员到法院参与协助调解。各调解点应当积极配合法院并派员到法院开展调解。《规则》还涉及了案件的档案管理以及工作人员的考核表彰。实现了机构设置上实现从传统运行向专业平台突破，为加强道路交通事故纠纷保险行业诉前调解工作，构建多元化解纠纷工作新举措，提高调解质效，保障当事人合法权益，提供更有效的解纷模式。

3. 因地制宜打造特色解纷平台

文山州地处西南边陲，与越南等国家接壤，地理位置的特殊，相应地也设置了有特色的多元解决纠纷平台。其中，麻栗坡县人民法院做好与天保口岸进出口商会共同开展的商事案件调解工作，并结合省高院确定的涉侨纠纷化解试点工作，积极与当地侨办、侨联联系，协商制定涉侨纠纷多元化解工作细则，联合发文。马关县人民法院设置国门边境诉讼服务，进一步充实诉讼服务人员队伍，积极与边境管理部门对接，建立联合调解机制。同时还积极与国土部门、拆迁办、住建部门等联系，在征地拆迁、商品房买卖等领域探索建立相应的多元化解机制。

4. 工作理念上实现被动应对向主动服务突破

文山州中级人民法院积极推进多元化纠纷解决机制的构建，其主要体现在诉讼服务中心建设工作上。诉讼服务中心的根本任务是对外服务社会、对内提升审判效率，是多元化纠纷解决机制改革的重要内容。

文山州法院在院机关、法庭、没有法庭的乡镇建立诉讼服务中心、诉讼服务站、诉讼服务点，配置完善各类服务设施，为群众提供集诉讼引导、立案登记、案件查询、材料收转、判后释疑、信访接待、投诉举报等功能为一体的一站式、多功能、全方位诉讼服务。设立导诉台，耐心引导分流群众，“零距离”服务群众。开辟绿色通道，为妇女、儿童、老人、农民工、残疾人提供优先服务。安排通晓民族语言的法官到诉讼服务中心工作，为少数民族当事人提供“一对一”服务。法官还亲自到诉讼服务中心接待当事人。真正做到“走进一个厅，事务全办清”，小场所成就了大服务。

5. 构建全覆盖式的纠纷化解新格局

为了加强与综治组织和行政机关的沟通协调，文山州中级人民法院对内建立定期或不定期的联席会议制度。对外与人民调解组织充分对接，发挥人民调解组织的优势，并且与商事调解组织、行业调解组织的对接，发挥专业人士、行业专家化解纠纷的专业化、职业化优势。另外，还积极联系工会、妇联、共青团、法学会等组织以及人大代表、政协委员、专家学者、律师等参与纠纷解决，汇集起全社会纠纷解决资源的强大合力。与社会力量强强联合，构建全覆盖式解纷新格局。

6. 利用多媒体手段提升调解效率

文山州两级法院在开展多元化解纠纷工作中充分运用现代化多媒体手段，在节省司法资源上下功夫。目前“互联网+”诉讼服务体系已覆盖文山州两级人民法院，成效显著。

例如，富宁县法院在省高院加快推进全省法院诉讼服务升级项目建设中，紧抓“互联网+”诉讼服务体系，依托互联网和受送达人移动终端开展及时高效的法律文书送达工作，在文山州法院率先开发微信电子送达系统，自2017年5月系统启用以来，该院案件送达工作取得良好成效，获得涉诉当事人大量点赞。让“信息多跑路、群众少跑腿”，加快创建智慧型法院成为文山州各法院普遍共识。富宁县法院通过微信电子送达系统送达各类诉讼案件330余件，送达各类司法文书1400余份，微信电子送达司法文书集中在立案部门，占电子送达案件总数94.20%。各类诉讼中，民事诉讼电子送达案件占97.80%，行政诉讼、执行程序案件占一定比例，该院尚未因微信电子送达引起上诉、发回重审的案件。当前，微信电子送达系统运行良好，富宁县法院将持续更新微信电子送达系统的操作模式，使微信电子送达系统操作更便捷、更高效，促使这一便民措施延伸到业务庭的各个诉讼环节。同时还将加大力度针对性宣传电子送达方式，鼓励当事人积极使用微信电子送达。

三、文山州中级人民法院纠纷解决机制的问题及分析

（一）法院整合纠纷解决力量不足

纠纷化解的工作开展仅仅依靠法院是绝对远远不够的，必须要引入社会力量，充分发挥社会组织的天然优势，引导其参与纠纷化解工作之中，不但能够减轻司法机关的负担，还可以促进纠纷化解效率的提高。在司法多元化任务的推动下，寻求社会力量的支持是一种可行的方式，也是法院积极参与和推动社会管理创新的途径之一。但实际上，在调研中，笔者发现社团组织、志愿者等社会调解资源的作用并没有被发挥出来，导致各参与主体力量存在明显的不均衡现象，使得法院占领了绝对的主导地位，除了需要承担巨大的纠纷化解负担，也会产生司法机关主导性过强的负面影响。

社会参与不足的原因主要体现在两点：首先，调解组织作用发挥不够，调解水平不高。如一些社会组织虽然具备人民调解的功能，但是在组织的审批准入上常常要到民政、司法等多个行业部门去申请、登记，严重影响和打击了社会力量参与到人民调解工作的积极性。而行政机关下设调解机构的调解员队伍，存在人员不确定和更换、调整频繁的问题，许多机制管理、人员适用较为松散。有的调解员虽有丰富的实践经验，但政策水平和法律专业知识匮乏。一些纠纷双方不愿意到非诉调解组织处理矛盾，致使前期调解第一道防线作用不能得到有效发挥。其次，专业领域人士参与度较低。我们采访了一些律师，他们认为大多数民间纠纷案件标的少，情况较为简单，受理案件成本和收益不成正比，往往对于参与调解的兴趣并不高。

（二）机制运行不规范

1. 案件分流存在弊端

法院多元化纠纷解决机制是一种案件过滤机制，它可以通过法院提供的诉讼程序以外的程序来解决部分进入法院的案件，从而有效地避免了一些潜在的诉讼，减少了民事纠纷进入诉讼的频率，减轻了法院案件的沉重负担，

实现了法院案件的分流。虽然法院案件分流和职能延伸在一定程度上能够降低民众对司法的需求，但成效缓慢而不显著，且客观上需要大量的司法资源投入。同时，纠纷的排查及预防工作需要大量的人力物力投入，犯罪的预防取决于对犯罪的惩罚概率及惩罚强度，而惩罚概率也与司法资源的投入密切相关。所以案件分流和职能延伸不仅会耗费掉法院大量的资源，而且难以降低真正的司法需求，并有碍于基层法治的建设发展；增加司法供给同样需要大量的司法资源投入，不但起不到溯源治理的作用，反而会加剧法院“案多人少”的压力。

2. 简案和难案不易区分，增加诉调对接工作难度

并非所有向法院提起的诉讼案件都适合通过对抗程序进行处理。因此，在这种情况下，法院有必要通过设立多元机制来分流这些案件对审判者的压力，从而推进法院功能的转型。但因为简案和难案的分流标准缺乏科学性，使得案件到底适用哪种程序更能得到有效解决判断起来有一定的困难。分流员在与我们的交谈中透露到，仅依靠办案经验和案由难以准确区分案件的难易程度。这造成有些疑难案牵扯了简单案件办案法官快速办案的精力，有些简单案牵扯了复杂办案组精审案件的精力，使简案快审，难案精审的效果不佳。诉讼前的分流只能起到部分作用，进入诉讼程序后，法院需要创造新的司法产品，以满足复杂社会关系的需要；另外，法官需要从解决纠纷的任务中解脱出来，以便集中精力解决法律适用的问题，并发挥“制定法律”的作用。

（三）缺乏保障措施

1. 专业人员稀缺、经费不足

文山州地处西南边陲，在城镇化建设的影响下，越来越多的农村和地方人才流向省市以及一线、大城市中，加快了人才流动速度。加之基层法院辅助人员严重匮乏，未入额法官定位不明，未能发挥应有的作用，导致基层法院出现了严重的人才稀缺问题。

经费保障方面。文山州中院构建多元化纠纷解决机制工作经费并未纳入

财政预算，无专项管理。由于经费有限，构建工作方式还处于原始阶段，经费跟不上机制构建所需的人员工资、设备仪器的投入，如特邀调解员、特邀调解组织开展调解工作没有经费保障，很大程度上影响了诉调对接工作的开展。经费的有限，一定程度上也降低了调解的效率。

2. 考核、监督机制不健全

文山州中院针对多元化纠纷解决机制并没有设置一个系统的考核体系，特别是针对参与多元化纠纷解决机制工作人员及工作情况，没有设计相应的考核项目，主要参照人民法院工作人员相关管理制度。此外，由于目前法院过于注重矛盾纠纷案件的化解率，忽视对化解效率、难度的考量。在考核结果运用上，大部分是精神上的奖励，相较于严厉的问责手段，正向激励过于疲软，容易使工作人员产生负面情绪。同时，面对涉及跨部门的矛盾纠纷案件的处理，难以对工作人员情况进行衡量评估，只能片面的按照调解结果进行评价。但是由于缺乏相应的奖惩机制，评估效果并没有实际效用。

（四）多元化纠纷解决理念和平台有待升级

1. 纠纷解决理念缺少民族文化融合

文山壮族苗族自治州近几年来经济迅速发展，与外界的交流日益频繁和广泛，文山州的少数民族居民与外来人员的纠纷日益增多。然而在文山地区多元化纠纷解决机制中除了安排通晓民族语言的法官到诉讼服务中心工作，为少数民族当事人提供“一对一”服务外，未设置更多能体现民族特色的解纷运行程序，入额法官中出生于本土的少数民族法官也不到总入额法官的一半，法院专职调解人员也大多为汉族，由于缺少知晓少数民族文化及生活习俗的工作人员，使得涉及民族纠纷的案件很难得到有效解决。

2. 网络技术平台解纷作用有限

现代信息化技术的不断发展，尤其是互联网的普遍应用，为社会公众的生产生活带来了翻天覆地的改变，对于纠纷调解工作也带来，极大地促进作用。在“互联网+”战略的驱动之下，互联网成为许多地方法院和社会组织关注和探索新型纠纷解决机制的新阵地，纠纷化解找到了更加便捷、高效且低成本的解决方式。目前，文山市信息化手段滞后且资金投入不足，虽然建立了“互联网+”诉讼服务体系，但是只提供法律咨询、申请法律援助、在线预约办理公证、查询办理材料以及查询律师信息等，在线纠纷解决功能发挥效用不明显，未能跟上步伐，平台纠纷解决的作用受限。

四、推进文山州中级人民法院纠纷解决机制改革的建议及对策

（一）加强对接整合解纷力量

1. 加强纠纷解决的协同治理意识

调解是目前化解矛盾纠纷较为高效、便捷、经济的途径和方式。该程序旨在有效解决纠纷，避免烦琐冗长的诉讼程序，提高纠纷解决的效率。同时，在地位平等的基础上，争议各方在非诉讼程序中可以充分表达意见，相互协商，相互妥协，最终达成一致解决的方案。多元化纠纷解决机制的核心是发挥各种解纷方式优势，用效率最高、成本最低的方式化解矛盾纠纷，并且要建立在依法治理的基础上，根据实际情况，灵活运用各种方式化解纠纷。文山中院要做好布局统帅工作，充分发挥司法机关、行政机关、社会力量、基层乡镇（街道）、村（社区）纠纷化解力量等主体职能，平衡好各主体利益关系，营造平等参与的环境，实现多元主体协同治理的格局。综合多元主体，可以为纠纷当事人提供更多元的解纷途径，当事人自愿积极履行，有效回避诉讼后的司法救济，实现纠纷的真正、彻底解决。这使得双方满意度高，并提高了纠纷解决的实际效果。

2. 加强各纠纷解决机制的合作及对接

各行政部门等非诉解纷组织根据职能对所属调解组织进行整合，设立专门的调解工作机构，制定和完善调解纠纷规则和工作职责，构建合理高效的非诉解纷机制。各个行政机关、专业组织对行业内或者管理范围内的纠纷进行优先受理、及时处理，妥善化解。文山各基层法院与各行政机关、专业组织做好具体的衔接工作。司法是各种纠纷化解的最后一道防线，在启动这道防线以前我们要利用好一切能有效解纷的各社会资源。同时，在整合各纠纷社会力量中要

坚持做到不越位、不错位、不推诿，这样才能发挥屏障作用，减缓诉讼压力。

重视民间调解组织的建设，进一步加强人民调解作用。文山各级法院要督促调解组织网络建设，在各镇、社区，村寨建立起人民调解组织，配备调解经验丰富，审判理论水平较高的老法官、老司法所长，离退休干部，老村长等为特邀调解员 。同时，依托法院建立的诉讼服务网络，在农村、社区等矛盾多发区设立“法官工作室”“联合调解室”。文山州各基层人民法院可以通过专题讲座、答疑释惑、协助调解、邀请旁听等方式，加强对人民调解工作的业务指导和培训，增强人民调解工作化解社会矛盾纠纷的能力。

（二）规范多元化纠纷解决机制的运作

1. 建立强制诉前调解机制

调解作为法院案件管理中极力推荐的一种纠纷解决形式，程序的启动、展开及最后的结果都与法院存在着内在的关联，诉前调解其实就是诉讼程序的前置程序，如当事人对案件结果不满意、不认同则可申请要求正式审判，由此可进入正式的诉讼程序，在此程序用尽而没有形成解决纠纷的合意的情况下，则会开启正式的诉讼程序，以形成判决的方式解决纠纷。因此建立强制诉前调解机制也是为了更好地进行案件分流，提高解纷效率。

文山州中院可在有关的规范性文件中进一步明确诉前调解案件的适用范围、原则、时限、程序等，明确诉前调解的独立性，使之成为独立的诉讼程序，为下级法院程序的适用提供依据。同时，文山州各基层法院要增加人员配备，设立专门的审前调解机构，加大对诉前调解法官的业务素质培养，提升业务素质，以便调解法官能在短时间内正确运用法律及时高效的化解矛盾，调解纠纷。对于婚姻家庭、邻里纠纷等包含“情”的案件及需要打开心结的案件，作为调解前置，进行强制调解。但案件是否最终以调解结案还得根据当事人的意愿决定，并不违反合意性。

2. 完善诉调流程制度

一是要落实好司法确认制度。从调查情况看，由于当事人对这项制度不了解，有关方面的重视、配合不够等原因，这项工作实际运行效果不够理想。文山州各基层法院要主动配合有关部门通过加大宣传力度、强化调解员培训等措施，引导人民群众了解和适用调解协议司法确认制度，促使司法确认制度发挥其应有的效用。二是要健全特邀调解制度。近年来，文山州法院积极开展特邀调解工作，在分流案件、整合资源、化解纠纷等方面收到了实效。但还存在社会解纷资源较为分散、职责不清、缺乏制度约束等问题。全州法院要明确由诉讼服务中心或者诉调对接中心负责特邀调解工作，并配备熟悉调解业务的工作人员，抓好组织协调和工作落实，建立特邀调解组织和特邀调解员名册，为特邀调解员提供必要的场所和办公设施。三是要推动建立律师值班制度和参与调解制度。基层法院要积极与当地律师事务所对接，在法院诉讼服务中心、诉调对接中心或具备条件的人民法庭设立律师调解工作室。推动建立律师接受委托代理时告知当事人选择非诉方式解决纠纷的制度，充分保障当事人的知情权和自主选择权。

（三）加强多元化纠纷解决机制保障措施

1. 提高工作人员业务水平

文山州中院建立专业性人才的引进制度，出台相关政策鼓励更多的公检法等司法人才到基层一线从事纠纷调解工作。各基层法院要严格把控调解员的选任，建设专职调解员队伍，提高人员素质，可以聘用在基层社会工作经验丰富的调解员到法院多元化纠纷解决机制里担任部分职务。实行分级认证管理制度，按照调解员的能力对其进行登记评定和划分，予以区别性的管理和任用。然后，加强对调解员的业务和技能培训，引入第三方培训组织机构，对调解人员进行定期培训，同时要经常性开展交流活动，分享基层矛盾化解的经验。

2. 建立独立考核体系及监督机制

文山州中院应建立完善的考核与奖励制度，纠纷化解是基层工作较为难啃的“硬骨头”，特别是身处一线的基层法院工作人员尤为的辛苦，因此法院应当通过树典型以及表彰嘉奖等方式予以支持和鼓励，同时将纠纷化解作为干部的晋升考察的一项重要内容。文山州各基层法院做好整体绩效的评估工作，评估建立的多元化纠纷解决机制能否缓解社会矛盾纠纷严峻形势、各主体协同治理的薄弱环节和障碍以及评估发展方向、最新进展等内容，并负责将各级各部门、公众告知社会矛盾纠纷协同治理的动态信息，接受主管部门和公众的监督，从而建立起多元主体协同支持网络。同时，在绩效评估基础上，建立组织和人员正向激励、负向问责机制。

在基层法院建立监督机制。在协同化解某一案件时，可以通过建立临时工作小组，再根据部门职责分解任务，明确责任单位、责任人以及办结时限。在工作过程中，负责人要定期通过会议、表格汇总等形式跟进工作进展情况，建立动态跟踪机制，确保各个部门人员都能认真投入到工作中来。根据案件性质，及时向案件相关人员公开案件办理情况。针对群众反映强烈的热点问题，在不涉密的情况下，可以通过政务公开栏、政府官方网站、微信平台等渠道，向社会进行公布，将纠纷解决过程公开化、阳光化。

（四）丰富多元化纠纷解决平台和方式

1. 引入民族文化助力矛盾纠纷多元化解决

在审判实践和诉讼服务过程中，将民族文化与司法文化融合，传统优秀文化与现代司法理念融汇，将有效提升了参与社会治理的能力和水平。文山州法院在员额法官中应适当增加苗族、壮族等少数民族法官的占比，少数民族法官受各族群众的信任和尊重，将有利于化解大量矛盾纠纷。此外，民族聚集区的诉讼服务中心应摆放双语的诉讼指南、法律文书样式，并安排少数民族诉讼引领员为少数民族群众进行指导。当事人一方为少数民族的案件应使用少数民族语言开庭审理，配有双语翻译。人民法院在选拔特邀调解员时也应适当增加少数民族的数量，使多元化解贯穿法院审判执行全过程。

2. 完善“互联网+调解”解纷新模式

文山州中院要带头完善“互联网+”诉讼服务体系，努力构建网上咨询、评估、调解、仲裁、诉讼为一体的信息网络矛盾纠纷化解平台，涵盖纠纷受理、分流、化解、反馈、处理等全过程。各基层法院要积极反馈数据，实现信息在线收集、材料传输、证据保存、卷宗整理、数据分析、风险评估、纠纷预警等资源的共建共享。利用好信息网络平台的优势，为各种纠纷类型、各种行业需求提供便捷的接入端口。“互联网+”的功能不仅在于化解纠纷，还为数据的积累分析，为资源的共享共建，为矛盾的排查，纠纷的预防和控制等社会化治理提供技术支持。

五、结语

法院构建多元化纠纷解决机制不仅仅是能解决诉讼爆炸的问题，更多的是关于纠纷解决的多元化道路探索。机制的构建要强调的“合意”“合作”和“自愿”等理念，纠纷解决机制发挥其最大的作用起到了关键作用。

目前，关于探讨法院多元化纠纷解决机制构建的文章和著作越来越多，这对我国法院多元化纠纷解决机制的建立起到很好的推动作用。笔者在本次调研中发现，文山州中院探索着自己特有的解纷模式，模式的建立都不同程度上达到构建法院多元化纠纷解决机制的预期效果，同时纠纷的解决取得了更有效率、更和谐的成果。本文在参考大量著作和学术论文的基础上结合实证调查，表达出了自己的一点认识，提出的相关问题的完善建议处于自己主观描述，难免有不足点，希望对法院构建多元化纠纷解决机制的道路上能起到参考作用。

监狱青年民警主动离职现象探析*

——基于S省监狱系统的观察

宋立军**

摘　要：查阅国内外相关文献，发现离职现象是全球普遍存在的现象，而监狱职员的离职现象也并非中国所独有。S省监狱系统近年来青年民警主动离职率偏高的事实，已引起有关方面的重视。通过对离职人员及其他相关人员的访谈，获得第一手资料，进而探索监狱青年民警主动离职现象背后的原因，特别值得关注的是监狱组织管理理念陷入误区，将监狱警察视为“资源”而不是“人”。只有改变管理理念并在具体管理行为上进行相应调整，才能从尽最大可能改变目前青年民警高离职率的现状。

关键词：监狱；青年民警；主动离职；组织管理行为

S省某些监狱40岁以下青年民警主动离职①率偏高现象②已经持续多年。2018年11月，该省监狱管理局召集当月主动离职（调出监狱系统）青年民

* 基金项目：本文系2016年度江苏省第五期“333工程”科研项目资助计划“我国监狱面临的困境及出路研究”（项目编号：BRA2016326）阶段性成果，江苏省监狱工作协会2018年度首席专家专项课题：“关于监狱青年民警主动离职问题的研究”最终成果。

** 作者简介：宋立军，男，满族，1971年9月，辽宁锦州人，南京信息工程大学法政学院教授，监狱社会学与人类学研究中心主任。

① 这里的主动离职，既包括出于自身主观愿望请求从所在监狱调往另一监狱的情形，也包括调出监狱系统的情形。

② 据有关人士透露，S省有的监狱青年民警主动离职率可能已经达到20%以上，这其中包括在本省内监狱系统监狱间的非组织安排的流动。

警座谈，了解其离职原因。这在该省监狱历史上可能属首次。这或许可以说明，相关领导已经意识到此问题的严峻性，同时也希望通过座谈的形式了解监狱青年民警的真实想法。

一、国内外研究现状及评价

（一）关于离职

莫布雷（Mobley）将离职定义为：从组织中获取物质利益的个体终止其组织成员关系的过程。[①] 员工离职问题越来越引起外国学者关注，发表的学术论文呈逐年上升的趋势。对离职影响因素分析包括三个方面：个人因素（研究频率 35.6%）、组织环境因素（研究频率 52.9%）和外部环境因素（研究频率 11.5%）。个人因素与组织因素往往复杂交织，导致员工产生离职的倾向。[②] 当然，也有人梳理国外对离职问题的研究，[③] 这些论文，为我们了解国外情况提供了非常便捷的渠道。

国内对于离职的研究大体包括两个方面：一是离职倾向（离职意愿、离职意向）；二是离职行为。目前国内研究最主要的离职群体包括：护士、教师、公务员和企业员工群体等。由于社会主义市场经济的逐步成熟，离职成为一种司空见惯的社会现象。从“前程无忧”发布的报告看：2016 年一线城市的员工离职率增长较明显为 22.4%，二线城市的离职率为 18.5%。[④]

这足以说明，人员的流动成为社会的常态，监狱不必为此感到尴尬，对青年民警的离职现象不必大惊小怪，更不必杞人忧天。

---

① Price, James L. Reviewed Work: *Employee Turnover: Causes, Consequences, and Control*, *ILR Review*, Vol. 3, 1983.

② 张言彩、韩玉启：《国外员工离职研究文献描述性分析及综述》，载《技术经济》2007 年第 8 期，第 73-77 页。

③ 张玲：《组织职业生涯管理、组织支持感对知识型员工离职倾向的影响》，厦门大学硕士论文，2009 年。

④ 参见：前途无忧发布《2017 离职与调薪调研报告》，中国新闻网，http://www.chinanews.com/cj/2016/12-19/8097919.shtml. 最后访问时间：2019-01-17。

（二）监狱警察（或职员）离职问题

1. 国外的研究

有研究表明，美国刑事司法领域的离职率20世纪80年代达到40%。① 一份描述性研究告诉我们，至少在20世纪90年代至21世纪初，美国矫正机构职员每年的离职率最高可达45%，最保守的估计也要达到12%~25%。他们将离职的主要原因是工资待遇不高以及其他利益匮乏，最集中的表现是工作环境不尽如人意，主要包括：人际冲突、压力、不利的遭遇、不被上司认可、获取外界资源困难等。此研究还发现有三分之一被调查者打算在未来的三年内离职。② 直至2017年美国堪萨斯州矫正处每年离职率达到33%，其中兰辛监狱是37%，黄金国监狱是46%。③

英国监狱职员的离职情况也非常惊人。2018年的一篇报道指出，由于暴力攻击、自杀和自伤事件的发生，英国监狱职员的压力很大，离职现象比较严重。从2012—2016年，英国总共有7387名监狱官员（officer）离职（离开监狱），但只有2497人入职，有3066人的缺口。而监狱职员（staff）的离职情况就更为严重，2012—2016年大约有17000名职员离开监狱岗位。④

2. 我国的研究

（1）大陆（或内地）相关研究。程玉敏认为，大多数监狱警察选择离职主要是因为自己在监狱的职业升迁、上下级关系等方面的失意，使其对监狱工作满意度较低，体现在对工作热情的减退，在外面不愿意谈起自己的工作，工作上的事情不太放心上。⑤ 张梦园等认为，家庭（作为社会支持的重

---

① Thomas A. Wright: *Correctional Employee Turnover: A Longitudinal Study*, *Journal of Criminal Justice*, Vol. 21, 1993.

② Kevin I. Minor, Cherie Dawson - Edwards, James B. Wekks, Carl Griffith, and Earl Angel: *Understanding Staff Perceptions of Turnover in Corrections*, *Professional Issues in Criminal Justice*, Vol. 2, 2009.

③ 参见：http://www.dailymail.co.uk/wires/ap/article-4784642/Kansas-air-condition-prison-heat-concern.html. 最后访问时间：2019-01-22.

④ 参见：Peter Yeung, Loss of senior managers led to UK's prison crisis, https://www.theguardian.com/society/2018/aug/25/staff-cuts-prison-leadership-crisis. 最后访问时间：2019-01-22。

⑤ 程玉敏：《工作满意度、组织承诺与离职意愿的实证研究——以监狱警察为例》，载《企业经济》2010年第5期，第48-50页。

要方面）的大力支持对于监狱警察安心工作至关重要。监狱民警“工作家庭冲突”正向影响着离职倾向。[①] 赵忠宝等对监狱民警离职意愿的调查显示，有 16.1%的被调查者表示不想继续做监狱民警，排名前三位的原因是：“社会评价不高”，“工作枯燥、工作活动和能力被压抑、接触面狭窄、有职业病或事业发展不佳 、与期望不符” 和 “待遇相对较低”。[②] 这些研究尽管不能完全解释 S 省监狱的离职现象，但是却可以作为研究的背景性资料以及分析解释的参考。至少这些研究可以让我们掌握全国监狱警察的心理状态及职业认同情况，因而我们也会看到 S 省的青年民警主动离职现象可能只是全国监狱的缩影。

（2）香港特别行政区的情况。2017 年 5 月 31 日，香港立法会会议上，有议员就惩教署“仍然处于职员流失的高峰期，这现象仍会持续数年”问题进行提问，保安局局长黎栋国进行了答复。他还列出了惩教署过去三个财政年度各职级的流失人数及流失率表，并陈述了近几年所采取的措施。[③]

（3）台湾地区的情况。台湾一直以来也重视监狱工作人员离职问题的研究。有人指出，“由于戒护人力不足，使在职者工作负荷更形加重，常年超时值班，加上工作压力又大，且人事升迁不易，造成资深管理人员严重流失，戒护经验传承中断，而基层管理工作人员的离职比率也相当高”[④]。

从以往的研究或者相关报道，我们可以看到监狱职员的主动离职率居高不下是全球共同面临的问题，因而 S 省监狱青年民警离职现象也属正常。但是，却不能因此而忽略对这个问题的研究和解决。

---

① 张梦园、陈萍、李苏蓉、王明辉：《社会支持在监狱警察工作家庭冲突与离职倾向中的作用》，载《心理研究》2017 年第 1 期，第 70-77 页。

② 监狱人民警察职业状态调查研究课题组：《监狱民警认同感、工作压力和满意度及离职意愿调查》，载《犯罪与改造研究》2017 年第 5 期，第 40-46 页。

③ 参见：《立法会十五题：纾缓惩教人员工作负担》，载 https://www.info.gov.hk/gia/general/201705/31/P2017053100713p.htm，最后访问时间：2019-01-17。

④ 褚丽绢、许秀琴、陈淑慧：《司法矫正人员角色冲突、工作态度、工作压力与离职倾向关系之研究》，载《经营管理论丛》2005 年第 1 期，第 35-46 页。

二、成功离职者的直观感受

(一) 监狱冬天有点冷

一位离职者的妻子XG-01[①]说：

> 我老公（离职者）在监狱工作时，冬天上班时会感觉很冷。因为带班的时候，人不怎么动，顶多是巡查几次车间。调到派出所后，尽管平时穿得很少，但是由于每天都要动，所以就感觉不到冷。另外，他在派出所执勤时还背过两次死人，但是他没有感觉不好。

将“感觉冷不冷”作为离职前后的区别，这是一般人无法想象得到的。这种“冷”当然有自然温度的含义，但是这个含义显然是浅层次的。无论对于服刑人员还是监狱民警来说，监狱的冷都是心理学意义上的，是一种对于监狱机构产生的疏离感和压抑感，或者无法说清的感受。

另一位离职人员DS-01[②]的行为更说明这一点。他说：

> 现在我早上刷牙也会来这里（新单位为检察院，离家步行几分钟）。那时（指在监狱工作时）早上8点上班，7:30开车出发。现在走路5分钟，7:20从家出发。还有许多新的东西要学。在那边，少待在里边几分钟就是赚的。在这里，即便加班也不觉得苦。

实际上什么是温暖，什么是冷？这与人们对其所就职的机构是否有亲近感有关。笔者在监狱工作时（1995—2004），有一段时间觉得监狱很温暖，原因是“下监房”可以享受到服刑人员无微不至的“服务”——刮胡子、掏耳朵、按摩、煮方便面吃。那时男监狱民警的老婆总是抱怨，为什么老公一吃过晚饭就“下监房”？那大概是20世纪初以前的事情。但是，后来由于管理的严格，笔者又产生某种严重的压抑感，一出监狱的大门，听到大门

① 在本文中，为保护受访人的隐私，凡是受访相关人员的代码为XG。
② 在本文中，为保护受访人的隐私，凡是受访当事人的代码为DS。

"咣当"一声响，便感觉轻松了很多。

这就不难理解，为什么 DS-01 会一大早到检察院刷牙，尽管那座大楼在笔者看来里里外外都是大理石，一大早一定会是冷冷清清，但是他却不嫌冷。我们也会更好理解，XG-01 的老公为什么偏偏将冷与不冷作为监狱与公安两个不同行业的比较。

（二）元旦放假带带孩子、买买菜

被访人 DS-01 在 2019 年元旦前放假期间帮笔者约几个人聊聊。他给原来在他们监区工作的同事打电话时，对方说没空儿，他要带孩子，要买菜。DS-01 说，这个人四十多岁了，原来在监区做监区长，后来有机会出来到法院做法警。他的妻子在医院做牙科医生，很忙。这下好多了，这位原监区长，可以放心地休假，让妻子安心加班了。

而这种假期带带孩子、买买菜的生活，却是许多监狱在职民警所奢望的。一旦赶上节假日值班，那是"雷打不动"要"到岗在位"的。

DS-01 回忆说：

> 监狱往往在放假时间，像春节、端午、中秋节等，都是加强期。如果赶上假期上班，就顾不了家。我正好是 2018 年大年三十的班，副班。后半夜很晚了，半夜守夜。看着女儿睡着了。我就起身出发了，要去上班。那时路上就我一个人开车，就一辆车，路上没什么车。

2018 年 12 月末的一个中午，笔者和几位辞职者以及一位仍在职的民警 DS-02 聊天。DS-02 是开车来的，下午要上班。他妻子带着孩子回娘家，他很感慨，如果不是在监狱工作，他们就可能一家人一起回妻子的娘家了。当天的雪很大，他对妻女的安全很牵挂。

显然，那位调到法院做法警的人与 DS-02 目前仍为狱警，有着截然不同的生活状态和精神面貌。带孩子、买菜，是普通人日常生活的一部分。家庭的和谐与美满，孩子的教育都离不开时间。然而时间作为重要的资源总量是有限的，如果将时间资源用在工作上，家庭生活就不可避免地受到影响。特别是在传统的阖家团圆的日子里，一家人能聚在一起，尽享天伦之乐，该是多么美好的事情啊！然而，监狱工作的性质、监狱警察人手的不足，总有一些人要把美好的时光奉献给工作，甚至可以说奉献给那些服刑的人。而这无疑是很难解决的矛盾。

（三）同样的累，感受却不同

前边提到 XG-01 的老公从监狱调到公安派出所，三更半夜要执勤，甚至还两次背过死人，但是他并不厌烦这项工作。显然他是很累的，但是为什么他会愿意承受呢？一位主动离职者 DS-02 的感受就可以做参考。他 2003 年参加工作，2010 年通过司法考试，2013 年从监狱调出。他这样在监狱工作过 10 年的能调出监狱很不容易。在监狱里工作时间很长了，所有的状态已经能看到了。于是他想改变。当时 M 区纪委正好缺人，前边监狱里也有调外系统的。他竟调出来，这对当时老家是 M 区的年轻人触动很大。“人家一个外地（本省外市）人能调走，我们本地的怎么就不行呢?”

笔者问 DS-02：“现在你在纪委不是也很忙很累吗?”他告诉笔者，连续长时期不能回家是常事。但是他坚持认为，这种累只是阶段性的。监狱则不同，长年累月疲于应付。他认为纪委工作尽管很累很忙，但是办理的每一个案件都有不同，或者说有挑战性；监狱工作却只能循环往复，缺少变化，很难有成就感。

同样是累，如果累了却缺少成就感，就会对所从事的职业产生倦怠的情感；如果累得有价值，有成就感，就会“累并快乐着”。

一位 2015 年参加监狱工作的女士 DS-03 说：

> 在我看来，大部分人都把这项工作（监狱工作）看成是谋生手段，不是选择事业，而是选择职业。当然人会选择既开心又赚得多的职业。我一本正经地说，如果有一份职业是在 N 市区，能在父母身边，我会很开心，很乐意，千金难买我开心。

DS-03 参加工作不到三年，对职业选择的认知是“开心”。然而，这种朴素的情感是不分年龄的。如果在两个都“累”的岗位工作，当然“开心”才是较佳的选择。

三、青年民警主动离职的因素

监狱青年民警离职的因素是多方面的，这里主要划分为非监狱组织管理因素和监狱组织管理因素两大类。

（一）非监狱组织管理因素

1. 寻找新工作的机会

相较于老一代监狱工作者来说，如今的青年民警离开本职另谋新职的机会要相对多些。某监狱科室职员 DS-04 告诉笔者：

> 从我们监狱离职的人看，有几个出路：一是中央、省委、市委选调的；二是调离监狱的，大部分去公安，去公安的多。有去××县政府的、××司法局的，还有省质检局的。还有的去做律师，也有自主创业的。有的人到哪里去了，我们也不知道，现在还有两个辞职的人的档案在我们单位。

调查发现，青年民警能成功主动离职的外部有利因素主要有：一是市场经济的发展和完善，提供了一个大环境，增加了寻找工作的机会；二是各种资源（包括人脉关系、学历或职业资格等）在其中“拉一把”，使离职意愿变为行动，使机会变为现实。

2. 社会资源分配不公

青年民警考虑主动离职的一个重因素是社会资源分配不公，主要表现为教育资源分配不平衡。被访人 DS-04 告诉笔者，J 市（省会，位于该省中南部）某些名校（中小学）里竟然大多数学生是 S 省北部的，甚至有不少老家是 N 市（S 省最北部）的学生。同样是 J 市，不同地区的学校知名度也有所区别。为了给子女提供一个优质的受教育环境，一些在偏僻地区工作的民警就会买学区房，宁愿自己吃点苦。但是，天长日久总会有诸多不便，于是离职的念头就越来越强烈。

3. 作为独生子女的青年民警的职业退出

被访人 DS-04 给我们提供了一个案例：

> 一位警校毕业生，2014 年参加工作，2018 年年底辞职。但是由于 5 年的服务期未满，监狱不能办理离职手续。这位离职者在家里是独生子，家里有公司，每年有三五百万元的业务。申请辞职不批，他就不来上班。领导反复找他谈，他认为在家庭产业与工作之间无法兼顾。后来因为旷工 15 天，只能作辞退处理。就连辞退的手续，他也没有及时来签字。

S 省处于改革开放的前沿，较早出现了家庭或家族企业。但是由于原来的计划生育政策导致 80 后、90 后的年轻人多数属于独生子女。以监狱男性青年民警为例，如果他和妻子都是独生子女，无论是自己的父母还是岳父母创下的产业，他都有义务接续下来。事实上，即便他们不离职，也不得不参与企业的决策和执行。显然，这与公务员严格的管理制度发生冲突，于是离职也就成了解决角色冲突的一个不得已的选项。这种现象在 S 省今后可能会更加突出。

4. 监狱区位优势落差

在新中国成立初期至改革开放前期，国家往往基于当时的历史条件，将监狱建在荒山野岭、戈壁荒滩，于是人迹罕至、交通不便的地方便成为监狱选址的依据。随着时代的发展，偏僻的农村监狱越来越不能吸引青年民警安心岗位。这从 S 省近些年的监狱青年民警离职情况可以看出，偏僻地区监狱成为青年民警主动离职的重点单位，而区位优势较好的监狱成为调入重点单位。前者形成“年轻化监狱”（30~40 岁的就称得上“老警察”），后者形成“老龄化监狱”（监区一线工作的民警很少有年轻人，40 岁左右的还属年轻警察）。这种区位优势的落差，产生“人往高处走，水往低处流”的自然规律，使无论“年轻化监狱”还是“老龄化监狱”，民警工作压力很大。

被访人 DS-06 说：

> 城乡的差别，产生了不少社会矛盾，农村不如城市，农村监狱的青年民警没办法不跑。这都是前边历史形成的。过去监狱规划过程中，有监狱办小社会的功能，虽然弊端是监狱背上沉重的包袱，但好处是实际上把监狱与社会拉近了，在监狱工作的人生活更方便。现在不行了，人都社会化、城市化啦，（监狱警察的）小孩也要学习、就业。这就产生了许多监狱民警想办法从农村监狱中调出来的问题。

当然，上述几项分析并不全面。笔者只想通过这样的分析，让人们看到有些问题是无法通过监狱组织管理行为来改变的。对于一个执意要离开监狱岗位的人，监狱所做的任何努力都很难改变他们的意愿和行为。

（二）监狱组织管理因素

通过对受访者的访谈，发现监狱组织管理行为的缺憾主要表现在以下几个方面。

1. 管理过于理性，人文关怀不够

（1）上班时间可以推迟半小时吗？不行。

DS-02 家与所在监狱处于一个城市的两个区，驾车大概要花费两个小时。他经常要早上 5：50 起床，6：15 从家出发，8：00 准时到单位。晚一分钟也不行，门禁有记录，会通报。从家到单位是通地铁的，如果赶第一班地铁，就要 8：30 到单位，这样显然会迟到。他跟单位讲过，得到的答复是不行。DS-02 说，如果监狱早班推迟半小时，自己就可以坐地铁上班了，这样可以在地铁上眯一下。他还告诉笔者，2012 年有一位监狱警察因疲劳驾驶，现在还是植物人。他也特别怕开车出事。他说，像他这种情况的民警起码有一百多人，差不多占全监狱总人数的五分之一。

DS-02 很无奈地对笔者说：

> 像这样的小事，领导如果能解决一下，那该多好啊。那也许很多人就不想走。

作为规范员工行为的重要制度之一，作息制度对于统一行动、明确责任起到不可替代的作用。但是，这种看似刚性的规定，有时也可以根据实际情况有所调整。例如，有些政府机关采取“朝九晚五”的模式。作为监狱机关来说，如果有相当一部分人（以 DS-02 所在监狱来说，大概有五分之一的人）需要一个相对合理的作息时间表，似乎可以采取民主的方式决定是否可以调整，而不是简单地说“不”。

（2）“监控正确”成为常态。

已经离职的 DS-01 说，监狱目前在很大程度上依赖电子监控来管理。工作流程很细，通过监控可以查到哪些人没有遵守流程。但是，这些精细化的操作流程，常常也很好应付。比如，收工时对服刑人员的搜身：人工搜一遍，金属探测仪检查一遍，还要过安检门。过安检门时，就是响了也不会重过的，因为那完全是做给监控看的。在这种“监控正确”的“指挥棒”下，形式主义随处可见。在这种情况下工作，很难获得职业荣誉感。“断章取义”的监控画面，常常会善恶不分，好人没有好报。由此就会产生工作主动性不足的问题，一份本该有开创性、主观能动性的工作变得枯燥。不仅如此，过分依赖先进科学技术，也会使人与人之间的情感变得淡漠，特别是上下级之间的关系越来越疏远。

2. 非生产管理能力优势的缺失

改革开放以来，监狱的生产指标渐渐成为监狱追求的主导方向。因而在监狱民警的能力评价方面也多倾向于对此方面的考察。这就使个性、专业知识、品德修养等因素往往不被纳入评价范畴。

（1）个性。

已离职的 DS-03 说：

> 我做过内勤，也带过班。一上班就看到“天花板”了。看到老同志，也就看到了自己，工作状态预算到了。我的性格也不适合监狱工作，有些内向。外向的会更适合些。

仍在监狱工作的青年女民警 DS-03 说：

> 现在讲五大改造，其实是把生产改造放在第一位。有些人不会管生产，但（生产）又很重要。我到单位的第一件事是踩缝纫机。学校学的知识没有用。为什么只是单方面地评价一个人，仅看他/她是不是能组织生产，而不是有一方天地。在基层，生产是“王道”。生产与经济利益挂钩，然而不是所有人都适合抓生产的，可能他/她写作很厉害，但监狱在考核评价时不这样看，关键看能不能搞生产，能不能创造经济效益。

监狱在尊重不同个性的人方面，很少认真去做工作，评价的标准往往是能不能抓生产，这样就伤了一些不适合抓生产的青年民警的心。

（2）专业知识。

民警岗位的分配上有必要充分考虑其所学专业。但是一些具有专业特长的青年民警感到，自己的专业经常用不上。一位监狱工作者在其学位论文中记录道：

> 我研究生时学的是心理学，当初考公务员的时候，单位的招考公告上写的是综合执法人员，从事教育改造工作，进来之后发现根本就不是说的那样。读了多年的书，学了那么多东西，现在一点儿用都没有。现在的工作就是混日子，没点价值。有机会的话，我肯定要跳出去。”（男，科室干事，从事工作 4 年）

> 单位招了很多人，但是没有被很好地用起来。很多学医的、学教育的、学心理的都在下面带班，这些人应该去监狱医院，去教育科，去心矫科，还有很多法律专业的、外语专业的都没有在最能发挥他们作用的位置上。如果这些人能很好地用起来，我们的工作会更好做。（男，监区领导，从事工作 16 年）①

① 刘颖：《监狱警察组织认同的影响因素分析——以广东省 P 监狱为例》，暨南大学硕士论文，2016 年。

青年民警所学专业不能很好地发挥，这在监狱里是一种值得关注的现象。

更为可惜的是，有的监狱在招聘的时候会设置“建筑学”或“土木工程”等专业，而一旦本专业的人考取监狱岗位，就可能终生与所学专业无缘。某监狱一位国内名牌大学名牌专业（土木工程）的硕士，最后离开了监狱岗位。尽管按照有关人员的说法，他是“眼高手低”，人际关系也处理不好，工作责任心不强，先是辞职，反反复复，后被辞退。但是，我们不得不思考：监狱在招聘时，是否要考虑到未来的岗位与专业匹配性问题，或者是专业发展的问题。

当然对于这类问题的出现，还与监狱许多职能没有充分社会化有关。如医疗、财务、网络管理、基建、电力工程等完全可以社会化，采取业务外包的形式。这样，监狱就可以不再招录专业性特别强的人才，也避免监狱陷入无法为此类人员提供相应岗位平台的困境。

（3）德行。

德行是一个很难量化的评价标准。每个人都不是完人，一个道德低下的医生可能是一位令人感动的慈父。当我们有意强化他慈父的一面时，是否会提升他行医的道德水平呢？监狱在评价青年民警时，也要善于发现监狱业务之外的良好品行。

在职民警 DS-05 讲了这样一个例子：

> （某青年民警）有上班迟到习惯，以至于发展到的旷工程度。但是这个小伙子有公德心。有一次回去，他们小区的车棚着火了，他不顾生命危险将火扑灭，避免了一场火灾。他所在的小区表扬了他。为此，监狱后来也对他进行了表扬。这个小伙子现在工作积极性很高。这就是把一个人善的一面激发出来。

这种现象在心理学领域被称为“积极关注”，管理者要善于关注下属的积极方面。但要找到这个积极点，非得用心不可。不是每一个青年民警都这么幸运，有些人“一丑遮百俊”，可能成为监狱领导批评的对象，很难真正在单位抬头。在这样的情绪下工作的青年民警，一旦有机会就可能主动离职。

3. 受到伤自尊或者不公的对待

有受访者称：

> 监狱里有的领导不讲求工作方式。监区一旦发生问题，有的监狱领导处理方式很简单，有时还会带上口头禅。要知道，现在骂犯人都很少。怎么能骂普通民警甚至监区领导呢？普通民警不能骂犯人，监狱领导却可以骂民警，这谁受得了？

笔者听到两个人说过同样的故事：有一位刚参加工作不久的青年民警被某领导当着犯人的面骂，骂得很难听。这位新民警当着服刑人员的面，将这位领导摔倒，把警服一脱就辞职了。有人说，其实监狱领导也很苦，心里的苦闷无处诉，只能拿底下的人撒气。甚至有的副监狱长，也偶尔会成为极个别的监狱长的“出气筒”。但是无论如何不能做有伤民警自尊的事，特别是在服刑人员面前。

在访谈中，笔者也了解到监狱中会存在一些对青年民警不公的对待，导致他们用脚来决定对监狱的态度。

4. 对工作家庭冲突的漠视

关于工作与家庭的冲突，很少纳入监狱组织管理行为考虑的范畴。

在职民警 DS-04，曾经有过从 Q 监狱（农村监狱）调往 P 监狱（城市监狱）的经历。他说：

> 监狱的工作模式对家庭非常不利。特别是青年民警结婚后，对家庭的影响很大。监狱的工作模式，可能会提高离婚率。我周围就有离婚的，因为家庭矛盾。监狱工作时间长，对家里照顾不到，如果只有妻子一个人带孩子，那她就更会有抱怨。我的孩子是我父母带的。但是，爱人仍经常会抱怨。主要是说，你经常不回来，回来会把情绪带回家。累嘛！回到家，小孩子如果有问题，我就会发脾气。我老婆是朝九晚五，我父母带孩子。我经常不回家，老婆难免就会与公婆产生矛盾。如果我

能多回家，就会起到“润滑剂”的作用。可是我们回家很少。矛盾越积越多，两方都会抱怨，发牢骚。

从上面的叙述看，从事监狱工作很容易造成对家庭生活的忽视，这种冲突可能会导致家庭矛盾的升格。一位律师告诉笔者，他曾经代理过一个离婚案件：“男女双方都是警察，男的在监狱工作，女的在公安工作。女的说什么都要和男的离婚。她在法庭上说，男的回家会无缘无故把家里的玻璃打碎。”

有人认为，西方人普遍认为工作目的是为了更好的家庭生活，当工作对家庭生活有干扰的时候，人们会怪罪工作，则工作满意度较低；在中国文化背景下，存在普遍而强烈的工作优先的社会规范，对工作干扰家庭有更强的容忍，牺牲个人家庭而努力工作是一种传统美德。① 也有人持相反的观点：在中国文化背景下，家庭是生活的中心，当工作家庭矛盾难以调和，家庭生活受到干扰时，个体会倾向于维护家庭，更有可能产生离职意愿。②

四、监狱组织管理行为变革的方向

（一）从“资源”到“人”：组织管理理念的调整

监狱警察不是资源而是人。如果将监狱警察作为资源来看待，监狱组织管理便侧重强调管理与利用；如果将监狱警察作为人来看待，那就需要给监狱警察予激励、尊重、培养、关心等。③ 而目前我国监狱普遍存在将监狱警察作为资源看待的错误认识。当监狱警察意识到自己只是一种具有公务员身份的资源时，他们就会将自己降格为遵守规范或规则的机器，甚至只是监狱这台机器中的一个零件。而对于监狱来说，零件是不需要情感关怀的，如果

---

① 马丽、鲍红娟、毛承成：《工作—家庭平衡结果变量的实证研究：工作满意度的中介作用》，载《燕山大学学报》（哲学社会科学版）2017 年第 2 期，第 81-89 页。

② 张梦园、陈萍、李苏蓉、王明辉：《社会支持在监狱警察工作家庭冲突与离职倾向中的作用》，载《心理研究》2017 年第 1 期，第 70-77 页。

③ 刘澜：《要把员工当人而不是资源》，载《商学院》2010 第 7 期，第 56-58 页。

坏了可以换一个。但人是有思想、有灵魂的。当他自己被看成是资源时，他能够敏感地体会到，他会想办法改变自己的处境。德鲁克在《管理实践》[①]中指出：在职场中，人是作为整体的人而存在的，而不能部分地被使用。

（二）一些具体的设想

要解决青年民警主动离职率偏高的情形，可以有不同角度的思考，比如加强监狱文化建设、加大监狱开放程度、尽量补足警力缺口等。除此以外，针对前述描述与分析，笔者提出如下几点不成熟想法。

1. 从单一关注监狱民警向兼顾民警家庭关系转变

基于相当一部分民警离职是由难以解决的工作家庭冲突引起的。我们可采取“家庭友好政策”[②]。监狱要承认民警更看重家庭生活的现实，在组织管理行为中，时时处处关心民警的家庭关系。既要想办法让民警的家庭成员理解监狱工作，又要想方设法为监狱民警解决因工作家庭冲突而造成的困境（一方面从解决实际困难层面入手，另一面要引导青年民警学会处理冲突）。

2. 不可过度强调科技的作用

目前国内有不少监狱近乎全时空的监控，将人从“人防人”的枯燥工作中解脱出来，为提高监狱安全指数起到不可估量的作用。但是，人是生活在人群中的，不是生活在技术性监控中的。人与人需要真诚交流与有效沟通，而监控设施的“去情感”特性，使人变成时刻被监控的对象。人的尊严无法得到充分保障，人作为人的价值与意义也就大打折扣。不能再片面地以“精细化”为由，片面强化监控等技术手段在监狱管理中的功用。

3. 改变目前新警招录的条件标准[③]

建议今后监狱机关招录新警时要附加一项条件，即“有两年以上工作经

---

① ［美］彼得·德鲁克：《管理实践》，帅鹏、刘幼兰、丁敬泽译，工人出版社1989年版，第309页。

② 王永丽、郝雨洁、张智宇：《边界管理风格对家庭友好政策作用效果的影响研究》，载《中大管理研究》2015年第2期，第58–82页。

③ 让从事监狱工作的人在入警前经历其他的行业磨炼是非常必要的，一是可以避免应届毕业生眼高手低的情况发生；二是通过比较，职业认同感可能会相对更稳定；三是对于警校毕业生来说，可以增加阅历。当然可能还会有其他有利方面，这有待调查研究。

验”。从调查看，那些从学校毕业即考入监狱单位者更容易主动离职。即便从政法类警察院校毕业的学生也应设定其他工作经历的条件，即政法类警校毕业的学生在毕业后两年内不得直接从事监狱工作，从事其他工作两年后可以有相对便捷的入警机制。

贵阳市花溪区高坡苗族乡公共法律服务的实际运作调查报告*

黄孝慧　安　琪　曾妍妍**

摘　要：公共法律服务体系建设为我国全面依法治国战略注入新的生命力，基层公共法律服务工作开展实际情况成为社会各界关注的焦点。在对贵州省贵阳市花溪区高坡苗族乡进行多次实地调研后，笔者通过调研数据分析发现，当地基层公共法律服务工作成效不高、服务体系有待完善。本文对影响当地公共法律服务的原因做进一步分析，发现其中存在的主要影响因素如下：普法宣传活动效力低、公共法律服务内容不明确、法律资源供需不平衡、监管体制不健全。

关键词：基层公共法律服务内容；法律资源供需；工作成效

一、高坡苗族乡基本情况

高坡苗族乡是贵阳市海拔最高的地区，并因此得名“高坡”，建于

---

* 基金项目：贵州省社会科学院学习贯彻党的十九届六中全会精神专项研究课题“百年来中国共产党领导铸牢中华民族共同体意识的历程、经验与启示研究”（项目编号：LZQH2120）的阶段性成果。

** 作者简介：黄孝慧，贵州瓮安人，女，法学博士，贵阳人文科技学院法学院副院长、副教授；安琪，贵州毕节人，女，贵阳人文科技学院法学院学生；曾妍妍，贵州铜仁人，女，贵阳人文科技学院法学院学生。

1953年，位于贵阳市东南端，地处花溪与龙里、惠水三县（区）交界处。高坡苗族乡总面积120平方公里，辖19个行政村、121个村民组，87个自然村寨，总人口25768人，其中苗族占比71%、其他民族占比29%。乡内苗族人数众多、文化悠久，民俗大多得以沿袭，民族风俗浓郁，民族文化丰富多彩，旅游开发潜力巨大。得益于独特的自然条件和人文环境，高坡苗族乡将发展定位于生态乡、旅游乡、民族文化乡，制定了《高坡乡全面建设小康社会发展规划》。全面发展建设小康社会，将“科技带动、旅游带动、文化带动、城镇带动”四大战略贯彻实施于高坡苗族乡的小康建设中，既要金山银山，也要绿水青山，让全乡经济社会和生态环境同步发展。

（一）高坡苗族乡公共法律服务机构设置情况

高坡苗族乡内设司法所、综治办、人民调解委员会等专门提供公共法律服务的部门。其中司法所承担公共法律服务的主要工作，指导、管理人员调解工作，参与疑难、复杂的民间纠纷调解，接待处理人民调解工作的来访来信；指导、管理基层法律服务工作；承担高坡乡社区矫正日常工作，并负责组织开展对社区服刑人员的管理、教育和帮助；协调相关部门和单位开展对刑释解教人员的安置帮教工作；组织开展法制宣传教育工作；组织开展基层依法治理工作，为乡镇人民政府的依法行政、依法管理提供相应的法律建议和意见；协助基层政府部门处理社会矛盾纠纷；参与社会治安综合治理工作；完成上级司法行政机关和乡镇人民政府交办的维护社会稳定的有关工作。人民调解委员会作为民间纠纷的群众性组织，在高坡乡人民政府下进行工作。综治办组织协调辖区内社会治安防控体系建设，组织协调本辖区内矛盾纠纷多元化解工作，组织开展当地法治宣传教育、引导人民群众遵守法律。

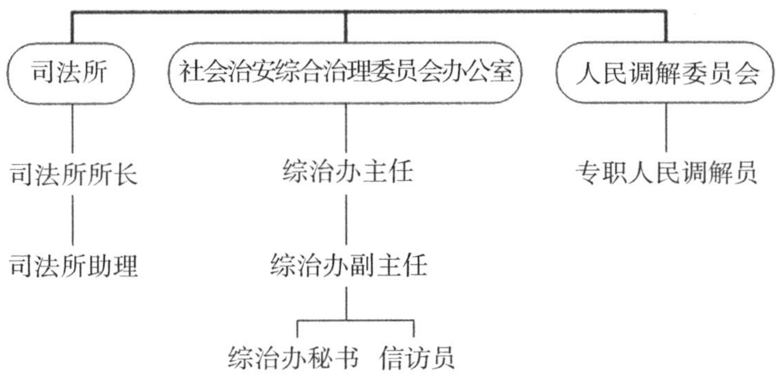

图 1　高坡苗族乡公共法律服务机构设置情况

二、高坡苗族乡公共法律服务的实际运作情况

基层公共法律服务在保障公民基本权利，实现社会公平正义和保障人民安居乐中有着重要作用。为了更好地发挥基层公共法律服务的效力，全国各地对其现有的公共法律服务做出了不同的优化创新，虽然高坡乡公共法律服务有其创新亮点之处，但在实际运作过程中也有较大的问题存在。

（一）高坡苗族乡公共法律服务的创新亮点

1. 基层公共法律服务助推乡村振兴

乡村振兴战略是党中央基于对我国现阶段主要矛盾、历史地位、经济社会发展的面临的主要问题以及城乡关系等基础上，由习总书记于 2017 年 10 月 8 日在党的十九大报告中提出的。2018 年 1 月 2 日国务院以文件形式指出乡村振兴战略“是决胜全面建成小康社会、全面建设社会主义现代化强国的重大历史任务、是新时代‘三农’工作的主抓手”①。

在高坡乡的旅游产业发展中，乡村振兴战略为其发展提供了更广阔的空

---

① 《中共中央国务院关于实施乡村振兴战略的意见》，2018 年 02 月 04 日，http://www.gov.cn/zhengce/2018-02/04/content_5263807.htm 访问日期：2021 年 9 月 3 日。

间，旅游产业也反作用于乡村振兴，促进了乡村振兴战略政策的实施，促进乡村基础设施更加完善。高坡苗族乡在旅游条件方面具有其独特的优势，集贵州典型的喀斯特地貌、苗族文化风俗的民族特色活动及建筑、草原瀑布的天然景观和花海梯田的人造景观于一身。通过加强公共法律服务，有助于高坡苗族乡旅游产业发展，助力乡村振兴进程的推进。高坡苗族乡设立了专门的旅游调解委员会，用于解决游客在高坡苗族乡旅游过程中与当地商户、乡民或游客互相之间的纠纷，提高解决纠纷效率，为旅游产业提供有力的公共法律服务体系，推动乡村振兴建设。①

2. 成功建设民主法治示范村

党的十八大以来，以习近平同志为核心的党中央提出一系列全面依法治国新理念、新思想、新战略，这些新理念新思想新战略，是马克思主义法治思想中国化的最新成果，是全面依法治国的根本遵循。② 深入宣传习近平总书记全面依法治国理念新思想新战略，着重于贯彻宪法法律下基层，大力宣传与民众日常生活密切相关的法律法规。在高坡乡扰绕村，建设法治广场，坚持法制宣传教育与法律服务相结合，完成了公共法律服务平台建设，形成当地民众办事依法、遇事找法，纠纷矛盾用法解决的氛围。在第五批省级“民主示范村（社区）”推荐评选中，经花溪区司法局指导下，高坡乡扰绕村顺利通过实地检查验收，成功建设民主法治示范村，是当地促进法治建设的重要途径。

3. 设立旅游调解委员会

人民调解制度具有中国特色，是我国宪法确认的法律制度，在依法设立的人民调解委员会主持下，经涉及矛盾纠纷各方同意下，以国家法律、法规、规章、政策和社会公德为依据，对民间矛盾纠纷当事人进行说服教育、规劝疏导，促使矛盾纠纷各方互谅互让、平等协商、自愿达成协议，消除纷

---

① 《中共中央国务院关于实施乡村振兴战略的意见》，2018 年 02 月 04 日，http://www.gov.cn/zhengce/2018-02/04/content_5263807.htm 访问日期：2021 年 9 月 3 日。

② 《习近平总书记全面依法治国理念新思想新战略》，新华网．2019 年 12 月 04 日，HTTPS://BAIJIAHAO.BAIDU.COM/S? ID=1651953836957306359&WFR=SPIDER&FOR=PC 访问日期：2021 年 9 月 3 日。

争。高坡乡在发展旅游业的同时，旅游活动方面的投诉、纠纷也在增长。为了更好地发挥基层人民调解委员会的作用，高坡乡结合实际，设立旅游纠纷人民调解机构，解决旅游纠纷，构建和谐旅游环境。

（二）高坡苗族乡公共法律服务实际运作中出现的问题

在经济发展缓慢的过去，基层公共法律服务确实在保障经济秩序和社会安全方面发挥着强有力的保障作用。但是，随着社会经济的快速发展，传统的共同法律服务的力度逐渐弱化，在社会实践中未能有效发挥好其固有的社会治理价值。

1. 公共法律服务部分职能未能有效实施

据调查，在当地民众日常生活的常见纠纷中，土地纠纷占比 14.75%，家庭纠纷占比 36.33%，买卖合同纠纷占比 9.89%，经济纠纷占比 39.03%。由于时代的快速发展，社会保障制度的完善，土地纠纷不再像以往占主流地位。并且在实地调研过程中发现，当地民众绝大部分不知道何为买卖合同纠纷。其中家庭纠纷和经济纠纷占主导地位，婚姻纠纷占据家庭纠纷的很大比例，随着现代经济的快速发展，价值观念的变迁，使得基层民众的婚姻观经济观发生了巨大变化。如今伴随着法治社会各方面的完善，民众开始知法懂法，转变纠纷解决理念，更偏向于诉诸法院等司法安机关，致使公共法律服务部分的职能未能得到有效实施。

2. 公共法律服务部分解纷实效不高

据调查，当纠纷发生时，民众首先选择专业法律服务帮助及求助政府公共法律中心；少数民众选择私下解决，可以反映出民众对政府及法律部门信任程度较高，但还是有部分民众不信任法律，认为私下解决更符合其利益需求。笔者认为，在该情况下，政府部门应加强与民众的联系沟通，使得群众相信政府、相信法律。在纠纷处理结果方面，满意程度不高，不满意的人数占比多达 64.57%，比较满意及满意的人数占比仅为 35.43%，可见当地基层公共法律服务的实际运作在纠纷调解方面有所欠缺，尚未满足民众实际法律服务需求，还需要进一步完善。

3. 普法工作未落实到基层

法治宣传教育虽然只是一项基础性的工作政策，但其对于提升民众的法治意识有着重要作用。法治宣传教育不单纯是让民众知道法律内容，最终目的是让民众能够运用法律。普法教育活动将社会主义价值观念和道德准则纳入法律规范，提高社会文明程度。据调查，有 23.84%的民众认为举行过普法活动，仍有 27.16%的民众认为没有举行过普法活动，其中进行过法律咨询的民众占比为 18.3% ，未进行过法律咨询的民众占比 30.7%。由此分析出当地普法覆盖率不全面及有部分民众对于普法宣传不在乎，法律意识不高。

4. 亟须完善公共法律服务体系

经济的快速发展，思想的转变，社会的变化，法律服务不断更新建设都为高坡乡公共法律服务建设提出就更高更好的要求，但高坡乡公共法律服务方面依旧有欠缺，存在滞后性，法律服务资源配置不均匀的，城乡差距大，一些社会性的公益性法律服务不能发挥其应有的效力。在本次调查中有 38.49%的民众认为，公共法律服务体系的构建对使居民知晓法律维权途径有帮助，由此可见，在此之前，部分居民甚至不知道法律维权途径。有 28.6%的民众认为，对获取免费法律咨询及服务方面有帮助，有 23.02%的民众认为，对增强风险防范能力方面有帮助，仅有 9.89%的民众认为，构建公共法律服务体系对他们基本没有帮助。可知对于绝大多数的民众而言，构建公共法律服务体系对他们都有着或多或少，不同方面的帮助。故而构建公共法律服务体系对于建设法治乡村有着积极的意义，在推进法治建设同时，还保障了民众的权益。

5. 人民调解委员会力度不够

设立人民调解委员会是基层公共法律服务中的重要部分。当地虽有设置人民调解委员会，但数据显示大部分民众认为，人民调解委员会对于当地旅游纠纷的解决没有帮助，仅有少数民众认为是有帮助的，其余的民众则对人民调解工作不甚了解，由此可知，当地人民调解委员会在旅游纠纷发生并未能完全发挥其职能。人民调解委员会力度不够，问题在于人民调解工作缺乏专业的调解队伍，调解员素质有待优化，调解效力不高。司法所对人民调解委员会重视程度不高。应加强人民调解工作基础建设，提高调解队伍水平。

6. 未能充分发挥服务职能，满足民众的公共法律服务需求情况

根据调查发现，传统的法律服务方式包括广播宣传，主要依靠司法所，提供便民信箱，在公示栏公示，提供电话咨询方式。现在增设了专人法律顾问，提供法律服务人员咨询平台，设立人民调解委员会，律师服务等。剧烈变迁的社会环境催生了多元化的公共法律服务渠道，这也更有利于民主法治示范乡村的建设，有利于推进乡村振兴。普法活动开展方式的多样性对于民众而言是一件好事，多样的宣传方式更适应如今的社会发展。尽管目前有开展普法宣传，但有26.21%的民众希望有专家宣讲，20.6%的居民希望再增设人民调解委员会，27.05%的居民希望有律师法律服务形式的普法活动，26.14%的居民希望再多一点普法学习，可见民众对于普法活动不排斥，并表现出强烈的学习欲望。

同时，当前基层的公共法律服务体系还存在不足。据调查，15%的居民认为法律服务机构不健全，17%的居民认为基层普法宣传力度不够，14%的居民认为不能满足民众利益需求，13%的居民认为基层法律工作者或担任专人法律顾问能力不足，12%的民众认为缺少对基层法律服务资金的投入，29%的居民认为部分群众法律意识淡薄。居民的看法为基层公共法律服务体系的完善与发展提供了建议。人民法律意识的提升使得民众更想了解公共法律服务工作，这表明，基层公共服务部门实践中未能充分发挥出有效职能，为你挡满足民众的公共法律服务需求。

三、高坡苗族乡公共法律服务实际运作的影响因素

高坡乡基层公共法律服务中存在着普法宣传不到位、公共法律服务内容不明确、法律资源供需不平衡、监督机制不健全，监管管理水平较弱等问题，其存在的问题主要原因体现如下：

（一）普法宣传机制影响基层法治工作成效

随着法治社会的建设，相关部门越来越重视法治宣传，但是在一些基层地区，法治宣传有时候只是形式，并没有落到实处。主要原因如下：

1. 当地普法宣传难到位

伴随着法律服务的逐渐完善与健全，基层公共法律服务的质量也得到逐步提高。就高坡乡提供的法律服务是否能满足当地民众的利益需求做了一个调查。调查发现，尽管多数民众认为，提供的法律服务能够满足自己的利益需求以及当地普法宣传到位，覆盖率较高，但是对于当地所存在的法律服务的宣传仍存在介绍不足等问题，较大比例的民众根本不了解当地的法律服务。笔者认为，首先，当地应适当加强对法律法务的介绍，让当地民众充分了解法律服务。诉讼、仲裁、协商、调解等作为纠纷解决的常见手段，都属于法律途径范围内的解决方式。但是据调查，依然有不选择法律途径解决纠纷的民众，其主要原因在于他们认为经济成本太高，该项占比为总人数的30.4%。其次，为民众选择用习惯法解决纠纷，该项占比为总人数的25.18%，调查民众中22.12%的人不懂法律，有22.3%的民众认为，没有社会资源不知道如何寻求法律帮助。最后，有极少数的人不信任法律，认为法律没有办法帮助他们维护自身合法权益。

2. 对普法工作的认识力度不足

少数领导干部对普法工作的认识流于形式，只是为了完成上级的任务，对于普法内容和效果的并未给予高度重视，人民群众不能很好地了解法治，不能很好地运用法律来保护自己的合法权益。[①] 普法宣传形式仅停留在拉横幅，贴标语，做宣传栏上。高坡乡是苗族乡，且老人孩子占多数，文化水平普遍不高，他们对这样的宣传文案是较难理解的，普法宣传的效果甚微。[②]

3. 普法工作人员配备不足

通过走访高坡乡司法所，课题组了解到高坡乡司法所的负责公共法律服

① 吴大华：《“法治毕节”的探索与实践》，社会科学文献出版社2020年版，第39页。

② 郑云跃：《毕节试验区改革发展报告（2019）》，社会科学出版社2021年版，第78页。

务工作的人员少，尤其是普法人员匮乏，实践中把普法工作纳入了司法行政部门，而这些部门平时的工作较为庞杂，涵盖了人民调解、社区矫正等，工作人员工作量大事多，分身乏术，只能在普法工作中少花时间、少花精力从而去做其他的法律工作，所以普法宣传工作开展困难。

4. 普法工作中过多地强调政策因素

兼顾政策与法律宣传是普法工作的主要内容，而在实践中往往过多强调政策因素，法律和程序意识淡薄，甚至在一些具体纠纷中将法律解决纠纷的方式排到最后，普法工作和依法治理工作不能结合，人民群众对司法所工作的满意度不高，对政策过度信任，对法律持保守态度，法律工作开展缓慢，普法宣传的效果不到位。

5. 用于开展普法工作的物资资源不足

高坡乡作为一个民族乡镇，由于历史上的文化、地理等方面的因素，经济不甚发展，在普法工作的开展中，也会出现资金短缺的问题，不能满足形势需要。正所谓经济基础决定上层建筑，虽然各地对普法的经费有明确标准，但是在实践中，并未完全改善物资资源不足的困境，致使普法工作难以有序开展。

（二）公共法律服务内容不明确

根据实证调研，可发现高坡乡司法所存在对公共法律服务的内容不明确的问题，造成这些现象的主要原因有：

1. 未能厘清公共法律服务内容

公共法律服务是政府的一项重要的公共职能，其中包含的内容复杂多样，在高坡乡司法所的实际工作运行中，常常分不清公共法律服务的内容，不能很好地服务群众。根据问卷调查显示，高坡乡居民对高坡基层公共法律服务了解甚少，对公共法律服务内容也不了解，所以常常在需要寻求公共法律服务时不知从何入手，因此公共法律服务开展困难。

2. 基层公共法律服务资源未整合

在基层公共法律服务中，未能系统和完善地整合基层公共法律服务资源，给基层公共法律服务的开展带来了阻力。首先，公共法律服务体系没有统一可依托的部门，律师、公证、基层人民调解、法律服务援助不能发挥其效力，公共法律服务体系满足不了人民的需求。① 其次，一些来自基层的社会治理经验和公共法律服务未能有效整合，没有形成高效多元的体系和总结经验。在服务弱势群体的时候，措施不到位。

3. 基层公共法律服务高水平人才缺失

基层公共法律服务建设虽是一项重要的措施，但由于基层福利低，缺乏相应的工作激励措施，投入基层公共法律服务的人才缺失，许多相关法律人才并不愿意将太多精力投入基层公共法律服务中，积极性不高。专业人才的不足，使得公共法律服务的相关内容，如服务质量、服务效果等未能有明确清晰的界定，因此导致了基层公共法律服务欠佳，公共法律服务的效果不能满足人民群众的需求。② 农村法律服务人才的缺失造成了城乡资源分布不均匀，乡村的公共法律服务缺失。如何通过提高福利，制定均匀的基层公共法律服务工作，让更多高水平人才愿意投身于基层公共法律服务建设中，是我们面临的重大现实问题。

4. 公共法律服务投入不够

高坡乡作为一个苗族乡，地处贵州省贵阳市花溪区，经济水平发展相对落后，相关部门不够重视。公共法律服务体系缺乏一定的规划及有效的工作监督机制和足够的工作保障，一些律师和法律服务志愿者由于自身工作繁忙，加上高坡乡法律工作琐碎繁杂，对其工作上会有所懈怠。再加上公共法律服务机制无法全面覆盖，公共法律服务体系不健全、投入少。公共法律服务供给不足，一方面导致民众对公共法律服务内容及运作模式缺乏了解，另一方面未能应对特殊人群的法律需求。

5. 基层法律服务内容相对单一

目前的公共法律服务，形式单一，质量参差不齐，无法适应民众需求

---

① 罗连祥：《贵州苗族地区教育发展与民族传统文化变迁》，中国书籍出版社 2016 年版，第 82 页。

② 常静、苏金浩：《农村基层公共法律服务供给定位与完善》，载《农业经济》2021 年第 2 期，第 50-51 页。

多层次、多样化、个性化的要求。以村居的公共法律服务站点为例，所提供的服务仅仅是简单的法律咨询，而且咨询服务人员的法律知识背景较为单一，无法辐射高坡乡民众的年龄层次、行业经历，分类提供公共法律服务。同时以上级部门工作计划要求为宗旨，一些公共法律服务活动仅仅以完成当年度工作任务为主要目标而开展，形式化较明显，无法真正做到既惠民又利民。

（三）法律资源供需不平衡

在这个社会快速发展的关键时期，高坡苗族乡的人民群众的观念也在不断更新，社会矛盾也开始有所不同。由于我国城乡社会二元结构明显，相较于城镇，农村社会文化、教育以及基础设施建设等相对不足，农村基层公共法律服务供给存在不均衡性和发展滞后性。而在城镇化发展下，农村传统社会结构受到冲击，生产方式变化带动农村利益的变迁，产生新的法律服务需求。

1. 供给不足

上文中我们提到，在公共法律服务中，存在着资金短缺、人才不足的问题，这些问题也同样是供给不足的问题。由于每个民众所遇到的矛盾纠纷有所不同，纠纷诉求也就有所不同，导致民众的多样化需求得不到保障，高坡乡的公共法律服务体系无法满足这些需求，社会治理困难，弱势群体的合法权益无法得到保障，适应特殊人群日益增长的法律问题服务需求成为亟待解决的问题。

2. 供给匹配度不高

从实际运作模式来看，公共法律服务建设在供需匹配环节往往忽略了“需”，或者服务提供方与需求方之间的互动缺失，从而导致在公共法律服务的内容上很难做到真正为民所需，使得供与需之间缺少平衡。从发展路径来看，公共法律服务的供给仍然存在欠缺均衡、固化有失灵活、零碎缺乏整合的情况。现有的公共法律服务受到行业、区域等因素的影响，无法实现资源的整合。①

3. 城乡差异

目前公共法律服务体系建设存在着发展不平衡、不充分的问题，特别是城乡之间的差异。在法律援助及律师服务方面，因当地法律人才的匮乏，受地区发展先后和人才因素的影响，当地未形成优胜劣汰的人员竞争机制。基层法律服务人员多由当地干部或经验相对丰富的长者担任，他们理论水平相对较低，处理事务仅凭实践经验，难以从法律上给予强制性、专业性保障。导致不能很好地满足人民群众的需求。在询问高坡乡提供的法律服务的宣传是否能满足当地民众的利益需求中，没有社会资源和经济成本高的占比总共占比将近一半，这表明基层公共法律服务资金短缺，与城镇差距较大。在基层公共法律服务体系的工作中，由于城乡差距的局限，基层政府内部社会资源匮乏，不能很好地满足民众群众的需求。

（四）监督机制不健全，监管管理水平较弱

在我们的走访调查中发现，高坡乡司法所的基层公共法律服务监督制约方面存在的主要问题包括以下几个方面。

1. 司法体制行政化

我国法律明文规定了司法独立原则。人民法院、人民检察院依法独立行使审判权、检察权，不受行政机关、社会团体和个人的干涉。行政机关、社会团体和个人不得以任何理由、任何方式对人民法院、人民检察院进行的刑事诉讼活动加以干涉。而在现实审判实践中，在各方利益发生冲突时，有时会迫于上级行政机关的压力，导致审判工作出现不公正不公平的结果。② 作为基层司法机关的高坡乡司法所的工作在这样的社会环境影响下，也会出现一定的不完善，不能很好地维护基层公共法律服务的内容，为人民谋福祉，以至于司法公正难以实现，工作开展困难。

---

① 徐洲：《农村公共法律服务供给侧发展困境及对策探析》，载《农业与技术》2021年第41期。
② 周玥：《健全农村公共法律服务体系研究》，载《江苏经济报》2021年6月2日，第B03版。

2. *人员素质参差不齐*

打造一支高素质的司法人才队伍，是构建基层公共法律服务体系的核心任务，前提条件是对工作人员进行教育培训，使其文化素质有所提高，这也是维护司法公正的一个重要条件。在实践中，部分基层司法队伍素质不尽如人意，存在政治素质不高、职业操守不够、业务素质良莠不齐等现象。部分人员对基层公共法律服务工作也不在意，“踢皮球”现象严重。加之，由于经济待遇不高，更加促进了这种懒散风气的形成。

3. *公共法律服务缺乏管理及考核机制*

一方面，由于高坡乡管理机制不健全，信息公开不及时、不全面，加上人员分工不明确、职责不分明，基层法律服务工作者缺乏法律地位，对地区设立的司法机构的行政属性存在质疑，缺乏明确制度与组织保障，制约了当地公共法律服务职能的有效发挥，导致一些服务项目只是形式上的存在。另一方面，由于缺乏监督及考核机制，难以形成有效的基层公共法律服务的约束力，无法规范法律服务行为，使得民众对基层公共法律服务不信任，在遇到利益冲突时当地民众大多偏向于习惯法解决，由此产生了更多的矛盾冲突，对当地的社会发展和文明建设带来了很大的阻力。

四、结语

农村基层公共法律服务供给是公共法律服务在农村社会各项发展中的应用，其目标是通过法律援助、法律公证、司法调解等保护农村群众的司法权益，以普法宣传、普法教育维护农村社会的公平正义，并通过行为矫正、帮教扶助等维护农村社会稳定。我国城乡差异虽然在逐渐缩减，但相较于城镇，农村普遍呈现教育较为落后，基础设施建设不完善，医疗服务不健全，民众法律素养较低，未能做到全面知法懂法，基层公共法律服务体系中仍存在短板，表现出法律供给不均衡的现象。现代经济快速发展，价值观念变迁，使得民众的传统观念受到巨大的冲击，民众在法律服务方面的需求逐渐多元化。当前，基层公共法律服务还不能有效地使民众的需求得到满足，因此，应进一步完善法律服务体系，积极推进司法所、仲裁委员会、调解委员会等多部门协同治理的能力，政府主动引导社会力量和扩大专业人才引进规模，构建完善的公共法律服务体系，为我国全面依法治国提供强有力的保障。

第四编

其他研究

哈萨克斯坦伟大诗人、思想家、阿拜·胡楠拜的法律思想初探*

昆波拉提·宋哈提**

摘　要：阿拜作为哈萨克斯坦伟大诗人、思想家，在法学领域颇有建树。他关于人与社会、国家和政权以及法律与社会等关系的思考独特，历经数代仍具有重要的当代价值。认知和研究阿拜，应该从其作品箴言录和裁决中加深力度，梳理其法律思想。阿拜从历代的习惯法中汲取营养，后来又亲自参与解决民间诸多棘手案件，1885年在哈萨克斯坦喀拉莫拉召开的各个部落司牙孜会审（首领议事大会）上被推举为塞梅州五个县的托别毕（首席大法官），并起草制定了《喀拉莫拉司牙孜条例》。通过论述阿拜的部分诗歌作品与《阿拜箴言录》的内容及判决，从司法、立法、行政、刑罚（盗窃罪）四个方面梳理阿拜法律思想，洞察特殊时代的最后一位资深权威的毕（法官）的法律思想，领略时代杰出执法者的风采。

关键词：阿拜·胡楠拜；哈萨克族习惯法；法律思想

---

* 基金项目：本文系2017年度国家社会科学基金项目“哈萨克族传统法律文化历史变迁与传承研究”（项目编号：17BMZ042）阶段性成果。

** 作者简介：昆波拉提·宋哈提，男，法学博士，甘肃政法大学丝路法学院副教授、甘肃政法大学哈萨克斯坦社会与法律研究中心主任。

2019年5月30日，哈萨克斯坦总统哈斯穆-卓马尔特·托卡耶夫签署了一项总统令，宣布将在2020年以全国性方式庆祝伟大诗人、哈萨克族书面文学的奠基人、思想家、教育家阿拜·胡楠拜诞辰175周年。在哈萨克斯坦的倡议和联合国教科文组织的支持下，2020年被确立为国际阿拜年，各国都将纪念伟大诗人的诞辰。托卡耶夫总统在《阿拜与21世纪的哈萨克斯坦》署名文章中强调称："举办这些阿拜活动的目的不是为了庆祝而庆祝，而是为了开阔我们的眼界，从精神层面实现意识的提升与发展。[①]"

一、阿拜·胡楠拜的生平和影响

阿拜·胡楠拜于1845年8月10日诞生于哈萨克斯坦东部塞梅州青哥斯山基地拜的一个显赫家族。如今，这位贤人的家乡早已更名为东哈萨克斯坦州阿拜县。哈萨克斯坦总统托卡耶夫2022年3月16日发表的国情咨文中公布的"增设的三个州中的阿拜州由原塞梅州更名而来"。这也是哈萨克斯坦人民心声的体现。阿拜的家庭属于哈萨克族中玉兹部落联盟阿尔根部落托不克特氏族中的名门望族，曾祖父额尔格孜拜和祖父吾斯坎拜，都曾在部落担任过首领职务和毕。[②]"毕"（又译比）是哈萨克草原上一种特殊的阶层，源于乌孙时代，乌孙的首领叫昆弥或昆靡。汉代史籍称之为"靡"，可译为法官（仲裁）大人。因为毕是民官，是协助可汗（王）或苏丹履行司法，行政事务、处理民间纠纷的官员，甚至有时候参加立法活动。以前，被推举为"毕"大多出自平民。他们不仅了解民情，熟知哈萨克族习惯，而且秉公执法，思维敏捷，善于辞令，以后变为世袭制。阿拜的父亲胡楠拜这一代，属

---

① 托卡耶夫：《阿拜与21世纪的哈萨克斯坦》，载"总统府官网"，2020年1月9日。

② 毕"бий"（又译比）他首先是氏族部落首领，有行政权和司法权。解决部落内部外的刑事，民事案件类似于法官的称号。他们是具备审判习俗的深厚知识且拥有雄辩口才的哈萨克族古，近代社会的特殊阶层，"бий"的称号当初没有形式上的选举或任命。"бий"的影响来自个人的声誉。"бий"只有在申诉人找他申诉时才是法官。毕当初不是世袭制，19世纪后变成为世袭制。

于整个家族的鼎盛时期。胡楠拜曾当过阿尕（长老）苏丹。[1]

阿拜原名伊布拉黑木，“阿拜”是他的祖母孜热叶所取的昵称，孜热宠溺地叫他阿拜。[2] 阿拜从小接受了良好的教育，幼年时，阿拜在哈比特汗毛拉膝下接受了启蒙教育。10 岁时，阿拜被送到了位于塞梅市的阿赫梅特-热伊扎经堂学校学习。在塞梅的第三年，阿拜学习阿拉伯文、波斯文和宗教知识的同时，还进入了当地的俄罗斯教会学校，并接受了近 3 个月的教育。也正是从那时起，阿拜开始关注普希金、莱蒙托夫等一些俄罗斯和欧洲诗人的作品，并且阿拜从小就熟背哈萨克民间史诗。13 岁时，由于家庭原因，阿拜离开了学校，开始跟随父亲学习管理家族和部落事宜，然而，经历了一系列的斗争后，阿拜转而脱离了政坛，最终选择了“文化救亡”的道路。

阿拜一生共著 169 首诗，5 篇叙事史诗，另外还翻译和改写了普希金、莱蒙托夫等人的 54 首诗。阿拜在翻译俄罗斯和其他欧洲的优秀作品方面也创了哈萨克族的先例。他的诗歌数目并不多，但所有诗都是具有审美价值的珍品。在阿拜各种题材的诗歌中被收进中小学课本的不少于 50 首。此外，阿拜的《八行诗》《致姑娘》《无风的夜里一轮明月》等多首诗歌已被配上曲调，至今还被年轻人传唱。诗文创作对于他，乃是其宣传、鼓动民众，针砭时弊，改造社会的最为有效的工具。阿拜的作品几乎反映了哈萨克族部落社会各个阶层的生活，成为“19 世纪最后 25 年中哈萨克族人民生活的一部真正的百科全书”[3]。

阿拜不仅是 19 世纪哈萨克民族的伟大阿肯[4]，也是著名的思想家、哲人和公正的毕。他对哈萨克民族社会当时的政治、法律、经济、宗教、文化教育、伦理道德等都做了精辟的分析，并提出了进步的、革新的主张。阿拜不但在他的作品中宣传了民主法治思想，并积极参加当时带有反封建性质的一切实践活动，甚至不惜与父亲及部落的其他高层对抗。生活在 19 世纪的阿

---

① 阿尕（长老）苏丹是沙皇俄国在侵占哈萨克斯坦后，在地方行政上实施阿尕苏丹制，即是年长苏丹制，由哈萨克斯族的长老（部落头人）担任，是俄罗斯人的助手。

② 阿拜在哈萨克语中意为“谨慎、机警”。

③ 莫·伊·费提索夫，宋白译：《关于阿拜》，载《译文》1955 年 8 月号

④ 阿肯是诗人。

拜一生先后当过三次“毕”和两次波勒斯。[①] 这是因为他辩才无碍，执政能力较强，且反复被民选。但是，到了1885年第四次选举波勒斯之时，阿拜终于无心再担任此职务，便退出了选举。不过由于他在民间业已树立的威望，人们还是推举他为托别毕。[②] 今天的哈萨克斯坦，“阿拜”无处不在，以阿拜命名的街道、剧院、学校和文化设施以及城市、村庄随处可见。近年来，阿拜走出哈萨克斯坦，成为哈萨克斯坦“民间外交的使者”。

随着中哈关系的不断发展，两国人文交流日益密切，阿拜及其成就在中国被越来越多的人所熟悉和了解。“‘世界有如海洋，时代有如劲风，前浪如兄长，后浪是兄弟，风拥后浪推前浪，亘古及今皆如此。’我看着同学们朝气蓬勃的精神面貌，我不由想起了我的大学时代，那是一个令人难忘的青春记忆。”这是我国国家主席习近平2013年9月出访哈萨克斯坦，在该国纳扎尔巴耶夫大学对于“青年是民族的未来”演讲时，引用了哈萨克斯坦伟大诗人、思想家阿拜·胡楠拜的这句富有哲理的诗句。此后阿拜的名字就与丝绸文化紧密连在一起了。2014年，阿拜雕像揭幕仪式在北京举行，坐落于朝阳公园内。2018年央视春晚，冯巩在他的的小品《我爱诗词》中植入阿拜的诗句，使坐在电视机前的亿万我国观众，一夜之间听闻阿拜名言，知晓哈萨克斯坦伟大的文化名人阿拜。2020年8月10日首个“阿拜日 ”之际，中国驻阿拉木图总领馆工作人员献唱阿拜诗歌，以此表达对思想家、诗人阿拜的纪念，以及对中哈世代友好的美好祝福！显然，阿拜已成为中哈两国之间民心相同的文化桥梁。

研究阿拜思想，应该从其箴言和裁决中加深力度。阿拜曾经为了实现自己的梦想奋斗过，雄辩言辞和秉公执法是他展示自己为广大人民群众谋求幸福之思想高度的手段，他渴望作为一个执法者，通过法律来保护自己的人民。也就是说，阿拜是一个整体。他曾经被推举为毕，他保证司法公正，秉公执法。这是他这个整体所蕴含复杂内涵的一个重要方面。他认为草原的习

① 波勒斯是俄文。相当于现在的乡长。

② 托别毕指的是首席大法官。

惯法是哈萨克社会的一种伟大力量。他在《阿拜箴言录》第 37 篇中这样指出："如果我有行使法律的权力，我将割下那些宣称人的秉性不可改变者的舌头。"从而高度评价了法律的地位和作用。而一直不断进行的探寻与研究，引领我们认识到阿拜所具有的更加崇高的思想——阿拜的法律思想，进而认定他就是近代哈萨克民族法律思想的集大成者、完善者。

所以，我们必须结合阿拜的司法判决与雄辩才华来全面评价他的诗歌创作和箴言成果。只有这样，才能全面体现他的思想高度与人文情怀。将阿拜的历史地位与他担任毕履行职责、公平判决割裂开来加以研究是片面的做法。这也是本文所提到的境界和价值所在。阿拜是出生在哈萨克斯坦草原上能与世界比肩的伟人，他向全人类子孙献出了思想和心智的结晶。的确，著名的诗人作品不仅属于哈萨克人，能够全方位丰富全人类精神生活。因为，阿拜作品内容富有全人类的价值。他的箴言录，是世界人民的共同财富，这一经典著作富集优秀思想。

二、阿拜的司法审判经历与及法律实践活动

阿拜的曾祖父额尔格孜拜与外祖父克烈部落的叶尔·贾尼别克都是胆识过人、德高望重的人物。在这个家族，毕（法官）这个爵位是子承父业的一种传统。在当时，阿拜的家乡还流传着这样一句谚语："如果清白就去找奥斯坎拜，如果贪腐就去找叶热阿勒。"从这句谚语中，我们知道阿拜的祖父是平民出生的清廉，公正的毕。阿拜之父胡楠拜当过阿嘎·苏丹，且口碑较好。阿拜就是在这样的大家族，这样真假参半纠纷不断的社会背景下成长的，并得到耳濡目染之熏陶。从这一点看，阿拜肯定无疑会成为毕，可以说是一个时代让阿拜成为一个特立独行的著名的毕并执法者。

确实，阿拜就是为民谋利谋福公正的毕的继承人，也是他们的末世代表。所有阅读过哈萨克斯坦当代著名作家穆赫塔尔·埃乌佐夫的长篇小说《阿拜之路》的人，都能真切地感悟到这一点。阿拜的同代人阔克拜曾经说："在执政（判决）能力方面，整个托布克特氏族里没有一个人像阿拜那样表

现得清正廉洁公正。”1909 年，阿拜的儿子土拉胡力整理出版了《阿拜诗集》，在序言中有这样一段话：“阿拜在二十岁的时候，已经成为了一名博学多才利齿伶牙的雄辩家。如果在过去，他无疑会成为一位哈萨克族杰出的毕。在当时，请求阿拜秉公断案是每一个渴望得到公正判决的原告之梦想。”① 我们之所以如此郑重其事地研究阿拜作为毕的形象和作为执法者的形象，是因为在哈萨克族的历史上，毕是集特殊的执法权力与司法权力于一身的形象，他们即是哈萨克族法律的创立者，也是执行者；即是哈萨克族法文化的集大成者，也是他们所处时代的法官。

由于心怀叵测的小人诬陷，阿拜曾经在 1877—1878 年间，官司缠身。28 岁时，阿拜被传唤到了塞米市，因为 12 项罪名而受审，在那里待了三四个月。这件事情对阿拜的触动很大。作为被告，阿拜当时只能自己替自己辩护。为此，他去拜见俄罗斯族律师和文官翻译，向他们讨教，与他们交谈，学习法律知识，从为自己辩护开始走上了成为法官的道路。他后来担任了洪吾尔阔克切乡的波勒斯。在此期间，乌拉孜拜、博热巴依耶夫等人的诬告也使他多次受审。但是阿拜凭借着渊博的法律知识，清正廉洁的工作作风和秉公断案的执法理念反驳了这些不实之词，大获全胜。

阿拜于 1883 年在塞梅市又认识了被流放到哈萨克草原的俄罗斯、波兰学者耶·米哈里斯、尼·多乐果洛夫和斯·格热沃斯。1886 年，波兰法学家斯沃日恩·格热沃斯出版了有关哈萨克民族习惯法的专著，而历来主张要“人人皆为兄弟”的阿拜与这部专著的文献资料有着密切的联系。因为斯沃日恩·格热沃斯是阿拜的挚友，阿拜当时将自己的一些手稿给他，为他的研究提供便利。阿拜通过斯沃日恩·格热沃斯来传播自己的法律思想。阿拜的帮助对这部专著的撰写出版产生了较大的影响，因为其中蕴含着阿拜的许多法律思想。

阿拜在自己的一生中，曾经两次担任洪吾尔阔克切乡的波勒斯，前后又在喀拉莫拉司牙孜（议事大会）和阔克吐玛司牙孜担任托别毕。这说明

---

① 图热胡力编：《阿拜·库南拜——阔克拜讲述的故事》全集，阿依普出版社，阿拉木图，1940 年版，第二卷，第 53 页。

阿拜当时已经成为一个博学多才、清正廉洁、胆识过人、胸怀博大的毕。在此期间，就像阿拜自己说的那样，他不仅熟知《哈斯木汗的哈斯哈卓勒–Қасымханныңқасқа жолы（畅道法典）》[①]、《叶斯木汗耶斯克卓勒–Есімханнің ескі жолы（历道法典）》[②]和《阿兹（圣）–陶克汗的杰特加尔戈–Әз тәукенің жеті жарғысы（七项法典）》[③]的内涵，而且还能熟练地运用于社会生活，他提倡要想很好地治理民众，就必须要有与时俱进的法律；法律必须与时代的发展相适应，相衔接；学会尊重事实，按照时代的要求去伪存真，不断完善法律制度等先进的法律思想。这在当时是难能可贵的法律意识，也是阿拜法律思想的根源所在和主线。

三、阿拜·胡楠拜的法律思想

笔者认为，阿拜的法律思想主要体现在以下即司法、立法、行政、刑罚（盗窃）四个方面：

（一）关于毕和毕法庭方面的司法思想

毕是既是哈萨克族调解民间纠纷、判决是非的法官，又是管理部落事务的部落首领。以历史的经验，无论东方，还是西方，当权者往往世袭，而在哈萨克族“毕”的产生，只要能言善辩，熟习习惯法，办事精明，具备相当的知识，公道的人才会被民众推举为毕。

在人民的心目中，毕大多被形容成高举正义大旗，具有正义的人物。事实求是与追求公正是哈萨克法律所期盼的最高境界，是毕官做出判决的基础和目的。以下这些即有道德力量，又有法律效力的谚语就是明证，例如，“即便是奴隶说的话，只要公正，就必须信服”。阿拜也遵循此原则。他的关于正义、真理、公正方面的观点受古希腊思想家柏拉图、亚里士多德影响，

① 俄文为 Светлый путь Касым-хана。

② 俄文为 Древний путь Есим-хана。

③ 俄文为 Семь Установлений 或 Семь Закон

这些观念都在阿拜作品箴言录上有所体现。显而易见，正义、真理和公正是成为其法律思想的出发点和归宿点。

毕既是行政长官，又是纠纷裁决者，是哈萨克族社会特殊的一个阶层。因此，司法、行政、审判甚至执行等都是由毕来行使。鉴于毕的多重身份以及其在汗国的地位，做出的裁决对当事人往往具有严格的拘束力。

沙皇俄国吞并哈萨克草原，废除哈萨克汗国制度，实行阿尕-苏丹制度后，虽然，这一官职被保留了下来，但其权限却逐渐受到削弱。19世纪下半叶，哈萨克族传统司法体制成为沙俄殖民化改造的重要对象，毕则成为此类改造的中心。

在沙皇殖民统治时期，哈萨克大草原发生了许多变化。其一就是由政府来选定毕，而不是民选。他们选定的毕当然就会成为他们在这里的打手帮凶。按照哈萨克民族的古老传统，毕应该由百姓来推选，他们会选出那些具有伶牙俐齿的雄辩能力和铁面无私秉公办案能力的人来担任毕。也就是说，不是随便什么人都可以担任毕。所以民间有这样的谚语："腰带再宽也当不了毕，尽管出生于帝王之家。"而阿拜则坚持继承民族的优良传统，主张采取开明的毕的推举办法。

古人深谙哈萨克状况，有古训道："设两个毕，便会衍生四个案子。"此话意思是设毕——执法官应当为单数，若为双数，必定相持不下，那案中案就自然会增多。与其这样设毕——执法官，不如在各乡推举三位有学识有威望的人担任此职，但不定任期和年限。除非发现他们有什么不轨行为，否则就不必替换。原告与被告通常毋须直接面对这三位毕——执法官，而是双方各自聘请一位诉讼代理人，再请一位仲裁人仲裁，以这一程序了结案子。如果仍然达不成协议，再请适才三位毕——执法官中的一位出面裁定。或者，将复杂的案子全权交由他们处理，这样官司才不会无限期地打下去。[①] 显然，阿拜在这里关注的主要是谋求办案的公正，但从论述中可以看出他对司法体制改革的想法。

---

① 艾克巴尔等译：《阿拜箴言录》，民族出版社，2000年版，第8页。

阿拜在箴言录第三篇中指出：“当选毕（法官）的人应该懂得过去《哈斯木汗法典》《叶斯木汗法典》以及阿孜陶克汗每天在库里吐拜议政时所依据的《七项法典》。另外，他们必须有能力、有魄力根据时代的变化审查那些旧的法规，对于不适应新时代的条文加以改变，补充新的、适应时代的条文，可是我们缺少这样的人。”①

阿拜又讲道统治哈萨克草原的毕、执法者，以及由他们判决的种种冤案，指出“沙皇政权已经到了矛盾重重举步维艰的境地”。他的这种说法与法学改革家格列提森所写的关于“法院制度改革”的意见不谋而合。格列提森认为，要想杜绝行贿受贿现象，就必须改革法院制度，要面对广大百姓公开审理各种案件，而且必须恢复之前的中间法庭制度。按照阿拜的想法，权力与审判必须接近百姓，必须严惩那些危害百姓的恶行。而且这也是广大百姓对执法者提出的要求。

同时，阿拜的司法思想也与哈萨克斯坦著名学者乔汗·瓦里汗诺夫的司法思想如出一辙。他们都认为，以后的毕不能再被频频替换，应当为终身制。但是他们都没有觉察到与过去那些为民谋福谋利秉公执法的毕相比，现在的毕已经今非昔比。就像另一位哈萨克斯坦学者阿合买提·巴依吐尔逊认为：“过去那些毕官们手中的权力能医治哈萨克人的诸多弊病，是一剂良方。而现在那些贪官污吏们手中的权力别说没有医治弊病的效果，反而是一服毒汁。”从这个角度来讲，阿拜与乔汗都没有深刻地了解分析当时的哈萨克社会的司法体制问题。

阿拜在《阿拜箴言录》第三篇中竭力主张依法治理百姓，指出要想与那些危害社会的言行举止做斗争就必须有公正的法律和适当的权力。阿拜认为，依法治理百姓就是依法保护百姓的利益，依法治理首先从司法改革中入手。

（二）在《喀拉莫拉司牙孜》条例中体现的的立法思想

“司牙孜”俄语为“международный съезд”，译为“国际会审法庭”，

---

① 艾克拜尔等译：《阿拜箴言录》，民族出版社，2000年版，第7页。

亦可译为“边境仲裁会议”或“司牙孜会审或司牙孜会谳制”。由此可见，“司牙孜”是一种无固定开庭时间和地点的临时会审法庭，其并无复杂精致的司法诉讼程序，它是借用民族习惯法，以解决民间纠纷的一种审案模式和特殊司法制度。在哈萨克民族的法律史上，能使不同部落的人们心平气和地坐在一起，通过商谈消除怨气解开疙瘩，根据各种社会纠纷制定习惯法，在历史上具有重要社会地位和作用的会审制度，就是司牙孜大会即首领议事大会。

1885年夏季，在离塞米市70公里的夏尔河河岸一个叫作拉莫拉的地方举行了一年一度的商贸展销会。① 在此期间，沙皇政府在当地的官吏们——哈萨克族各个部落首领们也举办了一次盛大的首领议事大会。其间，塞梅、巴甫洛达尔、喀尔喀拉、乌斯克缅和斋桑五个县的波勒斯、毕，以及一些德高望重的人物参加了这次议事大会。阿拜则在这次大会上被推选为托别毕，他向沙皇政府在本地的总督指出：“沙俄政府的法律并不适宜哈萨克民族的礼仪习俗及社会生活。他不仅这样进谏，而且还立即动手，经过三天三夜废寝忘食的努力，终于拿出草原新法的草案，交给来自五个县的首领和参会的平民进行商议，并进行了详细的解说。在此基础上，这部草原新法获得一致拥护与通过。阿拜在这部司牙孜条例中不仅沿用了哈萨克民族古老的习惯法内容，也增加了一些基于民主立场的新内容，尤其是解决寡妇案件即女性平等与自由方面，增加了一些从未有过的进步条款和严惩抢劫、偷盗等犯罪行为的条款。阿拜通过这部司牙孜条例终于实现了自己通过法律改造哈萨克民众的一部分梦想，这部新法当时在塞米地区总督的批复下，条例1885年在喀山市出版了俄罗斯文版，1886年又出版了哈萨克文版。② 这是截至目前用哈萨克文出版的第一个成文法文献。

最让人感到欣慰的是，该司牙孜条例对哈萨克传统婚姻中的艾明格尔（收继婚）习俗及由此引发的财产责任和当事双方、特别是妇女的权益做了明确规定。原先，在哈萨克族婚姻习惯法中有这样硬性条款：“女人离婚离不开男人

① 《Древний мир права Казахов》，Алматы《Жет і жар ғ ы》Баспасы，1-Том，2004.

② 《Древний мир права Казахов》，Алматы《Жет і жар ғ ы》Баспасы，1-Том，2004.

的部落。”关于婚姻问题，这部新法第 42 条规定：“如果丈夫比妻子大二十五岁以上，而且因为贫穷无法给与对方聘礼，那女方可以毁约，获得自由。”这个内容在阿拜创作的诗歌中也有所反映：阿拜于 1896 年创作了诗歌《可汗身边有一个美丽的姑娘》，他以哈萨克女性没有人身自由，处于奴仆地位的现状为题，反映了她们所遭受的痛苦和凌辱。而且第一次向封建家庭强迫婚姻发起了进攻，嘲讽鞭挞了令人啼笑皆非的旧习俗和极不相称的买卖婚姻。

“无论是谁，只要大两个年轮，
即便赠送聘礼强行娶妻成婚，
但迎娶来的并不是如意老婆。”

这种思想与新法中“只要男方比女方大二十五岁，女方就可以毁约”的规定有着内在的联系。按照之前的习惯法，同一部落如果有死了丈夫的寡妇，那丈夫健在的兄长们可以将这个女人卖给别人。阿拜认为这样做不公平，因为之前这个女人已经得到过聘礼，被卖过一次了，如果再次被卖很显然就是暴力。所以这项条款规定如果本部落没人迎娶这个寡妇，那她就是一个自由人，已经得到解放了。例如，托布克特部落的巴孜勒有一个女儿，之前已经与乌拉孜拜一个亲戚家的儿子叶斯包拉提订了婚，但女方看不上这个小伙子，并与从艾布扎里地方来的属于喀拉克赛克部落的一个小伙子奥勒加拜私定终身，他俩准备逃婚。不料姑娘被抓五花大绑押了回来。阿拜了解了案情之后，没有顾忌乌拉孜拜的脸面，马上进行干预，斥责了那些盯梢的小伙子们，解除了之前的婚约，解放了这个姑娘。这些事例都体现了阿拜的立法思想在实践中的应用。

（三）对改革草原行政管理制度中体现的行政法思想

虽然阿拜没有系统的、完整的行政法思想，但改革行政制度的主张较多，归纳起来主要集中表现在以下两个方面：一是波勒斯[①]选举问题；二是

① 乡管理员，俄文为 Волостной управитель，即乡长，执政官，哈萨克人通常将其简称作болыс-波勒斯。

毕的选任问题。这是是阿拜讨论较多的行政法问题之一。俄国人推行这种乡官选举制度，其根本目的是要瓜分哈萨克贵族之权，削弱他们在草原上的政治影响，以便将哈萨克完全纳入帝俄政治体系。

如果说，1822 年的《西伯利亚吉尔吉斯人条例》基本上是按氏族原则来设乡的，那么 1868 年的《乌拉尔、图尔盖、阿克莫林斯克、塞米巴拉金斯克四州临时管理条例》① 则是依据地域分布原则。

显而易见，波勒斯选举实际上已演变为帮派势力之间的权力角逐。阿拜在《箴言录》第 3 篇中较为系统地表述了他对改革草原行政管理的种种看法。在阿拜看来，现时出任波勒斯的人，大多难胜其职；因为他们既不懂哈萨克古法，亦没有审时度势、通权达变的才干。实际上，他揭示了当时波勒斯选举问题的本质。

阿拜的行政法思想主要表现在对设置波勒斯官持反对态度上。在《阿拜箴言录》第三篇中，阿拜也表达了对设波勒斯一职的否定态度："很明显，每一个波勒斯，实际上是在小部落头目上面安置的顶头上司。事实早已证明，这只会给群众带来灾难。"在阿拜看来，俄国人推行的波勒斯选举制度破坏了哈萨克人的传统，是引起社会不安定的原因之一：所谓的"选举自由"实际是挑拨草原民众、制造分裂的祸根。

阿拜对波勒斯候选人素质问题上提出"担任波勒斯的人必须精通俄文，博学多才"的看法。他认为，那些争夺波勒斯职务的人，有的是为了争权夺力，有的是出于贪慕虚荣。

从阿拜的以下诗歌作品中也能看出，他对波勒斯选举的态度。例如，《我当上了波勒斯》《波勒斯兴高采烈》等诗歌作品。他认为，波勒斯就是教唆人施以暴政，堕落破败的一条途径，因此，改革波勒斯选举制度，推选那些博学多才一身正气的人担任波勒斯。这样的做法有利于改革草原行政管理，并可以提高治理哈萨克族基层社会的能力。

此司牙孜条例明确规定："对在地方政府选举中买官卖官、贪污受贿、

① 郑振东：《阿拜哈萨克草原上的北极星》，民族出版社，2003 年版，第 191 页。

诬陷中伤他人的行为也做了监禁 28 天。” 这在当时是一个比较进步，对乡长选举和职责有约束力的行政法条款。

阿拜在《阿拜箴言录》中写道：“当选的人应该懂得过去《哈斯木汗法典》《叶斯木汗法典》以及阿孜陶克汗每天在库里吐拜议政时所依据的《七项法典》。另外，他们必须有能力、有魄力根据时代的变化审查那些旧的法规，对于不适应新时代的条文加以改变，补充新的、适应时代的条文。可是我们缺少这样的人”。[①]

总而言之，有些学者认为，“阿拜对波勒斯问题的讨论主要还是侧重于伦理道德方面，而非真正意义上的政治法律问题探讨”。但笔者认为，阿拜主张依法治乡和以德治乡相结合，是推进当时哈萨克草原行政体制改革的思想家和实践家。

（四）关于盗窃罪方面的刑罚思想

阿拜的刑罚思想主要体现在他对偷盗讼案的判决和他对严惩盗窃犯罪的做法以及也体现在阿拜与儿子阿毕希关于牧区的犯罪问题的谈话中。其他纠纷和其他诉讼案中的刑罚思想本文中不予以论述。阿拜一直在思考哈萨克草原上的人们为什么要行窃，并认真分析成因，号召人们摈弃这种害人害己的做法。这些细节已描述在《阿拜之路》长篇小说中。因此，当时有一位窃贼这样写道：

“昆吐担任波勒斯时我们行窃，
游走在克烈，乃蛮[②]的各个部落，
享用熏马肉马肠子好不快乐，
阿拜担任波勒斯却魂飞魄散。”[③]

这首诗歌也印证了我们以上的话语。盗窃贼为什么害怕阿拜呢？这是

① 阿克拜尔等译：《阿拜箴言录》，民族出版社，2000 年版，第 7 页。
② 克烈、乃蛮都是哈萨克族中玉兹部落联盟的两大部落。
③ 哈拜：《阿拜诗集》，民族出版社，2008 年版。

一个值得思考的问题。这充分说明了当时阿拜具有较完整的刑罚思想和有较高的执法权威。按照之前哈萨克族的习惯法："如果盗贼无力偿还所偷盗的财产牲畜，那就必须由他的亲友来偿还。"阿拜起草制定的"司牙孜会审"条例增加的一条款项则规定："要由那些借给盗贼役畜行窃的富人恶棍们来偿还。"这说明阿拜非常厌恶偷盗这种犯罪行为，而且通过立法来体现严厉的惩罚措施。同时，阿拜还以身作则，竭力杜绝这种不良的社会行为。

接下来，我们回顾一下阿拜做出的一个判决，即托布克特部落的窃贼蒙加萨尔①偷来遥远的塔城地区牧仁氏族的一群马（约有十多匹）的判决。首先，阿拜把蒙加萨尔偷盗的牲畜全部还给失主，让牧仁氏族的人早日返回。由于盗窃案件被起诉，阿拜秉公断案，使被告大为感动。其次，让蒙加萨尔承人自己的罪行，后来，对他进行严惩。蒙加萨尔听了阿拜的教训之后无地自容，发誓不再偷窃，并很快搬迁到了阿拜的阿吾勒，洗心革面重新做人。阿拜还帮助同一部落另一个窃贼木萨别克改掉了偷窃的老毛病。

我们再看一下另外一个案例。在吉戈特克②这个氏族有个叫霍拉木江的人，他是一位能言善辩之人，同时也是一个穷人，擅偷盗。一天，阿拜叫霍拉木江来见他。霍拉木江来了，他毕恭毕敬地打着招呼进来了，此时家里有很多客人。"阿拜大哥，听说您叫我，我就过来了。"霍拉木江说。父亲盯着霍拉木江看了许久，在座的客人也看向霍拉木江。过一会儿，阿拜说："我是为了向你借一样东西叫你来的，你会不会借呢？"有些紧张的霍拉木江连连说道："您借，您借。"其他人很好奇父亲会向只有一匹马的霍拉木江借什么东西。父亲死死地盯着霍拉木江的眼睛说道："我借你的偷盗行为。"霍拉木江低着头说道："阿拜大哥，这不都是因为贫穷嘛！不然就是饿死或冻死。""哟，小弟，这氏族除了你，难道没有别的穷人吗？那些穷人难道都是小偷吗？你还不如说偷盗行为是你从小耳濡目染习得

① 活到千岁，长生不老。

② 哈萨克族中玉兹部落联盟阿尔根部落的一个分支。

的。现在从我家里带三四头骆驼回家，把你家搬过来，永别偷盗行为后再来。”那天，霍拉木江搬过来了，他摒弃了偷盗行为，从此参与氏族事务，变成了有骨气有教养的人，阿拜让霍拉木江交办了很多牧民纠纷、氏族部落之间的商议事务。自从霍拉木江来到阿拜氏族托布克特以后，甩掉了小偷的身份，终于获得了“人”的身份。这是阿拜改造小偷的有效办法，也是阿拜刑罚思想和实践相结合的结果。

草原上为何盗窃横生。阿拜认为，“要是国家稳定，偷盗行为便会受到扼制。但当时的哈萨克人们分成两派，窃贼便机敏地利用这派或那派的纵容，有恃无恐地大肆行窃”①。这是阿拜刑罚思想的扼要概括。

总地说来，阿拜政治法律思想的基本倾向是努力谋求社会普遍的公正、平等与和睦。同时，他将这一愿望的实现寄托在部落头领与地方官吏的贤明、公正与清廉之上。

结　语

的确，阿拜不愧为 19 世纪哈萨克斯坦和哈萨克族人民的伟大思想家，他的思想至今在哈萨克斯坦和我国哈萨克族有着重要的影响，成为哈萨克民族的精神源泉和文化旗帜。阿拜不仅是诗人，更是一个伟大的思想家和文化巨匠，他鞭策着一代又一代的人，让哈萨克民族觉醒。阿拜曾呼吁大家热爱全人类，他是一位仁慈的人道主义者。习近平总书记提出的“人类命运共同体”理念，一个世纪以前，在阿拜诗歌“人人皆为兄弟”中得到过印证。

在世界上，成为全人类共同享有的公认的人物较多。比如，我国的孔子，俄罗斯的托尔斯泰，法国的卢梭，一提到这些国家，我们便能够想到他们。正因如此，外国人每当提起哈萨克斯坦时总是不谋而合的联想阿拜的才识，因为阿拜留下的丰富精神遗产蕴含着哈萨克人民千百年的智慧，是哈萨克斯坦精神发展的基础。

---

① 艾克巴尔等译：《阿拜箴言录》，民族出版社，2000 年版，第 6 页。

阿拜的法律思想不仅与19世纪的三位首席大法官的法律思想一脉相承，而且对当代哈萨克斯坦法治建设有一定的影响。阿拜遗产对哈萨克斯坦民族融合、民族发展，是开拓进取的宝贵财富。总之，阿拜的习惯法思想是汇入世界传统法律思想海洋的一条澎湃而不竭的江河，将长久滋养哈萨克斯坦人乃至更多人的思想灵魂。

中国传统法律中的阶级上升制度

——读《中国法律与中国社会》后的延伸思考

李浩源*

摘　要：瞿同祖在《中国法律与中国社会》一书中提出了“阶级主义”这一重要的分析工具。如将它用以讨论秦汉和隋唐时期与阶级流动相关的法律制度，则可以发现为了促进新兴社会阶层的发展，提升国家实力，政府制定了军功爵制、勋官制等法律条例，以奖赏军功为主要方式，实现广泛的阶级流动。在促进阶级流动的同时，法律制度也定制了新的阶级次序，将接受奖赏的个体纳入其中，逐步强化对于社会的管控，以法制促进社会的重新整合，推动社会发展。

关键词：阶级流动；瞿同祖；中国法律与中国社会；古代法制

一、思考缘起

在《中国法律与中国社会》一书中，瞿同祖通过分析历史资料，不仅从社会意识形态的角度提出了中国古代法律“儒家化”的发展精神；也指出了家族主义和阶级概念这两个可以作为观察视角、分析工具的“主要特征”。[①]前者讨论的是中国传统法律在法律意识形态和价值观层面的发展规律，后者

---

* 作者简介：李浩源，中国人民大学法学理论专业 2020 级硕士研究生。

① 瞿同祖：《中国法律与中国社会》，商务印书馆 2010 年版，第 xii 页。

讨论的是法律体系及其内容与社会结构的关系。二者互相联系，互为表里，反映了中国传统法律的指导思想、内容框架和运转逻辑。因此，这两个学术概念可以作为观察视角及分析工具，探索中国传统法律的固有特质与精神。

一般性地观察中国传统法律，家族主义和阶级制度相辅相成，紧密配合，长时期影响并体现在具体法律制度的实体和程序规则中，并皆有制度巩固二者，最终实现社会控制与稳固。但在家族主义和阶级制度呈现出“配套”的表现之前，社会秩序和具体规则是围绕真实的血缘亲属展开的。在这个阶段，阶级制度依附于具体家族关系之上。当国家形成后，中国社会中真实地存在着一套以血缘、家族为纽带的社会治理制度。①

这套制度，因有血缘的长幼之序，到血缘较远的亲疏之分，最后扩张到无血缘的地位之别，搭建起了社会内部人际间的尊卑结构。这一尊卑结构也由人投影到地缘政治之上。最终，由周代最为核心和尊贵的成员制定出可以维持这一秩序的礼，以及辅助于礼运转的刑，以统摄所有社会成员，实现维护社会秩序的作用。那么，家庭与阶级便在这一时间紧密结合而真实折射于礼法规定之上，目前已有大量考古资料可为佐证。②

自西周末年起，约束邦国的血亲之法瓦解，取而代之的是强大邦国之间以共识形成的尊卑关系。即凭借实力而非亲缘，推举霸主为天下的势力中心。③ 从此，邦国间力量的重新分配，逐步以实力、才能、事迹来重新调整社会关系、分配社会资源。而血亲贵族阶级所掌握的统治武器，也在邦国内开始瓦解。

自此时起，阶级与家族在政治上从紧密的一体分散为具体的社会形态和组织社会的指导思想，垂续千年，一以贯之地影响着中国政治、文化乃至经

---

① 具体论述展开，可参考杨向奎：《宗周社会与礼乐文明》，人民出版社1992年版。

② 具体结合考古资料作讨论的中文文献，有如张天恩：《西周社会结构的考古学观察》，载《考古与文物》2013年第5期，第53-62页；刘源：《“五等爵”制与殷商贵族政治体系》，载《历史研究》2014年第1期，第62-78页；王晖：《从康簋铭看西周井田形式及宗法关系下的分封制》，载《考古与文物》2000年第6期，第46-51页；王进锋：《金文所见西周贵族家臣的构成、等级与族系》，载《社会科学》2019年第11期，第138-152页。

③ 孙家洲：《天子·霸主·诸侯》，载《贵州社会科学》1992年第2期，第101-103页。

济生活。必须指出的是，中国这种早熟的社会等级，并不完全与经典理论主张的以经济占有为区分的阶级相重合，而是一种集文化地位、政治权力、经济状态于一体，与价值判断相结合的、层级式的社群区分标准，其流动性较前者要显著。

因此，在瞿同祖观察中国的传统法律时，他关注的是上升为社会建构模式和价值判断基准的家族主义，需要以严格的阶级制度为配合，控制和稳定社会。那么，阶级作为重要的配套制度，就毫无疑问地在中国传统的法律中，不断演化、累积为重层叠加的严苛的法律制度。从控制社会、维护家庭单位的意义来说，他观察到的便是阶级制度对阶级的确立和维护，并以严格的法律手段在财产和人身上通过法律惩戒的形式，令行禁止地治理那些僭越阶级的行为，保障阶级在法律上的种种权益。从这个角度看，以阶级为重要理念而设计中国传统法律制度使得社会成为一个各处其位（阶级）而毫不动摇的稳健架构。因而在瞿同祖的讨论中，是看不到对于“阶级流动”的制度性表述的。

尽管如此，阶级这一概念在分析中国传统法律时仍有重大意义。首先，阶级概念是分析实体制度（权利保障、惩罚措施）和程序制度（诉讼、量刑）建构与运作的有力工具。其次，阶级是含有传统文化内涵和具体社会结构投影的概念，利用它来观察中国的传统法律，可以将法律制度与深层的文化意义和社会功能相联系。因而，阶级可以作为一项特质，从认识论和本体论的层次描摹中国传统法律的产生和其影响。

笔者试图接续瞿同祖先生的学术成果，指出发展的过程中，法律不仅展示出限制阶级有时专门为社会阶级的上升提供了制度空间。在传统社会中，存在着一系列规则是传统法律中着眼于社会阶级流动的内容。无论是出于维护社会稳定、缓和统治矛盾，抑或是巩固统治的目的，这些规则真实地起到了社会阶级上升的效果。

笔者将围绕“阶级上升”这一流动方向，讨论秦汉与隋唐时代与此直接相关的法律制度，以探求在这两个地主官僚阶层发展、社会重新整合的时期，阶级流动在传统法律中的实现机制和制度背后的理念异同。从面向全民的阶级的上升这一角度出发，主要有两个制度值得注意：一是秦汉的军功爵及“赐民爵”制，二是唐代的勋官制，这些制度都关系到平民乃至贱民阶层的阶级质变和身份跃迁。在讨论具体的制度之前，本文仍从核心概念——阶级展开。

二、概念的接续：瞿同祖的阶级观点

论及社会的阶级流动，则以明确本文所讨论的阶级概念为先。基于儒家的理论，瞿同祖认为，中国的阶级不是一种以经济关系为基础的社会关系区分，而是基于社会个体的道德和智力水平而展开的社会劳动分工。如是，社会上的人将各有其位，进而区分出不同的阶级，形成一个有分无争的社会架构，以避免“群居而无分则争”的情况。可以想见，细化的分工是多样的，而瞿同祖仍借儒家的经典论述进行了概括，他认为，主要有两种工作：一是农业、手工等庶民的生产和服务工作；二是知识生产、政治统治等精华的管理性工作。瞿同祖引儒家的经典，将此分别概括为“劳力”“劳心”的君子小人之别。而君子和小人的天然之别，也存在于社会群体之中，出现了以此种分工为标志的群体区分。这两种工作功能悬殊，因而群体也并不平等。再转化为政治性更为明确的话语，这两种修辞性的分工可以被总结为统治阶级和被统治阶级。在瞿同祖看来，这一套逻辑缜密而行之有效的分工，在社会的主流制度中得到长期的贯彻。因此在后世中国，尽管成为统治阶级的标准有所变易，但原则上，那些德才兼备的人更具有居于高阶级的合法性和正当性。毫无疑问，这与他们的经济水平是关系不大的。

随着时代的发展，中国的社会结构复杂化。但劳心者和劳力者仍然是社会上最为显著区分的两个团体。无论何种王朝，统治者和被统治者在权力上存在着天壤之别。但由于社会发展了，被统治者内部也出现了社会的分层和分化，但其中最接近统治阶级的群体，比如乡绅和土豪等士人，仍然与统治者的阶级秩序有着千丝万缕的联系，以示与“农工商”等更卑微的同类区分开。

所以劳力的平民团体这一阶级和劳心的官员这一阶级的鸿沟是更为显著的。因此，尽管都可以用“地主阶级”来描述统治者和富农、手工作坊主、商人，但是在中国古代的社会中，这些都可能有用土地及相应资本的人绝不认为自己是一类人。他们中一旦有了上升为统治阶级的机会，对于个体而言意义绝不低于“重生”。因此，瞿同祖又再次强调了韦伯的观点：“中国的社会阶层更多的是由公职资格而非财富所决定。”①那么，军功爵制和勋官制这两种法律承认的公职体系，对于当时平民必然起到了显而易见的阶级上升作用。

这是一种建立在中国的传统社会经验观察上的阶级观点。春秋战国以降，社会性质在发生变化，但是强调尊卑等级的政制和社会建构思想仍然流行。因为这些内容可以为特权者提供正当性辩护。法家讲究君臣、君民之分，儒家讲究更加细致和伦常与爵制；以上意识形态都强调社会上存在统治阶级与被统治阶级，特权阶级与非特权阶级。这些统治与被统治阶级之间，是不可以出现经济待遇上的倒置的。也就是说，中国的社会中，理想的社会资源分配必须严格按等级高低进行，这意味着政制对于阶级的评定相当重要，比起经济规模，政令和法律的决断才是阶级的根本标志。理论上会形成一个以法律的阶级秩序为社会秩序的状态，也就能便捷地依靠法律规定的待遇调控、稳定和维持社会秩序，调解资源分配。而只要这一套体制能上下有别地维持着，就不会出现经济发展带来的政治盲动，因为无论如何试图在经济上进步，也无法打破政治上的阶级天花板。这也就能使社会全体安于被分配的资源，接受这一秩序的合法性和正当性。也就是所谓的：“伦常纲纪得以不替，君子得以重临民”②。因此对于政治评价先行的阶级观来说，经济地位上的擅自飞跃反而是对社会秩序的威胁，必须及时纠正。故而在中国的传

① 瞿同祖：《中国阶级结构及其意识形态》，参见北京大学人文社会科学研究院网站：http://www.ihss.pku.edu.cn/templates/xw/index.aspx?nodeid=242&page=ContentPage&contentid=3880，访问时间：2021年12月18日。

② 瞿同祖：《中国阶级结构及其意识形态》，参见北京大学人文社会科学研究院网站：http://www.ihss.pku.edu.cn/templates/xw/index.aspx?nodeid=242&page=ContentPage&contentid=3880，访问时间：2021年12月18日。

统社会中，有阶级之法和守阶级之法，对于维护阶级秩序的运作意义重大。

在本文中，论及秦的军功爵制时，将使用奴隶阶级、新兴地主阶级和奴隶主阶级等阶级名词，这与本文所基本尊重的瞿同祖之“阶级”观有所不同，甚至可能会与瞿同祖观察到的法律的阶级规定与经济的剥削水平倒置相“冲突”之处。但是在本质上是不矛盾的。在剧烈的社会变动时代，正是社会中广泛形成的新兴阶级力量或者主体阶级的规模壮大和水平提升，包括法律在内的各种社会制度予以了回应。法律又需要奖励新的社会力量，为之“定制”新的阶级。而在瞿同祖的阶级概念之外，使用上述阶级表述能反映出秦时社会变动的剧烈程度和相应法制建立的意义。从时代本身来说，可以观察随着地主阶级逐渐形成而带来的制度变化；从时代与时代之间来说，在相似的制度建设思路下，可以在秦与隋唐的阶级上升之法中形成具体比较，理解秦时对固有阶级的外部冲击和隋唐的成熟阶级内部流动之间的差异。总而言之，可以形成制度内的效用观察和制度间的效用比较，有助于直观地理解不同时代的法制所带来的阶级流动效果与意义。

三、军功爵制与“赐民爵”制

最初，赐下爵位是王室的专利，随着礼乐制度的瓦解，权力逐渐移交于诸侯。①在所谓“礼崩乐坏”的时代，血缘尊卑让位于军事和经济实力的强弱。君主为满足富国强兵的需求，便要打破世袭贵族们专属的法典制度，广泛任用底层贵族和平民为自己的政治羽翼。②同时，君主与新进势力联手对从经济上支持旧秩序的田税制进行彻底改革，“相地而衰征”。③奴隶主能够直接获得的农产收益消失了，取而代之的是土地收益收归国有的田税新制，这使得诸侯一级君主在经济上的自主支配权得到解放。通过以上改革，掌握了

---

① 朱绍侯：《军功爵制度研究》，商务印书馆 2017 年版，第 4 页。

② 可参见先秦两汉典籍中的记载，诸如：《战国策·秦策》“管仲其鄙人之贾人也。”《荀子·非相》：“楚之，孙叔敖，期思之鄙人”。

③ （先秦）佚名：《国语·齐语》。

政治和经济主动权的诸侯可以建立相应的制度，为提供支持的新兴群体给予政治、经济上的报酬。这种政经优待的新制，至春秋中期已见记载。具体操作中，政经上的优待表现为赐爵、赐田、“食封”之制。这些内容也载于国法，得到君臣们的重视。法家托名管仲所著的《小问篇》中，就将“田宅爵禄”之尊享，作为君主为政驭下的重要手段。[①]，而在《左传》中，已有齐庄公为勇士设爵的记载。[②] 这说明齐国迟至春秋中后期已经形成了尊臣子以爵禄的法度。另一霸主晋国，也在这一时期将不同等级的爵位用于酬赏士民。[③]而晋国掌权的大臣赵鞅，则直接将郡县田爵及人身自由等阶级标志，作为激励战斗的口号，以壮大赵氏家族实力。[④]

战国时期，地主阶级基本上成为社会中坚力量。为响应时代变迁，各国积极变法，试图拔除旧时代的奴隶主贵族制残余。这一时期，以功定赏，贵庶无别成为政治制度上变法主题，授爵也在各国成为制度改革的主要内容。[⑤]这些政策基本被确立为具体的法律规定，使得国内人民有机会改变“工商皂吏，不知迁业”的命运。[⑥]这些如同世代为奴役般困顿于具体行业的阶层，从此有了一跃而上成为自耕农的机会。[⑦]此时期留存下来最完整的军功爵材料，是秦国的二十级军功爵制。

秦国地处中原的西陲，地接戎狄，生存环境远较山东诸侯恶劣。秦人因此更早形成崇尚事功的传统。[⑧] 于且耕且战中，秦成为全民重利好战的“雕

---

① （先秦）佚名：《管子·小问篇》。

② 这一记载中的爵到底所指为何，至今有争议。晋朝杜预注《左传》时认为，爵为位阶，“设爵位以命勇士也”。见（西晋）杜预：《春秋左传集解》。日本学者竹添光鸿认为爵乃酒器，见［日］竹添光鸿：《左氏会笺》，巴蜀书社 2008 年影印版，第 1366 页。

③ （西汉）司马迁：《史记·晋世家》。

④ （先秦）佚名：《左传·哀公二年》。

⑤ 朱绍侯：《军功爵制试探》，载《河南大学学报》（社会科学版）1978 年第 1 期，第 27 页。

⑥ （先秦）佚名：《左传·昭公二十六年》。

⑦ 朱绍侯：《试论名田制与军功爵制的关系》，载《许昌师专学报》（社会科学版）1985 年第 1 期，第 55 页。

⑧ 董平均：《从功利主义价值取向看军功爵制对秦人社会生活的影响》，载《人文杂志》2006 年第 3 期，第 110 页。

骛之国”①。春秋时期，秦国已经开始形成爵制；②到商鞅变法后，二十等军功爵制基本建立。这些由下至上的爵位，铺就了从庶民至臣僚的阶梯。在这一法律规定中，阶级上升的秘诀在于战功，具体而言是战争中斩首的数量。斩下首级的待遇是丰厚的，战士将得到一级爵、一顷田、九亩宅，以及就任官职等权利。③ 这意味着秦法中的爵制不仅是社会头衔的改变，而是与经济奖赏互为表里的。从实用角度出发，经济上的惠赐能够让将士本人更快地改变生活状态、所在阶级。而这些特权并非一人独享，它们可以惠及全家：按睡虎地所出土秦简，如果士兵及其父母、妻子是有罪之奴隶，则有机会凭借军功将全家从有罪之奴隶的身份中解放出来。④这一规定更直接地反映了秦法军功爵制的阶级跃迁功能，直系亲属的处境上升，将解放更多的奴隶、培养更多的庶民，壮大新兴地主阶层。

爵制之中，另一个与阶级上升相关的重要制度是“庶子”制。庶子是军功地主的属民，军功地主按照爵级高低，依照级数获得相应数目的庶子。庶子们平时每个月为军功地主（大夫）服役六天，战争时则作为军功地主的仆从。⑤这一制度在睡虎地秦简中也得到了反映：《封诊式》中，都出现过“私吏”“家吏”等称呼。⑥现有研究结果认为，这些不同的称呼都反映了对于军功地主的依附关系，是“庶子制”的现实表现。这一制度的要点在于，虽然“庶子”群体服从于军功地主，但并非农奴、奴隶，他们参与战争也一样有立功得爵的权利，与军功地主权利平等，将来有爵位，则摆脱服从地位，实现阶层跃迁。这是军功爵制的发展，以一部分人的“特权”的形式，统管了一些在社会上无所依靠的有生力量，当他们不在宗法家庭中时，就吸纳到地

① （西汉）司马迁：《史记·刺客列传》。

② （先秦）佚名：《左传·襄公十一年》。

③ （先秦）佚名：《商君书·境内篇》。

④ （秦）佚名：《秦律十八种·军爵律》：“欲归爵二级以免亲父母为隶臣妾者一人，及隶臣斩首为公士，谒归公士而免故妻隶妾一人者，许之，免以为庶人。”

⑤ （先秦）佚名：《商君书·境内篇》。

⑥ （秦）佚名：《秦律十八种·封诊式》，如《黥妾篇》：“某里公士甲缚诣大女子丙，告曰：某里五大夫乙家吏。丙，乙妾（也）。乙使甲曰：丙悍，谒黥劓丙。”

主家庭中来。[①] 按其法律规定，这些人并不真正依附于“地主”，而是依附于“军功”，依附于国家。因而，庶子制作为军功爵制的衍生，将更多的社会力量纳入可流动的体系中来，进一步瓦解旧宗法贵族势力，实现封建社会的发展。

尽管军功爵制是一项推动阶级上升的进步法律，但这一制度本身也有重建阶级、抑制流动的特征。首先，君主和新兴地主阶级依然靠这种方法构建起了新的森严的阶级与特权；其次，统治者明确了严苛的授爵和晋升细则。二十等军功爵等级森严、架构远比周代的血缘爵制精密，社会的层级划分更加严格，互相之间的管辖关系更为明确。爵位之间“各有差品，小不得潜大，贱不得逾贵”[②]。举例而言，处于相应阶级的人，获得相应的社会优待，司法上，大小不同的爵位享有不同的司法优待。而在经济上，不同的爵位所有者有不同的差旅待遇。[③]这些具体的规定提醒着刚刚实现飞跃的百姓，自己仍在强有力的法规管控之中，新的制度便逐步地建构起来，为人所遵奉。

阶级和特权的尊荣与稳定，还需以严苛的授爵规定和强制制度为保障。以斩首为例，根据法律规定，所斩下的首级必是“爵首”，即敌方有身份者的首级。而斩下首级者，其队伍中不能有成员战死。一旦有这样的情形出现，根据法令，要先将功折罪，再进行爵赏计算。在上场冲杀之前，参加战争本身就是秦国百姓必须履行的沉重义务，违抗军法和军令将面临严格的制裁。没有选择余地的百姓从令如流，为军事政权效力，最后才有可能获得秦国的爵级报酬。[④]同时，爵级的授予自有一套评定的标准，称为“盈论”，当士一层次的四等爵要升到大夫一层时，他们要充当相应的军职，率领将士完成比规定指标还要多的军事成果，才能升迁。[⑤] 所以在士与大夫爵级之间存

---

① 董平均：《从功利主义价值取向看军功爵制对秦人社会生活的影响》，载《人文杂志》，2006年第3期，第110页。

② （东汉）荀悦：《前汉书·文帝纪》。

③ （秦）佚名：《秦律十八种·传食律》，载“不更以下到谋人，粺米一斗，酱半升，采（菜）羹，刍各半石。宦奄如不更。”

④ （先秦）佚名：《商君书·画策》。

⑤ 朱绍侯：《军功爵制度研究》，商务印书馆2017年版，第60-61页。

在明显的差距，五大夫和以上爵位也存在显著的区隔，这意味着战士的阶级跃升之路上，仍有不少难以逾越的鸿沟。[①]

总而言之，“阶级”对于新兴地主而言依旧是有效的统治工具，他们要做的是设计新的法律制度，制定新的阶级，以此作为新社会的标尺。森严的封爵与可观的特权，是对庶民和奴隶有效的制度激励，能够在提高所属阶级的同时，促使他们接受新的社会制度，壮大和巩固地主队伍。但新的法律制度和社会规范也以爵级的为尺度被设计出来，爵级之法要求和规范爵级中的个体，以爵位明确尊卑，划分权力，稳定秩序。阶级上升的空间并没有那么充裕。但相比西周和春秋早期的情况，庶民与奴隶的力量得到了空前的解放。他们的阶级上升既得到了法律的承认与尊重，也形成了法律化的具体制度，符合时代发展的进程。当爵制完善时，它成为一种社会共享的身份体系，以此在秦统治进内区别庶民与有爵者（秦制称之为爵某）。[②] 那些有某爵的人士，无疑是一独特的社会阶层，是拥有政治和经济力量的社会骨干。

汉承秦制，除了略做添改外，二十级军功爵基本得到保留。汉高祖五年（公元前 202 年），刘邦统一全国，以法令的形式恢复流亡百姓在秦时享有的爵、田、宅等优待，同时赐予本朝的兵士爵位。[③]然而，随着社会的进一步发展，军功爵制对于汉朝的地主群体来说已经失去了扩张的作用。这一群体现已掌权，成员基本稳固，不需要在战场上广泛地以爵位酬功，实现大众的阶层上升而去充实自身队伍。过去拼杀得来的爵位，此时已与庶民无异。[④]

但基于军功爵制，汉代又确立了赐民爵的制度。所谓赐民爵，并非是另立爵位，而是赐予百姓特定级别的军功爵。[⑤] 这意味着统治者将只有通过军功可得的爵位，普惠地赐予百姓，并给予相应的经济和司法福利。[⑥]《史记·

---

① （西汉）班固：《汉书·高祖纪下》。

② 贾丽英：《庶人：秦汉社会爵制身份与徒隶身份的衔接》，载《山西大学学报》（哲学社会科学版），2019 年第 6 期，第 24 页。

③ （西汉）班固：《汉书·高祖纪》（下）。

④ （清）钱大昕：《潜研堂文集·再答袁简斋书》。

⑤ 刘敏：《秦汉时期的“赐民爵”及“小爵”》，载《史学月刊》2009 年第 11 期，第 106 页。

⑥ 朱雪源、李恒全：《“赐民爵”“赐牛酒”与汉代普惠性社会福利研究》，载《社会科学》2021 年第 1 期，第 153 页。

白起王翦列传》载："秦王闻赵食道绝，王自之河内，赐民爵各一级。"这是现有资料中对最早的赐民爵记载。有的学者认为，这是汉代民爵普赐制度的起源。[①]而在吕后执政时，曾以汉惠帝的名义向百姓赐以爵。这些爵制虽来自军功爵，但待遇有所不同。赐爵的诏书明确规定，过去军功爵的田宅人役福利被取消。

这是因为此时的汉朝早已没有大规模、高频率的战争发生，赐爵不是为了扩充统治队伍，而是普赐福利以笼络民心。因此报酬的水平自然就有所收缩。但这一制度对于民生凋敝、休养生息的汉初社会而言，仍能为百姓提供相应的福利。从国家层面看，以发放福利的形式，可以将社会上的流民重新团结到国家的组织之中。[②] 自汉文帝以后，直到东汉末年，赐爵逐步规律化，最终形成以特别诏书为形式的习惯性法律制度。[③] 随着这一制度的推广，帝国中所有的老幼男女，都获得了公乘及以下各级爵位。在东汉末年和三国时期，不少人甚至年纪不大就已经获得了最高级公乘爵。[④]民爵制度的泛滥，意味着作为赐爵这一法律制度失去了促进阶级上升的功能。原因在于：第一，爵级制度设立时的目标随着新兴地主群体成为统治力量而告成，统一王朝的建立也结束了频仍的内部战争，军功爵失去了其生存背景和服务目标。第二，统治集团形成后，社会的阶级开始了新一轮的固化。当统治者普惠地赐予爵位的同时，他们将依托爵位巩固对于百姓的阶级控制，把全社会以爵级为标尺纳入"天下一体"的礼法秩序中来。[⑤]第三，汉朝开国以来，爵位即曾大量下赐，爵位的滥授使得宝贵的上升渠道迅速贬值。汉代的法律如《二年律令》等已经显

---

① （日）西嶋定生：《中国古代帝国的形成与结构——二十等爵制研究》，武尚清译，中华书局2004年版，第490页。

② 王爱清：《秦汉基层等级身份秩序的确立与变迁——以赐民爵为中心》，载《兰州学刊》2013年第10期，第160-161页。

③ 朱绍侯：《军功爵制试探》，载《河南大学学报》（社会科学版）1978年第1期，第34页。

④ 凌文超：《汉初爵制结构的演变与官、民爵的形成》，载《中国史研究》2012年第1期，第44页。

⑤ （日）西嶋定生：《中国古代帝国的形成与结构——二十等爵制研究》，武尚清译，中华书局2004年版，第310页。

示了原本尊崇的爵位待遇不再稳定。①官吏为了与百姓区分，不得另创造以俸禄为计算标准的“秩”等级，来彰显身份。② 到了西汉中叶，官僚与百姓，已经不再以爵定分，民爵的授予也因此与官职的取得而脱钩。

到了东汉，朝廷一方面承袭西汉的赐爵制度，甚至将赐爵推广到流民身上，以发挥一定社会控制的作用；另一方面明文规定爵级不得超过公乘，从根本上区隔官僚与百姓。③到了东汉末期，爵级之法已经基本失效，就连社会福利的作用也消失了。王粲在《爵论》中一针见血地指出：“古者爵行之时，民赐爵则喜，夺爵则惧，故可以夺赐而法也，今爵事废矣，民不知爵者何也，夺之，民亦不惧，赐之，民亦不喜，是设空文书而无用也。”但也要注意到，从奴隶、庶民到地主的阶级上升之古制虽然消亡了，但新的阶级上升制又在酝酿之中。而随着官僚制度的建立成熟，新的用以实现社会阶级上升法律制度即将在中古时代出现，对于文化精英来说，这是科举制；而对于社会上更多的百姓而言，则是勋官制。

四、唐代勋官制

在展开具体的机制讨论之前，勋官制度的诞生背景值得关注。汉末两晋战乱频仍，中央集权短暂衰落，拥有土地和军队的强力地主崛起，他们形成了掌握政权的门阀士族，并建立了相应的勋官制度。东晋末年，内部叛乱和平民起义动摇了士族的统治，平叛战争中崛起的军事新星刘裕迅速得到了来自各个阶层的支持，最终取代了晋朝。此人白手起家，十分理解社会中平民对于冲破士族权势垄断的诉求。自刘裕起，南朝政府做出了很多鼓励阶层流动的尝试，以顺应平民的崛起之势。

在北方，长期战乱也使得留居此地的传统士族力量被洗牌，入主中原的

① 凌文超：《汉初爵制结构的演变与官、民爵的形成》，载《中国史研究》2012 年第 1 期，第 43 页。

② 这一时期，爵之外以俸禄为衡量的秩的重要性增加了，参见阎步克《从“爵本位”到“官本位”——秦汉官僚品位结构研究》，生活·读书·新知三联书店 2009 年版，第 33-87 页。

③ （南朝宋）范晔：《后汉书·明帝纪》。

民族政权以部族军事贵族和汉族地主为支持力量。为了激励背井离乡的战士，接受中原王朝的奖惩制度，推动草原部族向汉化和帝制化方向迈进。元魏统一北方后，便以立法为巩固统治的重要手段。然而，元魏的法制建立在维护元魏氏族贵族利益的基础上，新政权借此将氏族贵族转化为颇受中原文化浸染的北方门阀，一定程度上受到中原平民的认可。

但这一举动牺牲了在中下阶级旧部民的利益，这个并没有在帝国的建设进程中获得法律上跻身机会的群体，最终掀起了反叛。这场反叛战争以肉体毁灭的方式，将扮作高门的拓跋氏和汉族统治阶级消灭。北朝政权是基于强大的军事集团建立的，将士的稳定程度取决于王朝优赏力度。将士们的反叛说明旧有的“高门大族”并不具有掌握政权的全部合法性，时代变迁时，社会需要更稳定的阶层，吸纳新的人民，加入地主阶级的队伍。

北魏崩溃，周齐崛起。但这两个政权的组织者所属势力不相同，表现出来的制度特征也不相同。相较于高氏以强大军事势力专权的东魏-北齐政府，西魏-北周的情形则要复杂。宇文泰出身于没落的鲜卑武士家族，但他没有参与叛乱，而是选择忠于元魏政府。在高欢专权后，积累了一定政治势力的宇文泰作为元魏的拥护者陪同孝武帝西迁长安。相较于高欢，宇文泰的军力并没有强大到足以碾压他人的地步。同时，宇文泰的综合实力也要逊色于高欢。为了团结同一阵营的军事贵族，吸纳更多的战斗力量，宇文泰着重将西魏打造成军事上足够强大的集团。如要在频繁的征战中最大规模地奖励将士，最好的奖励方式仍然是给予政治和经济上的报酬。西魏政府以此为目标，由内而外、从上到下地建立了勋官制度。

宇文氏扶持的西魏政权建立之后，在国家的军事组织上以行政法令的形式组建了八柱国、十二大将军为核心的军事体制。这些将领称号既是荣誉头衔，也是实际的指挥官。[①] 但随着军事体制的成熟，这两种高级军衔的指挥

---

① 史称“八柱国十二大将军”，参见（唐）令狐德棻：《周书·侯莫陈崇列传附弟凯传》；（宋）司马光：《资治通鉴·梁简文帝大宝元年》。其体制为：六柱国（有两员无直属大将军）—十二大将军—二十四开府仪同三司—四十八仪同三司—九十六大都督，大都督下有帅都督和都督两级。

权能逐渐解除。至西魏晚期，荣誉称号的具体等级已经为行政法令所明确。① 此时，这一套军事职称区分社会阶级的功能逐渐突出。

北周建立后，拥有其中高级称号的官员不断增加，同时宇文家族已经完全掌握政权，可以控制其他贵族的军队，这些荣誉职称的指挥权能彻底解除。②而宇文氏在过去一段时间中，已习惯于用这些荣誉称号奖励与北齐作战中有功的将士，那么到了北周武帝时，也逐渐确立了一套覆盖面及于中低级军官，迁转有序的称号体系。③

杨坚以北周贵戚之身建隋，并没有完全抛弃北周设立的荣誉称号制度，仍以之酬答战功。隋炀帝改革官制后，力图将这组官位与军事贵族与酬劳集团切割，但遭到了强烈的反抗。④李渊起兵后，为拉拢勋贵、奖励战士，立马恢复杨坚时期的称号体系，但吸收了隋炀帝力图将军事称号与军事贵族集团切割的思想，稳步改革，使得白丁、百姓、士人都能取得官位出身。武德七年，唐廷结合前代制度，建立了具有新朝特点的十二等勋官。这一套勋官在唐高宗时期，又与命官专享的散阶相区分，成为法定可以全民享有、附有福利的荣誉称号。⑤

唐高祖至武周时期，对外征伐不断，勋官对于奖赐战士而言十分重要。形成于唐玄宗时期的行政法典《唐六典》，对于奖赐战士、授予勋官的具体事宜以法律条文的形式规定。这些规定实际上是执行的唐令内容。这说明，唐朝已经形成了记录、考核、奖酬战功和兑换勋官的具体法度。根据目前所存的晚唐初期李德裕议论战功的文书和河西地区发现的勋官告身，这一制度在奖酬战功层面也得到了具体的落实。⑥除了将士，在初唐时，一些下级文官也会因为执行与战争有关的公务而得到高勋。在战斗这一情形之外，还有以

① （唐）令狐德棻：《周书·明帝纪》。

② 谷霁光：《府兵制度考释》，中华书局 2011 年版，第 63-65 页。

③ 马志立：《唐代勋官制度若干问题研究》，武汉大学硕士学位论文，2005 年，第 6 页。

④ （唐）魏征：《隋书·杨玄感传》。

⑤ （五代）刘昫：《旧唐书·职官志一》。

⑥ 傅璇琮、周建国：《李德裕文集校笺》，河北教育出版社 2000 年版，第 304-307 页；李方：《唐代西域告身研究》，载《石河子大学学报》（哲学社会科学版）2011 年第 5 期，第 1-7 页。

勋职优劳运输工作者的情况，比之战士，这些人仅是平民。[①]

《木兰辞》有诗谓："策勋十二转，赏赐百千强。"首先，勋官虽是荣誉称号，但也与经济优待有关。在获得勋官时，当事人往往能获得可观的硬通货赏赐。[②]其次，还有根据官品授予的土地。解甲归田后，勋官有直接担任基层管理者和军事领导的机会。最后，对于广大出身农民的战士而言，勋官制度中最能推动阶级上升的规定，是基于勋官而获得正式的官职制度。据《唐六典》及《新唐书·选举志》所记载，但凡选中的勋官，最高一级上柱国可选任正六品官，至最低一级的云骑尉、武骑尉，也能担任从九品上官职。相比于能获得资格而未必能直接任职的科举来说，勋官入仕为文化精英以外的士兵等大众提供了较为可见的、成为官僚的机会。这一机会以法令的形式得到了确认。而勋官能参与任官的选举，是以番上和纳资为前提的。所谓番上，就是根据相应的制度规定，到州府、京师的官府服满一定年限的劳役。依照各自的能力、官位和所处州县，安排番上的年份和地点。[③] 不乐意番上者，就按照年份交钱纳资，即交钱累积年资之意。[④] 现存文献中，敦煌地区天宝十载的勋官纳资和番上活动得到了较为完备的记载。这些文书资料展示了勋官制度运作的具体情况，说明这一上升渠道直至"安史之乱"前仍然是运作有效的。而对于那些长期作战、戍守边疆的募兵战士，唐廷在选官上还给予了一定的优待政策，专有优先渠道选拔为官。[⑤]担任勋官者，不仅惠及此身，也延及家人。高勋子弟可以充任卫士一类的军职，经由番上、考试等选拔，满一定年限，按才干授官。这一法规在墓志铭当中也有相应的体现。[⑥]

除了打开向上流动之门的入仕制度外，勋官与品官一样，有异于常人的法律优待，以表明与常人阶级的不同。依唐律，中高级以上勋官犯死罪者，

---

① 马志立：《唐代勋官制度若干问题研究》，武汉大学硕士学位论文，2005年，第21页。

② 马志立：《唐代勋官制度若干问题研究》，武汉大学硕士学位论文，2005年，第28页。

③ （唐）李林甫：《唐六典·尚书兵部》。

④ （宋）宋祁、欧阳修：《新唐书·百官志一》。

⑤ 傅玫：《唐代的勋官》，载南开大学历史系《中国史论集》编辑组编：《祝贺杨志玖教授八十寿辰中国史论集》，天津古籍出版社1994年版，第104页。

⑥ 马志立：《唐代勋官制度若干问题研究》，武汉大学硕士学位论文，2005年，第37-38页。

可以上皇帝为请罪，减一等处刑。而七品到五品之勋官，犯流罪以下，则可减刑。而勋官九品以上犯流罪以下，都可以用金钱抵赎罪刑。而徇私舞弊，以官抵罪者，适用官当制度者，勋官也是可当之列，并按不同品级，可抵不同的年限。[①]敦煌俗赋《燕子赋》中，凤凰将处罚燕子，燕子说自己有“上柱国”之勋，愿以抵罪。[②] 这是该项法律制度的文学投影。在入罪时，一定品级的勋官不可以上枷。[③]这是在司法流程中给予有勋官者特殊的人身待遇。

勋官制自唐初建立，至明代灭亡，名义上存在了一千余年。结合史籍记载与现存唐代文书看，勋官制度和相关福利在“安史之乱”以前是基本能按制度得到发挥。但在“安史之乱”以前，由于对外战争的频仍和募兵规模的扩大，勋官乃至其中中高级的称号，已经被广泛地授予大众，过去试图起到的奖励战士、吸纳兵力的效果，也有一定程度的贬损。从这个角度来看，勋官制比起赐爵制作为一项法令，其功能衰弱的速度要更快。

勋官的泛滥使得兑换田土的愿望在一些地方成为空谈，老百姓如只能拥有中低级的勋官，则很有可能与白丁无异。[④]“安史之乱”爆发后，唐廷进入短期动荡，为了平定叛乱，彰显品级的散官和各色高级勋官都用来酬答效忠唐王室的势力，这些荣誉称号一同迅速贬值。叛乱结束后，唐朝的官职法令渐成具文，勋官所具有的促进社会阶级上升的功能宣告消失。而勋官制的首要惠及对象——战士，则可以选择依各路军事力量，获得新的身份跃迁机会。旧有的社会，在叛乱的冲击下又流动了起来。[⑤]

从中晚唐到宋初，有一批平民（包括地主、商人乃至地方无赖）都纷纷获得了时称“银酒监武”的完整头衔（银青光禄大夫、检校国子祭酒、监察御史、武骑尉）。[⑥] 这一头衔级别尊贵，但也随着滥授而迅速贬值，很多人仅是里正、吏目。虽拥有这一完整的荣誉称号，但早已无法实现阶级内部乃

① （唐）长孙无忌：《唐律疏议·名例二》。
② 楚永桥：《〈燕子赋〉与唐代司法制度》，载《敦煌研究》2002年第6期，第26页。
③ （唐）李林甫：《大唐六典·尚书刑部》。
④ （宋）司马光：《资治通鉴·唐纪》。
⑤ （韩）金锡佑：《唐代百姓勋官考论》，载《东方论坛》2004年第6期，第85页。
⑥ （清）徐松：《宋会要辑稿·职官》。

至跨越阶层的上升流动。这一现象说明，勋官的社会意义彻底崩解。到了北宋末年，勋官制仅余空名。

但在北周到唐代中期，勋官制度对于社会阶级上升意义重大。就制度所发生的社会背景而言，中古时代的地主阶级虽然队伍庞大，但经历了魏晋南北朝的分裂动荡，内部仍然没有形成合理的上升空间。而且，南北朝的中国社会中，存在地位接近于农奴的农民和依附于部落的非自由战士，甚至还存在着因为战争和天灾而由自由农民滑落的贱民群体。这些群体甚至物理隔离于社会的晋升渠道之外，但他们规模巨大，人数众多，也是需要得到社会接纳的群体。北魏的灭亡变起于军镇部民的反叛。

最后是广大的自由农民，南北朝末期，局部割据的情形得到解决，全国统一已成趋势，自由农民是国家最重要的税收来源和建设力量，如何调动自由农民的全部势力，服务于国家军事政治发展，成为重要的课题。这个时期，中国社会的任务显然不同于秦国需要急切地将有生力量从奴隶制中解放出来，完成彻底的阶级上升和革命；但也需要以相应的制度激励各阶层的人士，以壮大军事力量、强化战争能力为核心，实现富国强兵的目标。这一时期的制度设计者，显然也有鉴于魏晋以来的动荡局面，力图在制度上冲破家族和部落垄断社会资源的机会，吸收更多的社会有生力量，以推进社会的新发展。

在这一背景下形成的勋官制度，确立于唐代周延、系统的法律制度中。其性质是一套奖酬军功且创造上升机会的荣誉体系。就其具体内容而言，勋官制度不仅有完善的称号体系，还有配套的评定规则和系列的实际优待。这是对军功爵制的吸收和发展。

勋官制度核心服务于奖酬战士，而隋唐的武装力量来自编集自由农民的府兵制度和广募健儿的募兵驻戍制度。这两种战士的选拔方式是不计出身、不论良贱的。有时最为卑微的罪人，也可以冲锋陷阵。但只要有了各种类型的军功，就有授予勋官的机会，就可以进而享受前述优待和制度福利。这一点上也与军功爵制是相近的，但其取得勋官的严苛程度也低于军功爵制。尽管相较而言对于阶级上升的促进程度也就较小；但是对于古代社会来说，其作用仍不可小觑。阶级上升无法让最大多数人成为社会第一流精英，但是过去被统治的群体却有了摆脱原有命运的机会，过去被压抑在某一时空中的个体有了向上进步的可能。引用传统社会的话语来说，便是百姓得以“朝为田舍郎，暮登天子堂”。在开始向市民社会演进但身份限制繁多的中古时代，科举制和勋官制这些成为定制乃至载于法典的流动渠道，显然是意义非凡的。而相较于集中选拔文化精英的科举制，勋官制的出现更是为非文化精英的普通人提供了向上的渠道。

如果以联系的眼光看，在勋官制实行的早期，关中地区的百姓大多处于亦耕亦战的状态，这种政治上的优待，又是与经济上的均田制度、社会组织上的府兵制度相联系的。均田制度和府兵制度尽可能地将长期分裂之后的社会组织为一体，并为流民和农奴提供了独立生存的机会。而他们又可能是经由战功，得到勋官，而获得田地，重新融入社会的。比起互为表里的军功爵制和授田制，隋唐时期所建立的勋官制，实际上是与一系列重整社会、恢复活力的法制相互配套、相互支持的。从这个角度看，勋官制不仅有促进社会阶层上升的功能，还因此参与了重新团结整合社会、恢复社会基础和中坚力量的进程，推动了社会的发展。

五、结语：以奖赏的法律为上升的渠道

尽管军功爵制来自秦汉，勋官制来自北朝隋唐，这两种制度都起到了促进社会阶级上升的功能，推动了社会的发展。他们不约而同地以奖赏的法律为社会上升的渠道，以法令手段推动社会结构的变迁。具体而言，二者具有显著的相似性。首先，这两大制度都创设于局势动荡、战争频仍且迈向统一的环境当中，以奖励军功为初衷。其次，这两大制度都是高度成熟的。两者都建立了严谨有序的层级，并以法律的形式，规定了相应的评定、授予办法和具体的优待，是非常典型的军事荣誉型法规。据考古资料显示，秦汉和隋唐时期，两大制度都得到了依法、依规的切实推广。最后，这两大制度在各自的时代背景和社会环境中，对于不同阶层之间百姓的跃迁都起到了重要的

作用。他们以法律的形式，在令行有效的情况下，冲击了旧有的社会体系，推动社会的发展和阶层的壮大。

军功爵制以国家立法的形式动摇旧贵族阶级，解放庶民和农奴阶级，并从中培养新兴地主（军功地主）乃至新晋军功贵族。这一制度中的顶级爵位“彻侯”，在楚汉战争胜利后，就被大量封赠给刘邦集团的有功之人，而这些人中，屠狗贩沽之徒比比皆是。而在前论涉及的史料中，秦国人乃至秦朝人都不乏军功爵在身。结合秦的扩张战争和最后的统一大业，可见军功爵制于当时社会确实起到了相当的激励和解放作用。

同样诞生与对峙和统一战争的勋官制，在授予范围、授予方式和优待上，有不少与军功爵制的相似之处。勋官制也是不论出身，面向战士开放的。“初授战士，渐及朝流”，是古人已经观察到的制度发展规律。[①]在战争频仍、流民广布、区分良贱的北朝末年至唐朝初期，这一制度配合着府兵制发挥了组织农民、团结流民，形成强力军事集团的作用。而加入军事集团的优待，就是以勋官为核心的升迁和授田机会。对于那些长期被中正和门阀制度，以出身为天花板，彻底排除于各个统治阶级的百姓来说，投身行伍就有了晋身的机会。中古时期，虽有科举之法，但文化事业远未如后代那样向全社会、全阶层发展，高门著姓的子弟仍然是文化精英的代名词。相较而言，投身兵马、建立功勋，则是更多人能选择的道路。所以在同时期的文学作品中，也不乏如王维所著“莫嫌旧日云中守，犹堪一战取功勋”的浪漫想象。唐宋以后，市民社会繁荣，中国传统社会的阶级流动便进入了新的局面。

这些制度在社会环境逐渐稳定、主力阶层队伍成熟后，都走向了衰落。即尽管这一制度仍然存在，但阶级上升的功能却渐渐消失。一方面，在儒家的意识形态中，官制等“名器”为统治者公信力与控制力的体现，既然以功利地方式奖酬百姓，就必然面临着赏赐扩张，荣誉“贬值”的问题。社会中同一层级乃至更高层级的人变多了，政治上和经济上的优待在个体上就会收缩，这些拥有荣誉的人分到的实际利益越来越少。此时，荣誉不仅不能酬

① （五代）刘昫：《旧唐书·职官志一》。

功，反而会招致不满。因此，单纯的头衔是无法表明阶级跃迁的。另一方面，某一阶层的人数规模在社会的发展水平没有进一步扩大时是不会飞速扩张的。特别是以土地占有为标志的新兴地主阶层，他们的阶级地位已经随着全国田土的分配完毕而基本形成。后起获得荣誉称号的人，要想跻身前人的队伍，就变得更为困难，自然也就出现身负高勋却如同贫农的状况。因而在科举制和市民社会完全成熟以前，中古时期的法令将伴随着有限的生产力而衰弱下去。

当这些法令的社会流动功能衰弱后，在王朝尚属强健的时期，其巩固阶级、规范秩序的作用又能凸显出来。如西汉特别是汉武帝以后，对外战争减少，干脆开始频繁向全国范围内的百姓赐予爵级，彰显皇恩的同时，也是将百姓约束到阶级制度中来，以明确稳固了的社会中的尊卑秩序。而唐朝的勋官制度中，拥有高级勋官的人可以成为里正，为统治的末梢服务，这也是一种阶级之法向下延展的体现。根据唐代的法律，勋官在一定程度上也在官僚体系中，也要服从对于服饰、建筑、出行、丧葬等方面的规定，违者将依法惩处。①从这个角度来看，作为社会阶级转变之法的晋升之道，根本上又是一种新兴王朝建设属于自己的阶级秩序和统治秩序的手段，又回到尊卑有序的传统社会秩序中去。总而言之，这些制度在某些阶段体现的是与瞿同祖先生的观察所不同的阶级流动趋势，但最终又服务于严格的阶级管控，仍能折射出中国传统法律中阶级主义的特征，可见瞿同祖见地的深刻性。

---

① ［日］池田温：《中国古代籍账研究》，龚泽铣译，中华书局2007年版，第319页。

第五编

域外视窗

北欧三国与萨米人法律关系的新构建

周　勇*

摘　要：本文通过对北欧实践的观察，旨在探究构建新型土著人民与国家法律关系的可能性。该研究显示，尽管北欧的挪威、瑞典和芬兰三国在政治体制和法律制度的历史演进过程相类同，但在对于萨米人身份的法律拟制、代表机构的设立以及萨米作为土著人民权利的确认等方面都依其各国的情况而存在差异。近十多年来该区域起草《北欧萨米公约》的活动，具有历史久远的社会文化背景和法理基础。这种由相关邻国与一个跨境而居且具有文化认同的群体共同协商制定规则的努力，为构建跨境民族与国家之间的新型法律关系提供了一种可能的制度范式。

关键词：土著人民；跨境民族；萨米人；北欧萨米公约

面对当今威胁人类福祉的气候变化、环境污染、病毒流行、生物多样性缺失等问题，不同的国家和社群之间必须学习和探究各种可能的有效合作途径。如何合理建构或改善国家与具有其独特的世界观、生活方式、语言、知识体系以及优先发展事项的土著人民群体之间的关系，是这种探究的关键问题之一。2021 年联合国相关机构在世界土著人民国际日（8 月 9

---

* 作者简介：周勇，男，江苏镇江人，奥斯陆大学法学院研究员，项目主任，哲学博士。本项研究受挪威国家科学研究基金资助（Research Council of Norway, project No. 287365 - FRIHUMSAM）。

日）设定的研讨主题就是如何建立一种土著人民与国家的新的社会契约关系。① 本文对北欧实践的观察，即旨在讨论这种法律关系建构的可能性和历史社会背景。

在北欧，土著人民（indigenous people）② 主要是指跨挪威、瑞典、芬兰和俄罗斯四国边境而居的萨米人，以及丹麦治下的格陵兰岛因纽特人这两个群体。由于习惯上格陵兰岛的因纽特人常常被归为北美的居民，因此萨米人又通常被称为欧洲唯一的土著人民。③ 本文旨在对北欧三国的萨米人作为土著人民的法律地位进行简要的比较，并提示相关决策者和研究者注意：尽管北欧的挪威、瑞典和芬兰在历史文化和政治体制上相类同，但在法律和实践上对于“萨米人”身份的界定以及其作为土著人民权利的确认和行使方式上却存在差异。与此同时，近十多年来三国起草《北欧萨米公约》协调这些差异的实践也特别值得关注。这种由相关邻国与一个跨境放牧驯鹿且具有文化认同的群体协商，共同制定规则并解决相关争议的努力，为构建一种跨境民族与国家之间的新型合作关系，提供了不同的范式和可能。

一、萨米人与国家的关系

目前，约 5 万~10 万萨米人分别居住在斯堪的纳维亚半岛和科拉半岛的四个国家，即挪威、瑞典、芬兰和俄罗斯。与欧洲绝大多数印欧语系民族的文化不同，萨米语属乌拉尔语系，放牧驯鹿和渔猎是萨米人最具特色的传统生活方式。从历史上看，北欧萨米人与其所在国家的关系大致经历了三个阶段。

早先萨米人生活的芬马克高原地域并未处于任何国家的控制下，但他们

---

① https://www.un.org/zh/observances/indigenous-day.

② 在联合国官方网站和条约文本中英文“indigenous people”的中译是“土著人民”或“土著民族”。参见 https://www.ohchr.org/CH/Issues/IPeoples/Pages/IndigenousPeoplesIndex.aspx 这里统一用“土著人民”这一术语，并声明没有汉语语境中可能的歧视性含义。

③ https://www.samediggi.fi/sami-info/? lang=en.

也没有建立过自己的国家，而是通过“斯达”（Siida）组织生产活动、划分水源牧场森林等自然资源的使用，并协商和解决纷争。[1] 大约在1100—1350年期间，俄罗斯人、瑞典人和挪威人等建立的王国将其国家权力扩展至萨米人的传统领地，但是萨米人依然在该地域内运用其习惯法实行自治，这些王国对该地的管理十分微弱，因此，这一阶段通常称为中世纪王国扩张时期。第二阶段是现代民族国家构建时期。这一时期的开始以18世纪中期以来各王国之间彼此划分国界为标志，其王国体制也向现代民族国家转型，萨米人最终被分割在四个国家境内。[2] 伴随着这些现代国家的政权建设和民族构建，国家加强了对萨米地区的行政控制，推行家长式的保护和同化政策。这种持续了100多年的政策和法律措施构成了对萨米人政治权利和文化社会生活的制度化歧视，也引发了他们争取其正当权益的抗争。这一区域性的社会抗争运动随后又与北美等土著人民权利运动在1950年代逐渐合流，促进了国际法在土著人民权利领域的演进。1960年代北欧国家逐步关注和确认萨米人正当权利的法理发展，标示着萨米人与其所在国家的关系进入了第三阶段，即对同化政策的抛弃和确认萨米人的权益受到作为国际法上的“少数人”和“土著人民”保护的法律地位。

现代国际法的相关规范由以北美为中心的土著人民权利保护体系和以欧洲为中心的少数人权利条约体系发展而来。这种双轨规范体系前者以联合国《土著人民权利宣言》（2007）、国际劳工组织《土著和部落人民公约》（1989）为代表，后者以联合国《在民族和族裔、宗教或语言上的少数人权利宣言》（1992）、《公民权利和政治权利公约》第27条等为代表。尽管两套体系在实践中有交叉，例如，土著人民可以诉求少数人权利规范体系的保护。两者之间最大的区别就是前者享有“人民/民族”（people）的权利，更具体地说就是“人民/民族”的自决权，而属于少数人群体的个人则限于其

---

① 有关萨米人的这一传统社会组织及其地方差异，参见 Korpijaakko-Mikkel, Sara（March 22, 2009）. “Siida and traditional Sami reindeer herding knowledge”. Northern Review.

② 当时属于丹麦的挪威与瑞典（芬兰当时属于瑞典）的国界划分于1751年，与俄罗斯的划分是1826年。

“民族和族裔、宗教或语言”上的原因遭遇不公，诉求非歧视和平等原则的保护。

因此，萨米人在北欧三国权利诉求的核心是国家承认其作为“人民/民族”（people）以及与土地相联系的权利，与其他法律文件术语中的少数人或少数民族不同。由于北欧三国都是《欧洲少数民族保护框架公约》的成员国，[①] 依据该公约，少数民族（英文 national minority 的中译）是特指那些与其所在国具有较长久联系的群体，因短期旅行、居住或工作在其国内的族裔、宗教或语言上的少数人成员不属于之。在挪威，属于该群体的具体指以下五类：克文斯人（Kvens）/挪威芬兰人（挪威北部的芬兰裔人），犹太人，森林芬兰人，罗姆人（Roma）和罗曼尼人（Romani）/塔特人（Tater）。[②]

萨米人对其权利的诉求在 1950 年代成为国际土著人民运动的一部分。1978 年挪威的“阿尔塔事件”在这一系列活动中最具代表性。该事件的起因是挪威计划在阿尔——卡托凯诺（Alta-Kautokeino）河谷地方建坝，利用当地的水力发电。依据建设规划，一部分萨米人生活居住的核心地域将会受到影响，200 多名萨米人聚居的马斯（Masi）村要被水淹没。1978 年年底，挪威议会投票通过了建造水坝的计划，次年政府就项目实施颁发许可令。萨米人认为这一开发计划损害其赖以生存的土地资源和驯鹿放牧产业。与此同时，萨米人所失去的不仅是土地，还有其族群的认同，他们将被迫融入一个对他们了解很少却歧视很多的社会。萨米人和环保人士对此项工程采取了多种形式的抗议活动，包括向社会公众争取签名支持、向挪威国家议会提交抗议书、向挪威地方和最高法院直至欧洲人权委员会提起诉讼或申诉、绝食，以及直接阻止工程建设活动等。但这一切都没有能阻止工程建设。在此期间，国家为确保工程的进行，不得不在当地派驻大量的警力维持治安。

尽管萨米人对该事件的各项权利诉求均遭遇挫折，但由此案引发的萨米

① 参见公约网址 The Framework Convention for the Protection of National Minorities，https://www.coe.int/en/web/minorities.

② 参见 https://www.regjeringen.no/en/topics/indigenous-peoples-and-minorities/national-minorities/id1404.

权益和环境保护问题直接导致了挪威政府对萨米政策、法律和社会问题的反思，1980年代初，挪威的萨米权利委员会提出了法律改革的建议，检讨了联合国的相关工作定义，以及国际法和国内法上对土著人民概念的使用。①1984年该委员会作出结论认为，尽管挪威的国内立法中没有使用这一术语，但萨米人明显属于土著人民。② 该委员会提出的法律改革建议最终促成了挪威宪法的修改和制定成立萨米议会的法案。③ 继挪威《宪法》在1988年作出修正，确认萨米人的“人民/民族”（people）的法律地位后，④ 芬兰和瑞典的宪法也于1995和2011年分别进行了修改。北欧三国此后制定了有关萨米议会的相关法律，分别于1989年（挪威）、1993年（瑞典）和1996年（芬兰）年建立了各国基于民主选举基础上的全国性的萨米人的代表组织——萨米议会，⑤ 作为土著人民行使其群体权利的制度保障。

二、萨米人：法律概念的界定和代表机构和组建

北欧三国尽管在政治和法律制度上具有许多的共性，但在实践土著人民权利的法律保障方面也存在许多的特性和差异。1989年联合国国际劳工组织通过《土著和部落人民公约》（即《第169号公约》）后，挪威是世界上第一个批准加入该公约的国家。⑥ 该公约的缔结和实施，标志着国际法上对土著人民从1950年代以来的“家长式保护”到尊重其自决和“自主性发展”

① 有关联合国工作上就该术语概念的定义综述，参见 The Concept of Indigenous Peoples, Background paper prepared by the Secretariat of the Permanent Forum on Indigenous Issues, PFII/2004/WS. 1/3.

② NOU No. 1984：18 section 10.

③ 具体过程参见周勇：《少数人权利的法理》，社会科学文献出版社2002年版，第163-165页。

④ 挪威宪法第110条（a）项。

⑤ 萨米议会挪威语称 Sametinget、瑞典语称 Sametinget 或 Sami Riksdag、芬兰语称 Saamelaiskäräjät、萨米语有多种方言拼写不一，通常称 Samediggi。2010年，俄罗斯的萨米人模仿北欧三国的制度也成立了萨米议会（俄语为 Куелнегк Соамет Соббар，萨米语为 Kuelnegk Soamet Sobbar），但是该萨米议会组织尚未得到俄罗斯政府的承认。

⑥《土著和部落人民公约》1991年生效。挪威于1990年批准加入，丹麦于1996年成为该公约的成员国。

权利的实质性转变。但是，与挪威的态度不同，瑞典和芬兰至今也没有批准加入。因此，土著人民作为一个在现今的国际法和北欧三国的国内立法中都没有明确界定的法律概念，只有在挪威的萨米人可以依据该公约诉求政府承担相应的国际法义务。①

此外，再以三国的萨米议会为例。成立萨米议会的主旨，其共同之处都是要组成一个萨米人实行自治、并代表其群体参与公共事务以维护其群体认同和权利的实体。但是，三国的萨米议会又都是在其各自的历史和社会环境中独立生发出来的。从作为代表萨米人参与公共事务的进程来看，芬兰的实践最早，其萨米议会是在自 1973 年成立的萨米事务代表团（Sámi Parlamenta）的基础之上发展起来的，1995 年芬兰通过萨米议会法案，确认萨米作为土著人民的法律地位，② 在 1996 年以新的萨米议会取代了先前的萨米代表机构。从组织的性质和功能上看，挪威和芬兰的萨米议会不是国家的权力和公共行政机关，而瑞典的情况与其不同，依据《萨米议会法》规定，瑞典的萨米议会是一个特别的权威机构，主要负责处理监督有关萨米文化的相关事务，具有国家的行政机关和萨米群体代表机构的双重性质。③ 这种混合双重角色的机构实体，既有其治理便捷之处，有时又相互矛盾。一方面，作为依据萨米法案选举成立的萨米议会负有代表萨米人提出独立利益诉求的责任；另一方面，作为行使国家行政管理职能（如管理驯鹿产业）的机构，又必须服从国家行政机关的指令。这是瑞典的萨米议会被认为只是部分地有限地行使萨米人自决权利的问题所在。④ 在萨米议会的具体选举规则方面，三国对于符合选举登记条件的“萨米人”的界定、选区的划分、具体议会的内部组织机构等制度方面也不尽相同。例如，挪威萨米议会的议员共 39 人，

---

① 《土著和部落人民公约》1991 年生效。挪威于 1990 年批准加入，丹麦于 1996 年成为该公约的成员国，第一条第 1（b）项和第 2 项。

② 参见芬兰《萨米议会法》17. 7. 1995/974，Laki saamelaiskäräjistä，https://www. finlex. fi/fi/laki/ajantasa/1995/19950974

③ 参见瑞典《萨米议会法》SFS 1992：1433，https://www. riksdagen. se/sv/dokument－lagar/dokument/svensk－forfattningssamling/sametingslag－19921433_sfs－1992－1433.

④ https://www. sametinget. se/9688.

他们通过全国划分的 13 个选区中，每个选区分别选出 3 名代表产生。[①] 而瑞典的萨米议会的议员共 31 名，其选举并不划分选区。芬兰的萨米议会由 21 名议会成员（members）和 4 名代表（deputies）组成。在这些成员中，法律规定属于萨米故乡的 4 个市镇地区（Enontekiö，Inari，Sodankylä，和 Utsjoki）必须分别至少有 3 名议会成员和 1 名代表来自该社区。

北欧三国在法律和实践上的重要差异还在于对萨米人概念的界定。由于没有对萨米人群体进行民族识别并固化个人族别身份的相关制度，三国都没有萨米人口总数的精确统计。[②]在回答“谁是萨米”的问题上，从各国制定的关于萨米议会选举登记的条件来看，答案不一。尽管三国对于萨米议会选举登记的选民都规定了须具备主观要件（即登记选民主观上认同自己是萨米人），但在客观要件上三国的规定却各有不同。为了比较的方便列表如下：

挪威	① 家庭的语言是萨米语； ② 父母或祖父母或曾祖父母之一在家庭使用或曾经使用萨米语； ③ 当事人是或者曾经是在萨米选举登记名单上的人的子女。
瑞典	① 他/她现在的或曾经的家庭语言是萨米语； ② 他/她的父母或祖父母在家庭使用或曾经使用萨米语； ③ 其父母之一是或曾经是在萨米选举登记名单上的人。
芬兰	① 他/她自己或至少其父母或祖父母一方的萨米语是第一语言； ② 他/她是一个登记为土地、税收，或人口上为一山区、林区或捕鱼拉普人的后裔； ③ 至少其父母一方登记或可以登记投票选举萨米代表团或萨米议会。

因此，除 18 岁以上以及具有该国公民身份的共同条件外，三国法律在

① 参见挪威《关于萨米议会和其他萨米法律事务的法案》，LOV 1987-06-12 nr 56：Lov om Sametinget og andre samiske rettsforhold（sameloven），https://www.stortinget.no/no/Saker-og-publikasjoner/Saker/Sak/?p=7609.

② John Trygve Solbakk, The Sami People: A Handbook, Davvi Girji Os, 2006.

界定萨米人的客观要件时采取了世界范围内通常划分民族边界的两个最重要的因素：即血缘与语言，或简称血与舌。① 关于“舌”的要求作上述的规定，是因为考虑到历史的因素，特别是原先各国政府认为萨米语是不值得保护和传承的，并且长期实施同化政策，在学校禁止教授萨米语，导致萨米语濒危的消极结果，所以作出“在家庭使用或曾经使用萨米语”的规定。但是这里的差异是挪威的规定扩展到曾祖父母一代，而瑞典和芬兰规定只限于到“祖父母”一方。

这里特别应当指出的是，在芬兰，有关法律上萨米人认定的标准存在巨大的争议。② 其核心问题是由谁来决定萨米人群体成员身份的认同标准，是国家还是该群体自己？芬兰萨米议会的大多数议员要求变更立法，主张在认定萨米人的身份上采取更严格的标准，并且要求由萨米人群体如萨米议会才有权利来决定其群体成员。也就是说，目前在芬兰依据法律可以认定为萨米的个人，并不能得到萨米群体代表机构的认同；与此同时，在实践中政府部门的任意解释也使一些个人和家庭被不公平地排除在外，不能登记注册为萨米人而参加选举。在上述的争论中除了具体的解释和适用法律的问题外，有一个基本而普遍的问题是：是否有一个具有正当性的确定（排除或包容）一个土著人民群体成员身份的最佳标准？在这种实质的正义可能无法达成一致的情况下，是否可能由一个具有正当性的程序来确定？在新近的关于萨米人选举资格认定的争议中，芬兰最高行政法院的决定被视为违反了联合国《公民权利和政治权利国际公约》。③

为了协调三国的差异，正在审议中的《北欧萨米公约》草案在采取主客观要件并重原则的同时，在客观要件上做了涵盖三国对萨米人这一法律上的

---

① 此处正可印证台湾原住民的民族认定研究项目所作的部分结论。参见林修澈：《原住民的民族认定》，行政院原住民委员会发行，2001 年，第 8 页。

② 有关这一争议的研究参见 Tanja Joona：*The Definition of a Sami Person in Finland and Its Application*, in Christina Allard & S. F. Skogvang eds. :*Indigenous Rights in Scandinavia*, Ashgate, 2015, p. 155-172.

③ 参见 2019 年 Tiina Sanila-Aikio 诉芬兰案，CCPR/C/124/D/2668/2015，https://tbinternet.ohchr.org/Treaties/CCPR/Shared%20Documents/FIN/CCPR_C_124_D_2668_2015_28169_E.pdf.

拟制概念相应的扩展，即规定：那些居住在芬兰、挪威、瑞典境内，在主观上自认是萨米的人，还同时须满足以下至少一项客观要件：

(1) 以萨米语作为其家庭语言，或至少父母一方或祖父母一方以萨米语或曾经以萨米语作为其家庭语言。

(2) 在挪威或瑞典有要求放牧驯鹿的权利。

(3) 在芬兰、挪威或瑞典符合参与萨米议会选举投票的条件。

(4) 是上列各项的人的子女①。

基于以上的比较观察可见，我们可以总结认为：萨米人作为土著人民，它的个人身份和群体边界的划定在北欧三国并不统一，也不是固定不变的。《北欧萨米公约》（草案）的规定是对三国萨米人身份法律拟制的新发展。从主观要件上来看，北欧三国也都采取了由当事人自己决定是否诉求自己的萨米身份，并决定是否参加每四年一次的萨米议会选举。这种尊重个人的主观认同的规则和实践，其实更加真实地反映了个人复杂而变化的族群身份认同的客观状况。从客观要件来看，法律对个人萨米身份的规定不仅反映了群体认同与国家权力之间的矛盾关系，还有群体与个人之间的权利冲突。由土著人民群体来决定其自己的群体成员是自治的一项基本要素，但与此同时，个人也有诉求其作为一个群体的成员，特别是与其社区中的其他成员一起享受其文化的权利。这里，规范国家在处理这一事务时的正当角色，以及尊重群体和个人两方面的权利的程序设定，对国际法和国内法的实践是一个长期存在的挑战。北欧三国的实践说明，尽管萨米人的界定存在争议，但并不意味着在具体的国家或在特定的个案中无法就此项争议达成法律上一致的拟制。

三、跨境放牧：萨米权利与国家利益

北欧三国长期致力于解决的一个重要问题，就是萨米人跨境放牧的传统

① 依据 2016 年《北欧萨米公约》草案文本。

生产生活方式与国家管理自然资源，以及保护其他群体和个人的土地等权利的利益冲突。由于人口的增长和农业用地的扩展，农牧之争是较普遍存在的利益冲突，其他具体的纷争还涉及诸如水电、森林、矿产等自然资源的开发对驯鹿业的影响。从法理上来看，这些冲突主要表现在以下几个方面。

(1) 在土地权利的观念方面，现代国家对于土地和领土的概念是固定的、排他的、地理上有限的空间。而游动的驯鹿放牧的生产生活方式不适合这种绝对的土地权利和领土概念。萨米人为其生产生活的需要进行季节性的迁徙和集体放牧，他们需要视气候环境状况灵活地使用牧场，有相对固定的地域但没有明确划定的地界。因此，国家立法不认为游牧的萨米人享有土地的所有权或使用权，跨境放牧也是对相邻国家管理和利用自然资源利益的损害。

(2) 游牧长期被视为一种落后的、在经济上不可靠的生产活动。在各种“现代”的土地使用管理规范（如农业生产）扩展到萨米人传统的牧业活动区域时，萨米人沿袭其传统使用土地的方式就成为“落后的”“非法的”侵害农业生产的活动，应当予以限制或改变。

(3) 驯鹿放牧还被认为可能破坏环境，国家有义务保护环境并对萨米人的生活方式实行国家监管。这些管理制度和规范常常因忽视萨米人自己长期有效地管理牧区公共资源的传统知识和习惯法而产生纷争。

有关跨境放牧驯鹿问题的争议和解决，北欧国家基本上经历了一个由“肯定—否定—再肯定”的过程，即从尊重萨米人游牧习惯法，到不承认萨米人的习惯权利，再到对萨米人权利认可的过程。1751年丹麦与瑞典（挪威当时隶属于丹麦，后来又划归瑞典）签订边界划分的《斯乔姆斯塔德条约》（Stromstad Treaty）时，为避免国家间就萨米人（当时称为拉普人）跨境游牧的事项发生纷争，附签了一份《拉普条款附件》（Lapp Codicil）①，该附件就萨米人的公民身份、跨境放牧的信息和

① 该附件的全名是 FØrste Codicill og Tillæg til Grendse-Tractaten imellem Kongerigerne Norge og Sverrig Lapperne betreffende, https://lovdata.no/dokument/NL/lov/1751-10-02.

税费等做出规定，其为保护萨米人的生存和习惯权利，确立了一项基本法律原则，就是缔约国对一地主权的获得并不取消该地方的个人和群体拥有的民事权利，即使这些权利没有明确的记录或界定。萨米人的自治以及其跨境放牧驯鹿的权利和习惯法依此协议得到缔约国的认可和尊重。

1905年，当挪威从瑞典和平分离成为独立国家时，萨米人在跨越两国之间1600多公里长的边界线从事游牧的权利是谈判的一项主要内容。当时双方签订的《卡尔斯塔德条约》（Karlstad Convention）重新确认了《拉普条款附件》的有效性。但是，两国之间从挪威独立之日起，就此争议问题已经协商了一个多世纪。挪威政府长期以来总是旨在限制瑞典的萨米人在挪威境内的放牧活动。从法理上，挪威争辩《拉普条款附件》的有效性问题基于该附件是挪威在外国（丹麦）控制下签订的条约；从实际利益方面看，挪威的多民族国家建构需要"正当地"维护其自己国民的利益，限制外国人（瑞典的萨米人）使用其自然资源的权利。挪威政府的这一努力经过几十年多次相关条约的缔结和修改，至1972年的协议时，瑞典萨米人在挪威的夏季牧场面积减少了四分之三。①

上述的挪威和瑞典两国之间的谈判说明，其主要的意见分歧基于两种不同取向的考虑，一种是强调萨米人权利的视角，另一种则是国家利益的视角。② 而政府在主张国家利益时，除了必须依据国内法规范外，还受到至少司法实践和国际条约义务这两个方面的制约。挪威和瑞典的独立司法实践的演进为有关跨境放牧的纷争提供了重要的法理依据。③

---

① 具体的数字是从13760平方公里缩减为3940平方公里。见 Agreement on the grazing of reindeer, 969 UNTS 44, Oslo, 9 Feb. 1972.

② Else Grete Broderstad: *Cross-border Reindeer Husbandry: Between Ancient Usage Rights and Ancient Usage Rights and State Sovereignty*, in Christina Allard & S. F. Skogvang eds.: *Indigenous Rights in Scandinavia*, Ashgate, 2015, p. 149-174.

③ Kirsti StrØm Bull: *Studier i reindriftsrett*, Heftet, 1997; and Sami Reindeer Herders: *Herding Rights in Norway from the Nineteenth Century to the Present Day*, in Christina Allard & S. F. *Skogvang eds.*: *Indigenous Rights in Scandinavia*, Ashgate, 2015.

挪威在独立的司法实践中确认萨米人跨境放牧的权利案件是1968年的阿尔泰湾案(Altevann case)。[①] 该案的法理认为,萨米牧民历时久远的放牧驯鹿的活动,确立了其由此对土地和自然资源使用的独立的法律权利基础,它使得萨米人依次就国家的侵权行为有诉求赔偿的权利。该案事涉挪威的水利当局建造的水坝对淹没在挪威境内阿尔泰湾湖周边瑞典的萨米人的夏季牧场的赔偿问题。该案的原告是瑞典的萨米牧民,他们冬季在瑞典、夏季在挪威放牧驯鹿。其跨境放牧的活动受到1751年《拉普条款附件》的承认和保护,但是挪威政府认为,一国的萨米个人或群体不享有在另一个国家的领土范围内独立的权利主张,依据1919年挪威和瑞典缔结的《驯鹿放牧条约》,挪威政府认为该案涉及的牧场赔偿问题仅仅是两国政府分别对其萨米公民的关系问题,因此本案的原告没有权利依据挪威私法向挪威法院诉求救济。瑞典的萨米原告则主张无论两国之间是否有签订条约,他们依据古老的习惯有在该地放牧和捕鱼的权利。挪威政府对此辩称原告方的这些活动是基于政府的许可,这种许可政府可以在任何时候予以改变、限制或完全撤销。

挪威最高法院的判决认为,原告方世代在该湖区生产生活,在1751年边界划分之前拉普人就已经在该地域从事其基本的经济活动。因此来自瑞典的萨米牧民放牧驯鹿的权利不是基于任何时期的国家立法或国家之间缔结的条约,而是基于其"历时久远的使用"(through use from time immemorial)。所以本案的萨米人有权就其失去的牧场和捕鱼活动的损失获得赔偿。挪威最高法院的这一判决具有里程碑意义,与同年的布莱肯案(Brekken case)一起,[②]挪威独立的司法实践否定了先前对萨米牧民权利的立法或司法限制,[③]确认游牧的萨米人对土地的使用权不必有国家制定法的依据,而是依据其对土地的历时久远的使用。此后瑞典最高法院

---

① *Norsk Rettstidende*, 1968, p. 429.

② Norsk Rettstidende, 1968, p. 394.

③ 1955年的马斯山案(Marsfjell case, Norsk Rettstidende, 1955, p. 361)和1933年的《挪威驯鹿放牧法》对萨米放牧驯鹿权利的限制。

在泰克斯德山案(Taxed Mountain Case, 1981)中也作出了同样的推理,[①]尽管该案判定国家对案件争议中的地域享有所有权,但基于历时久远的放牧驯鹿的活动,萨米人对该地域享有用益权。在诺德玛岭案(Nordmaling Case,2011)[②]中,明确萨米人基于其习惯法而不是国家制定法享有其冬季牧场放牧的权利。

挪威最高法院在此后的赛布案(Selbu case,2001年)判决中,对这种"历时久远的使用"权利的性质和认定作了进一步的澄明。[③] 法院确认萨米人放牧驯鹿对土地的使用是一项独立的权利,而不是他人对其"容忍的使用"。萨米人获得这种权利须符合以下三个要素:(1)具有特定性质的使用;(2)这种使用须发生在一个较长的时期内;(3)善意诚信地使用。赛布案的法理强调具体衡量其土地的使用时,须考虑到放牧驯鹿这一特定的活动性质,萨米人的驯鹿放牧是一种游牧的生活方式,它需要在广袤的地域范围内进行,并且根据气候条件、风力和牧场的质量状况,而在不同年份对不同的地域的使用也会有所不同。在举证责任方面,必须考虑到萨米牧民晚近才使用书面文字的事实,以及其口耳相传历史的文化特点。该案所提出的这些对司法活动中如何依据历史和现实的状况,进行权利的平衡的指导原则为历史学民族学专家证人的参与,以及法律多元主义在司法实践中具体的考量提供了例证。

自20世纪60年代以来,特别是挪威和瑞典新近的司法实践,突破了其在民族国家建构期间由法学教科书所确定的主导性理论。以挪威为例,在法学教育中占主导地位的教科书理论认为,萨米人使用土地的权利是由国家所赋予的,因此国家也可以随时撤销此种权利。[④] 这种信条,与

① Nytt Juridiskt Arkiv, 1981, p. 1.

② Nytt Juridiskt Arkiv, 2011, p. 109.

③ Norsk Rettstidende, 2001, p. 769.

④ 参见当时最具权威性的由闫斯维克教授写作的《挪威财产法》教科书理论,Nikolaus Gjelsvik: *Norsk Tingsrett*, Nikolai Olsens boktrykkeri, 1926.

尼尔森（Y. Nielsen）的理论[①]和拉普委员会（Lapp Commission）的相关报告一起，[②] 对北欧的司法活动影响久远。1890 年代挪威最高法院就萨米案件的判决，就是运用该理论和解释的具体例证。[③] 但是，1980 年代挪威萨米权利委员会的工作，以及此后法律史学者对萨米习惯法的调查研究发现，[④] 奠定了其当代司法实践中接纳法律多元论的知识基础。

四、法律关系的新构建

1980 年代中期，萨米人自己的国际组织——北欧萨米理事会提议缔结《北欧萨米公约》（以下简称《公约》），解决跨境生活方式诸多争议的方案，但三国政府对这一提议的态度不一。经过二十多年的谈判磋商，该项工作在近年有了实质性进展，萨米议会和国家之间基本达成共识，拟定的草案正进入最后审议阶段。2018 年三国的萨米议会协同一致，提出其相关修改意见，并计划在 2022 年夏进行新一轮的谈判。[⑤] 无论其最终是否可能在今年成为具有法律约束力的国际公约，1990 年代以来，三国就起草该《公约》谈判磋商的实践，业已开启了一个构建土著人民与国家关系的新的范式。达致这种范式可能的路径，可以从公约起草的理念，内容，协商和批准实施程序等几个方面来观察。

---

① Yngvar Nielsen1889 年在挪威地理学会发表了其关于萨米人与族裔上的挪威人在某些地域定居先后的报告，认为挪威农民先于北方的萨米使用上述地域。这一有重大错误的研究被随后成立的拉普委员会完全接受。成为否认萨米人权利并将他们“挪威化”的规范组成部分。对其理论的法律讨论参见 Kirsti StrØm Bull：*Yngvar Nielsen med prejudikatvirkninger*, in Dag Michalsen ed.：*Rett, historie og metode*, UiO, 2005, p. 137-149.

② 1897 年拉普委员会发布的对《拉普条款附件》中萨米权利解释的报告。

③ Rt 1892 p. 411 and Rt 1897 p. 759.

④ Dag Michalsen, NOU 2001：34 Samiske sedvaner og rettsoppfatninger - bakgrunnsmateriale for Samerettsutvalget. Rapporter fra et forskningsprosjekt om samiske sedvaner og rettsoppfatninger, ledet av en styringsgruppe oppnevnt 15. mai 1996. Avgitt til Justis- og politidepartementet 31. mai 2000. Medlem av styringsgruppen 1996-2000, medforfatter av Del I s. 19-32.

⑤ 有关萨米议会与三国政府谈判协商的最新进展情况可查阅网站 https://innsyn. onacos. no/sametinget/postliste/norsk/wfinnsyn. ashx? response=arkivsak_detaljer&arkivsakid=2018000668&

首先，从理念上来看，《公约》倡导北欧三国分立的政治边界将尽可能地协调一致，以尊重分居在不同国家的萨米人作为一个民族的群体和文化认同的整合。① 《公约》规定其目的旨在确认和增进萨米人保护和发展其语言、文化、生活方式的必要性和权利，并使其最少地受到国家边界的干涉（第1条）。为此缔约各国须采取措施使他们更便利地从事跨境经济活动和满足其文化生活需求，消除基于他们的公民身份、居住地或因跨越国界而导致的各种障碍（第11条）。各国承认跨境居住的萨米人作为一个原住民族的法律地位。国家须对萨米人的法的观念、法律传统和习惯表示正当地尊重（第9条），保护萨米人的生活方式、自然资源使用和（跨境）放牧驯鹿（第43条）。

其次，从内容上看，《公约》尊重萨米人基于历史的权利和自治。例如，针对上述跨境放牧的利益纷争，《公约》申明其所规范的萨米权利是基于《拉普条款附件》的新发展。萨米人驯鹿放牧的权利建立于其传统的生产生活方式和对自然资源的历史悠久的使用。(through use from time immemorial)。《公约》对萨米放牧驯鹿的生产生活方式对土地和水资源的权利的规定，不仅源于国际人权公约和国家制定的成文法规定，更是源自北欧国家独立的司法实践。② 对于跨境放牧的冲突问题，《公约》提出了尊重萨米人自治的纷争解决原则：③ (1) 关于过境放牧的活动规范首先基于其习惯，萨米社群之间订立的协议优先于国家立法和条约；(2) 当就该类协议的解释或适用发生争议时，争议方有权提交一个仲裁委员会审议处理。该仲裁机构的组成和程序应由三国的萨米议会联合决定；(3) 在没有萨米社群之间订立的协议的情况下，争议的解决适用国家间有效的条约规定。基于习惯享有驯鹿放牧权利的个人如果认为其有超越条约规定的权利，有权向其牧场所在地的国家法院

---

① 起草这一国际条约最终没有包括俄罗斯及其萨米人有多种因素，俄罗斯并不存在如北欧三国经全国选举产生的萨米议会组织，与北欧三国仅有萨米人作为原住民族的情况不同，俄罗斯有对其多种人数较少的原住民族的政策和法律，约2000名的萨米人仅是其中的一个群体，仅就萨米人的权利保障缔结国际条约在俄罗斯社会可能产生其他的政治和社会影响。此外，俄罗斯对《联合国土著人民权利宣言》的立场与北欧三国的态度迥异，所以最终是由北欧理事会组织协调缔结北欧三国的《公约》。

② 《公约》草案第27—33条。

③ 《公约》草案第43条。

就争议提起司法诉讼。

最后，从《公约》起草协商和监督实施的实践来看，2002 年成立的起草公约的专家委员会依据的是“三三制”原则，即三名专家分别来自三国的萨米议会，另外三名专家来自三国政府。为保证《公约》的有效实施，三国政府主管萨米事务的部长和三国萨米议会的议长组成合作理事会，并就促进《公约》宗旨的事务定期进行商议（第 44 条）。建立由政府和萨米议会依“三三制”分别任命的 6 人《公约》委员会监督实施（第 45 条）。《公约》委员会将向三国政府和三国的萨米议会提交《公约》实施的报告，还可以就加强致力于实现《公约》宗旨的事项提出建议，也可以就个人和群体提出的问题发表意见。各缔约国承诺该《公约》应如同其国内法一样由司法部门直接援用，并提供实施《公约》所必要的财政费用。

《公约》作为一种新范式，其最明确的表述就是规定三国政府在签署公约后必须提交三国的萨米议会审议，并获得他们的同意。三国的《公约》批准程序只有在获得萨米议会的赞同后方可进行。[①] 这种新的实践就是，萨米人通过其自己的代表机构表达的群体意志，是其所在国缔结相关国际公约的前提条件。

五、结语

传统的帝国与现代民族国家的不同特性之一是有边疆而无明确的边界划分。[②]《北欧萨米公约》所要解决的问题是现代欧洲民族国家（nation-state）构建过程中产生出来的民族问题。国家领土疆界的划分产出了所谓的“少数”“跨境”的问题，而国族构建和国家立法将具有历史上传统地域和文化特殊性的社群边缘化又导致了“土著/原住”问题。当下各种形式的发展主义又强力侵蚀土著人民多样的世界观及其生活方式的物质基础，并造成生态

① 《公约》草案第 48 条。

② 吉登斯关于边疆（frontiers）与边界（borders）的区分，见 Anthony Giddens, The Nation-State and Violence, Cambridge: Polity, 1985, p. 49.

环境的破坏，而形塑了新一波世界土著人民的权利运动。

本文的观察和讨论揭示，北欧三国正在进行中的跨境民族与国家关系的范式转型，是该区域历史的和现实的长期制度建设的成果。自 1980 年代以来，北欧国家有关萨米人法律地位的确认，标志着国际法上从以北美为中心的土著人民概念的新发展，土著人民身份的法律问题已经远远超出了传统意义上的欧洲海外定居的殖民地语境的界定，而扩展到欧洲、非洲、拉美以及亚洲等在其祖先生活的土地上具有特殊的文化生活方式，并且被社会发展边缘化和受到制度性歧视的群体。在北欧三国这种通常被认为是单一民族国家的社会中，也存在法理上和法律关系上的土著人民权利问题。

2007 年《联合国土著人民权利宣言》为建立或重建国家和土著人民的关系提供了新的共识和规范框架。[①] 从制度变迁的“路径依赖”视角来观察，《北欧萨米公约》重提 1751 年的《拉普条款附件》和各国司法对萨米人习惯权利的尊重，可以被看作该区域法律制度演进上的复古或新的浪漫主义转型。但是，与 270 年前历史经验的一个最大区别，就是该《公约》的各缔约国政府将萨米人作为制定新的规范的主体一方，并在立规的过程中不仅遵循咨商参与的规则，而且要进一步征得其同意。这种同意的群体意志在目前的状况下是由三国的经选举产生的萨米议会组织形成，但并不排除在未来可能由萨米人组织一个统一的群体代表机构来表达。这种实践，突破了缔结国际条约的国家中心主义的藩篱，对构建一种土著人民与国家的新的社会契约关系，提供了进一步反思的法理基础和制度可能。

① UN Secretary General, Ban Ki-Moon, Protect, Promote Endangered Languages, Secretary General urges in message for International Day of World's Indigenous Peoples, 23 July 2008. https://www.un.org/press/en/2008/sgsm11715.doc.htm.

法律人类学回归故里：法律民族志简史

［美］约翰·M. 康利　威廉·M. 奥巴*

王伟臣　冯艳琴 译**

一、引言

在社会科学领域，人类学是一个相对年轻的学科。在 19 世纪下半叶，当众多学者和思想家都致力于研究人性的特征、社会的本质和起源等问题时，人类学开始成为一个独立的研究领域。这批新生代的人类学家选择研究的主题、提出问题的方式以及寻求答案的方法均受到其前身学科的深刻影响。

1898 年，剑桥大学人类学考察队对托雷斯海峡的著名调查是这种跨学科研究的一个早期的重要范例。① 这个考察队由动物学教授阿尔弗雷德·科

* 约翰·M. 康利（John M. Conley），北卡罗来纳教堂山分校小威廉·兰德·科南（William Rand Kenan）法学讲习教授；威廉·M. 奥巴（William M. O'Barr），杜克大学文化人类学和社会学教授。本文原刊载于《洛杉矶洛约拉法律评论》1993 年第 27 卷，第 41－64 页。John M. Conley and William M. O'Barr：*Legal Anthropology Comes Home：A Brief History of The Ethnographic Study of Law*，*Loyola of Los Angeles Law Review*，Vol. 27，1993，pp. 41－64.

** 王伟臣，法学博士，上海外国语大学法学院副教授，硕士生导师；冯艳琴，上海外国语大学 2017 级法律硕士研究生。

① 关于考察队的官方记载参见丛书 University of Cambridge. *Reports of The Cambridge Anthropological Expedition to Torres Straits*（1901－1935）. 这本六卷的著作分为以下主题：广义民族志、生理学、心理学、语言学、工艺美术、社会学、巫术和宗教。

特·哈登（Alfred Cort Haddon）组织，虽然他此前曾在父亲的印刷厂里有过一段短暂而不太成功的经历。[①] 这次活动是为了全面调查隔海相望的新几内亚和澳大利亚原住民的身体特征、语言、文化与思维模式。与哈登一同前往的重要成员还包括资深心理医生里弗斯（W. H. R. Rivers）与内科医生塞利格曼（C. G. Seigman），他们后来都成为文化人类学领域的巨擘。[②]

考察队的工作与成员的教育背景紧密相关。在考察队观察、测量、编录以及对物质和文化生活各个方面进行分类的过程中，动物学的知识与经验被哈登发挥得淋漓尽致。[③] 由于医学的影响，考察队又侧重于物理或人体测量以及探讨物质与文化的关系。心理学家里弗斯则对亲属称谓制度产生了持久兴趣。他最终提出了一个精致的理论，试图在亲属分类的框架中寻找某个社会历史事件的确证。[④]

考察工作所反映出的每一种学科的影响后来都成为人类学的一个重要主题。比如直到最近，仍有众多人类学家致力于给种族下定义，并试图从文化角度理解物质世界的差异。[⑤] 由于哈登的动物学背景，以耐力为基础的经验主义成为现代人类学田野调查的标志。而里弗斯对心理过程与社会事实之关系的重视，明显影响了20世纪40—50年代英国社会人类学结构功能主义学

---

① 关于哈登教授对这次考察的个人记述，参见 Alfred C. Haddon：*Head-Hunters：Black, White and Brown*, Watts & Co, 1932.

② A. Hingston Quiggin：*Haddon, The Head Hunter*, Cambridge University Press, 1942：95-107. 哈登教授的考察队一共有七名成员。除了两位医生里弗斯和塞利格曼，考察队的成员还包括：精通美拉尼西亚语的小学教师雷（S. H. Ray），经验丰富的摄影师安东尼·威尔金斯（Anthony Wilkins），医生里弗斯的两个学生——出色的音乐家迈尔斯（C. S. Myers）与后来成为杜克大学心理学教授的威廉·麦克杜格尔（W. McDougall）。哈登教授带着维多利亚时代的自豪感指出："这是第一次由训练有素的心理学家依靠充足的设备在落后民族的土地上对他们进行的实地的心理学观察。" A. Hingston Quiggin, *Haddon：The Head Hunter*, Cambridge University Press, 1942:97.

③ 参见 University of Cambridge：*Reports of The Cambridge Anthropological Expedition to Torres Straits*, Cambridge：Cambridge University Press, 1903.

④ W. H. R. Rivers：*Kinship and Social Organization*, London School of Economics Monographs on Social Anthropology, 1968:37.

⑤ 比如参见，Stephen J. Gould：*The Mismeasure of Man*, W. W. Norton & Company, 1981, pp. 3-145.

派的发展。①

二、分析

（一）进化论时代的法律和人类学

没有一门学科能够像法律一样对人类学的诞生与发展产生如此之大的影响。人类学的一些早期作品要么由法学家撰写，要么与法律有关。1861 年，曾在印度担任过法律官员的牛津与剑桥的法学讲师亨利·詹姆斯·萨姆纳·梅因爵士（Sir Henry James Sumner Maine）出版了《古代法》（Ancient Law）。② 19 世纪欧洲知识界为进化论思想所垄断，③ 受此影响，梅因阐释了一个宏大理论，论证了法律和规制从人类社会的诞生到他所处的英格兰维多利亚时代的发展历程。他的比较历史研究受限于资料不足，他所倚重的单线进化论模型后来也退出了历史舞台。尽管如此，梅因依然做出了重要的理论贡献，他区分了身份与契约，前者决定了相应的法律权利与责任，后者则是人与人之间的协商安排。④

与梅因同时代的美国律师和铁路商人路易斯·亨利·摩尔根（Lewis Henry Morgan）同样信奉进化论。他比梅因更有野心，想要阐释更为宏大的主题。虽然在纽约北部长大，但摩尔根在工作之余却对易洛魁族（Iroquois）

---

① 结构功能主义起源于 20 世纪 20 年代，它将社会想象成一个有机体，其每个组成部分都关系着整体的生存与发展。参见下一脚注第 31-32 页以及相应的文本。因此，亲属关系的分类不仅可以看成一个思维过程，还可以看成强化思维模式的机制，这个机制有益于社会的其他方面。在 20 世纪 40 年代和 50 年代，一个名为结构功能主义的更为精致的理论成为英国文化人类学的主流学说。结构功能主义学派最经典的作品或许可以参见 E. R. Leach：*Political Systems of Highland Burma*，G. Bell and Sons，1954.

② Henry Sumner Maine：*Ancient Law*，John Murra，1876.

③ 与梅因同一时代的人，比如查尔斯·达尔文（Charles Darwin）于 1859 年出版了《物种起源》（Origin of Species）；再比如，政治理论家赫伯特·斯宾塞（Herbert Spencer）于 1850 年出版了《社会静力学》（Social Statics），被错误地冠名以"社会达尔文主义"。维多利亚时代的进化论者也都受到了进化论作品的影响，参见 Thomas Malthus：*An Essay on the Principle Population*，J. Johnson，1803.

④ 参见 Henry Sumner Maine：*Ancient Lawm*，John Murra，1876：169（"开始，所有人的关系被总结为家庭关系，逐步地转向了均从个人之间的自由协议开始的社会秩序阶段"）。

产生了浓厚的兴趣，并于 1851 年出版了一部关于易洛魁族历史和文化的研究报告。[①] 到了 19 世纪 50 年代后期，法律业务与商业经营上的成功使他能够潜心治学。他花费数年的时间比较了不同国家和地区的亲属称谓，并在此基础上提出了一个关于人类家庭演进乃至人类社会自身进化发展的系统学说。[②] 在 1877 年出版的代表作《古代社会》（Ancient Society）中，摩尔根参照地质学上的地层分化，[③] 将人类文化史划分为三个阶段：野蛮、蒙昧与文明。[④]

同梅因一样，摩尔根宏大的进化框架同样缺乏可靠的资料；他们的研究均主要依赖于古典文献中的结论以及对于孤立的同时代社会的一些毫无科学根据的罗列，且均带有反映当时社会主要特征的种族主义和“财富福音”[⑤]（Gospel of Wealth）的严重缺陷。但必须承认的是，摩尔根是最早试图全面系统地了解人类文化差异性的一位学者。这一点与他的法学思维与法律程序的训练和经验是密不可分的。[⑥]

梅因、摩尔根以及其他早期人类学家的法律背景深刻影响了法律与人类学的关系。自诞生伊始，人类学家们就对法律抱有兴趣。后来，法律理所当然地成了人类学家应该研究的一个核心的文化因素；几乎每一部经典民族志

---

① Lewis H. Morgan: *League of the Ho-De-No-Ssu-Nee or Iroquois* (*Herbert M. Lloyd ed.*), Dodd, Mead & Co, 1904.

② Lewis H. Morgan: *Systems of Consanguinity and Affinity of The Human Family*, Smithsonian Inst, 1870.

③ Lewis H. Morgan: *Ancient Society*, Henry Holt & Ce, 1877.

④ Lewis H. Morgan: *Ancient Society*, Henry Holt & Ce, 1877:1.

⑤ George B. Tindal: *America: A Narrative History*, W. W. Norton, 1984: 761, 802. “财富福音”这个短语出自安德鲁·卡耐基（Andrew Carnegie）之手。他借用查尔斯·达尔文和赫伯特·斯宾塞的观点宣称，应当大力提倡经济竞争，因为它确保了适者生存。当然，财富就是判断谁是“最合适者”的绝佳标准。

⑥ 最后，关于摩尔根还有一点颇为讽刺：作为资本家的摩尔根获得了极大的成功，但是他的《古代社会》却引起了卡尔·马克思（Karl Marx）与弗里德里希·恩格斯（Friedrich Engels）的关注，并成为早期马克思主义的重要组成部分。恩格斯把《古代社会》看成他和马克思所主张的唯物主义历史观的论说资源。Friedrich Engels: *The Origin of The Family. Private Property and The State*, Penguin Books, 1985, pp. 35-37.

都会专设“法律”一章。[①] 但是有个问题并没有那么不证自明：为什么人类学家倾向于在没有明确规则也没有法院或警察的社会里寻找法律呢？此外，梅因和摩尔根的开创性意义还在于，他们为法律训练与经验赋予了人类学研究意义上的必要性。正如我们将看到的，这种必要性使得法律在人类学家所关注的前沿问题中始终都占有一席之地，同时也影响着现代人类学的方法论。

如果说法律的影响贯穿了人类学起源的全过程，那么反过来，早期人类学对法学并无产生太大影响。尽管他们的理论已经过时了，但是梅因和摩尔根在今天的人类学领域依然是重要人物。但在法学界，他们却基本上被人遗忘了。即使是资深的法学学者也很少清楚他们是谁，他们写了什么。尽管法学界依然对梅因所开创的比较主义研究抱有兴趣，但是学者们却很快忽视了梅因。直到最近大家才重新意识到，最好的法律研究往往并非将其孤立开来，而是把法律当成复杂文化系统中的一个要素。[②]

（二）法律和民族志的起源

随着新世纪的到来，第二代人类学家从各个方面对进化论进行了抨击。以德裔美国人类学家弗朗茨·博厄斯（Franz Boas）和他在哥伦比亚大学的学生玛格丽特·米德（Margaret Mead）以及露丝·本尼迪克特（Ruth Benedict）为首的学者们指出，进化论的缺陷在于，它无法解释不断增多的文化案例，对人类学社会的分类过于简单，且隐含着种族主义。[③] 为了证明

---

① 比如参见 E. Adamson Hoebel：*The Cheyennes：Indians of The Great Plains*，Holt，Rinehart & Winston，1978，pp. 49－56；British Association for the Advancement of Science ed：*Notes And Queries on Anthropology*，Routledge and K. Paul，1929，pp. 152－158.

② 传统法学将法律看成一个闭环系统。支持这种理论的绝佳例子就是，法学教育认为学习法律只看卷宗就足够了。这种观点直到最近才遭到质疑。参见 John M. Conley & William M. O'Barr：*Fundamentals of Jurisprudence：An Ethnography of Judicial Decision Making in Informal Courts*，*North Carolina Law Review*，Vol. 66，No. 3，1988，p. 469. 法律的文化背景伴随着法律现实主义的兴起而被重新发现，并继续在法与经济、法与道德、批判法学和女权主义法学等多元化的研究中得到发展。

③ 可以参见，Franz Boas：*The Methods of Ethnology*，in Franz Boas ed：*Race，Language and Culture*，University of Chicago Press，1949，p. 281. 也可以参见 Marvin Harris：*The Rise of Anthropological Theory：A History of Theories of Culture*，Thomas Y. Crowell，1968，pp. 250－300.（讨论了历史特殊论 [Historical Particularism] 以及博厄斯思想与进化论的差异。）

进化论并不符合事实，那就要知道事实是什么。为了知道事实是什么，20世纪早期的人类学家奔赴世界各地去观察人类社会行为的多样性。[①] 为了确保这种观察的科学性与严谨性，博厄斯与他的学生们为文化人类学创建了一种经典的研究方法：民族志。

尽管人类学有时似乎很容易受到政治和文化风向的影响，但自从19世纪80年代博厄斯开始研究北极圈与太平洋西北地区的土著居民以来，民族志几乎没什么变化。直到今天，民族志仍被认为是一种定性的、长期的研究方法，它要求研究者与研究对象一起生活，学习他们的语言，努力适应他们的文化。[②]

在美国之外的早期民族志领域，最有影响的一位当属毕业于伦敦政经学院的波兰裔学者布罗尼斯拉夫·马林诺夫斯基（Bronislaw Malinowski）。[③] 马林诺夫斯基拥有惊人的语言天赋，在第一次世界大战期间的大多数时间里，他都与新几内亚群岛上的美拉尼西亚人生活在一起。[④] 他观察当地人的衣食住行，参加他们的仪式，甚至乘坐独木舟与他们一道进行刺激的海洋贸易。[⑤] 关于美拉尼西亚文化的方方面面，马林诺夫斯基皆有文章问世，包括那本引人入胜但标题却令人误解的专著——《美拉尼西亚西北部野蛮人的性生活》(The Sexual Life of Savages in North- Western Melanesia)。[⑥]

---

① 参见下文由博厄斯的学生所著的作品：Ruth Benedict：*The Concept of The Guardian Spirit in North America*, Kraus Reprint Corp, 1964; Robert H. Lowie：*The Northern Shoshone*, *Anthropological Papers of The American Museum of Natural History*, Vol. 2, 1909, p. 165; Margaret Mead：*Coming of Age in Samon*, W. Morrow & Company, 1928; A. L. Kroeber：*Decorative Symbolism of the Arapho*, *American Anthropologist*, Vol. 3, No. 2, 1901, pp. 308-336.

② 参见 Conrad P. Kottak：*Cultural Anthropology*, McGraw-Hill Education, 1991, pp. 7-9. 或者，用更浪漫一些的语言来讲："想象一下，你只有装备，孤身一人被扔到一个热带沙滩上，旁边就是土著村落。而此刻，救生艇已经远离了你的视线。" Bronislaw Malinowski：*Argonauts of The Western Pacific*, E. P. Dutton & Co, 1961, p. 4.

③ Audrey I. Richards：*Bronislaw Kaspar Malinowski, Bore 1684 Died 1942. MAN*, Vol. 43, 1943, p. 1.

④ 参见 Bronislaw Malinowski：*Argonauts of The Western Pacific*, E. P. Dutton & Co., 1961, pp. 1-6, p. 16.（描述他的民族志研究的方法和范围）.

⑤ Bronislaw Malinowski：*Argonauts of The Western Pacific*, E. P. Dutton & Co., 1961, pp. 1-27.

⑥ Bronislaw Malinowski：*The Sexual Life of Savages in North-Western Melanesia*, Routledge & Kegan Paul Ltd., 1957.

马林诺夫斯基也专门讨论了法律问题。他在《原始社会的犯罪与习俗》(Crime and Custom in Savage Society)① 一书中指出,梅因的进化论建立在错误的根基之上,因为他误解了所谓的原始社会的治理与社会控制。② 而《原始社会的犯罪与习俗》则令人信服地论证了法律问题经得起民族志的研究,这也是它的永恒贡献。在梅因的笔下,小型传统社会的成员皆为习俗的奴隶,但马林诺夫斯基的民族志却颇为耐心地揭示了一套复杂的规则系统,不仅包括民事和刑事规范,还有一套精致的执法机制。③

马林诺夫斯基的民族志重新阐释了法律人类学的基本问题。与梅因不同,他不关心某个社会是否有警察和监狱,他好奇的是何种行为模式能够维持社会稳定。例如,在《原始社会的犯罪与习俗》中,他论证了巫术并非违反法律的越轨行为,而是一种实际意义上的保护机制,能够维护秩序,避免资源的过度消耗。④ 除了法律之外,他的"功能主义"视角还关涉了经济、仪式、亲属关系以及人际交往行为。⑤ 于是乎,社会被视为一个自给自洽的有机体。这种视角之所以能够获得认可,在某种程度上也是因为每个社会的根本目的都是存续与稳定。

(三)法律人类学:现代和后现代

尽管可能有些武断,但我们认为,截止到20世纪80年代,大多数法律人类学家其实都在追随马林诺夫斯基的脚步。可以肯定的是,不同的法律人类学家有着不同的理论预设。有些人,比如马林诺夫斯基把每个社会均视为

---

① Bronislaw Malinowski, *Crime And Custom in Savage Society*, Littlefield, Adams & Co., 1967.

② Bronislaw Malinowski: *Crime And Custom in Savage Society*, Littlefield, Adams & Co., 1967, p. 56.

③ Bronislaw Malinowski: *Crime And Custom in Savage Society*, Littlefield, Adams & Co., 1967, pp. 55-59.

④ 参见 Bronislaw Malinowski, *Crime And Custom in Savage Society*, Littlefield, Adams & Co., 1967, 86.("妖术[Black magic]作为一种真正的法律力量,用于执行部落法律规定,定能阻止暴力的使用和重建平衡")。

⑤ Bronislaw Malinowski: *The Functional Theory*, in *A Scientific Theory of Culture And Other Essays*, The University of North Carolina Press, 1944, p. 145, pp. 145-76.

静态的、独立的系统，每个组成部分都有其特定的功能。① 而其他学者则更加注重历史，联系和变化。② 从 20 世纪 60 年代开始，许多法律人类学家的研究兴趣从日常冲突与控制转向了不同社会维护稳定的程序与机制。他们不再把社会描绘成一个完美的有机统一体，他们关心的是各个组成部分维持社会运转的各种策略。静态和谐的社会被认为过于理想，在现实中，存在一种长期的动态平衡机制，而其中纠纷和冲突扮演着重要的作用。③

尽管侧重点有所不同，但是法律人类学家们仍然在思索马林诺夫斯基当年提出的问题：什么机制类似于西方工业社会中的“法律”？此外，它们依然采用马林诺夫斯基的方法去寻找答案。这种方法就是以深入参与观察为核心的田野调查民族志。他们坚信通过持续不断地使用这种缜密的调查方法可以得到确凿的资料，从而可以进行客观的分析。

---

① 采纳这个理论方法的几个例子可以参见一部关于英国殖民时期非洲法律和政治的功能主义论文集。参见 Meyer Fortes: *The Political System of the Tallensi of the Northern Territories of the Gold Cast*, In Meyer Fortes & E. E. Evans-Pritchard eds, *African Political Systems*, Oxford University Press, 1940, P. 239; Siegfried F. Nadel: *The Kede: A Riverain State in Northern Nigeria*, In Meyer Fortes & E. E. Evans-Pritchard eds: *African Political Systems*, Oxford University Press, 1940, p. 165; Isaac Schapera, *The Political Organization of the Ngwato of Bechuanaland Protectorate*, In Meyer Fortes & E. E. Evans-Pritchard eds: *African Political Systems*, Oxford University Press, 1940, p. 56.

② 英国著名的功能主义者埃文思·普理查德（E. E. Evans-Pritchard）在晚年的一篇极具影响力的论文中指责他的同事忽视了历史因素。E. E. Evans-Pritchard: *Anthropology and History - Essays in Social Anthropology*, Faber and Faber, 1962, p. 172.（以及埃文思·普理查德的论文和讲座集）。埃文思·普理查德认为这种忽略历史的观点在很大程度上是对早期进化论学派的矫枉过正。他认为，进化论学派的错误并不在于“写历史”，而在于“写了糟糕的历史”。E. E. Evans-Pritchard: *Anthropology and History-Essays in Social Anthropology*, Faber and Faber, 1962, p. 173. 而后，他阐述了两门学科由于人为的分离而带来的不幸后果。E. E. Evans-Pritchard: *Anthropology and History-Essays in Social Anthropology*, Faber and Faber, 1962, pp. 176-184. 他的结论是：“人类学必须在历史和虚无中做出选择”，与此同时，“历史也须要在社会人类学和虚无中做出选择”。E. E. Evans-Pritchard: *Anthropology and History-Essays in Social Anthropology*, Faber and Faber, 1962, p. 190.

③ 前一种方法贴上了“规则中心”的标签，后一种则贴上了“过程主义”标签。John L. Comaroff & Simon Roberts: *Rules and Processes*, University of Chicago Press, 1981, p. 5. 有关过程主义的作品，参见 F. G. Bailey: *Stratagems and Spoils*, Schocken Books, 1969; Max Gluckman, *Politics, Law And Ritual in Tribal Society*, Transaction Publishers, 1965. 也可以参见 Ralph W. Nicholas: *Rules, Resource and Political Activity*, In Marc J. Swartz ed: *Local-Level Politics*, Aldine, 1968, p. 295, pp. 297-298; Arthur Tuden: *Ila Property Relations and Political Processes*, In Marc J. Swartz ed: *Local-Level Politics*, Aldine, 1968, p. 95, pp. 103-05; 以及 Victor Turner: *Mukanda: The Political of a Non-Political Ritual*, In Marc J. Swartz ed: *Local-Level Politics*, Aldine, 1968, p. 135, pp. 137-138.

在过去10年左右的时间里，后现代主义对这种科学的实证主义方法发起了挑战。① 诸如“缜密”和“客观”之类的概念被认为是西方人在自说自话。② 人类学发生了所谓的“反思”转换：人类学家放弃对传统研究对象的考察，转而对自身展开批判性的检视。③ 学者们重新审视了人类学所积累的知识，他们开始关注认识论以及描述他者社会所使用的话语体系，这是一种前所未有的研究兴趣的重大转变。当人类学家们越来越少地关注其他国家和地区，而越来越多地关注于自身的研究工作——能够反映出他们自身以及他们的文化，研究者自身就成了研究对象，成为“他者”。④

这种反思性的批判同样适用于法律人类学。我用该领域的两个传统方法来加以说明，它们是：个案方法的采用；使用本国语言书写法律民族志的传统。他们都可以展示后现代主义立场的优势与缺陷。一方面，盲目使用这些传统方法必然导致法律人类学产生一种自认为是客观研究的错觉；另一方面，就跨文化的法律理解而言，目前还没有找到更好的替代性方法，一如后现代主义主张废除的其他传统方法。

---

① 对后现代主义思想的简要介绍，参见 Ernest Gellner：*Postmodernism. Reason and Religion*，Psychology Press，1992.

② John Comaroff & Jean Comaroff：*Ethnography and The Historical Imagination*，Boulder：Westview Press，1992，pp. 3-48. 科马洛夫夫妇（John Comaroff & Jean Comaroff）观察到：“数代资深的人类学家……都在努力中和这种研究模式的两面性，因为他有时是那么的发人深省，有时又带有不可救药的民族中心主义特征”。John Comaroff & Jean Comaroff：*Ethnography and The Historical Imagination*，Westview Press，1992，p. 7.

③ 对人类学反思的基础处理，参见 Conrad P. Kottak：*Cultural Anthropology*，McGraw - Hill Education，1991，pp. 30-31.

④ 参见 John Comaroff & Jean Comaroff：*Ethnography and The Historical Imagination*，Westview Press，1992，p. 36. 科马洛夫夫妇认为，“我们需要民族志来认识自己”，同上，第6页。而且“我们应该从自身的文化中抽离出来，把自己的文化表征和文化实践当成是他者的文化表征和文化实践”，同上，第45页。

纵观法律人类学的历史，曾经有过多次争论，比如是否所有社会都有法律，① 无国家社会的法律体系与国家社会的法律体系相比有何不同；② 关于私有财产权的概念是否具有普适性。③ 不管参与上述争论的人类学家的立场如何，个案都是他们分析研究的基础方法。法律民族志通常以个案为基础讨论实体和程序问题，因为这些个案能够提炼出更加抽象的规范原则。④ 法律人类学家对于跨文化比较中的相似性和差异性往往各持己见，但是没有人质疑作为基础研究方法的个案研究，即便是那些极端的地方主义者也都不假思索地接受了这种方法。⑤ 案例是英美法系判例制度的基础，也是法学教育的基本手段。以案例为中心的个案研究实际上就是针对“他者”社会提出了英美社会关注的法律问题：胜诉和败诉，先例的作用，法律与事实。对此，后现代主义的批评认为，以案例为基础的研究方法使得人类学家关注的焦点从遵纪守法转向违规与异端，从和谐共存转向冲突斗争。现在的问题是，以个案研究为基础的对于法律的理解是否具有普适性。还是说，这仅仅只是英美

---

① 参见 Kral N. Llewllyn & E. Adamson Hoebel: *The Cheyenne Way: Conflict And Case Law in Primitive Jurisprudence*, University of Oklahoma Press, 1941, pp. 4-43; Bronislaw Malinowski: *Argonauts of The Western Pacific*, E. P. Dutton & Co., 1961, pp. 2-5.《夏延人的方式》(The Cheyenne Way) 在本质上就在回应这一问题。它认为，对于西方学者而言，就算是那种没有什么正规的制度，完全陌生的社会也可以拥有西方意义上的“法律”。这种认为处处皆有法律的观点毫无疑问影响了卢埃林对《统一商法典》的研究。比如，《统一商法典》第 1-205 条第 2 款关于“行业惯例”的定义，显然能够在《夏延人的方式》中找到线索，因为这本书曾提到，“他们不成文的原始规范恰好能装入我们西方社会精致的法律框架”。Kral N. Llewllyn & E. Adamson Hoebel: *The Cheyenne Way: Conflict And Case Law in Primitive Jurisprudence*, University of Oklahoma Press, 1941, p. 62.

② 参见 Morton H. Fried: *On the Evolution of Social Stratification and the State*, In Morton H. Fried ed: *Readings in Anthropology*, Thomas Y. Crowell Company, 1968, p. 463. 有关国家与非国家之间区别的简要概述，参见 Conrad P. Kottak: *Cultural Anthropology*, McGraw-Hill Education, 1991, pp. 131-132.

③ 参见 T. Scarlett Epstein: *Capitalism, Primitive And Modern: Some Aspects of Tolai Economic Growth*, Australian National University Press, 1968, Marvin Harris: *Cultural Anthropology*, Harper Collins, 1991, pp. 173- 174.

④ 参见 John L. Comaroff & Simon Roberts: *Rules and Processes*, University of Chicago Press, 1981, p. 34.（研究两个非洲酋邦部落中的纠纷处理过程的逻辑）; Max Gluckman. *The Judicial Process Among The Barotse of Northern Rhodesia*, Manchester University Press, 1967.（以对洛兹(Lozi)法的普遍遵守为例讨论了许多巴罗策(Barotse)的案例）; Kral N. Llewllyn & E. Adamson Hoebel: *The Cheyenne Way: Conflict And Case Law in Primitive Jurisprudence*, University of Oklahoma Press, 1941, p. 39.

⑤ 参见 Paul Bohannan: *Justice And Judgment Among The Tiv*, The Oxford University Press, 1968. 下文脚注 45-54 以及相关文本讨论了博安南（Bohannan）的作品。

法律价值于他者社会的简单投射。

法律人类学家不仅以个案研究作为基础的分析方法，他们还用英美法的式样书写民族志：描述事实，双方的辩论，法庭判决及理由。[①] 书写个案，不管是上诉意见、媒体报道，抑或是当事人之间的文件传递，只要与庭审有关的都必须详细记录。但是人类学家却并没有细无巨细的记录，而仅就其认为的对于案件的特殊背景有意义的部分才会详细描写。既然遵循大致相同的书写方式，那么不论是撰写判决书的英美法庭的法官，还是描述他者社会争端解决的法律人类学家，也都抱有相似的偏见。他们表达出了某些关切，但是这种关切并非来自他者本身，所以这种民族志的书写在不经意间也把偏见传递给了读者。

与这一问题相关的还有，法律人类学的研究成果能否反映出他者社会及其世界观的真实面貌。在记录案例时，传统上的人类学家把控着诉讼参与人的言说程度，人类学家让当事人和证人说多少，他们就说多少。自马林诺夫斯基以来，法律民族志的个案书写倾向于大段引述，已经达到了复述的程度。这种书写方式被实证主义地认为是一种公开透明的过程：翻译与编撰的工作都很中立，其最终效果就是被观察的对象实际上等于自己在讲述。

现如今，这种书写方式如同人类学的其他理论一样，受到了批评。下面，我用该领域的一部经典著作保罗·博安南（Paul Bohannan）的《提夫族的正义与审判》（Justice and Judgment Among the Tiv）来加以说明。[②] 这部民族志主要关注的是殖民法庭和提夫人本地法庭中纠纷解决的程序问题。在其关于尼日利亚部落社会的法律调查中，博安南使用个案方法揭示了不端行为及其法律后果背后的问题。他极其小心“以求准确地书写当地人的观念和制度”[③]。所以，博安南大量使用了土著词汇，但没有简单地翻译为英语，取而

---

① 参见 Paul Bohannan: *Justice and Judgment among The Tiv*, The Oxford University Press, 1968, pp. 108-109; John L. Comaroff & Simon Roberts: *Rules and Processes*, University of Chicago Press, 1981, pp. 37-52; Max Gluckman: *The Judicial Process Among The Barotse of Northern Rhodesia*, Manchester University Press, 1967, pp. 37-52.

② Paul Bohannan: *Justice And Judgment Among The Tiv*, The Oxford University Press, 1968.

③ Paul Bohannan: *Justice And Judgment Among The Tiv*, The Oxford University Press, 1968, p. 4.

代之的是带有推论性（Discursively）的详细解释。① 以马克斯·格拉克曼（Max Gluckman）为代表的一类人类学家，认为博安南过分谨慎地强调土著词汇会阻碍跨文化的比较与研究。② 但博安南在此后有关法律人类学的作品中仍然坚持这种观点，致力于从被观察者的角度呈现他们的文化。③ 就提夫人法律体系的研究而言，博安南的目标是同时描绘出实体问题和程序问题，并使得这种描述能够为提夫人所理解，且同时接近提夫人自己的描述。因此，有人可能这么评价博安南在传统法律人类学中的作用：强调从本土视角看问题的必要性。

于是，让我们来重新审视本土视角的捍卫者——博安南在他的民族志中是如何记录和展现本土视角的。博安南曾解释过他如何记录纠纷解决，我们可以从中获得一些重要的背景信息：

> 我们的工作方法是，（我的助手）先行记录笔记，然后以叙事体的

---

① 也许最好的例子就是提夫语“榻”（Tar）。根据博安南的说法：“榻的第一层含义——我相信也是“基本内涵”——就是指一片与某个社群相关并由之命名的领地。” Paul Bohannan, *Justice And Judgment Among The Tiv*, The Oxford University Press, 1968, p. 2. 当博安南阐述这个词汇的含义时，它也表示社会群体成员感受到的一种无形的团结感。因此，提夫人认为某种行为“败坏榻”，是指这种行为破坏社会凝聚力。相反，“修护榻”是指起到了治理的作用，或者处理不端行为的宗教仪式。Paul Bohannan: *Justice And Judgment Among The Tiv*, The Oxford University Press. 1968, pp. 2-3. 同样，“吉尔”（Jir）可以指一个法庭，也可以指一桩案子。经过大段的解释后，博安南的结论是：“我实在无法用一个具体英文单词来翻译吉尔，而复杂的叙述又可能消散它的真实和力度”。Paul Bohannan: *Justice And Judgment Among The Tiv*, The Oxford University Press, 1968, p. 8. 最接近它的可能是中世纪的英语单词“assize”。

② 1966年，格拉克曼和博安南在奥地利召开的一次会议上曾争论过这个问题，各自的观点三年后正式发表。参见 Paul Bohannan: *Ethnography and Comparison in Legal Anthropology*, In Laura Nader ed: *Law and Culture And Society*, University of California Press, 1969, p. 401; Max Gluckman: *Concepts in the Comparative Study of Tribal Law*, In Laura Nader ed: *Law and Culture And Society*, University of California Press, 1969, p. 349.

③ 博安南认为，有必要尽最大的努力从该文化自身的角度来描述这种文化的法律状态：我认为，每位民族志学者，不管是为了自己，还是为了其研究对象，抑或是为了其学界同人，都不应该草率地处理资料。当然，他必须尽可能地翻译，他们必须警惕，给读者造成的阅读困难，可能会导致完全无法理解。但是，还需要警惕的是，这种囫囵吞枣的方法可能会带来更大的困难，因为它使用一些熟悉的词汇来模拟理解。我认为，这种模拟理解几乎将必然导致一种错觉，即借由相同的词语，所有事物都可以相互比较，而这种错误几乎是无法纠正的。Paul Bohannan: *Ethnography and Comparison in Legal Anthropology*, In Laura Nader ed: *Law and Culture And Society*, University of California Press, 1969, p. 403.

格式进行重述。笔记和重述都要进行充分的研究，我偶尔也会做些翻译。比如在吉尔中，只要允许，我都是一个案例接一个案例地尽可能多地直接引述。我把这方面的记录全部用在了本书当中。这些情景中间的“串联”都是使用英语来书写，且都是速记。①

那么，在《正义和审判》一书中占据较大篇幅的案例记录具体采取的是何种形式呢？我们从博安南的众多个案（他认为不能称之为“案件”，而应该按照提夫语称其为“吉尔”）提要中摘录了一篇“文本 1”。这是一篇关于证人证言的记录，在文中以引述的形式出现，尽管都是英语单词，但是相当于其本人的口述。“文本 1”包含了博安南在该案例提要中引用的所有证言：

艾润（Ierun）是我的共妻（Co-wife），我和她经常去塔尔基古希尔（Tarkighir）的院落。因为离我们的田地很近，我们去那里休息。我们坐在他家的客厅里聊天。就在这天，塔尔基古希尔邀请艾润到他的卧室去。令我震惊和奇怪的是艾润答应了他。

……我依然坐在客厅里，塔尔基古希尔和艾润在他的卧室。过了很长时间，我感觉有些不自在，然后走了过去敲了卧室的门。

程戈打断了她问道：“门关了没有？

她回答道：“是的，门一直就是关上的。我敲了敲门然后告诉我的共妻让她出来，还说我要离开了。艾润就出来了，然后我们一起返回了田地。我就知道这些。”②

事实上，博安南记录这个案件有着多重考虑，这种手法在整本书中仅有两例。在讨论结婚与离婚问题时，博安南展示了关于这个案件的第二份提要。还是这位妇女在发表证人证言，但是记录方式却面目全非。“文本 2”摘录了第二份提要中关于她的证言：

---

① Paul Bohannan: *Justice And Judgment Among The Tiv.* Oxford: The Oxford University Press. 1968, p. xii.

② Paul Bohannan: *Justice And Judgment Among The Tiv*, The Oxford University Press, 1968, p. 45.

她陈述，当她和艾润在田地干活的时候经常去附近的塔尔基古希尔的院子。就在这特殊的一天，他邀请艾润到他的房中去，然后她就去了。过了一会，她（吉瑞［Girgi］）敲门让艾润出来，以便于他们能够返回田地。①

参照当代人类学的怀疑立场以及关切的重点，结合博安南自己的解释，我们来审视这两篇报道，如何理解博安南将“文本1”意译为“文本2”？为什么吉瑞的证言在“文本1”中非常清楚，而在“文本2”中模糊不清？这种差异仅仅是一种巧合，还是说在更深层的意义上，它反映了人类学家在翻译的过程中所产生的困惑与不解。

让我们从关于这篇证词的另外一个版本中寻找答案。在“文本3”中，在完整复述吉瑞证词的同时，博安南加入了评论，作为这篇个案报道的“串联”，它记录了吉瑞讲话时的态度：

艾润是我的共妻，我和她经常去塔尔基古希尔的院落。因为离我们的田地很近，我们去那里休息。我们坐在他家的客厅里聊天。就在这天，塔尔基古希尔邀请艾润到他的卧室去。令我震惊和奇怪的是艾润答应了他。

她看了看她，然后又低头，好像她对自己说的话感到羞耻。

我依然坐在客厅里，塔尔基古希尔和艾润在他的卧室。过了很长时间，我感觉有些不自在，然后走了过去敲了卧室的门。

程戈打断了她问道：“门关了没有？”

此时她的脸上显示出对他的极度厌恶。这种厌恶不仅因为她被迫进行了明誓（所以要说实话），还因为他问的这个特殊的问题。

她回答道：“是的，门一直就是关上的。我敲了敲门然后告诉我的共妻让她出来，还说我要离开了。艾润就出来了，然后我们一起返回了田地。我就知道这些。”②

---

① Paul Bohannan: *Justice And Judgment Among The Tiv*, The Oxford University Press, 1968, p. 85.

② Paul Bohannan: *Justice And Judgment Among The Tiv*, The Oxford University Press, 1968, p. 45.

当这篇关于吉瑞证词的民族志报告可以被分割解读的时候，博安南所强调的表达本土视角、使用当地语言等民族志书写实践呈现出新的意义。博安南认为其关于证人证言的报道，相当于提夫语的英语版本，这种表达方式可以让我们自己去解释这些文本。但问题在于，我们在阅读的过程中，会不可避免地会受到博安南的影响，因为他对于证人讲话风格的评述以及记录方式都带有明显的个人倾向。关于吉瑞的证词，博安南让我们看到什么，我们就只能看到什么。那么，这种记录方式对于我们理解吉瑞的证词造成了哪些障碍？接下来我们就转而讨论这个问题。①

不论是口头的还是书面的，叙述他人的言语都有着悠久的历史传统。比如，学习拉丁语的学生如果不知道直接引述与间接引注的语法区别，就无法阅读尤里乌斯·凯撒（Julius Caesar）的《高卢战记》（*Commentaries on the Gallic Wars*）。② 20世纪的许多语言学家都在研究不同语言中的相似的语法特征。③ 然而，只是到了最近社会语言学家和人类学家才开始思考叙述他人言语时“转述”的意义。

与之相关的出现了各种解释，包括：（1）直接引用能够避免承担不实的责任，因为叙述言语的权威性源于叙述者本人；④（2）特别是在“表演”的

① 博安南当时也受限于技术条件。在《正义与审判》第一版的序言中他曾这样评论用磁带录音的记录方式：“通过其他的技术如录音是有可能得到更为完整的案例文本的。我不确定这样是否合适，因为我发现，在尝试使用它的时候，这个小玩意如此吸引着田野工作者的注意力，以至于很容易忘记，他必须让自己适应调查对象的生活状态，而不是适应这个小玩意。录音会产生误导，它对于调查对象的记录要远比真实情况夸张的多：为了让录音尽可能地发挥功能，人类学家很快就会‘导演’和‘指挥’调查对象的所作所为。进行人类学实地研究的唯一明智的工具是人类的理解力和一个笔记本。人类学提供的是对原作品的艺术影像，而不是摄影模本。我不是一台照相机。” Paul Bohannan: *Justice And Judgment Among The Tiv*, The Oxford University Press. 1968, p. xiii. 1988年博安南曾亲口告诉我们，在1953年对提夫法律进行田野调查的时候，使用磁带录音需要一个汽油或柴油发电机。参见，John M. Conley & William M. O'Barr: *Rules Versus Relationship: The Ethnography of Legal Discourse*, University of Chicago Press, 1990, pp. 195-196.

② C. Iuli Caesaris: *De Bello Gallico*, Arno Press, 1979.

③ 参见 Florian Coulmas ed: *Direct and Indirect Speech*, Mouton de Gruyter, 1986.（关于几种不同语言的叙述方式的分析合集）; Leonard Bloomfield: *Literate and Illiterate Speech*, American Speech, Vol. 2, No. 10, 1927, p. 438.（讨论诺米尼语［menomini］中叙述传闻的语法规则）.

④ 理查德·帕门蒂尔（Richard Parmentier）认为，圣经中记载的上帝的话语，直接引用比转述更有力量。Richard J. Parmentier: *The Political Function of Reported Speech: A Belauen Example*, In John A. Lucy ed: *Reflexive Language Reported Speech And Metapragmatics*, Cambridge University Press, 1993, p. 261.

时候，直接引用更为生动有力；[①]（3）直接引用证明了叙述者在场；[②]（4）直接引用使得叙述者力图描述的各个方面更加可信。[③]

这些观点有助于我们考虑被叙述的言语在不同的文本中都有什么含义。然而，后现代主义者并不关心叙述言语的方法及其范围，而在于特定的叙述者是如何做出选择的。在博安南的个案中，为什么他使用了三种不同的方式叙述同一个事件？为什么他一开始直接引述了吉瑞的言语，而后却是意译，最后又加入了评论？读者对这三者的不同有何反映？博安南这种叙述方式会产生何种后果？

后现代主义的核心观点是，民族志学者采取不同方法进行书写的能力就是一种权力。西方一代又一代的知识阶层所看到和理解的“世界其他地方”都是西方民族志学者借由这种权力在实践中塑造出来的。尽管微妙却不得不承认，他们根本就不是叙述者，而是创造者。后现代主义总结道，他们所创造的一个“他者”的幻象——更多的是西方文化的自我想象。[④]

法律人类学乃至整个人类学，面对这种视角提出的挑战又能做些什么？[⑤]比如，个案方法的未来会怎样？是不是该被放弃？如果放弃了，拿什么来代

---

① 当叙述者具有被叙述者的人格或声音特质的时候，语言学家和民族学研究者将这种言语叙述称为“表演”。参见 Dell Hymes：“*In vain I tried to tell you*”：*Essays in Native American Ethnopoetics*, University of Pennsylvania Press, 1981, pp. 79-91.

② 查尔斯·布里格斯（Charles Briggs）认为：“直接引用具有更重要的证据功能……它可以证明发生冲突时某人是在场的。” Charles L. Briggs：*Disorderly Dialogues in Ritual Impositions of Order*：*The Role of Metapragmatics In Warao Dispute Mediation*, *Anthropological Linguistics*, Vol. 30, 1998, p. 452. 布里格斯认为，在某些冲突解决的机制中，除非叙述者有证据证明提供的是目击者的叙述，否则他的证词就会受到批评。同上。

③ 苏珊·菲利普斯（Susan Philips）在研究美国庭审的言语叙述时指出，直接引用的证词更容易采纳为证据，而且是与案件关键问题直接相关的证据。Susan U. Philips：*Reported Speech as Evidence in an American Trial*, In Deborah Tannen ed：*Georgetown University Roundtable on Languages and Linguistics*, 1985. Georgetown University Press, 1986, p. 1, pp. 13-19. 英美法系对于言语叙述的看法可以参见其传闻证据规则：除非该言语叙述十分可信，否则一律不被采纳。参见 Susan U. Philips, *Reported Speech as Evidence in an American Trial*, In Deborah Tannen ed：*Georgetown University Roundtable on Languages and Linguistics*, 1985, Georgetown University Press, 1986, p. 1, pp. 13-19.

④ “他者”的解释概念首次得到广泛流传是从萨义德（Said）的这本书开始的。Edward W. Said：*Orientalism*, Routledge & Kegan Paul Ltd, 1978, pp. 1-28.

⑤ 更详尽地对此问题的讨论参见 Peter Just：*History*, *Power*, *Ideology*, *and Culture*：*Current Directions In the Anthropology of Law*, *Law & Society Review*, Vol. 26, 1992, p. 373.

替它?[1] 在一个没有法典、法院和律师的社会里，除了通过卢埃林和霍贝尔称之为“问题个案”[2] 的分析方法之外，我们该怎么去理解其社会控制？对博安南的批评又会将我们引向何处？所有的概要与叙述都不可避免地受到叙述者主观判断的“污染”。但是，如果我们认可这种观点，即永远不可能完全准确地复述他人的言语，那么所有的叙述都会被打上“污染”的标签。[3] 法律人类学是否要放弃对审判言语叙述的分析研究？

这里有两个替代方案。第一种方案类似于学科式的唯我论（solipsism），照此方案，文化人类学的大部分研究将推倒重来。伴随着极大的苦楚，人类学家重思、痛斥和否定原有知识，最终得出结论认为，我们实际上知道的一切知识就是不可知论。第二种方案是一种新型的实证主义，它能够对过去的那种自我虚幻保持警觉。这种修正的实证主义也许还会犯错，但它却敢于承认错误。它重新定义了人类学的研究对象，既包括被研究者，也包括研究者。于是，传统和后现代开始了融合。定义“问题”并解释“问题”，这种传统的研究方式并没有退出舞台，但是内涵却有所不同：除了解决问题之外，研究者本身成为“问题”的一部分。在下文中，我们将审视当前法律人类学的几项研究成果，它们证明了这种改良的实证主义大有用武之地。我们相信，它们代表了这门学科的发展方向。

（四）人类学家研究美国的法律制度

法律人类学研究最为重要的贡献就是从跨文化的角度比较不同社会的秩序维持与冲突控制。分布于世界各地的大多数法律人类学家，面对着不同的

---

① 参见 Peter Just：*History, Power, Ideology, and Culture: Current Directions In the Anthropology of Law*, *Law & Society Review*, Vol. 26, 1992, pp. 382-383。

② Kral N. Llewllyn & E. Adamson Hoebel：*The Cheyenne Way: Conflict and Case Law in Primitive Jurisprudence*, University of Oklahoma Press, 1941, p. 26.

③ 参见 John M. Conley & William M. O'Barr：*Rules Versus Relationship: The Ethnography of Legal Discourse*, University of Chicago Press, 1990, pp. 8-9, p. 35.

环境，却都在研究这些问题。[①] 但是过去几年出现了一种新趋势，不少法律人类学家开始将人类学研究方法用于研究美国本土的法律制度。这种趋势部分是由于经费问题。[②] 当然更重要的是，它反映了当代人类学家摒弃了西方与非西方的传统区分。在此之前，西方被认为是复杂的、历时性的，而非西方则被认为是守旧的、静态的。[③] 同其他领域一样，法律人类学界已经承认，他们过去的研究充其量不过是一种虚幻的想象。于是乎，他们开始用民族志中的窥探者视角来研究自己和周遭，而这种视角原本用来窥探"他者"。

法律人类学开始研究美国社会导致出现以下问题：（1）将法律视为社会体系中的一个独立而又独特的部分，这种视角是否合适？（2）把个案研究当成分析范式来研究美国法，它的实际效果有多好？（3）能否认为美国存在一个单一或统一的法律文化？

1986—1990 年相继问世了三部法律人类学的专著，它们皆以美国法律体系为研究对象，尽管角度不同，但却有助于我们审视上述三个问题。[④] 这三本书分别是：卡罗尔·J. 格林豪斯（Carol J. Greenhouse）的《为正义祈祷：

---

① 参见 Laura Nader：*Harmony Ideology*：*Justice And Control in a Zapotec Mountain Village*，Stanford University Press，1990（研究墨西哥乡村法）；Robert M. Hayden：*Constitutional Nationalism in the Formerly Yugoslav Republics*，*Slavic Review*，Vol. 51，1992.（研究前南斯拉夫的政治和意识形态）；Susan F. Hirsch：*Gender and Disputing Insurgent Voices in Coastal Kenya Muslim Courts.* Ph. D. Dissertation. Duke University. 1990（研究肯尼亚的穆斯林法庭如何利用性别差异）。

② 正如我们在各自的研究中所亲身体会到的，在过去的 25 年里，后殖民世界对于西方人类学家而言正变得难以接近。早年的人类学家，从马林诺夫斯基到博安南，都被殖民当局认为很有帮助，因为这些人类学者所调研的信息都有助于其进行殖民统治。上文脚注 32 所提到的《非洲政治制度》（African Political Systems），或许是这种"有用"人类学的绝佳例证。因此，殖民国家，尤其是英国，资助和支持了一批民族志研究。随着殖民主义的终结，人类学家因之前的机构在很多国家受到指责。而且，长途旅行也是非常昂贵的，赞助机构在 20 世纪 70 年代和 80 年代也开始思考，回答人类社会行为的基本问题是否真的需要不远万里的长途旅行。

③ 这一点在科马罗夫夫妇那里表现得最为明显，参见 John Comaroff & Jean Comaroff：*Ethnography and The Historical Imagination*，Westview Press，1992，pp. 13-18.

④ 我们引用这些例子意在展示问题，而不是详尽地解释问题。对当前法律人类学大量优秀作品的最新评述参见 Peter Just：*History*，*Power*，*Ideology*，*and Culture*：*Current Directions in the Anthropology of Law*，*Law & Society Review*，Vol. 26，1992. 以及 Elizabeth Mertz，*Language. Law and Social Meanings*：*Linguistic/ Anthropological Contributions to the Study of Law*，*Law & Society Review*，Vol. 26，1992.

一个美国小镇里的信仰、秩序与团体》[①]、萨利·恩格尔·梅丽（Sally Engle Merry）的《获得正义与平衡：美国工人阶级的法律意识》[②] 以及我们自己的《规则与关系：法律话语的民族志》。[③] 我们将简要审视这三部著作各自的研究方法和研究对象，并思考针对上文所提出的三个问题，它们又是怎样回答的。

格林豪斯在《为正义祈祷：一个美国小镇里的信仰、秩序与团体》一书中提到，她的初衷是为了调查住在霍普威尔（Hopewell）的居民参与法庭的情况。霍普威尔曾是佐治亚州的一个小镇，最近被划归给了亚特兰大，变成了后者的郊区。[④] 格林豪斯格外关注霍普威尔最大的宗教团体——浸信会。和前辈学者一样，她也在当地生活下来，从 1973 年一直住到 1975 年。在此期间，她进入教堂参加教会活动，研读当地历史协会收藏的档案，还与那些愿意花时间向她解释当地风土人情的居民打成一片。她很快发现，对于霍普威尔的居民而言，无论是维持社会秩序，还是处理团体生活中不可避免的难题，法律制度都不是首选解决方案。[⑤] 她逐渐意识到，在霍普威尔浸信会教徒的认知中，作为维持社会秩序的一种手段，教会远比法律更为重要。因此格林豪斯被迫将研究焦点从正式的法律制度转移到浸信会的“宗教教义与惯例”上，尤其是那些规避现实与潜在冲突的道德规范。[⑥]

《获得正义与平衡：美国工人阶级的法律意识》的作者萨利·恩格尔·

---

① Carol J. Greenhouse: *Praying for Justice: Faith, Order, and Community in An American Town*, Cornell University Press, 1986.

② Sally E. Merry: *Getting Justice and Getting Even: Legal Consciousness Among Working – Class Americans*, University of Chicago Press, 1990.

③ John M. Conley & William M. O'Barr: *Rules Versus Relationship: The Ethnography of Legal Discourse*, University of Chicago Press, 1990, p,54.

④ Carol J. Greenhouse: *Praying for Justice: Faith, Order, and Community in An American Town*, Cornell University Press, 1986, p. 9. “霍普威尔”这个小镇是真实存在的，但名字是虚构的。格林豪斯描述到，它是一个“白人居住的、中等富裕的、新建的郊区小镇，在这里，家庭、工作和宗教是这些人关注的核心问题”，同上。

⑤ Carol J. Greenhouse: *Praying for Justice: Faith, Order, and Community in An American Town*, Cornell University Press, 1986. pp. 9-14.

⑥ Carol J. Greenhouse: *Praying for Justice: Faith, Order, and Community in An American Town*, Cornell University Press, 1986. pp. 23-27.

梅丽研究的是一个截然不同的文化环境：波士顿城区的工人阶级社区。这里的居民一致认为，法律是应对日常矛盾与纠纷的解决方式。[①] 根据梅丽的研究，不管是噪声、宠物，还是小孩、停车位等涉及公共空间的邻里之争，这里的人们均选择诉诸法律，这显然与霍普威尔的居民有着很大的不同。[②] 许多人甚至还会报警，指望法律来解决夫妻、男女朋友、亲子之间的各种矛盾。[③]

在梅丽看来，这并不能说明美国人越发地健讼，也不意味着社区共同价值观的丧失。这只能说明，法律对于这里的居民如同教会对霍普威尔浸信会的意义一样，是维护社会秩序、定纷止争的首选方案。[④] 梅丽的调查包括正式的法院和法院下设的调解中心。但是，无论这些居民求助正式的法庭还是替代性的争端解决程序，他们都坚信自己有权获得法律机构的援助。[⑤] 此外，当他们有所求的时候，也会经常拜访这些机构。用梅丽的话说，这就导致了法律权利的悖论：当他们求助于法律机构时，法律权力便介入了他们的私人

① Sally E. Merry: *Getting Justice and Getting Even: Legal Consciousness Among Working – Class Americans*, University of Chicago Press, 1990, pp. 1–4.

② Sally E. Merry: *Getting Justice and Getting Even: Legal Consciousness Among Working – Class Americans*, University of Chicago Press, 1990, p. 38. 梅丽认为，邻里冲突的原告往往希望法院介入进来，目的是为了切断社区关系，而不是为了修复。Sally E. Merry: *Getting Justice and Getting Even: Legal Consciousness Among Working–Class Americans*, University of Chicago Press, 1990, p. 40. 可以作为对比的是，格林豪斯称赞霍普威尔的居民“用实际行动证明了社区的生命力和意义。” Carol J. Greenhouse: *Praying for Justice: Faith, Order, and Community in An American Town*, Cornell University Press, 1986, p. 208. 然而，格林豪斯还认为，关于浸信会规避诉讼，“首先想到的不应该是密切的社会关系能够发挥巨大的作用，我们的认识不应该这么狭隘，不应该从关系远近亲疏的角度来思考问题。我认为，霍普威尔的案例证明了，他们在观念上就不接受任何形式上的人类权威。” Carol J. Greenhouse: *Praying for Justice: Faith, Order, and Community in An American Town*, Ithaca: Cornell University Press, 1986, p. 122.

③ Sally E. Merry: *Getting Justice and Getting Even: Legal Consciousness Among Working – Class Americans*, University of Chicago Press, 1990, pp. 47–59.

④ Sally E. Merry: *Getting Justice and Getting Even: Legal Consciousness Among Working – Class Americans*, University of Chicago Press, 1990, pp. 16–17.

⑤ Sally E. Merry: *Getting Justice and Getting Even: Legal Consciousness Among Working – Class Americans*, University of Chicago Press, 1990, pp. 172–17. 梅丽认为，这种态度源自“美国社会根深蒂固的文化传统，比如个人主义、平等、法律信仰，以及反抗乡间和地方领袖的压迫”，Sally E. Merry: *Getting Justice and Getting Even: Legal Consciousness Among Working–Class Americans*, University of Chicago Press, 1990, p. 17.

生活。市民们通过让渡自治权来维护自己的权利。①

在《规则与关系：法律话语的民族志》一书中，我们调查了北卡罗来纳州、宾夕法尼亚州和科罗拉多州的小额法庭，研究的问题简单来说就是：当事人如何思考和陈述他们的案件。② 在分析了三个州150多起案例后，我们发现，诉讼参与人对待法律以及日常矛盾的解决方式有着两种截然不同的取向。③

在界定争议、解释权利以及分配责任等问题上，“关系派”当事人侧重于身份与社会关系。④ 他们认为，法律有权根据广义的社会需求与权益来分配奖惩。⑤ 这种看法似乎源于一种对社会的总体认识，亦即个体没有自主权，每个人只能被动地听从抉择的安排，成为受益者或者受害者。⑥

在法庭上，“关系派”当事人会努力地向法官展示其社交生活的方方面面。⑦ 他们所陈述的案情，重点都是人际网络，而法院更关心的合同、金融、财产等事项却往往只字不提。甚至是牵涉陌生人的交通事故，他们也会扯到双方各自的身世背景。由于法律要求明确的归责证明，“关系派”当事人往往会说，某些事只有某种人“才能干得出来”。可以想象，法院一般会将这种陈述视为与案情不相关、不恰当的信息，而“关系派”当事人往往被评价为含糊不清、毫无条理，偏离了中心。⑧

---

① Sally E. Merry: *Getting Justice and Getting Even*: *Legal Consciousness Among Working - Class Americans*, University of Chicago Press, 1990, pp. 179-182.

② John M. Conley & William M. O'Barr: *Rules Versus Relationship*: *The Ethnography of Legal Discourse*, University of Chicago Press, 1990, pp. ix-xiv.

③ John M. Conley & William M. O'Barr: *Rules Versus Relationship*: *The Ethnography of Legal Discourse*, Chicago: University of Chicago Press, 1990, pp. 58-81.

④ John M. Conley & William M. O'Barr: *Rules Versus Relationship*: *The Ethnography of Legal Discourse*, University of Chicago Press, 1990, p. 58.

⑤ John M. Conley & William M. O'Barr: *Rules Versus Relationship*: *The Ethnography of Legal Discourse*, University of Chicago Press, 1990, p. 58.

⑥ John M. Conley & William M. O'Barr: *Rules Versus Relationship*: *The Ethnography of Legal Discourse*, University of Chicago Press, 1990, p. 58.

⑦ John M. Conley & William M. O'Barr: *Rules Versus Relationship*: *The Ethnography of Legal Discourse*, University of Chicago Press, 1990, p. 58.

⑧ John M. Conley & William M. O'Barr: *Rules Versus Relationship*: *The Ethnography of Legal Discourse*, University of Chicago Press, 1990, p. 58.

与之相比，“规则派”当事人倾向于用规范与原则来陈述案情，而这些规范与原则的应用与社会地位无关。[①] 他们把法律视为一种能够明晰责任的严格的规则体系，凡是不受此规则调整的一切事物均与案情无关。这种法律观深深根植于一种由社会实践所塑造的信念，即社会不是人际网络，而是契约网络，每个人均有机会选择是否接受或拒绝签订契约。

“规则派”当事人在法庭陈述时会采用推理的方式来探讨责任的归属。[②] 每一个损害后果都假定是人为造成的。这种当事人会不断地提出并否定各种可能的责任人，直到他有足够的理由能够指认某个当事人才是唯一的责任承担者。因此，就案情陈述而言，“规则派”当事人比“关系派”当事人更加符合法律逻辑和法庭程序。[③]

1. 法律是一个独特的文化范畴吗

上述三项关于美国法律制度的研究显示了一种怀疑，法律是否应该被视为是社会独特的一部分。梅丽，包括我们自己，很自然地把法律当成解决纠纷的手段，这种视角在很大程度上忽视了其他手段和方法。我们之所以会产生这种观念，部分原因在于，每一项研究都界定了它关注的领域。对梅丽来说，调解中心和法院是案件的集散地。[④] 我们研究的对象是这些愿意通过小额法庭解决问题的人。[⑤] 当然，研究这些机构和程序无所谓对错，在很多案件中它们都是必经程序。但是，把纠纷视为法院或调解中心的专属领域会造成一种认为法律是解决问题的首选方案的错觉。我们和梅丽的研究都没有涉及人们是如何解决那些绝不会提交到法庭的纠纷。“美国人的日常生活中会出现哪些纠纷以及他们是如何应对的?”诸如此类的问题汇聚起来便产生了

---

① John M. Conley & William M. O'Barr: *Rules Versus Relationship: The Ethnography of Legal Discourse*, University of Chicago Press, 1990, p. 58.

② John M. Conley & William M. O'Barr: *Rules Versus Relationship: The Ethnography of Legal Discourse*, University of Chicago Press, 1990, p. 59.

③ John M. Conley & William M. O'Barr: *Rules Versus Relationship: The Ethnography of Legal Discourse*, Chicago: University of Chicago Press, 1990, p. 59.

④ Sally E. Merry: *Getting Justice and Getting Even: Legal Consciousness Among Working - Class Americans*, University of Chicago Press, 1990, pp. 17-20.

⑤ John M. Conley & William M. O'Barr: *Rules Versus Relationship: The Ethnography of Legal Discourse*, University of Chicago Press, 1990, pp. 26-29.

一个更加宏观的问题——如何理解有的地方倾向于诉诸法律解决纠纷，而有的地方则不。

我们的缺陷凸显出格林豪斯的重要意义。她没有把视野限定在法院或调解中心，当然这也是因为霍普威尔的信徒们几乎不去法院，他们也不依靠法律来解决问题。当格林豪斯发现按照原计划将一无所获的时候，她把研究焦点转向了浸信会。于是乎，格林豪斯与其他地方的人类学家取得了共鸣，即就社会控制和定纷止争而言，法律和宗教有异曲同工之处。

上述三项研究表明，在某些地方，法律能够解决社会问题，维护社会秩序。但是与马林诺斯基、霍尔贝和博安南研究的部落社会一样，在美国本土，法律也存在着局限性。① 如果想要理解法律在社会日常生活中的地位，就不能只研究法律制度。我们绝不能被法律制度表面上的独立性所误导，因为在社会生活中法律并没有实现真正的自治。在《规则与关系：法律话语的民族志》一书中，我们提到，当法律机构的官员表示无能为力时，这些当事人颇为心酸地问道："你们这里都不能解决，我们要去哪儿?"② 为了更好地理解美国法律，我们必须认识到当事人这种请求的重要性。我们不应该再去讨论法律是如何运作的，而应该关心社会是如何运转的。由于社会是一个整体，在制度层面法律也是其不可分割的组成部分，所以人类学最适合从事这种研究。

2. 个案方法有用吗

对梅丽而言，个案方法恰如其分地展示了美国工人阶级的法律意识。但是，当换到其他问题时，个案方法还能这么有用吗？在《规则与关系：法律话语的民族志》的研究中，我们发现个案方法并非一种放之四海而皆准的研究方法。

当然，像传统的民事案件一样，小额法庭的当事人也会构思并表达他们

---

① 参见 Paul Bohannan: *Justice And Judgment Among The Tiv*, The Oxford University Press, 1968; E. Adamson Hoebel: *The Cheyennes: Indians of The Great Plains*, Holt, Rinehart & Winston, 1978, pp. 49-56; Bronislaw Malinowski: *Crime And Custom in Savage Society*, Littlefield, Adams & Co., 1967.

② 参见 John M. Conley & William M. O' Barr: *Rules Versus Relationship: The Ethnography of Legal Discourse*, University of Chicago Press, 1990, pp. 98-100.

的不满。在此类案件中，我们的个案研究是指，从立案阶段开始，追踪当事人走完整个诉讼流程。当他们提交诉状时我们就开始采访，而后旁听审判，审判结束后的几周内还会随访原告与被告。①

然而，我们后来却放弃法学教育以及大多数法律人类学研究所屡试不爽的个案方法。我们关注的并非判决结果或法律原则，而是当事人在诉讼过程中不同阶段陈述问题的结构、风格和内容。② 当他们决定采取法律行动时，当他们起诉和应诉时，当他们总结自己的法律经验时，当事人的法律思维有着怎样的不同？这才是我们想研究的内容。

我们发现，当事人的陈述会随着阶段的不同而变化。在立案阶段，大多数原告均没有意识到他们关于案件的陈述只是一家之言。③ 在法庭上，当被告对原告的主张和陈述提出质疑的时候，原告才会恍然大悟。宣判后，他们也会议论孰胜孰败，但是更在乎的是参加庭审的感受。对他们而言，是否有机会讲述自己对于案情的看法跟能否胜诉同等重要。④ 如果败诉，他们往往自责或埋怨主审法官。这种将责任个人化的处理方式有助于当事人释放负面情绪，同时也意味着他们对美国法律制度抱有信心。⑤ 就研究此类问题而言，个案方法开了一个好头。但是，我们的经验表明，如果只关心判决的输赢可能会忽略其他同等重要的关于美国法律文化的问题。

格林豪斯的研究则进一步展示了个案方法的一个基本缺陷及其核心特征：它不适合用来研究人们是如何规避矛盾的。霍普威尔并不是一个特殊的没有冲突和矛盾的地方。但是他们没有求助法庭，而是用祷告进行自我反省

---

① John M. Conley & William M. O'Barr: *Rules Versus Relationship*: *The Ethnography of Legal Discourse*, University of Chicago Press, 1990, pp. 30-33.

② John M. Conley & William M. O'Barr: *Rules Versus Relationship*: *The Ethnography of Legal Discourse*, University of Chicago Press, 1990, pp. 29-30.

③ 参见 William M. O'Barr & John M. Conley: *Lay Expectations of the Civil Justice System*, *Law & Society Review*, Vol. 22, 1988, pp. 145-146.

④ 参见 John M. Conley & William M. O'Barr: *Rules Versus Relationship*: *The Ethnography of Legal Discourse*, University of Chicago Press, 1990, pp. 127-131.

⑤ 参见 John M. Conley & William M. O'Barr: *Rules Versus Relationship*: *The Ethnography of Legal Discourse*, University of Chicago Press, 1990, pp. 150-165.

和自我控制，用议论邻里之间的闲言碎语来控制和限制越轨者。[①] 在传统的个案研究中鲜见这种微妙的秩序维持机制，但是对于一个不在乎冲突还是和谐的民族志学者而言，不管多么微妙都逃不过他的眼睛。[②]

3. 美国有法律文化吗

通过研究夏延人、提夫人和特罗布里恩人，霍贝尔、博安南和马林诺夫斯基等法律民族志学者试图寻找具有地方特色的规则和程序。[③] 他们都试图按照自己的理解去解释研究对象的正义观以及怎样应对越轨行为。因此，就留下了关于提夫人如何区分正确与错误、夏延人如何处理人际矛盾、特罗布里恩人如何看待犯罪的描述。细究起来，这样的描述显得浮夸，而且也过于宽泛。在几个村庄中住一到两年，或者花时间和老人一起回忆过去，以这样的研究为基础无法推论出更大范围之上的人群特征。在当代人类学家看来，这种过于宽泛的概括只能说明前辈学者要么就是缺乏经验，要么就是过于自信，或者二者皆有。当前的做法是，谨慎地讲述发生在特定时间和地点的特定人群的故事。

那么美国呢？根据上文所讨论的三部文献，我们能够了解美国的法律吗？我们能否概括出美国法的特征，还是必须将解释限定在特定的法院或社区？这个问题正好展示了人类学的定性方法与其他学科中流行的定量方法的区别。统计分析取决于样本范围、频率和分布。人类学尤其有助于发现和描述这些样本。它可以用各种例子来展示这些样本是怎么发生的。例如，法律人类学可以告诉我们，霍普威尔的居民不去法院而波士顿的中产阶级却恰好

---

① Carol J. Greenhouse: *Praying for Justice: Faith, Order, and Community in An American Town*, Cornell University Press, 1986, pp. 183–98. 格林豪斯提道："霍普威尔人既不认为秩序是一个遵守规则的问题，也不认为人为的干预能够达成任何建设性的目标。他们不以解决问题为导向；除了祷告还是祷告。" Carol J. Greenhouse: *Praying for Justice: Faith, Order, and Community in An American Town*, Cornell University Press, 1986, p. 25.

② 参见 Carol J. Greenhouse: *Praying for Justice: Faith, Order, and Community in An American Town*, Cornell University Press, 1986, p. 24, pp. 30–31.

③ 参见 Paul Bohannan: *Justice And Judgment Among The Tiv*, The Oxford University Press, 1968; E. Adamson Hoebel: *The Cheyennes: Indians of The Great Plains*, Holt, Rinehart & Winston, 1978, pp. 49–56; Bronislaw Malinowski: *Crime And Custom in Savage Society*, Littlefield, Adams & Co. , 1967.

相反；法律人类学还可以告诉我们，小额法庭的当事人特别在乎他们在法庭上受到的待遇，一点儿也不亚于胜诉或败诉。简而言之，人类学可以告诉我们应该思考什么问题。

法律人类学的研究还是非常困难的，尤其是出现新问题的时候。我们经常注意到，法学研究者针对人类学家的研究成果往往会说："当然了……显然是这样的！"而我们则小声回应说："那你为什么没有想到呢？"

三、结论

所有优秀的民族志研究均有着一个共同点，即每解决一个问题就会引发一系列的新问题。比如，就我们的研究而言，接下来需要了解规则取向与关系取向的比例，以及这种比例如何影响诉诸司法的机会。而梅丽需要进一步探讨的是，波士顿都市区的工人阶级能否代表全美国的工人阶级？她所看到的这种健讼是如何造成的？仅仅是阶级的因素还是受到了种族和历史的影响？格林豪斯的研究也引发了相似的问题：美国所有的中产阶级都不去法院打官司吗？或者说，格林豪斯的结论必须加上白人、郊区、浸信会等几个限定词。

这些具体问题均说明了，专注于美国的法律人类学是一项有意义的研究。而它最困难的地方在于，当然其他人类学分支也在思考类似的问题：超越具体的社区研究，发展出一种能够涵盖整个美国的社会控制理论。人类学家必须将法律视为社会控制众多辅助机制中的一环，还必须了解这些环节各自的关系。美国的法律人类学必须将法律作为自身的文化来审视，因为法律只是广义文化的组成部分。比如，健讼意味着什么？全体美国人都健讼的吗？还是说只有部分美国人才这样？那么规避诉讼呢？既然绝大多数人一生中基本上都是各司其职，那么又是什么因素导致了混乱的出现？我们那独特、庞大又具影响力的法律精英们在这一切中扮演着什么角色？明白了这些问题，人类学家就可以继续做他们最擅长的事情：在现实的地方漫长而又艰难地观察现实中的人。此外，法律人类学还可以兑现它的百年承诺，即阐述人类社会的日常秩序。

新中国70年民族法治历程与法律人类学研究

——第九届法律人类学高级论坛会议综述

尹训洋*

新中国成立70周年以来，我国民族法治取得了巨大的进步。民族法治既是中华民族的法治形态，也是世界民族的法治内容，又是在国家认同的前提下，国家法治建设中的局部。在全面推进依法治国的进程中，坚定不移地走中国特色解决民族问题的正确道路，用法律保障民族团结，运用法治思维和法治方式解决民族问题，切实提高民族事务治理法治化水平，推动民族区域自治政策的法治化等，是全面依法治国在民族工作领域的集中表现，深刻体现了法治文明的新时代要求。总结新中国70年民族法治历程与法律人类学研究，是新时代民族工作的重大课题。我国深化民族地区改革开放，推进民族地区生态建设，促进民族政策法治化落实，加速各民族现代化建设的时代进程具有纲举目张的作用，在全球化不断加快的进程中，在国家经济作为推动力量的前提下，如何在世界新的政治秩序、经济秩序、文明秩序与国际秩序建构中实现民族自我发展与其他民族共同发展，这是世界范围内各民族面临的共同问题，也是民族法治与法律人类学研究始终寻找解答的课题。

中国人类学民族学研究会2019年年会专题会议之一——“新中国70年民族法治历程与法律人类学研究”专题会议暨第九届法律人类学高级论坛，于2019年11月8日在云南省昆明市云南民族大学召开。本届法律人类学高

* 作者简介：尹训洋，男，法学博士，北京师范大学法学院博士后研究人员。

级论坛由中国人类学民族学研究会法律人类学专业委员会和云南民族大学法学院共同主办，在中国人类学民族学研究会和社会各界的支持和期待下，通过与会专家学者的共同努力下，圆满完成会议议程，取得了丰硕研究成果，达到了预期目标。本辑《法律人类学论丛》是以本届论坛的参会论文为主体，加之后续对相关专题的征稿，论坛中部分专家、学者的发言虽未收录，但对于专题会议的举办和《法律人类学论丛（第 8 辑）》的出版提供了丰富的研究视角和知识贡献（详见“论坛论文综述”），一并感谢！

一、专题论坛概况

本届论坛由中国人类学民族学研究会副会长暨法律人类学专业委员会主任委员、贵州省社会科学院院长、博士生导师吴大华研究员召集，来自云南大学、西南政法大学、云南师范大学、贵州师范大学、内蒙古师范大学、云南财经大学、中南民族大学、西南民族大学、西北民族大学、云南民族大学、贵州民族大学、广西民族大学、内蒙古民族大学、云南警官学院、云南交通职业技术学院、文山学院、江苏司法警官高等职业学校、贵州省社会科学院、云南省社会科学院、昆明市中级人民法院、保山市中级人民法院、湖北省宣恩县检察院等 22 个高校、科研院所及司法实务部门 40 余名专家学者、博士研究生参加了专题论坛。本次专题论坛收到 30 余篇参会论文，其中有 15 篇论文入选专题论坛论文集，14 位专家学者分别在会上进行了论文主旨发言，论坛分上下半场进行，由西南民族大学法学院博士生导师王允武教授主持，广西民族法学研究院院长、博士生导师李远龙教授、西北民族大学博士生导师虎有泽教授分别评议，吴大华教授做总结。

二、论坛交流情况

论坛分上下半场进行。上半场，云南大学法学院教授、博士生导师张晓辉作了题为“当代西方法律人类学研究对象的改变及其影响”的发言；中南民族大学法学院教授陈光斌作了题为“论乡风文明建设在民族地区特色村镇保护发展中的内核作用”的发言；江苏师范大学法学院教授、博士生导师徐晓光作了题为“法人类学研究方法新探”的发言；贵州民族大学法学院副教授郭靖博士作了题为“论族群防火制度研究中的‘边缘’与‘共同’”的发言；云南民族大学法学院讲师马海云博士作了题为“人民法院多元化纠纷解决机制研究”的发言；湖北省宣恩县检察院检察官助理、中南民族大学博士生方勖平作了题为“铸牢中华民族共同体意识的制度保障”的发言。论坛下半场，西南民族大学法学院讲师才让旺秀博士作了题为“藏区‘宗教中国化’实现的影响因素：基于甘、青、川三地的实证研究”的发言；江苏司法警官高等职业学校副教授宋立军博士作了题为“监狱青年民警主动离职问题研究”的发言；广西民族法学研究院院长、教授、博士生导师李远龙作了题为“中华民族伟大复兴视域下民族事务治理法治化研究论纲”的发言；云南大学法学院讲师徐清博士作了题为“论国家治理视阈中的边疆司法治理”的发言；内蒙古师范大学旅游学院讲师张玉娥博士作了题为“内蒙古深度贫困旗县地理标志扶贫研究”的发言；中南民族大学法学院讲师陈蒙博士作了题为“西部少数民族卓越法律人才培养的教学模式探析”的发言。广西民族法学研究院院长、教授、博士生导师李远龙、西北民族大学教授、博士生导师虎有泽分别评议。在评议人精彩点评后，各学者间互动提问探讨，学术气氛热烈，达到了本专题论坛的研讨目的。

三、论坛论文综述

本次论坛收录至论文集中的15篇文章以及临时增加的2篇文章，大致可以划分为五个板块：法律人类学与民族法学理论研究、民族地区法治实践研究、社会理论与法律人类学研究、民族地区田野调查及其他研究。

在法律人类学与民族法学理论研究方面，张晓辉教授认为，20世纪70年代以来，由于社会发展和法律问题的变化以及学科间的影响，法律人类学的研究对象发生了较大的改变，这些改变反映了法律人类学家对本学科发展的反思，也反映了法律人类学回应社会现实问题的理论转向。他认为当代法律人类学的研究对象发生了较大的变化，这些变化中，有的是在原有研究对象基础上发掘出新的意涵和命题，如社会变迁与法律史研究、社会中的政治、国际法研究和法律民族志研究；有的是在社会变迁中发现了新的研究对象，如过程研究、法律多元研究、本土研究和大规模社会研究。研究对象的变化对法律人类学的研究具有重大的影响，尤其在法律人类学的研究范式方面，研究对象的变化和其他因素的作用，促使当代法律人类学的研究范式发生了诸多的转变：从规范和案例中心向过程中心转变；从经典法律多元向新法律多元转变；从异文化社会研究向本土社会研究转变，从社会行为研究向权力、意识形态研究转变；从简单的小规模社会研究向大规模社会研究转变；从地方——民族研究向问题研究转变；从描述性民族志向阐释性和反思性民族志转变。尽管在这些转变中没有出现后者代替前者的格局，但是，新的研究范式激发了法律人类学的生命力，推动了法律人类学在理论和方法上的创新。徐晓光教授和徐斌博士生则以“法人类学研究方法新探”为题，他们赞同田野调查是法人类学的基本手段，认为习惯法田野调查应首先关注“变化”，并且要以语言为突破口。法律人类学的资料来源于田野资料、汉文古籍资料、口传资料、国外民族同类资料。在对待西方法律人类学理论的观点上，提出合理、准确的使用西方的理论，不能言必称西方，要建立中国法人类学话语体系，还认为法律人类学要着眼现实与法文化“深度描写”。

在民族地区法治实践研究方面，彭振副教授重点关注民族自治地方政府立法，认为民族自治地方政府立法是法治与自治的有机统一，完善民族自治地方政府立法是民族法治体系建设的重要内容。通过对依法治国背景下民族自治地方政府立法问题进行分析，明确其在民族事务治理法治化中的作用、属性及理论重构，研究当前面临着立法自治权行使不足、与同级人大的立法权限混淆不清以及地方立法主体扩张后立法能力不足的困境，从自治立法权方面、民族自治地方人大立法与政府立法的关系、民族地区设区的市政府立法以及民族自治地方政府立法质量方面提出相应的对策建议。马海云博士与杨璐硕士生以文山为例，对人民法院多元化纠纷解决机制作研究。通过对文山州中级人民法院多元化纠纷解决机制具体的运作方式和办案流程的实证调研，认为当前文山州中级人民法院多元化纠纷解决机制存在着存在整合纠纷解决力量不足、运行程序不健全、缺乏保障措施以及多元化纠纷解决理念和平台有待升级等问题。并从强化整合纠纷解决力量、规范多元化纠纷解决机制的运作、强化机制保障、丰富多元化纠纷解决平台和方式等层面，为人民法院多元化纠纷解决机制的完善提出建议。试图为人民法院如何深入推动落实多元化纠纷机制的改革提出有效的对策。徐清博士以国家治理视阈中的边疆司法治理为视角，认为新时代在新的历史方位下，边疆司法治理在国家治理现代化中的地位凸显。边疆司法治理中有两条核心的主线：一是中心和边疆的关系；二是司法与社会的关系。在边疆与司法的互动中，转型时期边疆司法的特点表现为立体的边疆与纠纷的复杂性，多中心的边疆与纠纷的延展性，多元的边疆与司法的多元性，互嵌的边疆与纠纷解决机制的嵌套性。边疆司法治理的模式经历了由依族划界的二元治理模式到区域自治的混同治理模式的发展过程。从国家战略和解决差异的实践角度出发，应建构“法治中国”新时期、新阶段中边疆的法理型司法治理模式，充分发挥法理在边疆司法治理法治化中的理论和实践指引作用。在此基础上中国法治必将迎来“法理中国”的新时代，中国边疆也必将迎来“法理边疆”的新时代。

在民族地区田野调查方面，才让旺秀博士则基于甘、青、川三地的实证研究，探讨藏区“宗教中国化”实现的影响因素，他认为坚持藏区“宗教中国化”目的是依法引导藏区宗教与社会主义社会相适。通过四川、甘肃、青海藏传佛教僧尼与社会主义相适应的实证研究发现，经济收入对教职人员适应社会主义社会有巨大的影响。研究结果显示，僧尼经济收入状况良好，融入社会的程度较高、融入社会的意愿也较为强烈。但僧尼经济收入状况受到个体特征的影响，包括编制、所在寺院影响力和寺院地理位置、自身主动创收的意愿等多个方面，实际造成了僧尼群体适应社会主义社会的两极分化的态势。进而提出以完善现有法律中有关保障僧尼经济收入的相关规定为基础，以推进在编僧尼的备案制和建立“官督寺管”的经济合作机制为核心的具体措施。张玉娥博士以内蒙古深度贫困旗县地理标志扶贫为研究视角，认为地理标志是一种基于传统知识的特殊生产力，是区域经济发展资本，蕴含着可持续发展理念，在国内外扶贫及促进经济发展实践中都取得了较好的效果，应该成为内蒙古脱贫攻坚工作的重要抓手。提出在尊重内蒙古十五个深度贫困旗县主体功能定位的前提下，内蒙古深度贫困旗县扶贫应着手做好以下几项工作：梳理存量地理标志，创建地理标志扶贫法治平台；用地理标志管理产业（链），塑造区域集群品牌；储备文化地理标志，助力旅游及文化等产业发力扶贫困；保护传统特色产品，用地理标志知识产权促进传统工艺技艺扶贫。郭靖副教授从族群火灾及防火制度入手，讨论了少数民族村寨火灾问题，她认为我国学界对少数民族地区防火问题的关注在 2013 年至 2018 年有所增加，但相比实践领域问题亟待解决的急迫性，仍尚且不足。在国内外文献回顾中可见一个普遍现象："自然科学"与"城市"是火灾研究领域的"中心""农村""族群"或"村寨"火灾研究相对处于"边缘"领域。同时，通过法律人类学的田野调查法统计西南山地民族村寨历史上的火灾记录也较困难。火灾的发生不是平面化、单一化的。既然人在火的灾变过程中是很大因素，那么以火灾为起点，以人为核心，寻找人、社会、文化与火灾之间的关系，或许能帮助人类更加认识自己，进而防止灾的产生。对科技狂热追崇的今天，灾难制度研究有必要同时建立一种"社会学的想象力"，即在一种"生死攸关"的共情基础上，把灾难放回具体经验事实与社会结构的因果联系中去警醒与建构。而这些"边缘"问题的研究将会让我们对灾难和人类生活的了解更为深入。陈光斌教授与宋东晖硕士生以武陵山区恩施州巴东县石桥坪村、月亮山区贵州省锦屏县华寨村发展为例，讨论了乡风文明建设在民族地区特色村镇保护发展中的内核作用。党的十九大报告中提出要积极推进实施乡村振兴的新战略，并将其作为决胜全面建成小康社会、全面建设社会主义现代化强国的重要国家战略之一，实施民族乡村振兴是乡村振兴战略的必要选择，在民族乡村振兴中，乡风文明是推进民族振兴的起点，也是建立乡村治理的基石，民族乡村文化传承与发展是民族乡村振兴的关键之举和核心要素，乡风文明建设要求对中华乡村文化所蕴含的独特价值进行挖掘和彰显，提出通过整合、宣传、推广发挥乡风文明建设在民族地区特色村镇保护发展中的内核作用。

在社会理论与法律人类学研究方面，王启梁教授与张杰硕士生以云南省A市城管执法实践为视角，探讨互惠执法的形成机理及其性质。他们认为虽然城管执法存在着冲突的结构性因素，但是城管执法的媒体形象和现实的日常执法之间有着巨大差距。暴力冲突并非基层城管执法的普遍形态。在小城市的特定时空条件、半熟人关系等社会因素、城管执法制度以及执法者对执法情境的认知等主观情感的综合作用下，基层城管形成了互惠执法的模式。互惠执法是执法者在日常执法中采取相对柔和、宽松的方式，被执法者则在专项突击检查等特殊节点积极配合执法者开展“高效”“完美”的执法。其核心是在执法者和被执法对象之间建立了一种相对稳定的“合作”关系，是一种非正式约束。互惠执法具有减少执法冲突等作用，也有扩大违法的危险。总体上，互惠执法在客观上使执法者的需求与被执法对象的利益之间、公共秩序需求与违法行为之间维持了一种均衡。蒋坤洋副研究员对自创生理论视域下的环境习惯法运行系统研究，他指出托伊布纳的法律自创生理论是对法律这一社会系统的子系统的自我描述、自我关联的半自治再到自治的自创生法的系统研究。法律自创生理论是运行封闭与认知开放的结合，这使法律子系统孤立且并非孤立于社会之中。法律自创生理论为环境习惯法的研究提供一个可行的理论支持，环境习惯法在不同次级系统层面的不断进行内部自我调整和外部的理性勾连，使整个环境法治的超循环成为可能，法律自创生理论对我国民族地区环境法治的理论与实践研究具有现实意义。宋立军副教授则对监狱青年民警主动离职问题做了研究，通过国内外相关文献综述，认为监狱职员的离职现象在全球范围内具有普遍性也并非中国本土所独有。通过对S省监狱系统的观察，得出近年来青年民警主动离职率偏高的事实。对成功离职人员及其他相关人员的访谈，获得第一手资料，进而探索监狱青年民警主动离职现象背后的原因，特别值得关注的是监狱组织管理理念陷入误区，将监狱警察视为“资源”而不是“人”。只有改变管理理念并在具体管理行为上进行相应调整，才能从尽最大可能改变目前青年民警高离职率的现状。

在其他研究方面，方勖平检察官与杨川渝博士生则从制度保障层面探讨如何铸牢中华民族共同体意识，首先对中华民族共同体意识的概念、内涵作界定，认为中华民族共同体意识不仅是中国特色社会主义新型民族关系的反映，同时“民族共同体”的提法也道明了解决民族问题、处理多民族国家民族关系的中国方案和中华智慧。目前，中国特色社会主义处理民族关系的优势已经初步显现，当下铸牢中华民族共同体意识还需要强化制度保障，从理念到制度进行巩固。要继续坚持和完善党的民族政策，强化政治制度、法治制度、经济制度、文化制度、社会制度保障。陈蒙博士探讨了西部少数民族卓越法律人才培养的教学模式，认为西部少数民族卓越法律人才的教育和培养，要注重中华民族共同体意识和法律职业共同体意识的双重培育，采取课堂教学与实践教学并重、递进式教学与翻转式教学结合的教学模式，实现教学方式和培养模式的创新发展。一是要加强民族团结进步教育，铸牢中华民族共同体意识。二是要优化专业课程设置，强化法律职业共同体意识。三是要强化实践教学环节，创新教学方法，运用“阶梯式”教学法，充分提高学生适应西部民族地区基层法律实务工作的能力。曹瑞东博士生以晚清苏州开埠与妓捐移植为视角探讨事权之于利源。《马关条约》订立后，日本急于在苏州等通商口岸设立专管租界，以推动殖民霸权在城市商业空间中的确立，但却遭到了地方官府和总理衙门的抵制。清政府方面根据张之洞建议，设立本国拥有主权的公共通商场来应对。中日双方围绕界址和事权进行了多次交涉，最终日本在苏州确立了专管租界的框架，却在界址问题上作出退让，以至租界后期长期停滞，在娼区的变动中尤有体现。同时，日本将设立租界的负担转嫁给中方，而开埠经费又须由地方自筹，故苏州官府决定抽收妓捐等杂捐，以资挹补。他认为妓捐是晚清中国移植西方税制的一种形式，与其移植的还有警察权和道路管理权。对苏州通商场来说，地方官府在争夺租界事权上与列强势力展开多重博弈，其目的是为了增强对妓捐等利源的掌控。此时苏州娼妓业的变迁也成为近代对外交涉的一个缩影。李策博士生运用“优惠照顾理论”分析散居少数民族权益保障问题。他认为随着社会经济的不断发展，我国少数民族的分布面貌在不断地发生变化，各民族散居状况日趋加深。随之而来的是散居少数民族的权益保护问题。通过对近些年相关论文进行梳理，将这一问题放置于其特殊的社会历史背景内进行思考，并结合“优惠照顾理论”及对相关法律法规的内在含义进行分析，得出我们应当在立法中“行政指导”，在实践中进行“优惠照顾”来解决散居少数民族权益保障这一问题。

我国是一个多元一体的多民族国家，中国民族法治历程正是根植于“多民族国家”而逐步发展起来的。我国宪法序言规定：“中华人民共和国是全国各族人民共同缔造的统一的多民族国家。”“中国各族人民共同创造了光辉灿烂的文化，具有光荣的革命传统。”这是中国的基本国情，新中国70年中国民族法治历程与法律人类学研究始终建立在这个基本国情基础之上。人类社会从来没有停息过对民族、民族问题、民族生存、民族发展、民族与国家、国家与民族、民族与法律、法律与民族、民族与社会、社会与民族等问题的思想争论。正如吴大华教授在此次论坛的总结所言：“新时代中国民族法学与法人类学研究表现出更为强烈的中国意识和实践精神，内涵丰富的‘中国经验’，而‘中国经验’的提炼需要民族法与法人类学研究者不断深入田野，每个研究者做一个民族志合力就会形成整体民族志，无数的小地方经验的累积组合最终定会凝聚‘中国经验’。中国民族法治与法律人类学研究无疑为解决这些重大理论课题提供理论支撑和研究范式。当代中国正经历着我国历史上最为广泛而深刻的社会变革，也正在进行着人类历史上最为宏大而独特的法治实践创新，中国法人类学理应做出新时代新的回应。因此，加快构建能够解决中国问题乃至世界性问题、具有国际竞争力的中国特色法人类学学科体系、学术体系和话语体系势在必行。”